世界历史
关键战役图解

GREAT BATTLEFIELDS
OF THE
WORLD

[英]约翰·麦克唐纳 著

李达 译

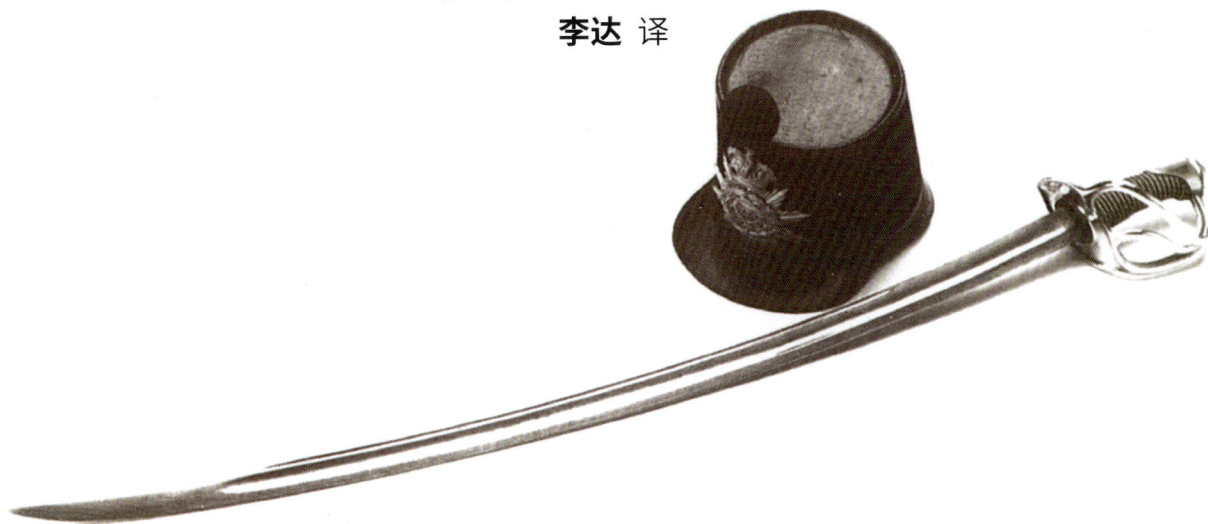

民主与建设出版社

·北京·

© 民主与建设出版社，2024

图书在版编目（CIP）数据

世界历史关键战役图解 /（英）约翰·麦克唐纳著；
李达译 . -- 北京：民主与建设出版社，2024. 10.
ISBN 978-7-5139-4731-2

Ⅰ. E19-64

中国国家版本馆 CIP 数据核字第 2024C71A26 号

GREAT BATTLEFIELDS OF THE WORLD by JOHN MACDONALD
Copyright ©1984,1987 by Marshall Editions Limited
This edition arranged with Marshall Editions Limited.
Simplified Chinese edition copyright:
2024 ChongQing Zven Culture communication Co., Ltd
All rights reserved.

著作权登记合同 图字：01-2024-4982

世界历史关键战役图解
SHIJIE LISHI GUANJIAN ZHANYI TUJIE

著　　者　［英］约翰·麦克唐纳
译　　者　李　达
责任编辑　彭　现
封面设计　周　杰
出版发行　民主与建设出版社有限责任公司
电　　话　（010）59417749　59419778
社　　址　北京市朝阳区宏泰东街远洋万和南区伍号公馆 4 层
邮　　编　100102
印　　刷　重庆长虹印务有限公司
版　　次　2024 年 10 月第 1 版
印　　次　2024 年 10 月第 1 次印刷
开　　本　889 毫米 ×1194 毫米　　1/16
印　　张　12.25
字　　数　450 千字
书　　号　ISBN 978-7-5139-4731-2
定　　价　169.80 元

注：如有印、装质量问题，请与出版社联系。

目 录
CONTENTS

致　谢

　　《世界历史关键战役图解》的出版要特别感谢伦敦帝国战争博物馆的詹姆斯·卢卡斯先生提供的宝贵支持。同样需要感谢英国皇家地理学会、爱德华·斯坦福有限公司、伦敦大学亚非学院，以及美国华盛顿特区国会博物馆地理与地图分部的托马斯·G.迪克莱尔（DeClaire）先生提供的支持。感谢伦敦西区戴维斯街58号格雷斯（Grays）古玩市场的C.F.塞德勒（Seidler）先生借出的展品。

序 言

—莱恩·戴顿

"夺取高地"是最著名的步兵行动命令。不了解军事的读者或许需要略作说明：因为在高地之上可以有效观察低处的敌人并射击。地形图上的色块并不能直观说明战场的高低，因此军队需要使用沙盘来构建丘陵与谷地，让百无聊赖的低级军官们参与枯燥冗长的演习，即过去所谓的"无部队战术演习"（TEWTs, Tactical Exercises Without Troops）。

无论古今，了解并利用战场地形的军官都会得到麾下士兵的敬佩。而后世的史学家则能够在游览战场之时获得新的启迪。在我对《闪电战》（Blitzkrieg，研究纳粹德国装甲师在1940年5月军事行动的著作）一书多年的研究之中，我在此书涉及的战场实地游历之时深切体会到了这一点。而大约一

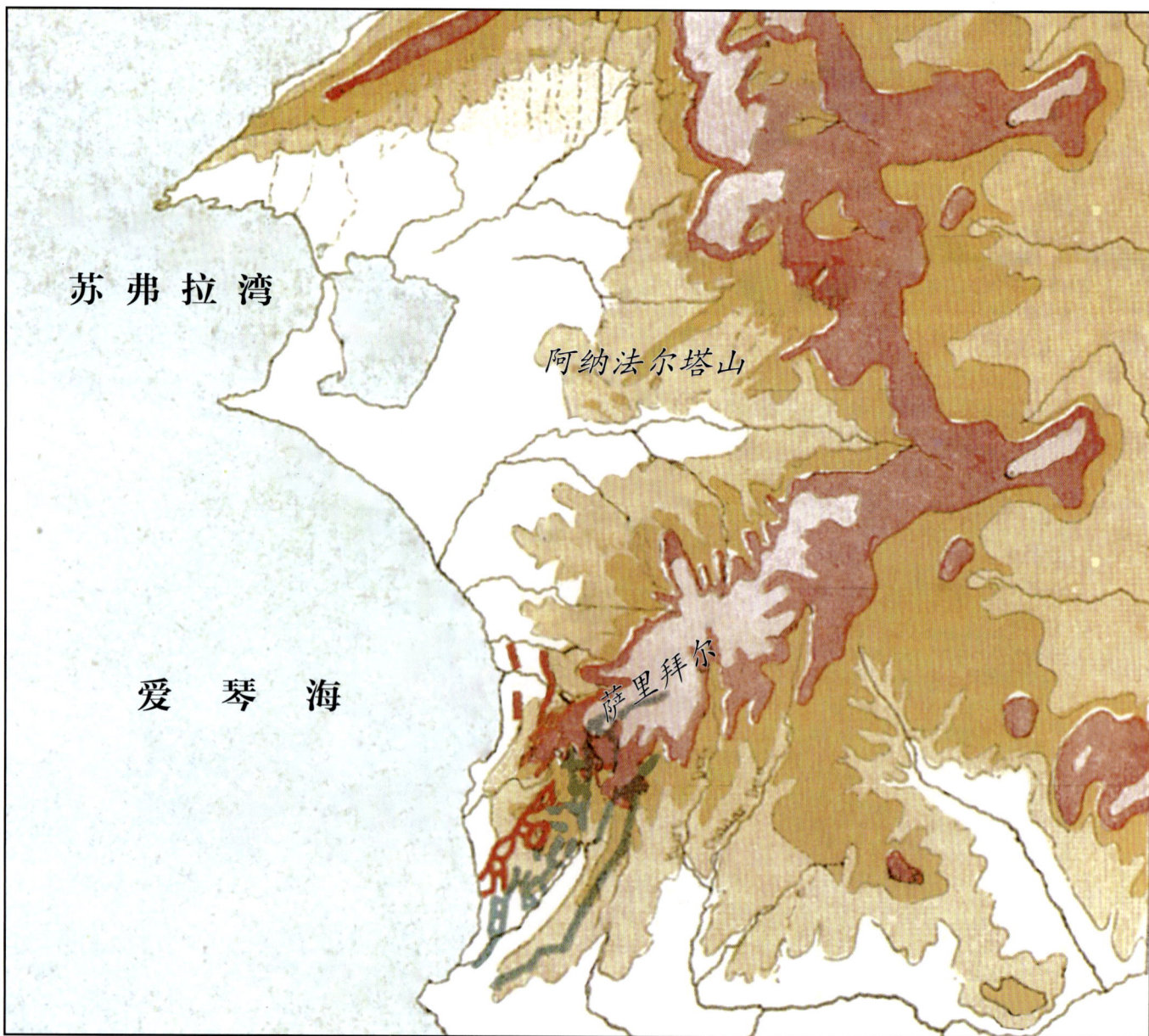

苏弗拉湾

阿纳法尔塔山

爱 琴 海

萨里拜尔

▲ 苏弗拉湾地形图

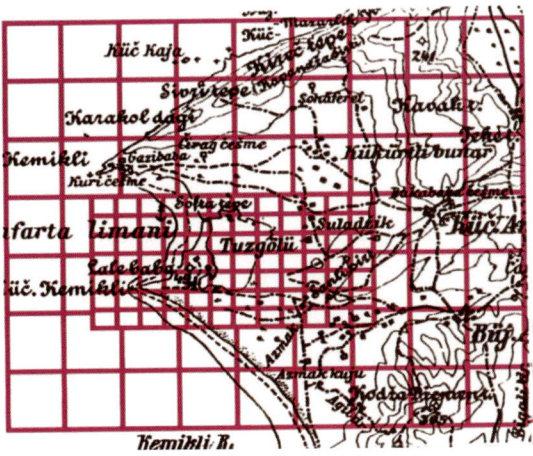

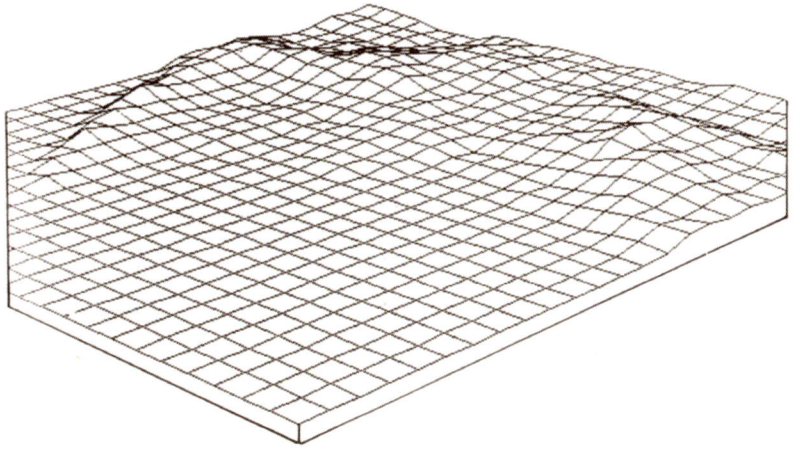

年之后，我故地重游，确定5月时的天气、水位、地形、地势与能见度，与落叶后的寒冬截然不同。从战场实际情况的角度去解读战争，能够进一步启发思考，也说明许多的写作者仅仅通过平面地图分析战役情况，一些设想与事实情况相差甚大。

在计算机技术进步之前，没有便捷地解读地图的手段。依靠平面地图与标示海拔的色块当然有一定效果，而一些制图者会在山的背光一侧留下阴影，如同日出或日落时一般，以呈现鸟瞰的感觉。但这样的着色与阴影设置会让地图更难辨识，而为保证清晰度，又必然要省略另一部分信息。

计算机则可以便利地将任意地点的平面地形图，构建为三维立体的模型。

同时，计算机三维模型的一大优势在于，地图可以随意切换视角，从东西南北任意方向观察，视角可以从任何一个方向出发，望向任何一个方向。而后是画师的工作，他们往往被忽视乃至轻视的贡献，事实上是影响书籍优劣的最

重要因素。

然而《世界历史关键战役图解》凭借插画师的博学与技巧，通过计算机绘图进行才华横溢的全新尝试，为读者提供前所未有的视角。对战场地形的全新审视，让书斋之中的史学家们得以从新视角切入旧战争。谁能率先从"胜利者的回忆录"之中找到错误呢？

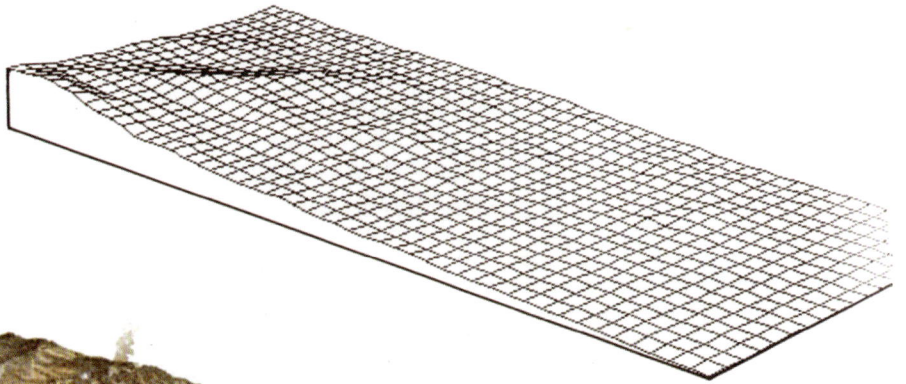

前 言

——约翰·哈克特爵士

战争是人类最古老的工作之一。它和音乐或者度量衡一样古老而持续，也很可能和人类社会一同存留下去——只要人类依然争吵、朋比、贪婪与依靠暴力解决问题。人类的天性，千百年来几乎没有变化，而同时期地壳的变动也称不上大。人类社会之中的战争，也终究是在地壳之上或大气层中进行与指挥，无非是从陆地先后走向海洋与天空而已。战争或许将要进入一个全新的篇章，向高空乃至太空进军。我们无法预知这个维度的战争将如何演变，但我们

清楚，至少应该清楚，人类社会现在的战争形式，以及演变的过程。

限制于地壳表面的战争，不可避免地受到一系列因素的影响，而人类社会对这些因素的影响微乎其微：气象、季节、地势与地形、山脊与谷地、峰峦与峭壁、冰雪、无水的沙漠和山区与多水的三角洲以及海岸的具体情况——是沙滩、悬崖、泥沼还是河口（无论水流是宽阔而缓慢还是狭窄而急促），显然都在限制着过去的军事行动。陆上不变的自然地貌对军事行动的影响可以写出长篇大论的分

析，此处简要举例说明即可。

黎凡特地区，一侧是海岸一侧是荒漠，是亚洲与非洲之间的走廊，这一地区的地理特征自历史记载出现之时，至今也没有根本性的变化。几个世纪以来，这两个大洲之间的陆上通道之上爆发的战争，明显多于世界其他地区。在这一方向的军队，无论自北向南（例如冈比西斯于前525年率领波斯军队入侵埃及）还是自南向北（例如拿破仑1799年从埃及进军叙利亚，或者英帝国1917年的行动，抑或英联邦与自由法国军队在

1941年的行动），能够使用的道路仅有三条。第一条是沿着南北向的海岸线前进；第二条是从大裂谷带出发，从亚喀巴湾（Gulf of Aqaba）北上通过死海、约旦前往奥龙特斯河（Orontes）谷地，再北上塔尔苏斯山区，从那里的隘口进入小亚细亚；第三条则是从更东面的广阔荒漠之中进军。

后世的军队想要通过这一区域，可以使用的新道路少之又少，而旧道路之上的要地，则总有驻军存在，无论控制这一区域的是希腊人、罗马人、拜占庭人、阿拉伯人、法兰克人还是土耳其人。曾经的各种防御工事遗迹至今可寻。另外，还有许多其他证据，也都在印证着无论是从东到西还是从北到南，这一区域交通情况的亘古不变。

最好的范例是滨海道路，在贝鲁特附近，凯勒卜河（Nahr el Kalb），即"犬之河"，流入地中海。那里有一处石壁，是这个崎岖不平的地区之中，唯一可供安然通行的区域。在石壁之上，来来往往的行人留下的文字，最早可追溯至公元前的波斯士兵，也包括我们同时代的澳大利亚轻骑兵与英国志愿骑兵。还有充分的旁证表明，军队在黎凡特地区的行动是通过运河进行的。

1187年，萨拉丁夺取了耶路撒冷，而被泛称为法兰克人或者拉丁人建立的十字军国家也被击溃。萨拉丁清楚，欧洲不可避免地会派出援军解救余下的法兰克人，因此他迅速北上封锁主要道路，占据战略要地，阻挡在如今我们称之为第三次十字军的各支部队可能的行进路线之上——而事实上十字军大多是走海路前来。20世纪30年代，我在牛津大学就读时发表了研究这一问题的学位论文。

1941年，中东盟军奉命防备纳粹德军突破高加索山脉，向苏伊士运河方向发动进攻，与西面的沙漠之中的非洲军配合行动。我在此前的战斗之中负伤，暂时担任英军驻黎巴嫩的第九集团军参谋军官，日子过得比较轻松。我们奉命布置各师防卫有限的几个荒漠与海岸之间的通行道路。我接到的命令是"出去侦察合适的防御位置"。我的答复是："没必要。"只需要把部队部署到罗马军队、拜占庭军队、阿拉伯军队、十字军和奥斯曼军队在这两千多年之中部署的位置，就可以了。

事实上我们也就是这么部署的。德军未能突破高加索，斯大林格勒的胜利终结了这一可能。然而我们在准备应对这一风险时，多少个世纪以来，这一地区的地理特征对军事行动带来的不可避免的压力，我也多次体会到了。例如，的黎波里与安条克之间南北向的道路，有一段是沿着峭壁延伸开来的。1188年，西西里国王威廉二世就曾经抵近海岸，从战舰上使用箭矢射击行军途中的萨拉丁军队。1941年，这段道路对我们而言同样重要。如果德军的潜艇抵达这一方向，并进行精准的鱼雷齐射，爆炸足以导致岩壁崩塌，道路将长期无法通行。我记得当时我们被迫设置反潜网以保护这一区域。

此处我还要分享一个本人经历的故事。1943年，我在加利利（Galilee）主持整训一个伞兵旅，也就是那个后来和我一同在阿纳姆战败的旅。哈丁角距离此地不远，在那里能够俯瞰加利利湖，而1187年夏季，萨拉丁就是在此击溃了耶路撒冷国王，吕西尼昂的居伊率领的法兰克人。在那场战役中能够找到许多与这一战相关的信息，而我也带着第4伞兵旅的军官们，在哈丁角之战的战场上进行了一次无部队战术演习，我们也按照历史情况，添加了居伊的部队缺乏饮水的想定，而英军以及安扎克部队在1917年的加沙之战中也遭遇了类似的困境，并选择了一个错误的答案。

或许此处还可以再举一例来说明黎凡特地区战争模式的连续性。英国历史上最优秀的机动部队指挥官之一，英格兰国王"狮心王"理查一世。而无论机动部队使用的是一匹马还是上千马力的坦克，本质上其使用模式也大致相同。1191年9月，理查一世在第三次十字军期间的阿尔苏夫之战之中取胜，关键就在于行军时的策略，即用重甲部队布置在两端，保护中央装甲较轻也更脆弱的部队。1941年，绰号"沙漠之鼠"的第7装甲师，在沙漠之中也使用了类似的策略。理查一路前进到了距离耶路撒冷不远的地方。他应当乘胜进军夺取该城吗？同时代的记载（Itinerarian Regis Ricardi）称，理查在1192年1月和高级军官们在拉姆安拉（Ramleh）进行了作战会议，而会议的结论与现代战争也大致相同："我们的机动部队更强，所以我们能攻取这座城；我们的步兵更弱，所以我们无法守住这座城。"20世纪40年代的军长们也会这么说。

几个世纪以来，武器装备与战场战术手段经历了翻天覆地的变化，但这一切依然几乎无法削弱自然环境对军事行动的影响，而在军事技术与武器装备落后的时代的战略战术也未必就无效了。后退反击，苏联核心的陆上战争策略——源自图哈切夫斯基（Tukachevsky）对沙皇时代战争的总结，在斯大林的大清洗后被放弃，而此后再度提出并兴起——可以追溯至伊帕密浓达（Epaminondas）于前371年的留克特拉（Leuctra）之战，率领底比斯人击败斯巴达人时的战术。

《世界历史关键战役图解》之中的29场决战，使用先进技术，提供前所未有的军事分析，能够有效说明战场地形对战争的影响，也为进一步探索这一领域以及相关领域提供了全新的思路。这本书标志着重要的进步。

约翰·哈克特爵士，英国陆军上将，军人与学者，拥有牛津大学的古典文学以及中世纪史学位，在第二次世界大战之中三度负伤，获得三枚英勇勋章，并以北约北方集团军群总司令的身份结束军旅生涯，回归大学研究。作为大西洋盟友关系的坚定支持者，哈克特将军与美军关系紧密，他论述第三次世界大战的两本著作，已在世界各地卖出超过两百万本。

坎尼之战，前 216 年 8 月

前 2 1 8 年 ， 罗 马 与 迦 太 基 （ Carthage ） 在 伊 比 利 亚 半 岛 爆 发 了 第 二 次 布 匿 （ Punic ） 战 争 ， 汉 尼 拔 （ Hannibal ） 率 领 一 支 由 迦 太 基 人 、 努 米 底 亚 人 （ Numidian ）[1] 、 西 班 牙 人 和 高 卢 人 （ Gauls ） 混 杂 而 成 的 部 队 向 北 进 军 ， 他 出 乎 罗 马 人 预 料 ， 在 隆 冬 时 节 翻 越 阿 尔 卑 斯 山 ， 入 侵 意 大 利 本 土 。 为 获 取 充 足 的 补 给 供 养 大 军 ， 汉 尼 拔 在 前 216 年 抵 达 意 大 利 南 部 的 坎 尼 （ Cannae ） 。 这 个 位 于 农 耕 区 普 利 亚 地 区 （ Apulia ） 中 部 的 城 镇 有 一 个 巨 大 的 谷 仓 ， 其 中 存 储 着 大 量 粮 食 ， 用 于 供 给 罗 马 军 团 。 汉 尼 拔 在 坎 尼 以 南 不 远 处 的 河 流 右 岸 扎 营 。

汉 尼 拔 此 前 已 经 两 度 击 败 罗 马 人 ， 此 时 又 直 接 威 胁 罗 马 军 队 的 粮 食 贮 存 地 ， 罗 马 共 和 国 的 公 民 们 要 求 军 队 立 即 赶 走 入 侵 者 。 为 此 ， 元 老 院 集 结 起 了 罗 马 共 和 国 前 所 未 有 的 大 规 模 部 队 ， 罗 马 人 以 及 同 盟 部 队 各 占 一 半 。 这 支 大 军 在 两 位 保 民 官 （ Consul ） —— 保 卢 斯 （ Paulus ） 和 瓦 罗 （ Varro ） 指 挥 之 下 南 下 ， 部 队 总 指 挥 由 两 人 轮 替 担 任 。

在 8 月 的 骄 阳 之 下 ， 两 军 隔 平 原 相 望 ， 前 哨 战 持 续 了 3 天 。 军 事 经 验 远 比 瓦 罗 丰 富 的 保 卢 斯 ， 谨 慎 避 免 在 开 阔 地 与 汉 尼 拔 进 行 决 战 。 他 明 智 的 建 议 ， 在 双 方 对 垒 的 第 4 天 被 瓦 罗 无 视 ， 瓦 罗 相 信 数 量 上 处 于 绝 对 优 势 的 罗 马 军 队 必 定 胜 利 ， 他 决 定 为 罗 马 的 荣 耀 ， 进 行 这 次 载 入 史 册 的 决 战 。 当 两 军 集 结 列 阵 之 时 ， 强 劲 的 西 南 风 裹 挟 着 滚 滚 热 浪 与 灰 尘 ， 吹 向 两 军 士 兵 。

瓦 罗 的 兵 力 几 乎 是 迦 太 基 部 队 的 两 倍 ， 他 按 照 罗 马 人 传 统 的 布 置 方 式 ， 部 署 麾 下 的 8 万 步 兵 与 6000 骑 兵 ， 在 前 方 布 置 少 量 用 于 前 哨 战 的 部 队 ， 而 后 是 中 央

[1] 努 米 底 亚 人 与 后 世 的 柏 柏 尔 人 源 流 相 近 ， 努 米 底 亚 诸 王 国 的 疆 域 大 致 位 于 今 阿 尔 及 利 亚 与 摩 洛 哥 北 部 。

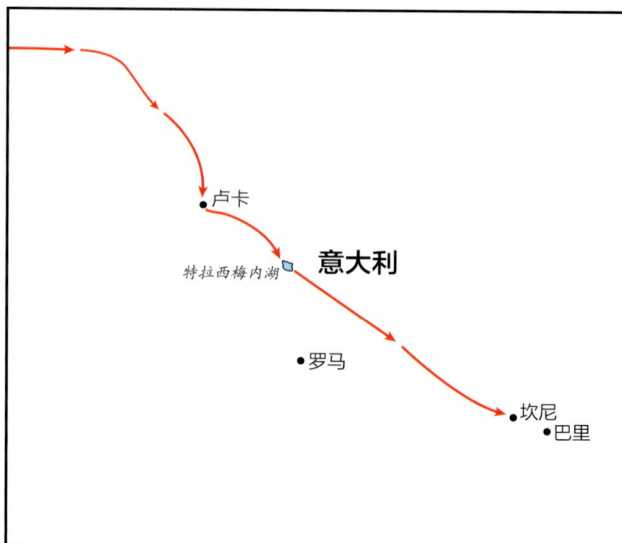

意大利
卢卡
特拉西梅内湖
罗马
坎尼
巴里

汉 尼 拔 率 领 来 自 不 同 部 族 的 5 万 多 雇 佣 兵 军 队 ， 在 寒 冬 翻 越 阿 尔 卑 斯 山 ， 堪 称 壮 举 。 前 218 年 12 月 ， 他 在 特 雷 比 亚 河 （ Trebbia ） 战 胜 了 罗 马 军 队 ， 在 次 年 4 月 ， 他 又 在 特 拉 西 梅 内 湖 （ Trasimene ） 湖 畔 发 起 奇 袭 。 在 浓 雾 掩 护 之 下 抵 进 的 迦 太 基 军 队 迅 速 歼 灭 了 罗 马 军 队 ， 在 仅 仅 3 小 时 后 ， 未 被 杀 死 的 罗 马 士 兵 全 部 成 了 俘 虏 。 汉 尼 拔 接 下 来 将 在 坎 尼 面 对 他 最 为 强 劲 的 对 手 。

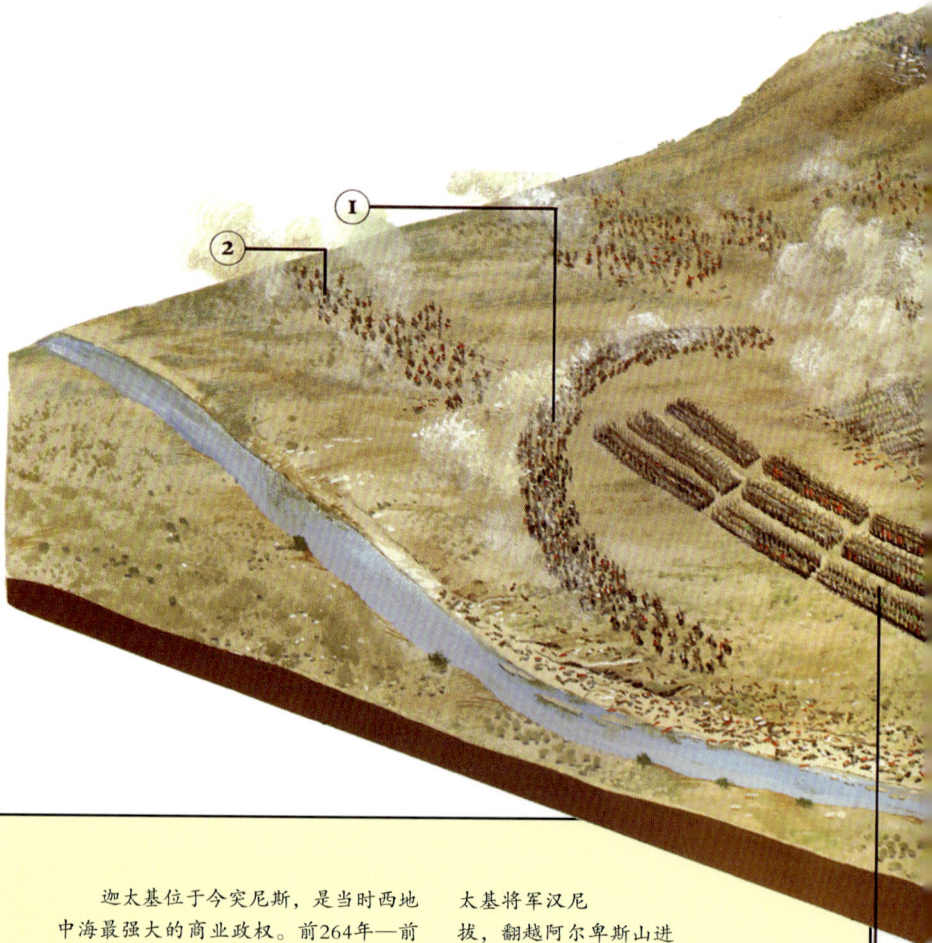

迦 太 基 位 于 今 突 尼 斯 ， 是 当 时 西 地 中 海 最 强 大 的 商 业 政 权 。 前 264 年 — 前 146 年 ， 迦 太 基 与 罗 马 之 间 爆 发 了 三 次 布 匿 战 争 。

第 一 次 布 匿 战 争 以 海 战 为 主 ， 第 二 次 （ 前 218 年 — 前 201 年 ） 以 陆 战 为 主 ， 起 因 是 迦 太 基 在 伊 比 利 亚 半 岛 的 扩 张 。 前 218 年 ， 自 幼 就 对 罗 马 恨 之 入 骨 的 迦 太 基 将 军 汉 尼 拔 ， 翻 越 阿 尔 卑 斯 山 进 入 意 大 利 。

为 了 获 取 粮 秣 供 给 部 队 ， 并 逼 迫 罗 马 人 决 战 ， 他 占 据 了 罗 马 人 的 重 要 粮 食 贮 存 地 坎 尼 。 不 出 汉 尼 拔 所 料 ， 罗 马 人 无 法 坐 视 坎 尼 丢 失 ， 派 出 大 军 前 来 营 救 ， 让 他 得 以 再 度 歼 灭 敌 军 主 力 。

▲ 坎尼古战场，据称有7万罗马士兵在此阵亡。

前216年8月，汉尼拔约4万步兵和1万骑兵组成的军队（图右侧）。迎战规模前所未有的罗马军队，后者约8.6万人。战斗在1.75公里长、1.5公里宽的战场之上展开。

西班牙人和高卢人的骑兵①，由迦太基将军哈斯德鲁巴指挥。

他们在奥菲杜斯河畔击退了保卢斯的罗马骑兵②。

瓦罗指挥同盟军骑兵③，与马哈巴尔（Maharbal）指挥的努米底亚骑兵④交战。然而在激战之后，瓦罗率部逃跑，退到了山顶上的坎尼镇中。

瓦罗麾下的步兵军团⑤向前推进，汉尼拔亲自指挥的西班牙人与高卢人步兵⑥，面对数量明显占优的罗马人时逐步后退，将原本的凸面阵形弯曲成了凹面。

身披重甲的亚非利加步兵⑦，在军阵的两翼结成紧密阵形，在西班牙人和高卢人后退之时坚守阵地，并逐渐开始包围罗马人的步兵，在一次次转向之中，将敌人的阵形一步步压缩。

西班牙人和高卢人的骑兵①，调转方向来到罗马人步兵⑤的正后方，挡住他们的退路。努米底亚骑兵④在停止追击瓦罗的骑兵后，也前来攻击罗马军阵的后方。四面受敌的罗马人连挥动武器的空间都没有，在绝望之中他们甚至被迫徒手作战。后方的努米底亚骑兵逐渐突入罗马步兵队列中，从后方进一步挤压他们。

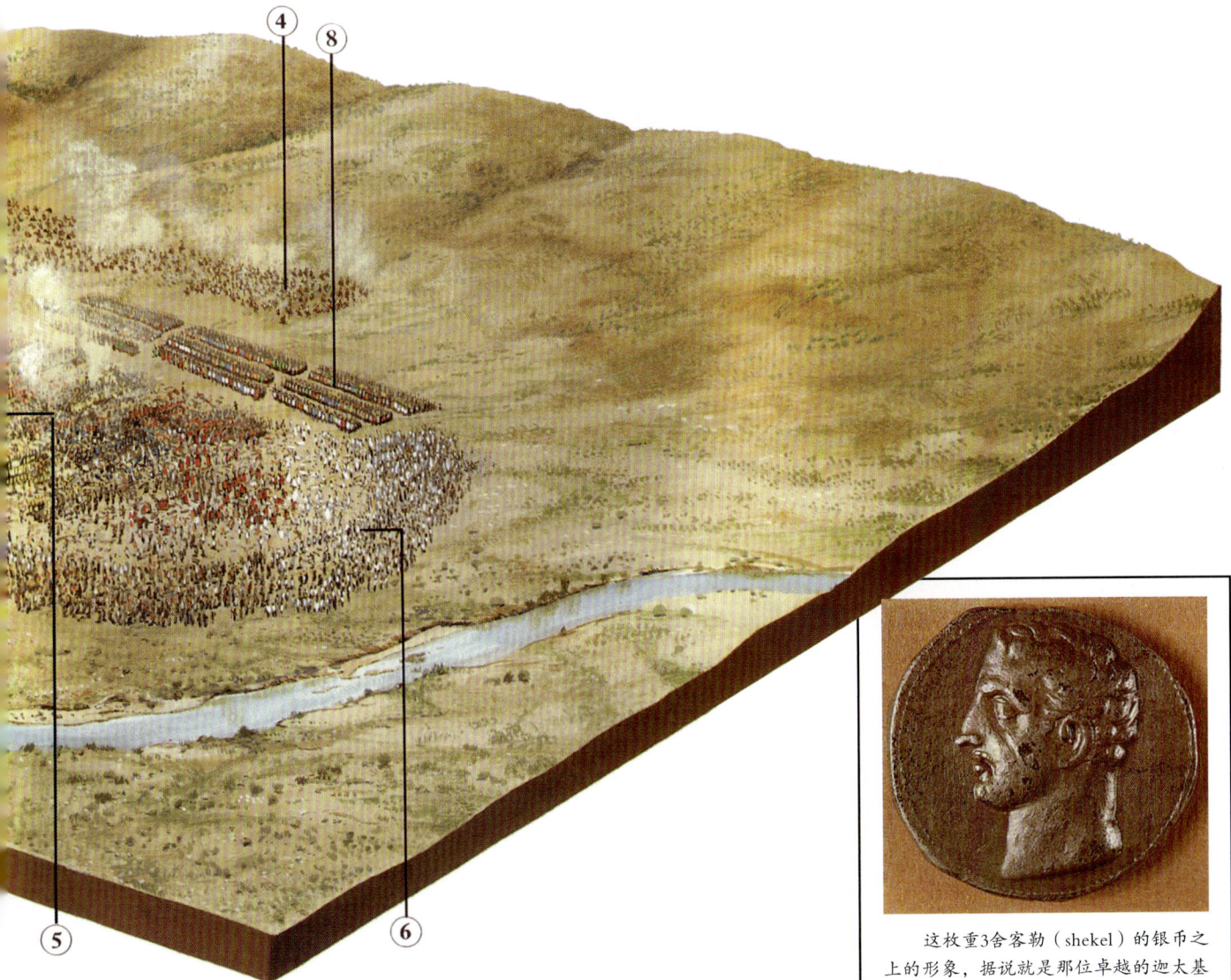

这枚重3舍客勒（shekel）的银币之上的形象，据说就是那位卓越的迦太基将军。迦太基在西班牙大量铸造钱币，以支付汉尼拔麾下雇佣兵大军的薪酬。

的步兵紧密方阵，罗马人的骑兵以及同盟军的骑兵，则分别居于步兵方阵的右翼与左翼。

面对如此强大的敌人，汉尼拔毫不畏惧，将西班牙人和高卢人布置成半月形的军阵，凸面朝向罗马军阵。在军阵两翼，他配置了作为预备队的迦太基精锐步兵。他的左翼由哈斯德鲁巴（Hasdrubal）[2]指挥的重骑兵掩护，而努米底亚人优秀的轻骑兵，则在汉尼拔主军阵的右翼，远离河流的开阔地上自由行动。

当汉尼拔下令他的左翼重骑兵出击，迎战对面由保民官保卢斯率领的罗马骑兵之时，双方开始交锋。两军在奥菲杜斯河（Aufidus，今奥凡托河，"Ofanto"）河畔展开激战，罗马军队的精锐骑兵很快被击退，并被赶出了战场。

保卢斯随后命令他的步兵向敌人进军。罗马军团步兵和同盟军步兵，迎着呛人的灰尘结成盾墙并肩前进，缓慢地将西班牙人和高卢人组成的凸面阵向后推挤。靠着数量上的绝对优势，他们将汉尼拔的半月阵挤压成了凹面，自以为胜利在望，他们加速冲向仿佛行将崩溃的迦太基军阵中央。

与此同时，迦太基人右翼的努米底亚骑兵，冲向了瓦罗指挥的同盟军骑兵，将其迅速击溃，瓦罗带着少量下属逃离了战场，那时他也许会后悔没有听从保卢斯的建议。

汉尼拔等待罗马军团深入此时已成"U"形的迦太基军阵之中，而后派出此时尚未参战的迦太基步兵向内侧卷击，施展闻名后世的两翼包抄战术击溃了罗马军团。在不幸的罗马士兵军阵正前方，之前还在后退的西班牙人和高卢人突然停止后退，开始坚守阵地。在他们的后方，随着哈斯德鲁巴率领骑兵从左翼赶来，封堵罗马人最后的出口，包

围就此完成。

汉尼拔成功将4万步兵与1万骑兵结成紧密阵形，挤压本就摩肩接踵的罗马军团，让他们无法挥动短剑。在四面八

方的迦太基军队砍杀之下，罗马人和同盟军惨遭屠戮。李维（Livy，前59年—17年）与普鲁塔克（Plutarch，约46年—约120年）认为约有5万人被杀，而波利

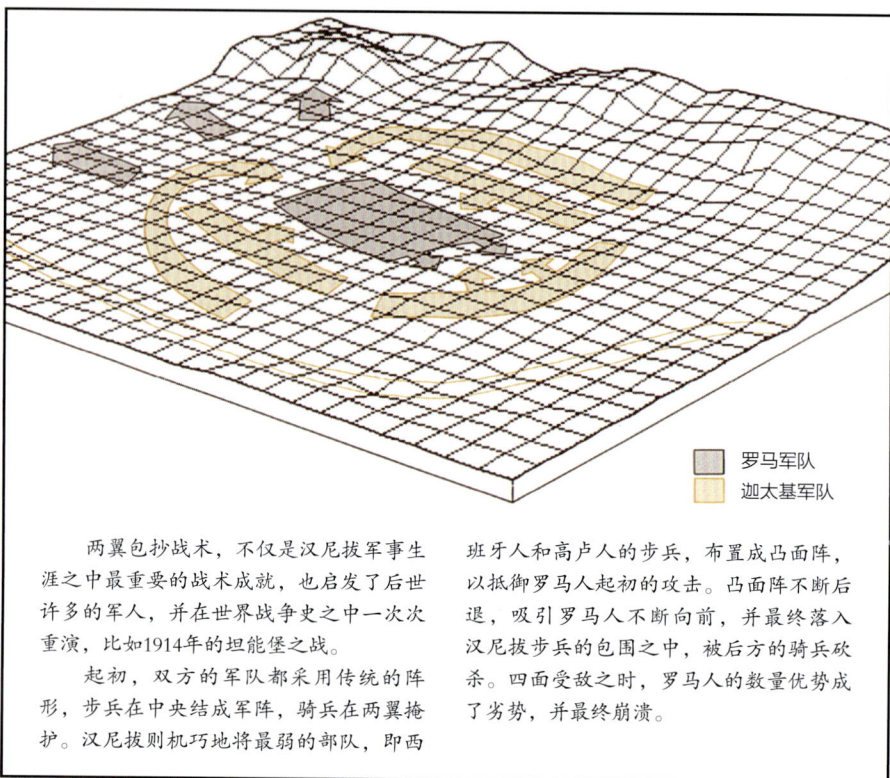

两翼包抄战术，不仅是汉尼拔军事生涯之中最重要的战术成就，也启发了后世许多的军人，并在世界战争史之中一次次重演，比如1914年的坦能堡之战。

起初，双方的军队都采用传统的阵形，步兵在中央结成军阵，骑兵在两翼掩护。汉尼拔则机巧地将最弱的部队，即西班牙人和高卢人的步兵，布置成凸面阵，以抵御罗马人起初的攻击。凸面阵不断后退，吸引罗马人不断向前，并最终落入汉尼拔步兵的包围之中，被后方的骑兵砍杀。四面受敌之时，罗马人的数量优势成了劣势，并最终崩溃。

罗马军队
迦太基军队

在坎尼之战的时代，罗马人的战争方式和近一个世纪之前几乎没有变化：袭扰部队部署在重兵军阵前方，而重步兵则按照最低可达"五人队"的各级组织跟在后面，逐步集结成大军。各排士兵交错站立，以便第二排的士兵掩护第一排的空隙，第三排的士兵再掩护第二排的空隙。在进攻时，罗马人以开阔阵形前进，以便留出空间供士兵投掷罗马标枪以及挥

动短剑。攻击阵形可以迅速切换成防御阵形，即后排的步兵向前，站到前排的空隙处，结成紧密阵形。

这种组织细化到个位数的军阵的另一个优势，则是部队可以通过空隙从前线撤出，后方未参战的士兵则可以从空隙上前参战。这样的接力作战模式，可以高效地拖耗敌军的前沿部队。

【2】这位哈斯德鲁巴并不是汉尼拔的兄弟，而是当时迦太基的西班牙总督。有关这位军官的记载仅限于坎尼之战以及前后的几场战斗。

比乌斯（Ploybius，约前203年—约前120年）则声称死者达7万人。

以损失仅仅6000人的代价，汉尼拔大败罗马军队，并杀死了罗马共和国统治阶级的大批要人。讽刺的是，保卢斯和众多士兵一同战死，而讽刺的是，导致惨败的罪魁祸首瓦罗，却得以苟活。

汉尼拔在意大利又继续了13年的征战，直到返回迦太基抵御罗马人对迦太基本土的入侵。前202年，他在扎马（Zama）之战被西庇阿（Scipio）击败。[3]他的余生在安纳托利亚的王国之中，坚持抵御罗马的入侵。再度战败之时，不愿被俘受辱的汉尼拔服毒自尽。后世西方军事史之中的一次次战场包围，是对汉尼拔这位天才将军最好的纪念。

【3】在扎马之战击败汉尼拔的"亚非利加征服者"西庇阿，通常称"大西庇阿"。大西庇阿在伊比利亚半岛多次战胜迦太基军队，于前205年升任保民官，并在次年率部登陆迦太基本土，多次击败迦太基-努米底亚联军，并扶持与罗马人结盟的马西尼萨（Masinissa）为努米底亚王。仓促返回的汉尼拔，只好以步兵居多、骑兵不足的部队，强行在扎马与西庇阿决战。开战之初，他使用战象冲击罗马军阵，但罗马人击退了战象，后退的战象冲散了数量本就居于劣势的迦太基骑兵。西庇阿随即派罗马骑兵击退两翼的迦太基骑兵，并使用骑兵包抄迦太基骑兵的侧后，以汉尼拔曾经的方式，决定性地击败了汉尼拔。

◀ 这尊罗马海神殿的浮雕，展现了同时代罗马步兵的装备。头盔为青铜质，而锁子甲躯干护具其重量超过9公斤，易受攻击的两肩还有皮衬垫加强。盾牌是圆角矩形，在两层木板之上覆盖皮革和织物，而上沿和下沿则带熟铁镶边。

汉尼拔在坎尼之战大获全胜，但他入侵的政治目的远未达成。他的目标是打破罗马与其他附庸城邦之间的联系，瓦解罗马军队。然而他没能成功，尽管松散的罗马邦联实力严重受损，其政治架构却基本完好。

罗马进行了军事革新，避免与汉尼拔的部队进行决战，转而开始游击战式的袭击。

前202年，汉尼拔参与了第二次布匿战争的最后一次决战，即在北非进行的扎马之战。罗马一方的指挥官是西庇阿，他曾经参与坎尼之战，见证了骑兵在面对步兵之时的优越性。汉尼拔首次遭遇了敌方骑兵为己方骑兵两倍的情况，也在这一战中被击败。

约50年之后，第三次布匿战争爆发，罗马共和国灭亡了迦太基，成为地中海无可置疑的掌控者。

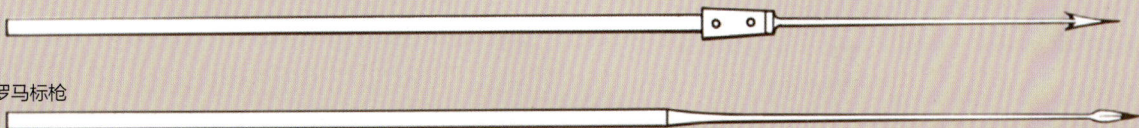

罗马标枪

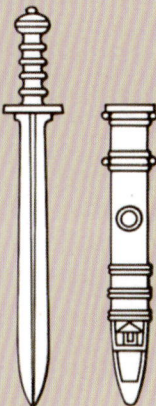

罗马短剑

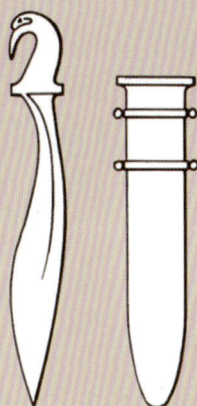

西班牙剑

高卢剑

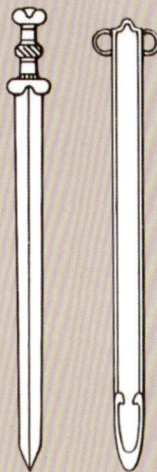

标枪杆上的一条皮带迅速脱落，给标枪附加转动惯量，保证标枪的飞行距离与精准，而在击中敌人的盾牌之后，变形的标枪很难拆下，这能够阻扰敌人的行动。[4]

汉尼拔的部队使用的剑，大致可以分为两类，西班牙人喜欢使用适合刺杀的尖锐短剑，而高卢人则使用长剑，进行大幅度的挥砍。

对面的罗马人，使用约0.6米长的尖锐短剑，这种剑源自西班牙剑风格，并以希腊人的方式佩带在右手边。[5]

罗马人的标枪——"pilum"，是罗马人最重要的武器，有两个类型。轻标枪的枪头末端带有插套，合格的标枪手可以将其投掷30米远。重标枪长度可达3米，在步兵向敌人发起冲锋，进入短剑格斗之前，集体向敌人投掷。

枪头倒钩的主要目的，是在击中敌人之后弯折，保证敌人无法掷回。投掷之时，

【4】由于这一时期罗马人的标枪枪头以熟铁为主，硬度有限，因此采取这一设计。在罗马军队的武器材质以低碳-中碳钢为主之后，这种会弯折的熟铁重标枪即被取代，转而使用杀伤力更强，足以贯穿铁甲的钢头标枪。

【5】这一时期罗马人剑较短的原因，也是因为使用熟铁。在罗马帝国时期，罗马军队逐步用钢剑取代熟铁剑。罗马帝国晚期的钢剑形制与高卢剑较为类似，长度也增至0.9~1米。

黑斯廷斯之战，1066年10月14日

弥留之际的英格兰国王忏悔者爱德华，在病榻之上将王位传给了哈罗德·戈德温（Harold Godwin）。这位王国之中权势最盛的贵族，此时年约44岁。虽然哈罗德与英格兰王室并无血亲，但当时被称为"维坦"（Witan）[1]的英格兰议会，还是承认了他的国王头衔。

哈罗德的英格兰王冠的主要竞争者，是忏悔者爱德华的远亲诺曼底公爵威廉。公爵威廉宣称，他在1051年前往英格兰，当时老国王向他许诺，如果自己死后没有直接继承人，就把王国交给威廉。这成了威廉王位宣称的直接来源，而在当时的欧洲，许多人也认为这一继承权合法。

当威廉尚在准备入侵舰队之时，另一位王位争夺者的部队已经在英格兰东北部登陆。此人是挪威国王哈拉尔德·哈德拉达（Harald Hardrada）。[2]哈拉尔德的登陆，让麾下部队有限的英格兰国王哈罗德陷入了困境。在1066年夏初，为防备诺曼底公爵的入侵，哈罗德命令征召周边地域的民兵（fyrd），集结备战。几星期之后，诺曼底公爵并未准备渡海，因此在两个月的民兵征召期结束之后，哈罗德只得在9月8日开始遣散民兵，允许他们返回家乡。

哈罗德率领自己的国王扈从卫队（housecarles），以及部分尚未遣散的民兵北上。他们骑乘矮马加急进军，在9月25日抵达约克郡的斯坦福桥（Stamford Bridge），偷袭了疏于防备的敌人。哈拉尔德·哈德拉达死于乱军之

中，哈罗德的部队大获全胜。[3]

在战胜挪威国王不到一周之后，尚在约克的哈罗德得知，诺曼底公爵威廉的部队已经于9月28日，在佩文西湾（Pevensey Bay）登陆。他立即集结起疲惫不堪的部队，再度急行军南下，约在

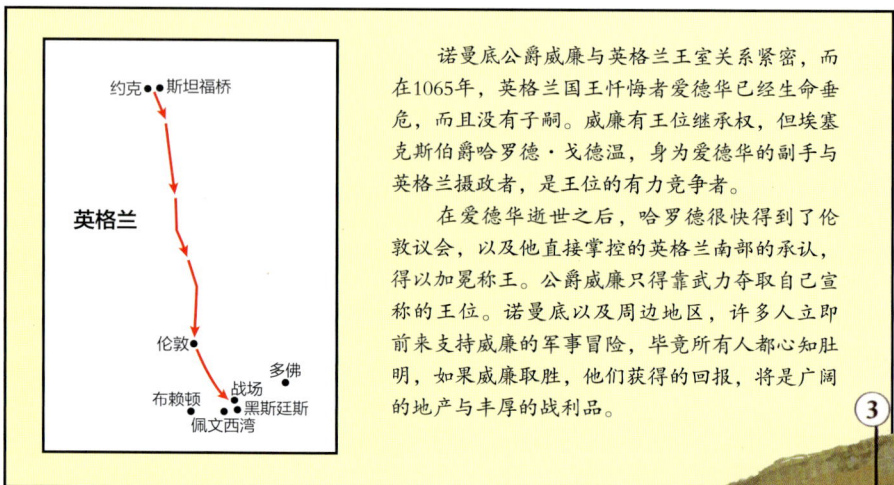

诺曼底公爵威廉与英格兰王室关系紧密，而在1065年，英格兰国王忏悔者爱德华已经生命垂危，而且没有子嗣。威廉有王位继承权，但埃塞克斯伯爵哈罗德·戈德温，身为爱德华的副手与英格兰摄政者，是王位的有力竞争者。

在爱德华逝世之后，哈罗德很快得到了伦敦议会，以及他直接掌控的英格兰南部的承认，得以加冕称王。公爵威廉只得靠武力夺取自己宣称的王位。诺曼底以及周边地区，许多人立即前来支持威廉的军事冒险，毕竟所有人都心知肚明，如果威廉取胜，他们获得的回报，将是广阔的地产与丰厚的战利品。

1066年10月14日，天气晴好。上午9时许，诺曼底的披甲步兵和骑士开始进攻，冲向沿着森拉克丘陵弧形布阵的哈罗德部。而哈罗德部的狭窄阵列，正面仅有550米宽。英格兰人的阵地在此之前，还遭到了180米外的弓箭投射打击。

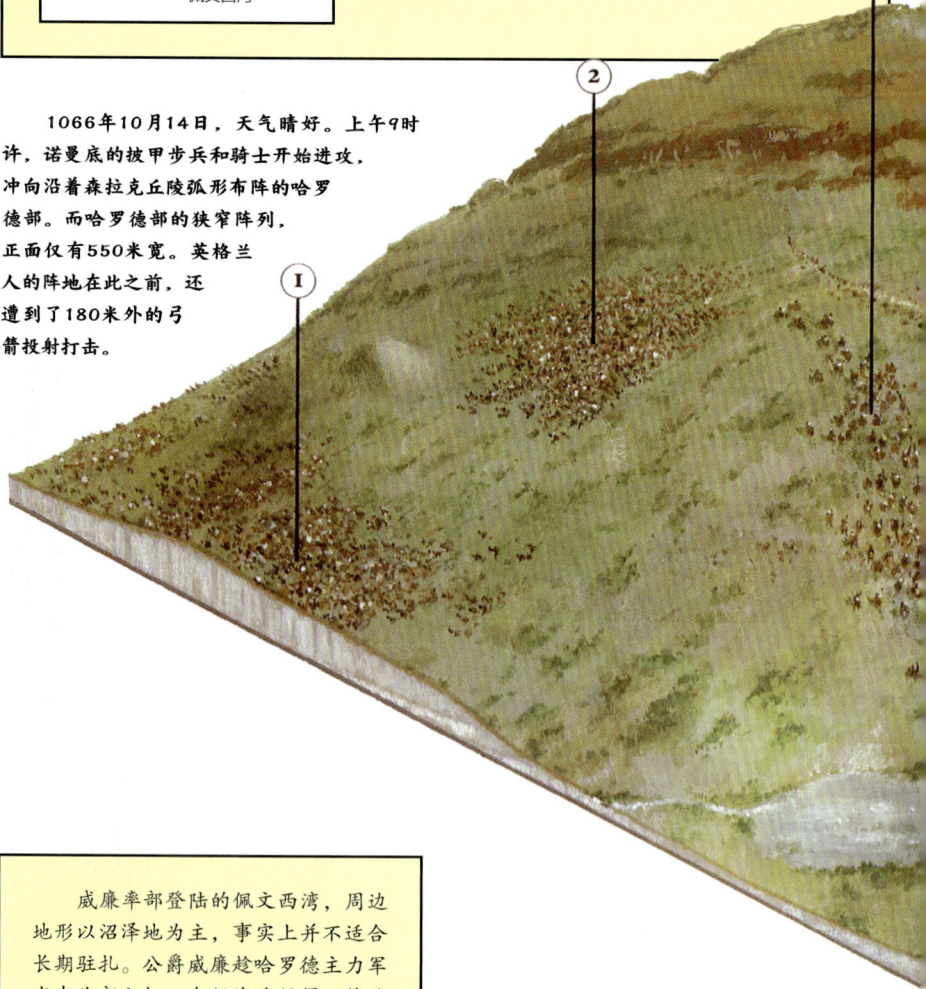

【1】"Witan"，全称为"witenagemot"，意为"智者会议"。
【2】即哈拉尔德三世，哈拉尔德·西居尔松（Sigurdsson）。"Hardrada"意为"严苛的君主"。此前的北欧君主曾多次组织舰队入侵英格兰。
【3】哈拉尔德三世得到了哈罗德的兄弟托斯蒂格（Tostig）的支持，击败了英格兰北部贵族组织的初期反击后夺取了约克。然而哈罗德的突袭截断了斯坦福桥两侧的敌军，导致包括哈拉尔德在内的多数北欧战士无法拿到留在对岸的护甲，只得在孤注一掷的无甲突击中战死。

威廉率部登陆的佩文西湾，周边地形以沼泽地为主，事实上并不适合长期驻扎。公爵威廉趁哈罗德主力军尚在北部之机，未经战斗便得以将陆军与舰队转移到更稳固的驻地黑斯廷斯。在这里他下令用原木与夯土筑起营垒，作为前进基地。

10月6日抵达伦敦。他仅仅在这里休整了5天，与在这短短几天之中能够赶来的少量部队会合，而后便向南前往海滨，与诺曼人决战。

10月13日，星期五，哈罗德将部队部署在森拉克丘陵（Senlac Hill）。这是一处理想的防御阵地，位于伦敦与黑斯廷斯（Hastings）之间的主干道路旁，距离海滨11公里。战场正面只有约550

▲ 巴约挂毯（*Bayeux Tapestry*）局部，诺曼人将锁子甲运往威廉的船队。

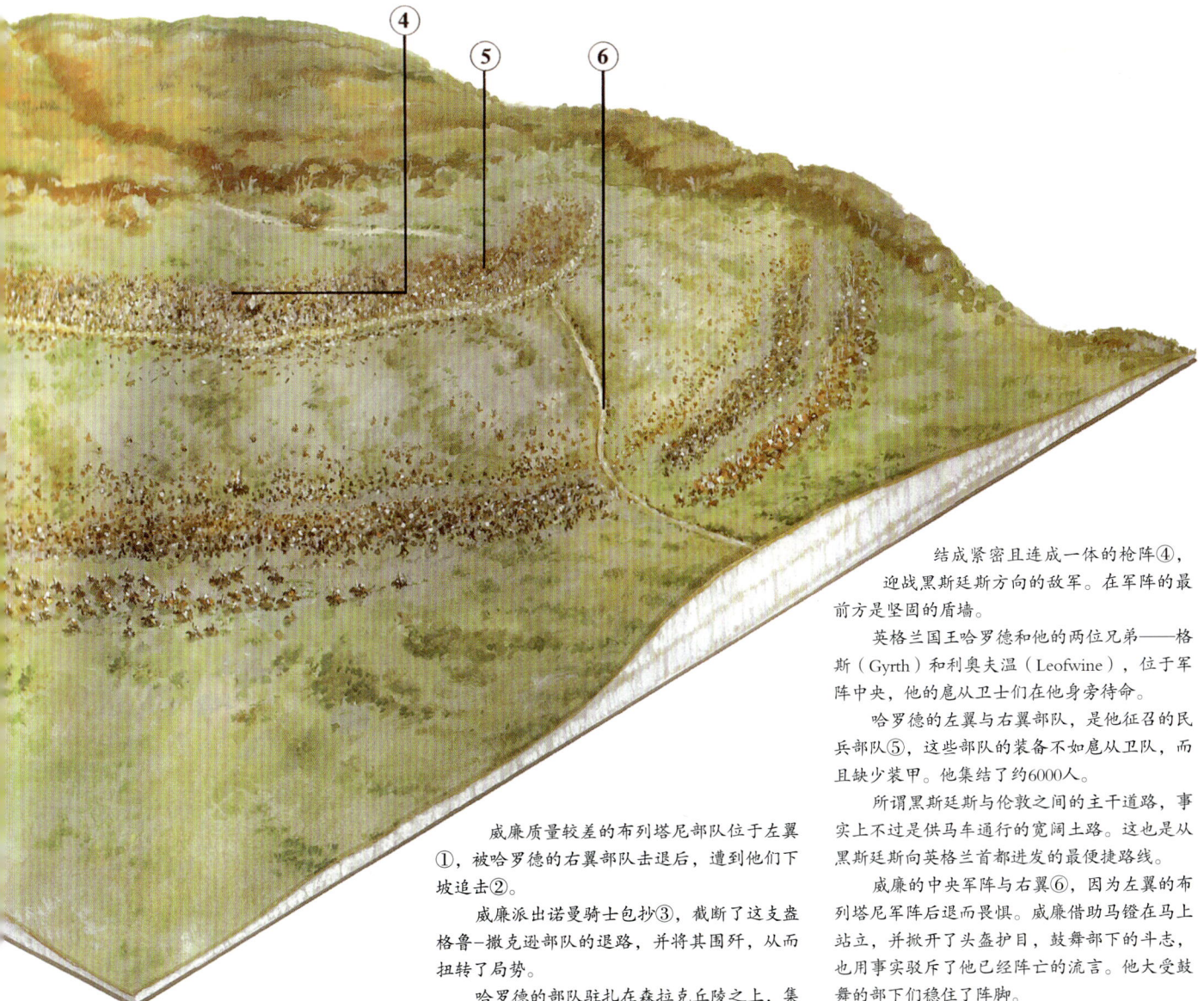

威廉质量较差的布列塔尼部队位于左翼①，被哈罗德的右翼部队击退后，遭到他们下坡追击②。

威廉派出诺曼骑士包抄③，截断了这支盎格鲁-撒克逊部队的退路，并将其围歼，从而扭转了局势。

哈罗德的部队驻扎在森拉克丘陵之上，集结成紧密且连成一体的枪阵④，迎战黑斯廷斯方向的敌军。在军阵的最前方是坚固的盾墙。

英格兰国王哈罗德和他的两位兄弟——格斯（Gyrth）和利奥夫温（Leofwine），位于军阵中央，他的扈从卫士们在他身旁待命。

哈罗德的左翼与右翼部队，是他征召的民兵部队⑤，这些部队的装备不如扈从卫队，而且缺少装甲。他集结了约6000人。

所谓黑斯廷斯与伦敦之间的主干道路，事实上不过是供马车通行的宽阔土路。这也是从黑斯廷斯向英格兰首都进发的最便捷路线。

威廉的中央军阵与右翼⑥，因为左翼的布列塔尼军队后退而畏惧。威廉借助马镫在马上站立，并掀开了头盔护目，鼓舞部下的斗志，也用事实驳斥了他已经阵亡的流言。他大受鼓舞的部下们稳住了阵脚。

米宽，侧翼则有陡坡和沟壑防护。从高地流向开阔地西端的阿斯滕溪流（Asten stream），成了入侵者的又一个阻碍。

得知哈罗德突然在森拉克丘陵出现，在黑斯廷斯筑垒的威廉甚感意外，却并未慌乱。时年38岁的威廉已经参加过许多次战斗，14日破晓时分，他迅速集结了麾下约6000人的部队北上森拉克。

面对丘陵之上的盎格鲁–撒克逊人阵地，威廉在开阔地上将以逸待劳的部下们分成三个军阵：右翼是法国部队和雇佣兵，由布鲁日（Boulogne）伯爵厄斯塔斯（Eustace）指挥；左翼的部队以布列塔尼人为主，由布列塔尼伯爵阿朗（Alan）指挥；而中军阵则部署了战斗力最强的诺曼人，由公爵本人亲自指挥。

这一战或许在上午9时许开始，威廉的号手首先发出了弓箭部队前出投射的信号。这次投射打击几乎没有遭到反制，因为哈罗德阵中的弓箭手数量太少。在箭矢耗竭之后，诺曼一方的弓箭手向两侧移动，让出空间，披甲步兵随即前进，进行残酷的近战格斗。在使用剑、斧、短枪与棍棒进行一番横割、纵劈、直刺与钝击之后，步兵再缓步后退，让骑士们发起冲击。但即使是骑士们的进攻，也没能动摇盎格鲁–撒克逊人的军阵。

大约在开战不久之后，威廉的左翼军阵，质量较差的布列塔尼部队开始溃逃，而在直面他们的哈罗德右翼军阵，一些不守纪律的民兵散开了密集军阵，前去追击布列塔尼人。布列塔尼人的溃败开始影响威廉的另外两个军阵，但威廉成功稳定了军心，并派出麾下部分诺曼骑士发起包抄，歼灭了追击的盎格鲁–撒克逊部队。

在对盎格鲁–撒克逊人的军阵发起了一次又一次进攻后，公爵威廉忽然想到了布列塔尼人败退之后的事态发展，于是下令诈败，诱骗哈罗德的部队放弃高地，下山追击。这一诡计果然奏效，更多不守纪律的盎格鲁–撒克逊民兵离开密集军阵，追击"溃逃"的敌人，随即被分割包围，逐一歼灭。按照巴约挂毯

巴约挂毯是长达68.5米的刺绣织品，记述了威廉征服英格兰，以及征服前后的相关事件。挂毯的这一部分说明，诺曼人与盎格鲁–撒克逊人不同，他们主要倚靠披甲步兵，以及身穿锁子甲、骑乘良马的骑士。威廉约6000人的部队之中，大约1/3配有马匹。诺曼人的核心战术特点是骑兵冲锋。骑兵以骑枪为主武器，在近战时使用剑或斧。在黑斯廷斯之战中，当左翼的布列塔尼部队后退之时，诺曼骑兵出击扭转了局势。然而这些部队没能参与最后的追击，因为在光照不足的日落时分，许多不熟悉地形的骑兵坠入了一道陡峭的谷地之中，身穿重甲的他们无法及时脱困，未能继续作战。

扈从卫队是一支特化的重甲部队，是盎格鲁–撒克逊部队的核心。相比对国王的忠诚，他们更看重战友情谊，遵守约定俗成的军规，所有人共同为战友们的荣誉而战。在黑斯廷斯，他们部署在军阵中央的英格兰国王哈罗德身边，在战役部署需求之外，这也体现着扈从卫士们的地位与传统特权。

本地的民兵（fyrdman）则由国王征召，但每次征召的时间受限。在黑斯廷斯之战仅仅几天前，哈罗德遣散了征召的民兵。后世评论者往往就此事批评哈罗德，在失去了借公爵威廉立足未稳之时反击的可能之后，不肯在伦敦停留更久，集结更多的征召民兵，再去与威廉决战。

的说法，整整一天的苦战走向终局，是因为威廉下令弓箭手再度前出，向敌方军阵抛射，让箭矢从敌人的头顶落下。这一策略迫使盎格鲁-撒克逊人将盾牌高举在头顶，抵御箭矢，而这给了披甲步兵和骑士们直接动摇盾阵的机会。

随着箭矢落下，激烈的肉搏战再度展开。在混战之中，诺曼人用骑枪和剑斧杀进了盎格鲁-撒克逊人军阵深处。英格兰国王哈罗德被诺曼骑士斩杀，他的兄弟格斯与利奥夫温则已经先他战死，群龙无首的英格兰军阵终于开始崩溃。

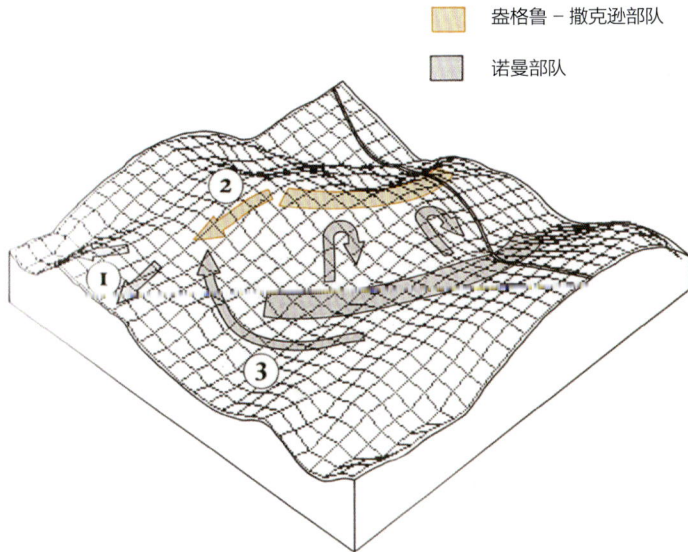

盎格鲁-撒克逊部队

诺曼部队

交战初期，威廉左翼军阵的布列塔尼部队①，进攻被击退并后撤，哈罗德右翼军阵中的民兵②发起追击。威廉派出骑兵③，从追击的盎格鲁-撒克逊部队后方长距离包抄，将他们分割歼灭。威廉的右翼此后诈败后退，也遭遇了类似的追击，他们重复了此前的包抄歼灭战术，同样取得成功。诺曼人的军队之中往往拥有规模可观的骑兵，而盎格鲁-撒克逊人则常年步行作战，这是黑斯廷斯之战决胜的关键之一。

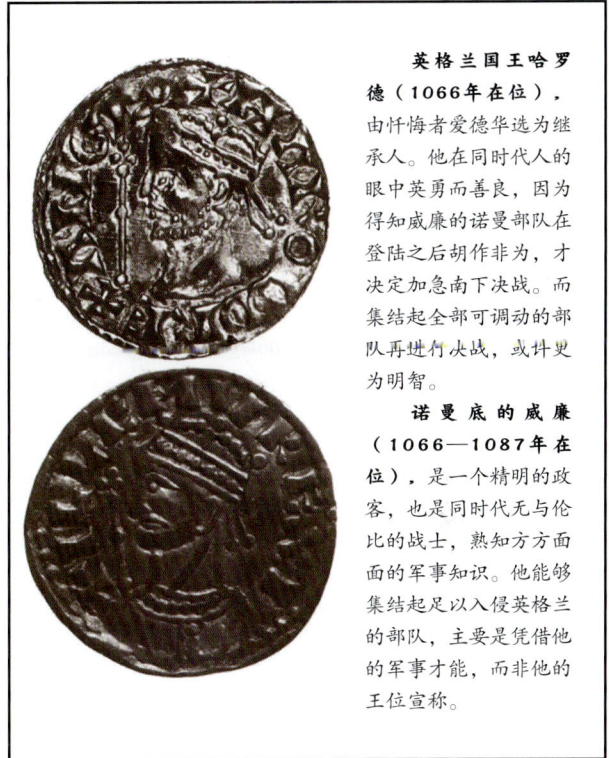

英格兰国王哈罗德（1066年在位）。由忏悔者爱德华选为继承人。他在同时代人的眼中英勇而善良，因为得知威廉的诺曼部队在登陆之后胡作非为，才决定加急南下决战。而集结起全部可调动的部队再进行决战，或许更为明智。

诺曼底的威廉（1066—1087年在位）。是一个精明的政客，也是同时代无与伦比的战士，熟知方方面面的军事知识。他能够集结起足以入侵英格兰的部队，主要是凭借他的军事才能，而非他的王位宣称。

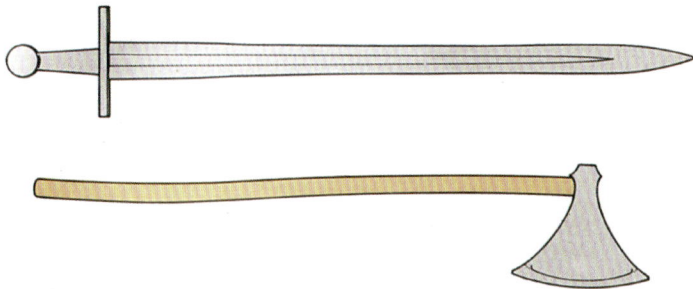

11世纪以及许多年之后的西欧剑，主要的杀伤方式是割，因此剑身较长，剑刃较宽。这类剑较重，需要足够的力量与技巧才能有效使用。单面斧或双头斧，则是盎格鲁-撒克逊人的主武器。士兵们将盾牌底的尖端插入土中固定，而后双手挥动战斧。哈拉尔德的部队大多使用战斧，也有一些人仅仅装备了短枪乃至棍棒。

黑斯廷斯之战决定了英格兰王位的归属。十周之后，即1066年的圣诞节，以"征服者威廉"之名流传史册的诺曼底公爵，在威斯敏斯特大教堂加冕为英格兰国王。这座大教堂始建于7世纪，此前正是由忏悔者爱德华重修的。此后几年之中，仍有零星的盎格鲁-撒克逊人抵抗，领导者包括东安格利亚（East Anglia）的民俗传说主人公——韦克（Wake）的赫里沃德（Hereward），但这些抵抗都已无力回天，因为盎格鲁-撒克逊人的主力军已经被消灭，而装备精良组织严密的诺曼军队，在镇压叛乱之时也毫不留情。

公爵威廉在黑斯廷斯之战中的压倒性胜利，留下了意义深远而多样的影响。在自己新掌控的王国之中，威廉迅速划分了广阔的领土，将当地原本的盎格鲁-撒克逊领主们赶走，再分别赏赐给自己大大小小的追随者。此外，威廉下令用诺曼教士取代盎格鲁-撒克逊教士们，由于只有教士们有书写能力，这个国家原本的语言很快便混入了诺曼底的法语语素。即位不久之后颁布的新法律，在盎格鲁-撒克逊人看来既陌生又难以接受，王国强行建立起封建制，大规模的城堡与大小教堂的建造计划也随即开始。而最重要的变化，或许是将英格兰与法兰西联系在了一起。一个世纪之后，亨利二世统治的诺曼帝国，成为欧洲最强大的政权，其领土向北与苏格兰相接，向西进入爱尔兰岛，向南则控制了直达比利牛斯山脉的法国西部。这个强大而好斗的跨地域政权，将在此后继续影响欧洲的历史。

阿尔苏夫之战，1191年9月7日

当英格兰国王——"狮心王"理查一世终于在1191年6月8日抵达巴勒斯坦时，他发现即使十字军的"海外王国"（Outremer）已经丢失了大多数的领土，余下的"法兰克人"依然争吵不休。理查支持吕西尼昂的居伊（Guy of Lusignan），此人的家族属于理查的封臣，封地在英格兰控制的今法国领土之中。[1]居伊加冕为耶路撒冷国王，掌控海外王国之后，并没有统治这一地区的能力，也正是他输掉了1187年的哈丁角（Hattin）之战，放弃了自己的王国。[2]

法国国王腓力则支持他的族兄弟蒙费拉的康拉德（Conrad of Monferrat），此人在哈丁角惨败之后临危受命，指挥十字军继续作战。康拉德的支持者们宣称，居伊只是靠着妻子获取王位，在战败被俘之后，无权重回王位。[3]

在双方尚在争执不休之时，十字军开始围攻穆斯林新近夺取的阿克里（Acre），一座繁荣的地中海港口城市。萨拉丁几次试图援救，均以失败告终，守军最终在1191年7月12日投降。十字军用这些俘虏作为筹码谈判，对方同意交还"真十字架"、1500名基督徒俘虏，以及部分赎金。

理查和腓力率领的欧洲十字军，以及海外王国本地的领主们，随后进入阿克里，并在这里召开会议，讨论耶路撒冷王位的最终归属。双方妥协的结果是，居伊将保留王位直到去世，而康拉德则作为他的继承人。安排好了亲属的未来之后，法国国王腓力将法兰西十字

1191年9月7日，十字军在阿尔苏夫城北不远处遭遇了萨拉丁的进攻。这一天烈日高照，暑热难当。十字军背靠地中海列阵，而在他们前方约3.2公里处，则是阿尔苏夫城外的林地。

在向南进军的道路上，十字军遭到萨拉丁部队接连不断的袭扰。为此，理查调整了行军队列，步兵整体分为两部分，一部在外侧行军抵御袭扰，另一部则在内侧安然行军，次日两支部队再交换位置行军。这样，他总有一半部队不至于过度疲劳。

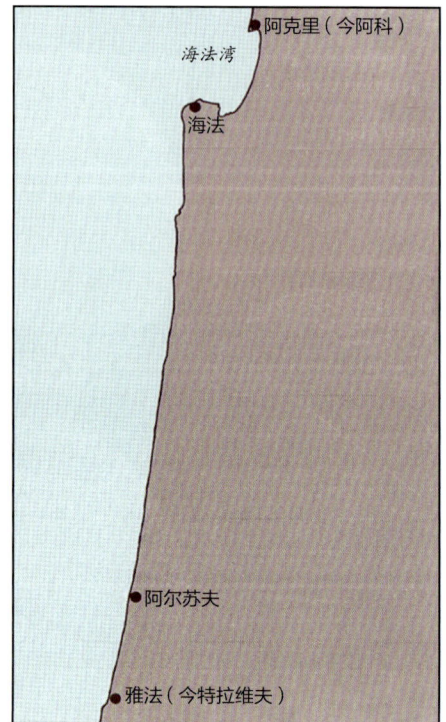

阿克里（今阿科）
海法湾
海法
阿尔苏夫
雅法（今特拉维夫）

【1】耶路撒冷的"麻风王"，鲍德温四世即位之后，其姐西比勒与蒙费拉侯爵的长子（康拉德之兄）成婚，但丈夫不久之后病故，留下遗腹子鲍德温。圣殿骑士团长将自己的兄弟居伊引荐给了西比勒，但居伊的鲁莽无谋令鲍德温四世不满，在遗嘱中将王位传给外甥鲍德温五世，拒绝让居伊摄政。但不久后鲍德温五世也因麻风病早逝，让居伊得以继承王位。

【2】为解救被萨拉丁包围的泰伯利亚斯，海外王国调动大量军队迎战萨拉丁，在局势不利的情况下，居伊依然决定展开决战，最终被数量占优，且以逸待劳的萨拉丁围在被称为哈丁角的丘陵。除少量部队突围外，参战的海外王国部队大部被歼灭，居伊被俘，随军的"真十字架"也落入萨拉丁手中。萨拉丁因此得以席卷海外王国，夺取包括耶路撒冷在内的广阔地区。

【3】蒙费拉侯爵在哈丁角之战被俘之后不久，其子蒙费拉的康拉德率领少量十字军抵达提尔港。他接管了提尔的防务，即使父亲被押到城下，也坚持抵抗，而尊重对手的萨拉丁也释放了老侯爵。康拉德为海外王国保住了巴勒斯坦的最后据点，也给第三次十字军留下了反攻的桥头堡，因而此时威望极高。

1187年，穆斯林夺取了耶路撒冷，而基督徒至高的圣物"真十字架"，也已落入异教徒手中。天主教会震怒，教皇克莱芒三世号召发动第三次十字军，以收复圣城。

神圣罗马帝国皇帝"巴巴罗萨"腓特烈，是最早响应十字军号召的君主，他于1189年率领大军前往巴勒斯坦。然而腓特烈在前往耶路撒冷的途中意外身亡，他的部下深受打击，最终只有千余人抵达了圣地。[4]

生活在东地中海的海外王国的"法兰克人"，随后请求英格兰国王理查一世与

法国国王腓力二世出兵，击败萨拉丁的大军，夺回王国的领土与圣物。当时理查与腓力正处于战争之中，但两位君主紧急达成了和平协议，于1190年7月4日共同启程前往圣地。[5]尽管英格兰十字军与法兰西十字军的进军路线并不完全重叠，漫长的旅途之中发生的一系列政治事件，还是加剧了双方的敌意。理查在途中攻破了墨西拿（Messina），[6]占据了塞浦路斯岛，[7]而后才前往巴勒斯坦，而腓力则在7个星期之前就抵达了圣地。

【4】"巴巴罗萨"（意为"红胡子"）腓特烈是霍亨斯陶芬王朝的皇帝，曾随叔父康拉德参与失败的第二次十字军。德意志十字军沿陆路通过东欧、巴尔干半岛与安纳托利亚半岛，途中攻破了罗姆苏丹国的首都科尼亚（Konya）。然而在他们抵达十字军盟友亚美尼亚人控制的地区，行将进入叙利亚时，腓特烈却意外落水溺亡。他的次子，施瓦本（Schwaben）公爵腓特烈接管了指挥，但不服他管束的德意志大领主们，或率兵返回家乡，或拒绝随他前进。小腓特烈本人则因病无法继续前行，他的先头部队无法在进入叙利亚的途中遭到伏击，"只有千余人抵达圣地"，此后从塔尔苏斯（Tarsus）等地乘船抵达巴勒斯坦，但其总规模终究与"巴巴罗萨"出发之时的数万十字军，不可同日而语。

【5】英格兰国王亨利二世的长子，后来的狮心王理查，在1187年年底即许诺参与十字军，亨利二世也在1188年年初与法国国王腓力二世议和。然而理查在同年6月与图卢兹伯爵的冲突，让英法再度卷入战争。1189年1月，理查又倒向法国，对抗其父亨利二世。亨利在7月3日接受了停战条款，7月6日即病逝。理查则继成为英格兰国王。

【6】西西里王国的君主威廉二世，是狮心王理查的妹夫，然而威廉在1189年11月病逝后，堂兄弟坦克雷德（Tancred）靠着宫廷阴谋继位。理查在西西里暂住期间，有意干涉西西里政局，而由于墨西拿拒绝英格兰十字军入城，理查在1190年10月4日强行攻破该城。坦克雷德拿出大笔钱财平息了事态。

【7】当时塞浦路斯岛的统治者，是伊萨克·科穆宁（Komnenos），由于拜占庭帝国的科穆宁王朝此时已被安吉洛斯王朝推翻，伊萨克自立为帝，独立于各方势力之外。伊萨克与理查同样因琐事开战，理查先后攻破了伊萨克在岛上的多个主要据点，俘虏伊萨克的妻女，迫使他投降。理查在塞浦路斯岛掠走大笔钱财，而后将吕西尼昂的居伊安置于此，立为塞浦路斯国王。

军指挥权交给勃艮第公爵，自己则返回法国。

"狮心王"，英格兰的勇士王，则留下来继续指挥第三次十字军东征。他的第一道命令是背弃交换俘虏的协议，将这些不幸的守军处死。与萨拉丁的

换俘谈判就此终止，而这位国王如此做的原因，仅仅是不想让约2500名包括妇孺在内的俘虏，耽搁他向耶路撒冷的进军。如此的野蛮行为令"萨拉森人"震惊。理查下令，于8月22日开始南下。

十字军在烈日之下，沿着尘土飞

扬的海滨道路，向96公里之外的雅法（Jaffa）进军。这支部队约有1.4万人，并携带了大量的辎重。身披重甲的士兵们，正排成纵队在暑热中艰难前行之时，萨拉丁却率领一支从穆斯林世界各地调集的大军，如阴云一般笼罩在十

在开战之时，理查将辎重车辆④布置在军阵的最后，距离地中海最近处，骑兵布置在辎重车的前方，步兵则在最前方列阵。

萨拉森人②在阿尔苏夫林地之中③以逸待劳。当十字军抵达之后，萨拉森人吹响号角，从林地杀出。他们集中攻击十字军的左翼，试图将其分割。

面对萨拉森人的挑衅攻击，理查命令部下

坚守阵地，不得出击。

医院骑士①位于十字军军阵的左翼，忍无可忍的他们突然穿过步兵军阵的空隙，向前冲锋。萨拉森人在突袭之下败退，伤亡甚多。

理查布置的行军队列能够迅速转为作战阵形。骑兵分为12队，

而外侧的步兵则几乎连成一线，负责抵御萨拉森人的袭扰与冲击，而军阵的最前方和最后方则分别为圣殿骑士与医院骑士。

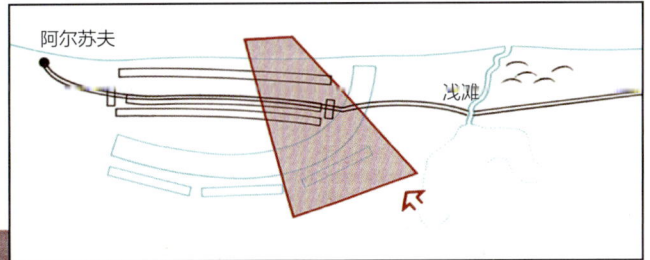

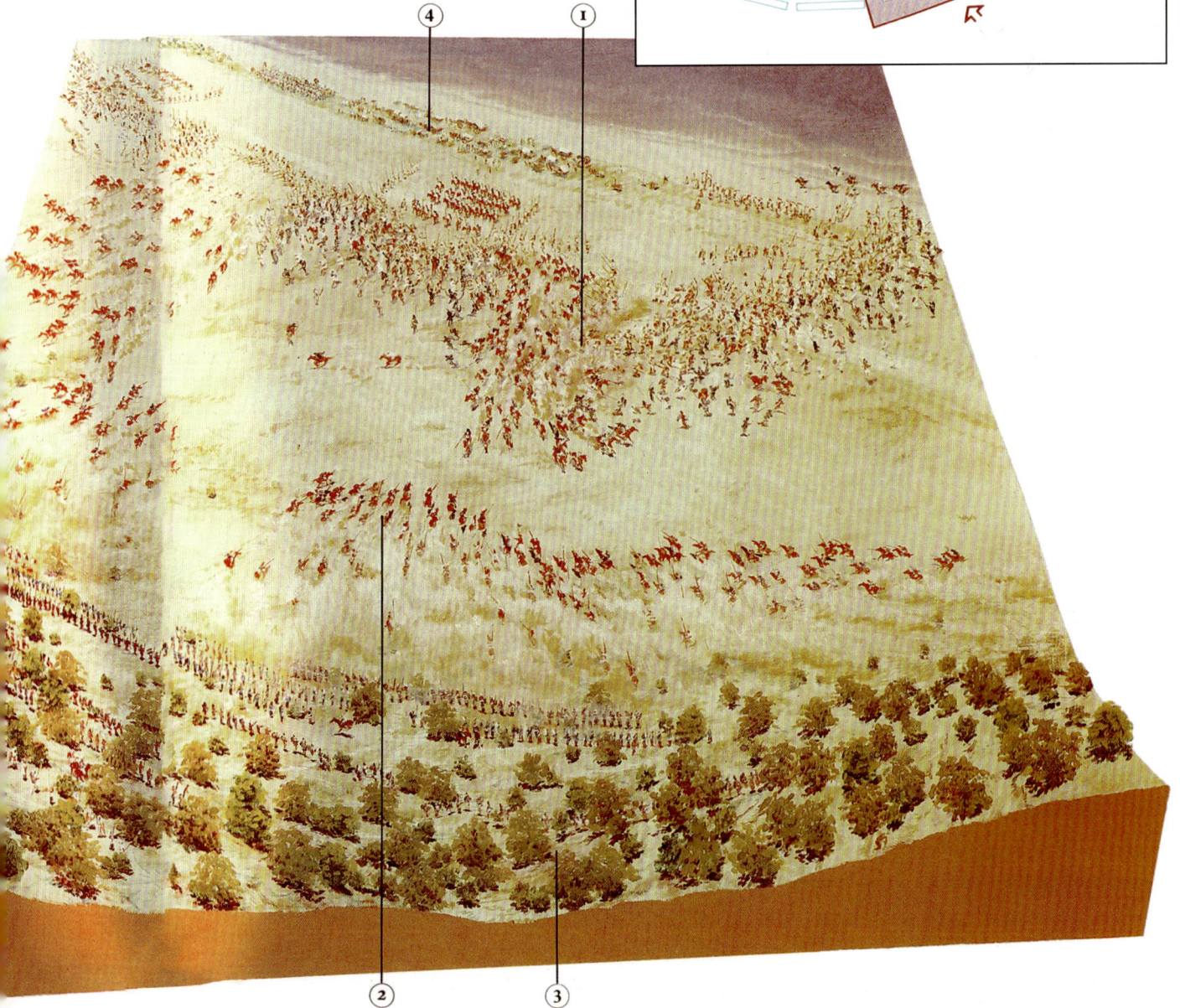

字军的队列之外。接连不断的前哨战之中，理查的后卫部队遭到了持续袭扰。穆斯林杀死了所有因中暑而不幸掉队的基督徒，报复理查在阿克里的背信屠杀。萨拉丁则在不断寻找适宜的战场，迫使理查与他决战。

然而这位英格兰国王并不急于交锋。他的骑士身披铁甲，步兵也有锁子甲和厚毡衣防护，可来自气温较低地区的他们，却也因此在暑热中大汗淋漓，而行军以及抵御对面弓箭手的投射，进一步消耗了他们的体力。理查在9月5日向萨拉丁请求停战，安排和谈，但谈判无果而终。

两天后，萨拉丁决定在阿尔苏夫（Arsuf）以北几公里处一个宽3.2公里的平原之上进行决战，这处预设战场夹在东面的森林与西面的地中海之间。

在那个星期六的上午，理查已经别无选择，只能为即将到来的决战做准备。他命令辎重车辆停止前进，并调拨了一些步兵守卫，而后将大部队结成背对大海的军阵。他派弓箭手和枪盾步兵在前方列阵，掩护他的核心作战部队——骑士。两个骑士团的部队布置在两侧，圣殿骑士集结在阵线右翼，医院骑士集结在左翼。法兰西、佛兰德、英格兰以及海外王国的重骑兵则配置在中间，"狮心王"理查在正中央指挥。萨拉森弓箭手与枪盾步兵，在萨拉丁的主力军前方一段距离之外不断攻击，以迫使十字军部分部队脱离军阵，主动冲锋。久经沙场的狮心王看穿了对方的意图，严令骑士们不得擅自行动，要在军号声中一同冲锋。

十字军的步兵阵线多次被萨拉森人动摇，又一次次重组，尽管骑士们急于反击，但来自不同国家的他们，慑于理查的威望，又钦佩他的指挥才能，还是遵守了命令。即使萨拉丁派出重骑兵冲击十字军左翼，医院骑士团的指挥官派来信使，请求理查允许反击之时，狮心王依然要他们耐心坚持下去。

突然，两名医院骑士催马向前，

他们身边的骑士们也纷纷跟上。认为反击的时机几近成熟的理查，决定顺势进军。展开的萨拉森军队，在十字军冲击之下瓦解，没有被骑士的骑枪刺死的穆斯林，纷纷逃离战场。【8】

【8】"狮心王"理查在阿尔苏夫之战取胜后，又夺取了雅法，并依靠枪盾步兵、弓箭手和下马骑士击退了萨拉丁攻击雅法的部队。然而第三次十字军终未能更进一步。

▼ "狮心王"理查遭到萨拉森人猛攻。

两个最著名的十字军骑士团——医院骑士团与圣殿骑士团，都参与了阿尔苏夫之战。两个骑士团原本都是修道士组成的教团，创立初衷都是帮助朝圣者。圣殿骑士团在通往耶路撒冷的道路上，负责保护朝圣者的安全，而医院骑士团则为朝圣者提供住所以及医护。在12世纪，这两个教团都发展成了精锐作战部队，在各地为保卫基督教而战。医院骑士团身穿黑披风，配有白色十字，而圣殿骑士团则配有带兜帽的白色披风，与西多会（Cistercian）的修道士类似。在作战时他们会换上带红色十字的白披风（右图）。

骨朵/钉锤

单刀
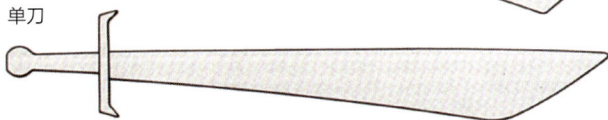

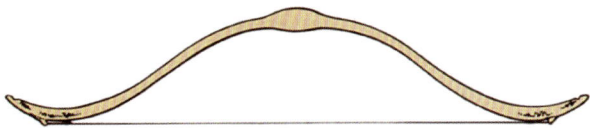

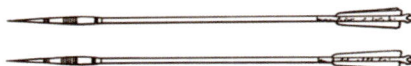
萨拉森人的弓箭

在训练有素的士兵手中，铁骨朵是一种可怕的武器，能够击碎敌人的颅骨，打断敌人的肢体，无论他是否披甲。骨朵的战斗部重1.8—2.7公斤，长度约14厘米。

英格兰人的单刀刃短而重，主要由步兵使用。这种单刀的刀刃留有较大的弧度，但刀背则是或直或弯。

萨拉森人的复合弓使用木料、皮带、筋腱与兽角制成，并覆盖树皮或兽皮。这些材料提供了良好的弹力。箭矢配有兽角制成的卡口，以便弓弦卡入。

理查一世（1157—1199），几乎一生都在战斗，不但和自己的宿敌法国国王腓力二世作战，也曾和父兄刀剑相向。在第三次十字军结束之后，理查被奥地利公爵利奥波德五世俘虏，英格兰臣民不得不为国王缴纳巨额赎金。

萨拉丁（约1137—1193），自立为埃及苏丹，并征服了大片北非、叙利亚以及巴勒斯坦的土地。夺取耶路撒冷，也仿佛预示了基督教海外王国的瓦解。此外，萨拉丁也赞助艺术，仁义之名流传后世。【9】

【9】在埃及的法蒂玛王朝摇摇欲坠之时，耶路撒冷国王阿马尔里克试图夺取埃及，但进攻未能取胜。库尔德人萨拉丁跟随叔父前往埃及救援，在耶路撒冷王国战败之后，黄雀在后的萨拉丁灭亡了法蒂玛王朝，建立阿尤布王朝。

拔剑冲锋

骑枪冲锋

在中世纪，欧洲的骑士使用骑枪和佩剑，通常还会装备盾牌。骑枪长约3米，枪尖开刃，冲锋之时骑枪夹在腋下，向前方伸出。【10】骑枪通常会在第一次撞击之时折断。此后骑士就要使用佩剑作战，有时骑士也会在冲锋时使用佩剑。

【10】将骑枪夹在腋下，而非高举过肩下刺或握持平刺，是一种大约出现于11世纪中晚期的战术，这一战术提升了重装骑兵的冲击力。

阿尔苏夫之战，也是第三次十字军的唯一一次大规模决战，这一战的胜利以及不久之前夺取阿克里，让基督徒士气大振，因为理查一世打破了萨拉丁的不败神话。然而理查最大的贡献，还是以谈判的方式带来了和平。尽管他没有夺回耶路撒冷和"真十字架"，理查和萨拉丁的和约，还是让"法兰克人"的海外王国在巴勒斯坦海滨重建，并让基督徒朝圣者得以进入圣地。几乎没有哪位十字军领袖取得更大的成就。【11】

第三次十字军，以及之后的十字军——特别是第四次十字军，影响深远。欧洲西部与黎凡特地区的贸易，自12世纪之后不断增加，阿拉伯人的伊斯兰文化也在十字军时代，通过贸易路线向西欧传播。一系列的农作物，例如柠檬、柑橘、桃、玉米、稻米、椰枣、甘蔗以及各种香料，得以首次引入西方。此外，阿拉伯人的艺术品，诸如东方的地毯与挂毯、珠宝、珐琅器、琉璃器皿以及牙雕等，也备受西欧上流社会追捧。或许最重要的影响，是源自阿拉伯语的诸多专业词汇，尤其是天文学与其他科学领域的词汇得以传入西方语言之中。当十字军消亡之时，黎凡特城市的经济与政治实力，已经足以自行组织军队，而东西方的贸易也得以继续繁盛，不受干扰。

【11】事实上，理查一世与腓力二世的不和，加剧了十字军以及海外王国的分裂，导致他们无法调动所有军事力量，与萨拉丁决战。理查支持的盖伊，在耶路撒冷王国上下几乎一致的反对之中，被驱逐出境，王国会议推举蒙费拉的康拉德继位。然而在加冕典礼之前，康拉德被哈萨辛派刺杀，理查则成了重要的嫌疑人。奥地利公爵利奥波德逮捕理查的借口，就是指控他雇用刺客谋杀康拉德。

克雷西之战，1346年8月26日

1337年，英格兰与法兰西正式开战，拉开了"英法百年战争"的序幕。这场断断续续的王位争夺战，持续了116年。第一阶段的冲突在1346年达到了高潮，在争议领土阿基坦地区，英法双方都在围攻对方的据点，为扭转局势，英格兰国王爱德华三世组织起一支久经沙场的部队，入侵法国北部，他约1万人的部队，一半以上是所谓的"自由人"（yeoman）长弓手。[1]

1346年7月11日，他和他的部下在朴次茅斯港（Portsmouth）登船，于次日在诺曼底登陆。然而英格兰舰队因为误解了国王的命令，就此返回英格兰并解散，这直接导致他被困在了敌人的领土之上。此时的爱德华别无选择，只能北进佛兰德地区，与他在当地的封臣会合。当英国人抵达阿布维尔（Abbeville）附近的索姆河（Somme）河畔时，法国国王腓力四世的部队也已经抵达，这支截击部队，数量远超爱德华的入侵部队。

得知法军正在接近之时，爱德华也得知索姆河上的桥梁或者配备了重兵防守，或者已被拆毁，为免被敌人彻底切断退路，爱德华急于寻找其他的渡河手段，并为此许以重赏。重赏之下必有勇夫，一个叫戈班·阿加什（Gobin Agache）的人，放弃了对法国国王的忠诚，收下了英格兰国王的钱，引导爱德华来到布朗克塔克（Blanque Taque）浅滩，让他的部队在此涉水渡河。

渡河之后，在布朗克塔克以北约16公里处，爱德华找到了一处易守难攻的地形，他的长弓手可以在这里集中射击敌人。他决定，在克雷西昂蓬蒂约

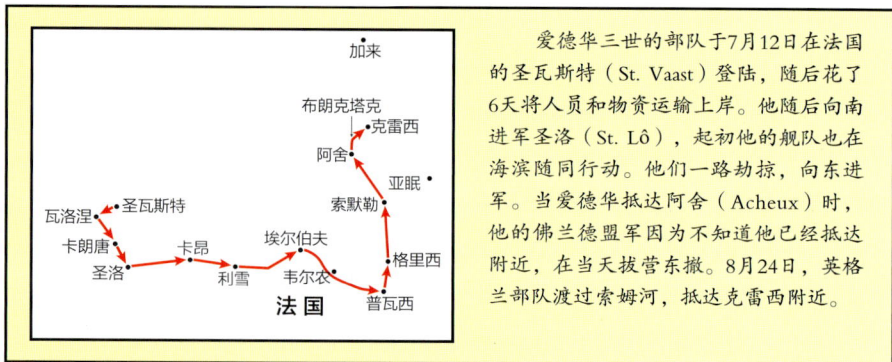

爱德华三世的部队于7月12日在法国的圣瓦斯特（St. Vaast）登陆，随后花了6天将人员和物资运输上岸。他随后向南进军圣洛（St. Lô），起初他的舰队也在海滨随同行动。他们一路劫掠，向东进军。当爱德华抵达阿舍（Acheux）时，他的佛兰德盟军因为不知道他已经抵达附近，在当天拔营东撤。8月24日，英格兰部队渡过索姆河，抵达克雷西附近。

爱德华三世沿着约1800米的坡地集结军队，右侧是马耶河（Maye），左侧则是瓦迪库尔村。这片战场两侧都是缓坡，因而易守难攻。尽管法军在当天下午就已经抵达攻击距离，但直到当天下午6时的晚祷时分，法军才发起攻击，一阵急雨过后，强烈的阳光照射在法军士兵脸上。

爱德华三世以及作为预备队的骑士① 布置在后方，两侧各有一批弓箭手掩护。

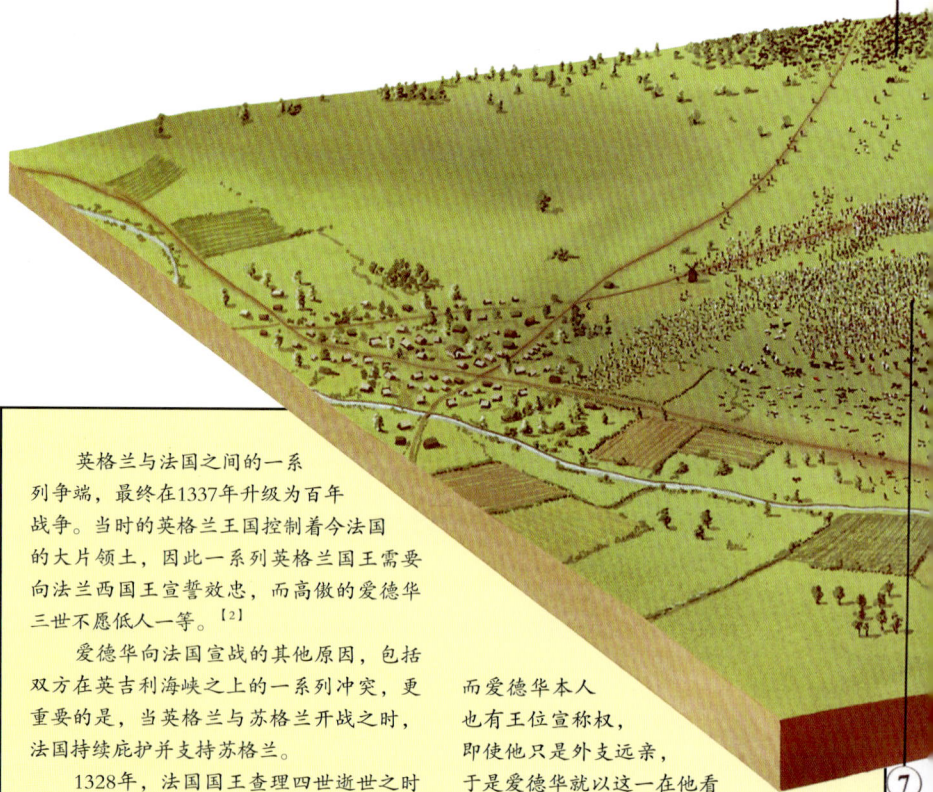

英格兰与法国之间的一系列争端，最终在1337年升级为百年战争。当时的英格兰王国控制着今法国的大片领土，因此一系列英格兰国王需要向法兰西国王宣誓效忠，而高傲的爱德华三世不愿低人一等。[2]

爱德华向法国宣战的其他原因，包括双方在英吉利海峡之上的一系列冲突，更重要的是，当英格兰与苏格兰开战之时，法国持续庇护并支持苏格兰。

1328年，法国国王查理四世逝世之时没有继承人。瓦卢瓦（Valois）的腓力继位，并要求爱德华三世向他宣誓效忠，然而爱德华本人也有王位宣称权，即使他只是外支远亲，于是爱德华就以这一在他看来最合理的借口，对法国发动了战争。[3]

【2】亨利二世在位之时，英格兰国王在今法国境内控制的领土，包括继承自"征服者威廉"的诺曼底，靠联姻获取的布列塔尼和阿基坦等。虽然法国国王拥有这些土地的名义宗主权，英格兰国王却拥有这些土地的实际管辖权。然而亨利二世之子，"狮心王"理查之弟，"失地王"约翰一世，在和腓力二世的战争中失去了大部分土地。爱德华三世时代剩余的领土仅有此前阿基坦公爵领的一部分，以及加来地区。
【3】爱德华三世是腓力四世的外孙，而瓦卢瓦的腓力则是腓力四世的侄子。

【1】"yeoman"的原意可能仅是"年轻人"，在近现代英语中这个词汇往往代指英格兰的"自由农"阶层，但对爱德华三世时代的军队而言，这个词汇更准确的意义，是地位介于骑士侍从与马夫之间的作战人员，亦即普通步兵。

爱德华的辎重车辆和驮马②，布置在军阵最后的森林附近。在那里放置的箭矢可以迅速运往前线，而遭遇敌军时，马夫们则可以躲进密林之中。

英格兰军主力分为两部，由步兵和骑士组成，他们之间是一批凸前的长弓手，约1000人③。在步兵部队的左右两翼是另一批长弓手，他们也凸前部署。

当确信腓力要从军阵左翼发起进攻之后，英格兰军主力开始前进，威胁法军的右翼④。

那些在英格兰长弓手和法兰西骑士的夹击之下幸免于难的热那亚弩手，正加速逃离战场⑤。

法军⑥本可以明智地休整一天再整队出击，然而因为担心敌人撤走，他们仓促地发起了进攻。腓力四世试图整队，但后排不断往前拥的士兵让队列更加混乱。

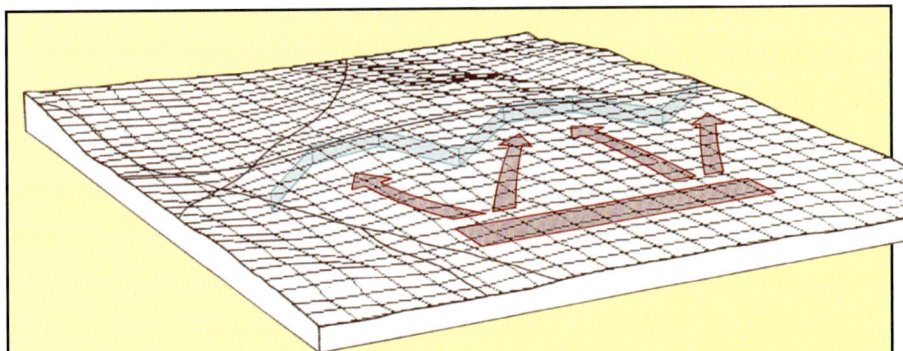

尽管战斗直到下午6时许才展开，分拨次抵达的法军也没有整队，但法兰西骑士依然发动了至少15次冲锋，才最终撤出战场。

骑士们对步兵军阵进行正面进攻，他们没有护具的战马在长弓的侧击之下纷纷中箭倒地——这正是英格兰人的作战计划。

阵亡或受伤倒地的骑兵和战马散落在两军之间的战场上，让后续的法军冲击更加困难。

当法军后退之时，手持长匕首的威尔士人冲上前刺死倒地的法国骑士，尽管想要索取赎金的爱德华三世禁止这一行为。

以失控的速度冲出箭雨的法军骑兵，向英格兰披甲步兵发起冲锋，主攻右翼⑦，那里的名义指挥官是时年17岁的威尔士亲王，即后来声名远播的黑亲王爱德华。[4]

法国国王坚持冲击英格兰军阵，在日落时分还派出第三阵的骑兵冲击。这反而进一步加剧了法军的混乱，让更多的骑士丧生。

【4】黑亲王爱德华的扬名之战是1356年的普瓦捷之战，靠着数量有限的骑兵发动背袭，英格兰军队成功俘虏法国国王，并瓦解法国西南部的军事力量。

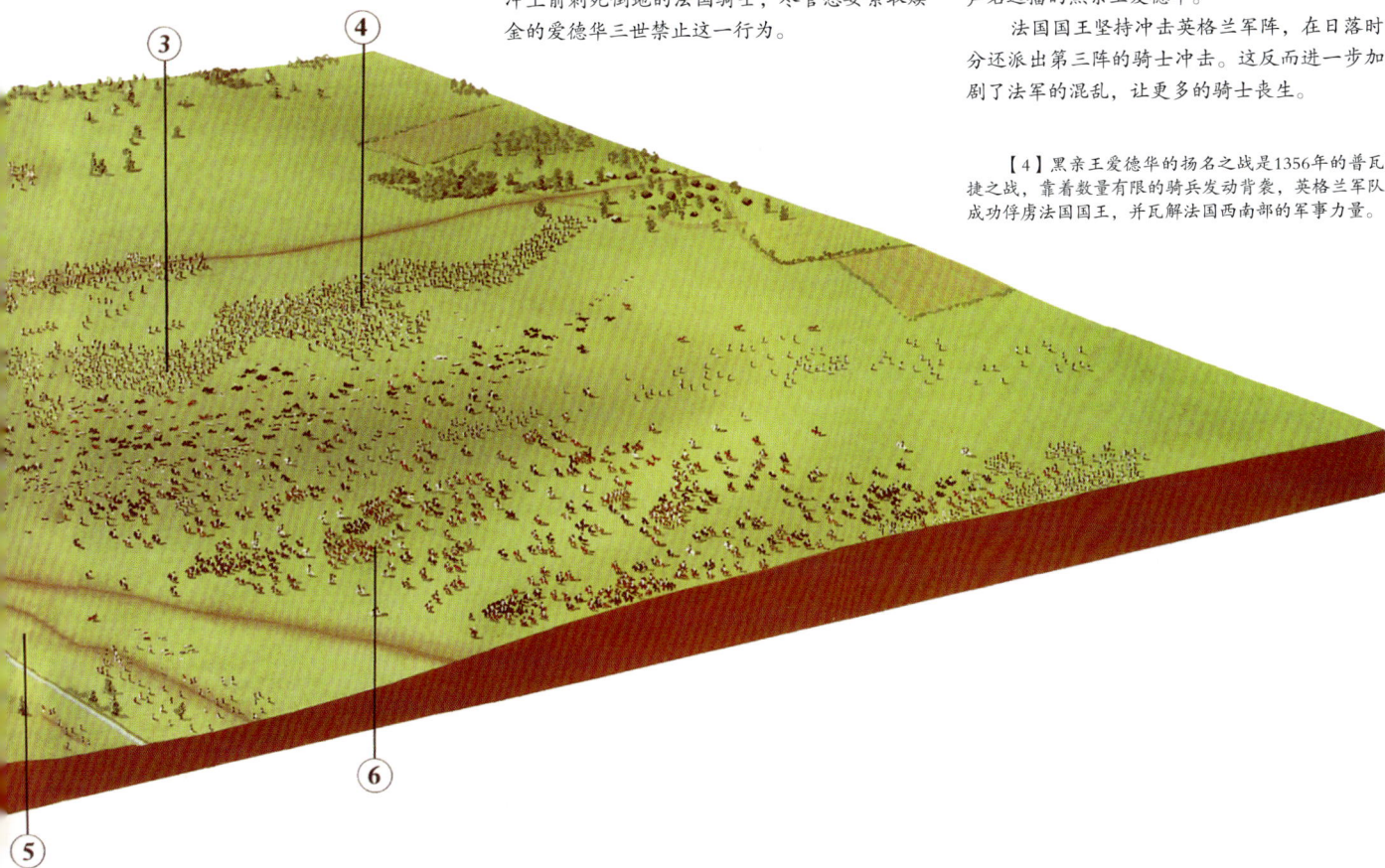

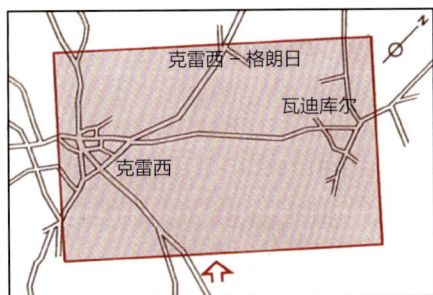

（Crecy-en-Ponthieu）迎战法军。

8月26日，星期六的上午，在克雷西与瓦迪库尔（Wadicourt）两座小村之间约1.8公里长的山脊之上，英格兰军队展开了军阵。山脊大致呈西南至东北走向，正面的缓坡通向广阔的平原，北面则是树木浓密的克雷西-格朗日林地

（Bois de Crecy Grange）。

爱德华军阵的前列与土坡同宽，由普通步兵组成的枪阵之中，还有一批下马的披甲骑兵加强战斗力，右军阵1800人，左军阵800人，而步兵军阵的两翼各有一支弓箭手部队支援，每支部队多可达1000人，向外成大角度展开。中央

的弓箭手则组成"V"形，将爱德华的两个步兵军阵连成一体。英格兰人还挖掘了防马壕沟，并在弓箭手前方设置拒马尖桩，防止骑兵直接冲击。同时，这些防御工事也可以迫使敌方骑兵转向步兵军阵，从而将他们的侧翼暴露给长弓手们。

在两个步兵军阵的后方，英格兰军阵的正中央处，还有700名重甲部队作为预备队，他们或者骑马，或者步行，侧翼还另有2000弓箭手支援。爱德华在此处指挥作战。

傍晚时分，战场附近的一座丘陵（留存至今）之上，在风车磨坊之中隐蔽的哨兵，传来了腓力的大军正在抵达的消息。一些研究者认为腓力的军队约有1.2万人，有些则认为多达4万人，但没有1.2万人的说法可信。

从阿布维尔出发之后，法军陷入了混乱之中。原本腓力打算在能看到敌人的位置扎营，在次日决战，可他无法管束部队，法兰西骑士们急于决战，他们在混乱之中向克雷西进发。然而当他们看到爱德华严阵以待的部队之时，冲在前方的好战分子们也冷静了下来，停下了脚步，与后面的己方部队撞在了一起。

法国国王明白，在傍晚与敌人决战已是不可避免，他只得尽可能维持秩序，命令热那亚雇佣军拿着笨重的钢片弩上前，希望他们能够有效压制长弓手——事实证明，腓力错了。

战斗自热那亚人射出第一轮弩箭之时展开。爱德华的弓箭手们纷纷向前还击，他们拉开长弓，射出如暴雨一般的箭矢，热那亚弩手无力还击，纷纷后退。英格兰弓箭手随后微微调整角度，将箭矢射向法军的披甲骑兵们。逃跑的弩手，按捺不住的马匹，以及不断累积的伤亡，让法军军阵陷入混乱，但那些渴望战斗的骑兵们并未动摇。在混乱之中，法兰西骑兵催马发起冲锋，他们将前方挡路的热那亚人杀死，清理出通向敌人的道路。他们冲上斜坡，扑向爱德华严阵以待的重甲部队，而在他们两

14世纪的英格兰封建制社会之中，领主向封臣分封土地，而封臣则向领主宣示效忠并提供部队。在确有需要时，国王可以征召臣民参战，即使身份低微者也要应征。然而爱德华的弓箭手是一支报酬丰厚的精锐部队，他们必须进行几个星期的弓箭训练之后才能入伍，而长弓这种武器，也确实需要一番苦练之后才能掌控。这些弓箭手每天可以拿到6便士的军饷，而如此的高薪物有所值。他们身穿皮衣，头戴皮帽（通常有金属片加固），他们的斗篷既是晚上的被褥，也能保护弓弦免受雨淋。在克雷西之战时，每个弓箭手都配有一匹矮马，以便战场之外骑乘，而在战场之中，他们步行作战。

翼，数以千计的长弓手则就此得以向他们直接射击，用锥头箭刺穿他们的护甲。法兰西重甲骑兵们，对爱德华的军阵发起了一次又一次毫无协同的冲锋，展开血腥的肉搏战。

入夜之时，腓力所剩无几的骑士发起了第15次，也是最后一次冲锋。这一次冲锋同样被击退，他们只得承认失败，撤离战场。

一些人宣称法军阵亡超过1万人。这一估计可能过高，但可以确定的是，几乎失明的波希米亚国王、洛林（Lorraine）公爵、10位伯爵以及超过1500名法兰西骑士与侍从在克雷西阵亡。爱德华的损失据说只有大概100人，在如此大规模的长时间战斗之中，这样的伤亡数字未免过低了。[5]

【5】英国史学者往往高估克雷西之战的意义。百年战争第一阶段，英格兰一方的最关键胜利是1356年的普瓦捷之战，从阿基坦出发的英格兰军队得以俘虏法国国王，并随后占据法国西南大片领土。由于1359年爱德华三世在法国北部的进攻未能夺取主要目标，双方于1360年签订和约，英格兰国王获得了法国割让的大片西南部领土，并在此建立了阿基坦大公国，由黑亲王爱德华统治。

威尔士人发明的长弓，在爱德华一世时代成为英格兰军队的装备。他的孙子爱德华三世在位时，靠着长弓手的精良箭术，长弓射出的重箭，已经足以贯穿同时代最精良的护甲。长弓使用紫杉木或榆木单体成型，上弦之后，能够将92厘米长的钢头箭，射出约256米远，并保持相当的精准度。每个弓箭手都携带一根带铁尖的木桩，并在战前插到自己面前的地面上，保护自己免受骑兵冲击。

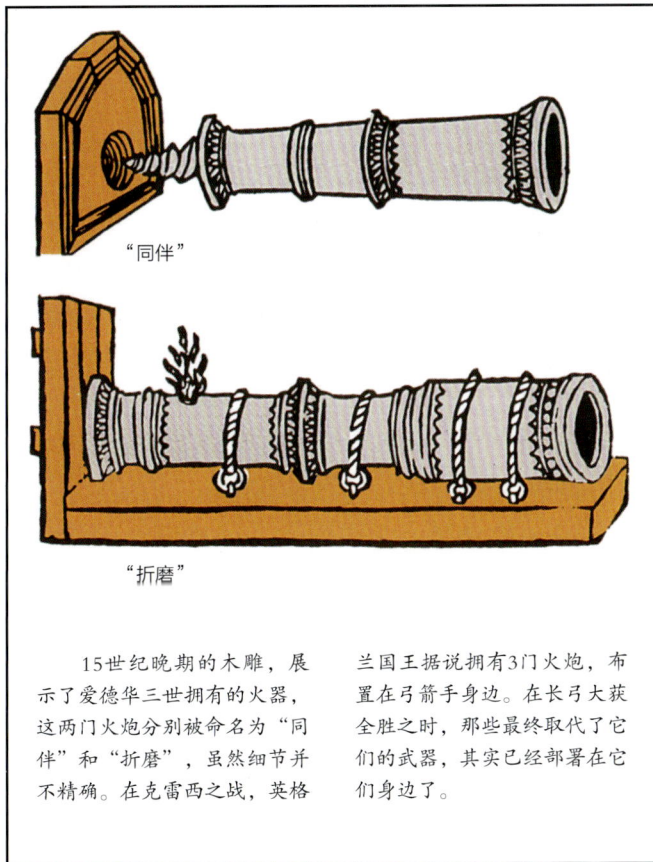

"同伴"

"折磨"

15世纪晚期的木雕，展示了爱德华三世拥有的火器，这两门火炮分别被命名为"同伴"和"折磨"，虽然细节并不精确。在克雷西之战，英格兰国王据说拥有3门火炮，布置在弓箭手身边。在长弓大获全胜之时，那些最终取代了它们的武器，其实已经部署在它们身边了。

在百年战争期间，法国的人口是英格兰的5倍，且拥有更优越的自然资源。[6]法军被英格兰人击败，相当程度上是因为对手使用的长弓。那么法国人为何不使用这种武器呢？

这种差异，一方面源自相对僵化的法国封建社会。贵族们不相信那些英格兰农民能够战胜自己，甚至在克雷西之战后，他们才逐渐吸取这一教训。此外，他们也同样蔑视自己的农民征召军，不愿花钱给他们购置装备，也不愿花时间整训他们。同样重要的是，贵族们担心将如此强大的武器交给农民，会让他们在反叛之时，用这些武器攻击自己。这也是法军此后一系列挫败的主要原因，1415年的阿金库尔（Agincourt）之战，法军再度惨败，丢失了大片土地。然而在无能的英格兰国王亨利六世统治时期，法国成功收复了绝大部分沦陷的领土。[7]

【6】法国得以两度在逆境之中反败为胜，其主要原因之一正是富饶土地带来的充足财政收入。百年战争第二阶段，继任的法国国王查理五世，以多点进攻、避免决战的战略，进攻黑亲王爱德华的阿基坦大公国。此时爱德华三世年老体衰，财政因为此前入侵法国的庞大耗费困窘不堪；黑亲王爱德华则肉出其十岁卡斯蒂利业王位继承，欠下了大笔军饷，又意外染病而无法亲自指挥战斗。黑亲王于1376年先于其父亡故，英格兰王位于1377年交给了他十岁的儿子理查二世，英格兰一方的混乱进一步加剧。最终，双方于1389年再度签订和约之时，英格兰在法国直接掌控的土地大为萎缩，甚至少于爱德华三世开战之前。

【7】1415年，英格兰国王亨利五世再度出兵入侵法国，在阿金库尔之战再度大败法军，而后他在勃艮第公爵"好人"腓力的支持下，占据包括巴黎在内的法国北部大片土地，并干涉法国王位继承。然而圣女贞德重振了法军的士气，加之英格兰高级指挥官贝德福德公爵约翰去世，勃艮第公国转向攻略低地，法国再度以多点进攻、避免决战的战略收复了北部的失地。

256米

长弓的两端使用弹性较好的边材，而中央则是致密的芯材，以保证强度。在克雷西之战时，长弓的射程略低于弩，但效率更高。然而长弓压倒性的优势则是射速，训练有素的长弓手甚至可以每分钟射出10支箭。此外，由于长弓手在射击时，需要向长弓的方向倾斜身体，并侧身射击，大批弓箭手可以在一个狭小区域内展开并投射。

320米

14世纪的欧洲弩，使用的弩箭可能有尾羽，也可能不带。这种武器极为精确，射手可以从弩的上方瞄准。弩最大的缺点则是弩手必须要在每次发射前费力上弦，沉重的钢板滑轮弩，弩手甚至每分钟只能射出一发弩箭。

布赖滕费尔德之战，1631年9月17日

1611年，年仅17岁的古斯塔夫·阿道夫（Gustavus Adolphus）继承了瑞典王位。他潜心研究军事而又力求革新，很快组织起了一支全新的军队，几乎每一个方面都与众不同，与同时代欧洲的军事力量存在差异。

当天主教会与路德宗新教会之间的血腥冲突——三十年战争进行到第12年时，战火蔓延到了大德意志地区的波罗的海沿岸。古斯塔夫担忧瑞典被动卷入这场正向全欧洲蔓延的冲突，于是决定主动参战，支持处于逆境的新教一派。

1630年7月6日，古斯塔夫·阿道夫出兵北德意志地区，亲率部队抵达波美拉尼亚（Pomerania）的乌瑟多姆（Usedom），并在此建立了桥头堡，他的部队纪律严明，装备精良，而且相比同时代的军队而言还拥有极高的机动能力。此时的大德意志地区，存在由选帝侯（Elector）统治的一系列大公国，[1] 这支3.6万人的瑞典军队，以及附属的苏格兰与德意志雇佣军，自然不会得到所有选帝侯的欢迎。然而新教选帝侯也需要面对一个更明显的威胁——蒂伊（Tilly）伯爵约翰·采克拉斯（Johann Tserclaes）和他率领的4万部队。[2] 蒂伊伯爵为天主教联盟而战，而天主教一方的领袖，正是哈布斯堡王朝的神圣罗马帝国皇帝斐迪南二世。

然而马格德堡（Magdeburg）围攻战的结果，改变了选帝侯们的态度。选帝侯们拒绝古斯塔夫率部通过他们的封地，这导致他未能前去解围。马格德堡最终在1631年5月20日被攻破，破城之后劫掠的士兵将城市付之一炬，同时代人记载称有两万市民死于乱军之中。

这一骇人听闻的事件，彻底改变了新教贵族们的冷漠态度，许多领主开始与瑞典结盟。萨克森（Saxony）选帝侯原本仍有犹豫，然而9月初，蒂伊伯爵骄纵不法的部队进入他的封地，威胁要像摧毁马格德堡一样摧毁莱比锡（Leipzig），他只得与瑞典国王结盟，将自己的部队交给他指挥。两军在杜本（Duben）会合，而后南下前去解救24公里之外的莱比锡。

> 三十年战争于1618年在德意志爆发，战争的起因是波希米亚（Bohemia，今捷克）王位继承争议，罗马天主教会与路德宗新教会以此为借口开战。开战之后，德意志的各级贵族们各自为政，并逐一卷入冲突之中。最早出兵对抗哈布斯堡帝国，支援新教一方的外部势力是丹麦国王克里斯蒂安四世，他在1624年加入战争，而担忧天主教一方威胁的瑞典国王古斯塔夫·阿道夫，也在1630年参战。主持法国政务的枢机主教（Cardinal，或称"红衣主教"）黎塞留（Richelieu），乐见瑞典出兵干预，他虽然是天主教徒，却更想要终结哈布斯堡帝国的威权。[3]

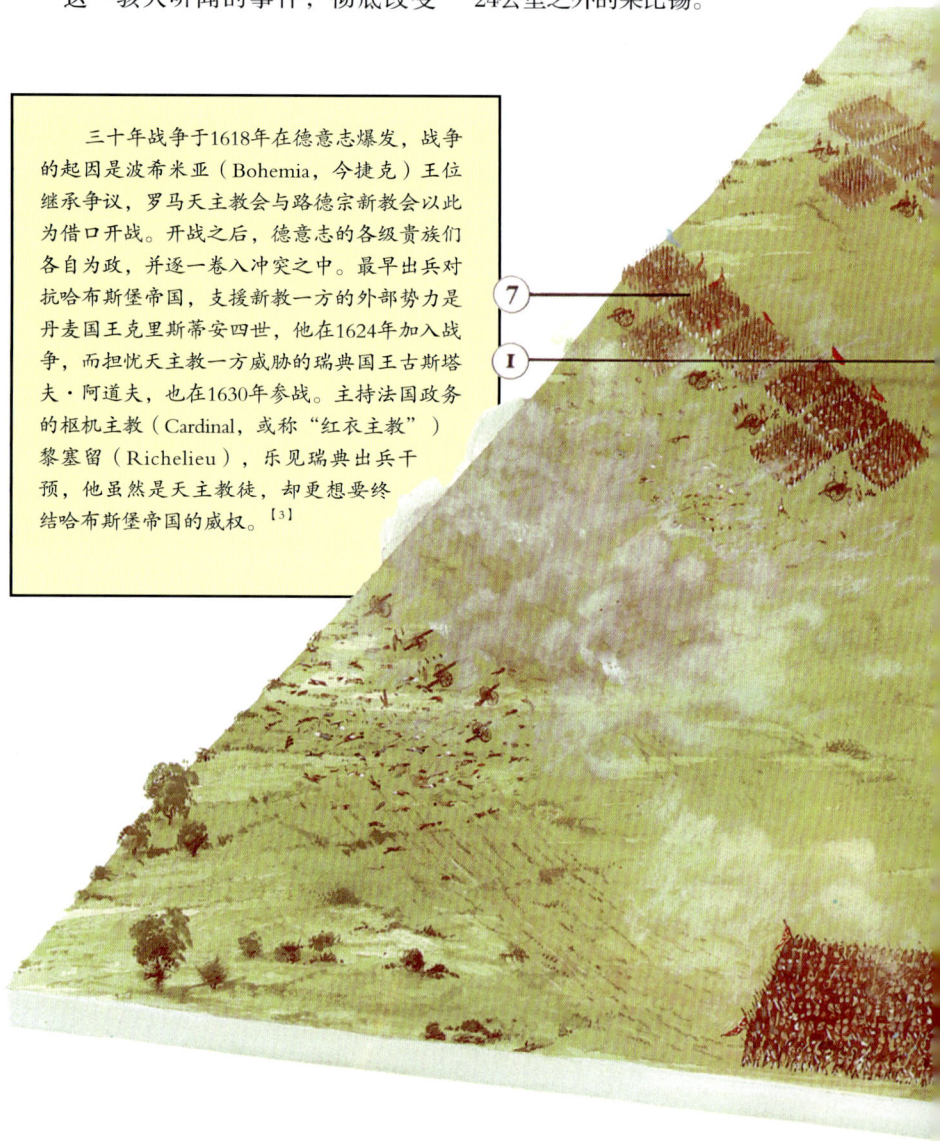

---

[1] 德意志的君主选举继承制，可以追溯至法兰克时代选举"法兰克人的国王"，而随着神圣罗马帝国建立，强势的皇帝们把持了选举权，将"国王"变成了"皇储"。12世纪，教皇与霍亨斯陶芬家族的几位强势皇帝，不断争夺意大利的治权，在12世纪末与13世纪初，英诺森三世参与了霍亨斯陶芬家族因亨利六世早逝的继承危机，而英诺森四世又在1243年宣布废黜腓特烈二世。为了确立权威，教皇选择了包括三位大主教在内的几位德意志地区权贵，选举"德意志人的国王"，甚至直接选举皇帝。此后那些拥有选举权的世俗贵族就被称为"选帝侯"。

[2] 蒂伊位于今比利时南部。

[3] 黎塞留以天主教高级教士身份主持路易十三治下的法国政府，在法国境内，他代表天主教徒一方，在与胡格诺派的宗教战争之中采取铁腕态度。在外交方面，由于当时的哈布斯堡家族凭借联姻，同时控制了神圣罗马帝国、西班牙—葡萄牙王国以及大片的亚非拉殖民地，黎塞留将拆解哈布斯堡帝国作为主要外交任务。

当蒂伊伯爵的步兵缓慢向瑞典军阵前进时，古斯塔夫的步兵团配属的野战炮不断射击，杀伤敌人④。这些发射霰弹的4磅炮可以迅速调整部署位置。

当蒂伊伯爵的骑兵抵进之时，萨克森军队未作抵抗，直接崩溃逃跑，他们在抢掠了瑞典盟友的一些辎重之后便离开了战场。

为了解救军阵左翼的危机，古斯塔夫调动了中军的步兵预备队⑤，结成面向左侧的军阵。

蒂伊伯爵的骑兵⑥在驱逐了萨克森部队之后，继续攻击瑞典军阵的后方。

1631 年 9 月 17 日，布赖滕费尔德战役在一条长 3.2 公里的战线上展开。下午早些时候，瑞典左翼的局势在萨克森盟军溃败后显得十分危急。但古斯塔夫迅速做出了反应。

萨克森部队崩溃逃跑，让瑞典军阵的左翼暴露①。

蒂伊伯爵当机立断，命令他人数众多的步兵②发动包抄，攻击敌方暴露的侧翼。这样的战法能够击败寻常的对手，但古斯塔夫非同寻常。

注意到蒂伊伯爵发动包抄之后，古斯塔夫命令他以骑兵为主的左翼部队③迅速转向，向措手不及的敌人发动骑射。而后，瑞典国王亲自率领余下的骑兵部队出发，从右翼包抄敌人。

面对包抄的敌人，瑞典中军阵的左翼⑦岿然不动。他们直到敌人缓步抵进之后才加入战斗。

▲ 瑞典国王古斯塔夫，"北欧之狮"，是卓越的领袖，也是同时代最优秀的军事家。上图是让·瓦尔特（Jean Walther）的画作，1631年布赖滕费尔德之战时的古斯塔夫。

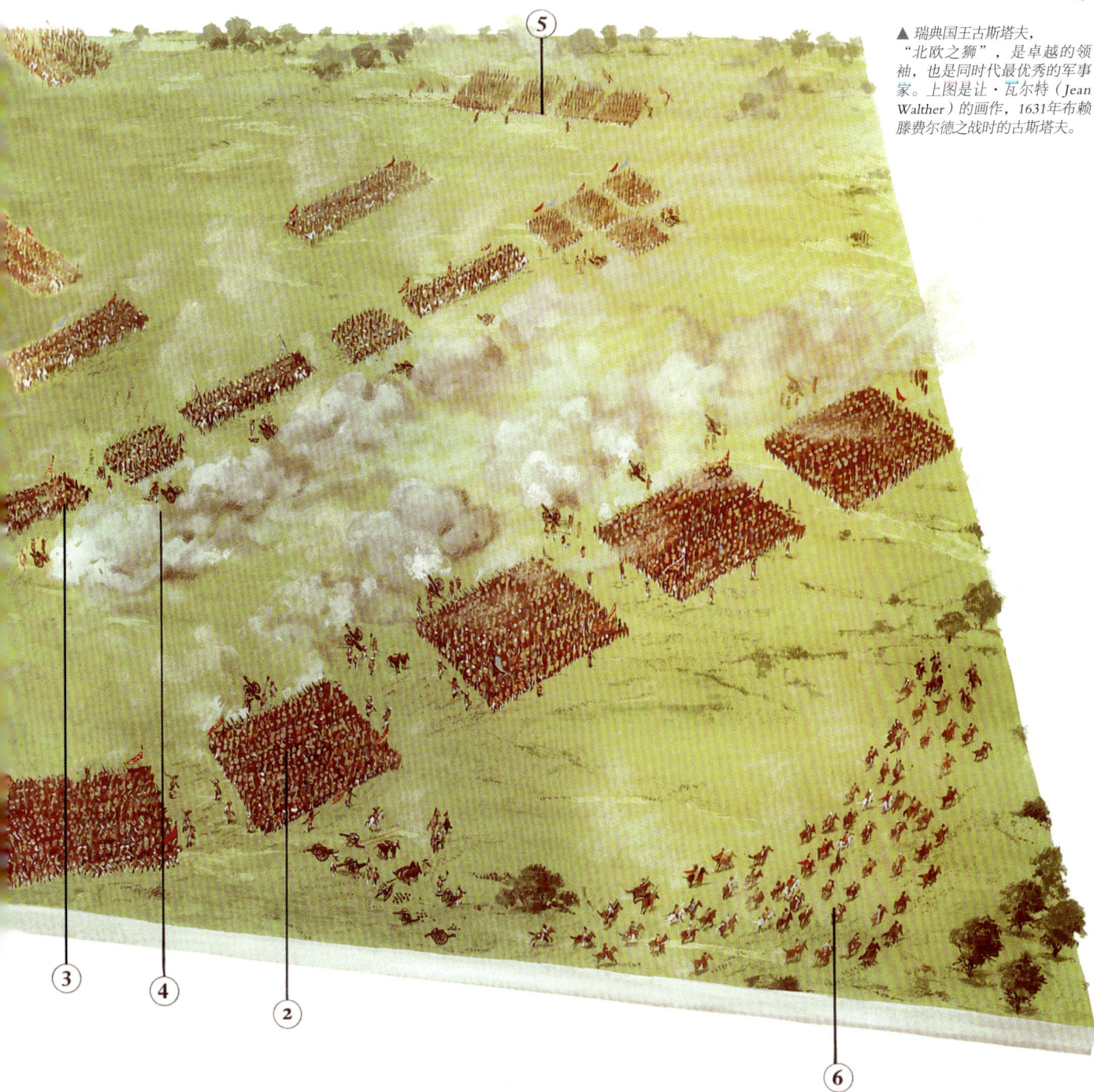

9月17日破晓时分，晨雾笼罩着布赖滕费尔德（Breitenfeld）附近的平原，瑞典军队向蒂伊伯爵的部队集结地进军。不出所料，蒂伊伯爵的部队集结成西班牙大方阵，扼守旷野之上的一道土坡，然而古斯塔夫却按照自己的新设想集结阵形。他在中军阵部署四个步兵旅，配属两个步兵团与一个骑兵团支援作战，另外后方还有3个步兵旅和两个骑兵团作为预备队。右翼以中队为单位排列6个骑兵团，骑兵团之间由火绳枪手和另外一个骑兵团提供支援，另有4个中队作为预备队。左翼部署了3个骑兵团与两队火枪手，另有两个团作为预备队。在瑞典部队的左侧，萨克森部队的布阵情况没有留下记载。每个瑞典步兵团都配属了轻型野战炮，而瑞典国王则把重型火炮部署在中军阵的前方。

双方首先进行了2.5小时的炮战，瑞典炮兵展现了远超对手的强大火力。他们的炮击对敌方左军阵造成了大量杀伤，以至于指挥左军阵的帕彭海姆（Pappenheim）伯爵违背总指挥蒂伊伯爵的命令，亲率5000骑兵发起主动进攻。他们进行了7次"半回旋"（caracole）战法，每一次都遭到了古斯塔夫巧妙布置的火枪手的猛烈打击，每一次进攻也都以失败告终。随后在瑞典骑兵的猛烈反冲击下，帕彭海姆伯爵的部队崩溃并逃离了战场。

蒂伊伯爵的右翼骑兵跟随帕彭海姆伯爵的部队，也违背命令主动发起冲击。他们向萨克森军阵的小步冲锋（trot），出乎意料地将他们击溃，瑞典军阵的左翼出现了危险的空隙。

蒂伊伯爵得以控制他不服管束的部下之后，决定抓住机会，命令他结成臃肿阵形的大批步兵前进，包抄瑞典军队的左翼，而骑兵则直接绕路进攻瑞典军阵的后方。

面对寻常的对手，这样的战术足以确保胜利。然而古斯塔夫·阿道夫却迅速变阵，转变了军阵朝向，并向缓步前来的敌军展开出乎预料的齐射。在蒂

伊伯爵的部队后退之时，古斯塔夫·阿道夫亲率骑兵转往境况稳固的右翼，向敌方暴露的左翼发起冲锋。瑞典人随后用野战炮进行近距离射击，甚至用缴获的敌方火炮轰击敌人。起初，蒂伊伯爵的步兵英勇地抵御攻击，然而他们的军阵最终还是崩溃了，士兵们四散逃离战场，古斯塔夫·阿道夫则亲自率领瑞典骑兵追击。

天主教联盟的部队损失了1.3万人，瑞典一方的伤亡人数不到3000人，远少于对手，而且绝大多数伤亡来自开战初期的炮击。

布赖滕费尔德之战是古斯塔夫·阿道夫的重大胜利，也为欧洲新一轮的军事改革奠基。一年后的吕岑（Lützen）之战，古斯塔夫的部队再次取胜，但国王本人却死在了战场上。

古斯塔夫早已意识到，西班牙大方阵已经落后于时代了，而年老的蒂伊伯爵或许无法认清这一点。他的骑兵战法是拔剑大步冲锋，与蒂伊伯爵麾下骑兵们的"半回旋"战术截然不同。西班牙人的骑兵战法是将骑兵排成十排，小步前进，主要战法是向敌人射击手枪，必要时才拔剑。前排骑兵完成射击之后，需要调转马头，退到骑兵军阵的最后为手枪装弹，而后再依次上前射击。

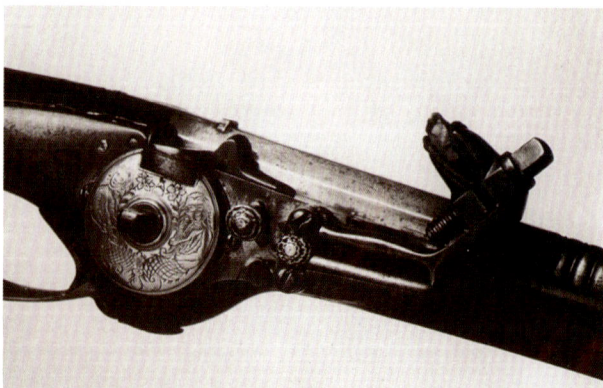

边缘与黄铁矿剧烈摩擦产生火花，引燃火药盘中的发射药。

装备了簧轮手枪的瑞典骑兵，可以对敌人射击3次，而敌人只能射击一次，如一位同时代的作家所说，他们可以"恐吓、威慑、震惊敌军3次"。

古斯塔夫军中的主要火力，则是几乎接连不断的步兵火绳枪射击。而在此之外，他也保留了大批超长枪步兵，他们不再是火绳枪手身边的护卫，而是他的战争机器的重要组成部分。古斯塔夫充分发挥每一种武器的效力，将超长枪与火绳枪结合起来，这一战法直到17世纪中后期，才被火绳枪刺刀取代。

簧轮手枪的机构类似于现代的打火机，钢板弹簧如同机械表上弦一般拧紧，拨动扳机时，夹具夹紧的一块黄铁矿将贴近簧轮，同时弹簧松开驱动簧轮旋转，不规则的簧轮

□ 瑞典部队
□ 天主教联盟部队

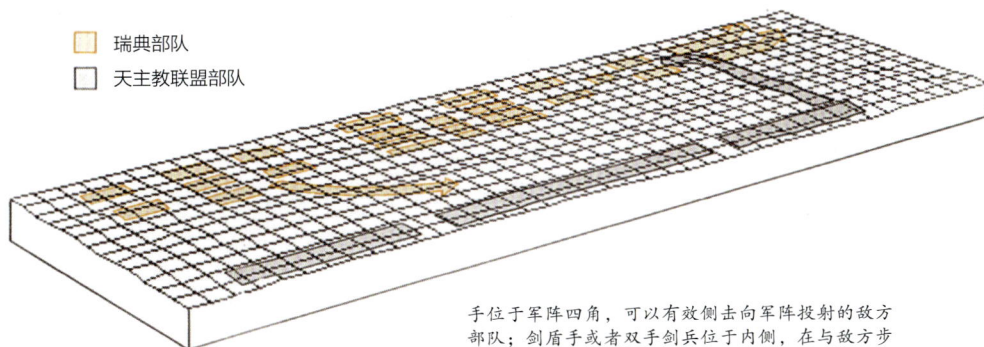

【1】"tercio"即西班牙语的"三",最初究竟是指"三种兵种"(超长枪兵,剑盾手,投射部队)还是指曾经驻扎在西班牙的罗马帝国第三军团,亦或是指以三个千人队为基础编组,目前尚存争议。其主要的作战逻辑,是超长枪兵列成正方形的军阵,使军阵无惧敌方骑兵的包抄与冲击;火枪手位于军阵四角,可以有效侧击向军阵投射的敌方部队;剑盾手或者双手剑兵位于内侧,在与敌方步兵或骑兵近距离格斗之时再上前助阵。这种布阵方法在中世纪晚期可以有效对抗西班牙的主要假想敌,拥有大量骑兵和弓箭手的摩尔人。然而在这一时期,经过严格整训的超长枪兵通过迅速变阵抵御冲击,火枪手排成横排进行高密度轮射,对兵员的使用效率远高于西班牙大方阵,而且密集的大方阵也更容易被炮兵大量杀伤。

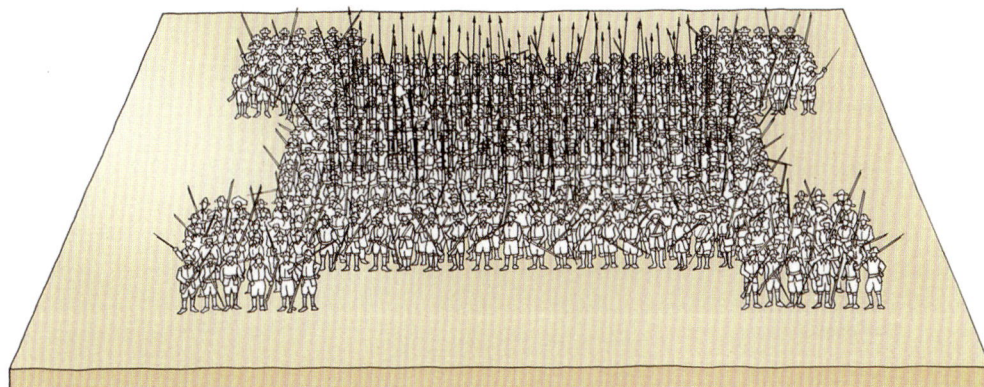

瑞典王国在布赖滕费尔德之战取胜,扭转了三十年战争的态势。古斯塔夫成为新教一方的领袖,也成功增强了王国的国力与权威,瑞典将作为影响力最强的国家之一,在接下来的数十年之中左右欧洲政局。枢机主教黎塞留对此并不满意,他希望古斯塔夫与神圣罗马帝国皇帝处于均势,互相制衡,而非迅速战胜对手。在随后的3个月之中,古斯塔夫完全控制德意志西北部,而后率部南下。被迫退回萨克森之后,他在莱比锡附近的吕岑展开决战,皇帝的部队被赶出了战场,然而新教一方却因古斯塔夫阵亡,而遭受了无可挽回的损失。如果他能活下来继续参与这场战争,或许能够建立起由瑞典领导的路德宗新教邦联。随着两年后瑞典军队兵败讷德林根(Nordlingen),这一计划也胎死腹中。此后,法国被迫参战,这场血腥的战争又持续了14年。

在布赖滕费尔德之战的关键时刻,尽管面对庞大的兵力,瑞典军队依然能够迅速转变军阵朝向,既无迟疑也无混乱,在萨克森军队败退之时,这一能力扭转了战局。这样的机动能力来自古斯塔夫对兵员的定期训练,远高于同时代其他骄兵的严明军纪,以及他采用的小规模高机动性的组织模式。这与蒂伊伯爵那些装备沉重的枪兵步兵形成了鲜明反差。自16世纪初以来,西班牙人的部署模式逐渐成为欧洲军队的主流。典型的西班牙部队部署模式,即西班牙大方阵(tercio)(如上图所示)。大批超长枪兵居于中央,外围则是火绳枪手组成的"袖子",他们在军阵的四角,结成另外四个密集的小方阵。每个西班牙大方阵需要集结1500—3000人,在实际作战中尽管可谓稳固,却也臃肿缓慢,无法在战场上迅速变阵。【1】

天才的古斯塔夫·阿道夫,几乎改变了同时代战争的每个方面。他充分利用技术进步,改进各种武器,降低火绳枪与野战炮的重量,提升其操控性。更轻的火绳枪可以在没有单脚或三脚支架的情况下使用,而冗长复杂的装弹步骤,也因图中纸包火药的应用而得到简化。每个火枪手携带十个火药包,在装药时咬破纸包倒出火药。事实上,十五世纪的莱昂纳多·达·芬奇已经提出了纸包火药的设想。

瑞典国王古斯塔夫二世(1594—1632),在位21年。他的军队是现代欧洲军队的先驱,而后世的拿破仑敬仰他的领导才能,认为古斯塔夫能够与亚历山大大帝相提并论。古斯塔夫或许是三十年战争之中唯一可以称为"战略家"的领袖,直到今天,瑞典人也将他视为典型的"英雄国王"。

蒂伊伯爵约翰(1559—1632),以巴伐利亚(Bavaria)公爵马克西米利安一世(Maximilian)封臣的身份,指挥天主教联盟的部队。他身形矮小,但孔武有力,对部下要求严格。1632年,蒂伊伯爵在莱希河(Lech)的渡口再度被古斯塔夫·阿道夫击败,本人也伤重不治。

内斯比之战，1645年6月14日

1645年2月，英国议会批准了一项计划，将组织繁杂的"圆颅党人"（Roundhead）部队重组，统一整训为一支职业军队，称为新模范军（New Model Army）。托马斯·费尔法克斯（Fairfax）爵士被任命为首任指挥官。

1645年4月30日，新模范军向西进军，为汤顿（Taunton）解围，但在布兰福德（Blandford），他们接到了北上攻击牛津（Oxford）的新命令，那里是英格兰国王的战时首都。此时查理一世和他的部队并不在牛津，保王党人在五月初拒绝了议会党人的和谈，而后出兵援助己方被围攻的据点切斯特（Chester），部队在行进间得知了议会军撤围的消息。国王随即决定，进攻议会党人控制的经济繁荣而城防状况恶劣的莱斯特（Leicester）。

在迅速夺取莱斯特之后，查理决定南下为牛津解围，而在6月5日，国王的军队抵达了哈伯勒集市（Harborough），费尔法克斯则在同日放弃围攻牛津，北上与国王的部队决战。

在莱斯特以北40公里处的达文特里（Daventry），查理得知新模范军正在向自己进军，他决定继续向北撤退。6月13日，得知国王的部队就在附近，费尔法克斯决定逼迫保王党人决战，这一决定得到了他麾下的骑兵少将奥利弗·克伦威尔（Oliver Cromwell）的坚定支持，此人刚刚率领700名骑兵，抵达基斯灵伯里（Kislingbury）的议会军军营支援作战。得知议会党人的部队行进速度远超预期，此时距离自己已经不远，查理决定留下来决战。尽管查理的部队数量较少，或许只有不到9000人，而对面的"圆颅党人"则有1.3万人，但他的部队训练有素，士兵们也因为近期在莱斯特的胜利而士气高涨。

1645年6月14日，星期六，内斯比（Naseby）以北6公里处，保王党人在一道山脊之上占据了有利地形，并开始布置他们数量可观的火炮。议会军的营地在南面4.8公里处，但当克伦威尔和费尔法克斯在清晨检查战场地形时，他们认为这片泥泞的平地不适合骑兵行动，克伦威尔获准将议会军向南后退1.6公里，转往内斯比城郊的"红丘陵"（Red Hill）。

保王党人的最高指挥官莱茵大公鲁珀特（Rupert）[1]，见议会军开始

【1】英语资料中所说的鲁珀特大公，即莱茵选帝侯鲁普雷希特（Ruprecht），是英格兰公主伊丽莎白之子，也就是查理一世的外甥。

在6月14日上午，议会军和保王军分别从"红丘陵"和"尘土丘陵"出发，在1.6公里长、2.4公里宽的内斯比荒原战场之上交锋。

在起初取胜之后，鲁珀特大公的蓝衣步兵①，遭到费尔法克斯的议会军骑兵包抄②。一些人投降了，余下的步兵英勇奋战，却也无力回天。

费尔法克斯部队②的齐射与冲锋，很快转变为刀剑与枪托的肉搏。

克伦威尔和他的骑兵③，分成三队轮番冲击保王党人的军阵侧翼，帮助境况危急的议会军步兵脱困。

奥基的龙骑兵上马机动，快速推进到保王党人军阵后方，完成了包围④。

兰代尔的保王党人骑兵⑤，在交战初期即被击退，他们退往朗霍尔德林地（Long Hold Spinney），一些骑兵退往查理一世所在地重整⑥，余下的骑兵⑦，由于长期未能返乡探亲，便趁机逃离了战场，返回故乡约克郡（Yorkshire）。

1642年8月22日，英格兰国王查理一世在诺丁汉（Nottingham）升起军旗，标志着英国内战开始。此前国王与议会两派的利益冲突已经日趋激化，开战在所难免。起初，双方的支持者们试图控制各地的民兵，掌控英格兰的主要作战力量，并为此展开了一系列的小规模冲突。开战之初，查理一世于1643年，在埃奇山（Edgehill）

之战取胜，[2]随后便失去了战争的主动权，也没能迅速夺取伦敦。英格兰议会更雄厚的人力与财力，则逐渐开始扭转战局。然而他们并没能将1644年的马斯顿沼泽（Marston Moor）之战的胜利，转化为战争胜利，[3]因此在内斯比之战时，议会军的士气相对低落。

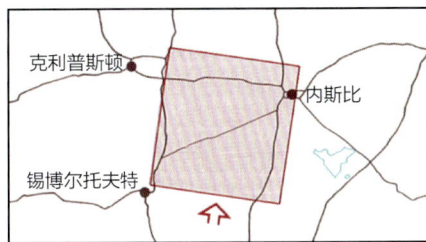

在战况焦灼之时，鲁珀特大公却不在主战场，他在击溃了艾尔顿的左翼部队之后⑩，率领骑兵继续追击，将他们赶出战场。

两支议会军的骑兵部队⑧死战不退，让兰代尔的骑兵无法返回战场。

混战之时，国王的预备队之中⑨，许多人认为大势已去，听到有人高喊战败之后，他们便匆匆逃离战场。

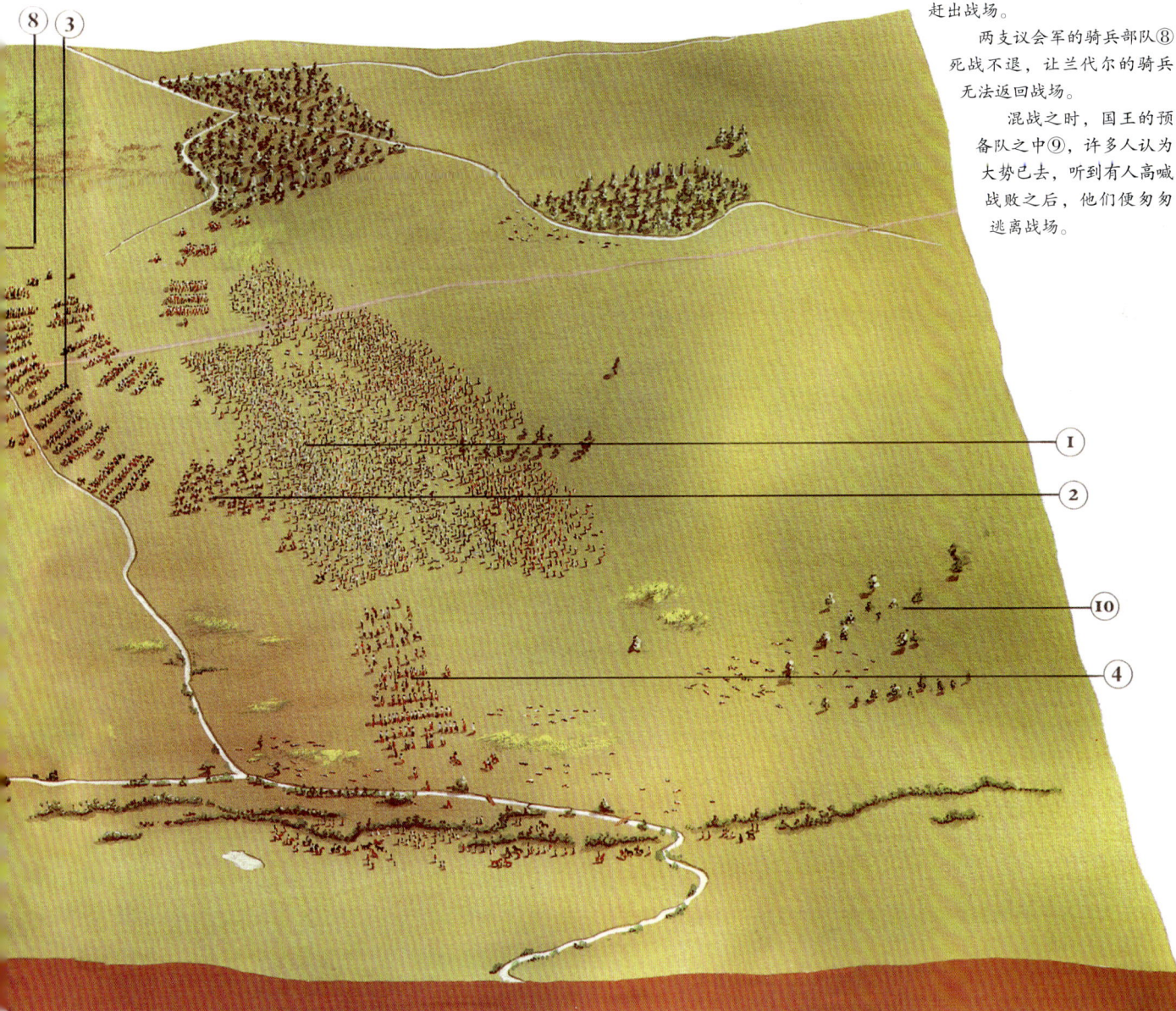

国王试图出动他的卫队骑兵，为前方的步兵解围，却被康沃斯（Carnwath）伯爵阻止。

新模范军的超长枪枪兵和火枪手身穿红衣，而这种颜色的军服也在英国军队之中继续应用了250年，直到现在，英国的许多部队也依然使用红色军礼服。

【2】埃奇山之战是英国内战中的第一场决战，人数更多的议会军，其左翼的骑兵被鲁珀特大公的骑兵冲锋击溃，步兵军阵的侧翼被驱散，后方的火炮阵地也被夺取。然而鲁珀特大公在这一战中就未能约束部队，多数骑兵忙于向后追击溃兵，抢掠议会军的辎重，没能及时返回战场，包抄议会军步兵的侧背。这导致本可能大胜的保王党人，仅仅取得了一场小胜。

【3】马斯顿沼泽之战的规模大于埃奇山之战与内斯比之战。查理一世希望在北英格兰速胜，因而在部队数量处于明显劣势时仓促决战，加之鲁珀特大公与纽卡斯尔侯爵不睦，遂招致战败。克伦威尔在这一战中，率领议会军骑兵击败了鲁珀特大公的骑兵，打破了保王党人骑兵的不败神话。然而议会军的高级指挥官，埃塞克斯伯爵罗伯特与曼彻斯特伯爵爱德华，在后续的战略谋划中消极避战，没能实现速胜。由此，在克伦威尔等人推动下，英格兰议会进行了军事改革，解除了两位伯爵的指挥职务，并开始编练新模范军。

后退，误以为议会新军准备撤离战场，于是决定立即行动。他命令部下加速向前，抛了山脊上正在架设的火炮。

在地形高低不平的内斯比荒原之上，可以依靠高低差隐匿大批部队。当鲁珀特大公冲到"尘土丘陵"（Dust Hill）之上，发现不到1.6公里之外的土坡上集结了严阵以待的新模范军主力时，难免大惊失色。

大公此时再想停止前进，已经为时太晚。兰代尔爵士（Langdale）率领部分北英格兰和纽瓦克（Newark）的骑兵部队，从左侧进军，他们很快被克伦威尔的骑兵冲锋击退。在中央，雅各布·阿斯特利（Jacob Astley）爵士的部队步兵数量不足，在漫长的议会军超长枪兵和火枪手阵列面前，他们无法展开相当的战线，但他麾下的老兵们还是尽可能展开战斗，并击退了几个议会军步兵团。

在右翼，鲁珀特大公率领他数量处于明显劣势的骑兵，向军需将军亨利·艾尔顿（Ireton）的骑兵发起冲锋。[4]鲁珀特冲击势头迅猛，双方展开了激烈的肉搏战。在重骑兵交锋之时，奥基（Okey）上校的龙骑兵下马射击，侧击保王党骑兵，这支部队巧妙地布置在了萨尔比灌木丛（Sulby Hedges）的后方，面向议会军左翼部队的外侧。尽管保王党人在和艾尔顿的部队的交锋之中逐渐占据上风，这位议会军的指挥官突然分出自己的部分部队，支援中军阵中开始后退的步兵。

鲁珀特大公此时成功击退了面前的议会军骑兵，然而阿斯特利的步兵尚在和议会军步兵的后方队列苦战之时，他却没有选择转向支援，而是向前追击。这些保王党人骑兵直到抵达3.2公里之外费尔法克斯的辎重车所在地时，才停住脚步，而他们也没有攻击辎重车，直接掉头返回了战场。在他们离开战场的一小时之中，保王党人的战况愈发恶劣，

而当鲁珀特返回之时，战局已是无力回天了。

克伦威尔在击退了兰代尔的部队之后，将他纪律严明的部队向内侧转向，攻击保王党人步兵的侧背，而费尔法克斯则派尚未参战的步兵加入战斗。在战场的另一侧，奥基上校的龙骑兵（Dragoon）上马机动，从萨尔比灌木丛出发进攻保王党人军阵的右翼。被四面包围之后，国王的步兵们纷纷放下武器。费尔法克斯命令全军前进，国王和余下的保王党人部队，只得在议会军骑兵的追击之下逃离战场。

内斯比之战的伤亡并不大，据称保王党人伤亡约1500人，另有4500人被俘，而议会军的损失则不到1000人。即使如此，查理一世的军事力量也在这一战中彻底崩溃了。

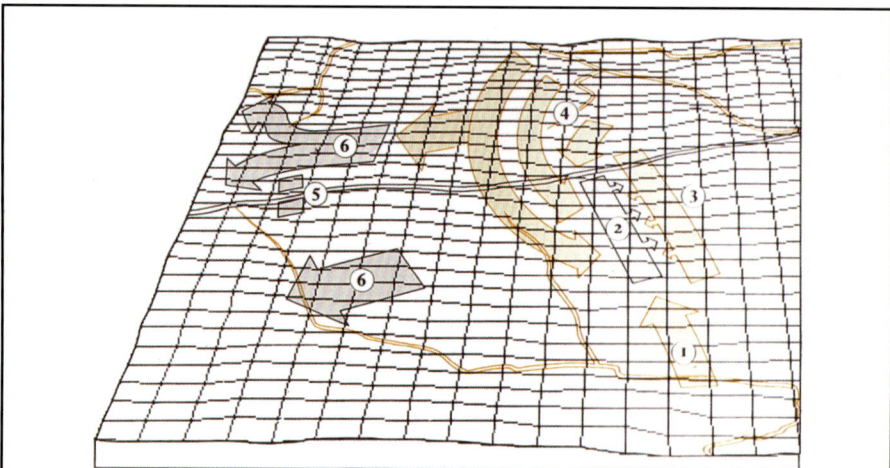

两军面向"红丘陵"与"尘土丘陵"之间的宽阔泥地展开。开战之初，鲁珀特大公的骑兵向议会军的左翼发起冲锋，遭受萨尔比灌木丛部署的龙骑兵下马射击后①，他们继续前进，进攻3.2公里之外的议会军辎重车。

然而鲁珀特的骑兵遭到了意料之外的抵抗，直到大势已去之时才返回战场。

与此同时，数量占优的保王党人步兵②，与议会军中军阵激战③，而克伦威尔的骑兵④，则对保王党人的军阵发起反冲击，骑兵分成三部，对军阵的侧后发起冲击，而龙骑兵也离开了萨尔比灌木丛①，完成了对保王党人步兵军阵的包围。国王⑤试图重整部队，但许多士兵此前已经逃离战场⑥。

英国内战期间，火绳枪是步兵的主要火器。更高效的燧发枪在新模范军编组之时才开始应用，而火绳枪更为廉价，也更为笨拙。

火绳枪手必须要在超长枪兵的保护之下，才有时间完成漫长的装弹操作：先将枪弹和填料压到枪管底部，再在火药盘中倒好一份火药——每个士兵携带12份，被戏称为"十二使徒"。而后火枪手再检查那根缓慢燃烧的火绳，确保燃烧正常，并固定在蛇形的夹具上。再之后，火枪手打开火药盘的盖子，扣动扳机，让蛇形夹

其末端向后与火药盘接触，用火绳点燃火药。

火绳枪的可靠性很差，在潮湿天气之中，往往必须要"烘干"才能使用。阴燃的火绳也往往意外点燃火药桶，造成不计其数的事故。

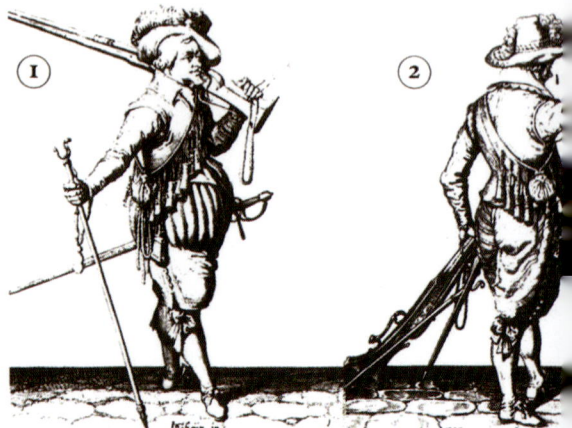

1.行军时，火绳的两端也保持燃烧。
2.在警戒状态下整备火绳枪。
3.将枪弹和填料压到枪管底部。
4.向火药盘中装精制火药。
5.轻吹火绳，将阴燃转为明火。
6.在带叉的架棍支撑下瞄准火绳枪。

【4】亨利·艾尔顿是克伦威尔的女婿，内斯比战场上议会军骑兵的副总指挥。

托马斯·费尔法克斯爵士（1612—1671），凭借在苏格兰的战功，于1640年被国王封为骑士。然而在1645年，由于全程经历了议会军在内战初期的逆境与后期的胜利，他顺势被议会军公推为最高指挥官。这位平日沉默寡言的将军，却能在战场上振奋人心，同时代人记载称："（他的）面容就是英勇的象征。"

莱茵选帝侯鲁珀特大公（1619—1682），在年仅23岁时被自己的舅父英格兰国王查理一世任命为骑兵将军。他是军事能力出众的指挥官，靠着参与三十年战争积累了可观的经验，在内斯比战前，他也精明地试图避战。然而他的能力，因为在埃奇山之战与内斯比之战，两次高度相似且无谋的骑兵冲锋，而大为失色。

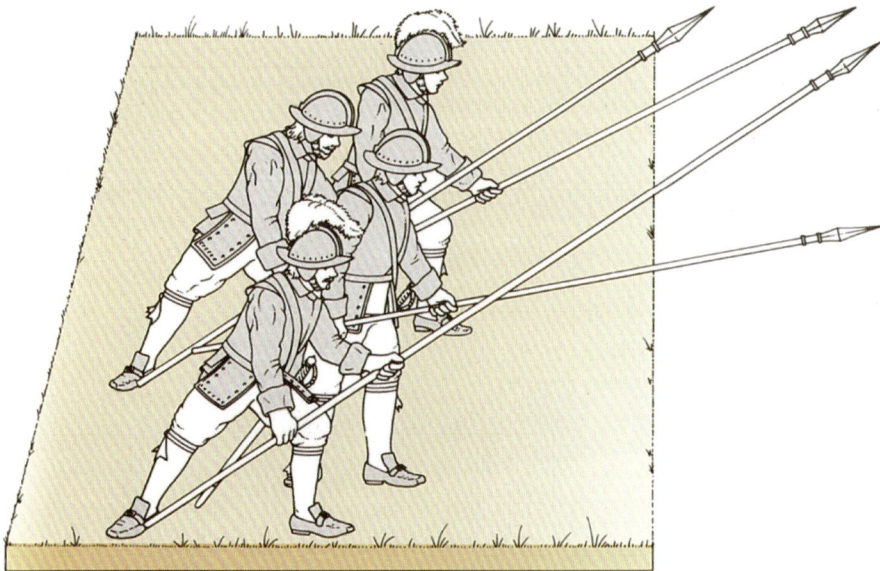

在内斯比，查理一世失去了击败议会军的最后希望，英格兰的资产阶级革命也达到了高潮。英格兰西部的保王党人军队残部被迫投降，1646年5月，查理一世本人也在纽瓦克向苏格兰人投降。一个月后，保王党人在牛津的最后据点，也向议会军投降。

由于新模范军实力过强，议会只得强行遣散，没有任何遣散费的士兵们开始哗变，克伦威尔起初尚有犹豫，但最终还是支持哗变者。议会只得颁布声明，宣布在完成对士兵的依法补偿之前，不会解散新模范军。哗变部队随即占据了伦敦。国王与将军们的谈判，达成了《建议要点》（Heads of the Proposals），双方在协议中达成妥协，进一步限制了国王的权力。

但在克伦威尔被迫弹压军中的激进派，"平等派"（Leveller）时，[5]查理一世却和其他的潜在盟友不断联系，英国内战第二阶段因此爆发。保王党人在英格兰东南和威尔士南部掀起的叛乱被迅速平息，苏格兰的保王党人则在1648年的普雷斯顿（Preston）战败——查理一世最后的希望就此破灭。

固执的查理一世，直到最后一刻也不肯退让，最终在1649年1月30日被处决。君主制与贵族上议院被废除，英格兰成为共和国。

【5】"平等派"是英国内战中，由城市手工业者和小农组成的改革派，在废除王权和贵族制度之外，他们还要求扩大选举规模，废除专卖权，退还圈占土地等。"Leveller"实际上源自议会贵族们对他们的蔑称，声称他们要"铲平"（level）所有的庄园。

超长枪兵（左图），每列6人，他们结成紧密队形，"推枪前进"。超长枪的长度在3.6米到5.5米之间，使用者左手在前握持，并用右脚支撑枪尾，必要时可以空出右手，拔出作为副武器的剑。

博因河之战，1690 年 7 月 1 日

当詹姆斯二世率领法国军队登陆爱尔兰时，他得到了许多当地人的支持，不久之后，这个荒凉而偏远的国度，便大半落入了他的掌控之中，只剩北部的德里（Derry）和恩尼斯基林（Enniskillen）还在抵抗。自1689年9月，威廉三世的部队便与爱尔兰的詹姆斯派（Jacobites）交战，[1]其指挥官是曾经参与三十年战争，如今年事已高的朔姆贝格（Schomberg）公爵腓特烈，[2]却未能速胜。次年夏季，威廉亲自前来指挥作战，他带来了从欧洲多国征召的援军，共同对抗路易十四掌控欧洲的计划。

威廉3.6万人的部队，训练与装备情况均优于詹姆斯的部队，在检阅部队之后，威廉率部向爱尔兰首都进军。詹姆斯派避战后退，退到了博因河（Boyne）的南岸，这条水位涨落差异明显的河流，位于都柏林（Dublin）以北约48公里处，詹姆斯二世决定在此决战。他以未经战阵的征召兵为主的2.5万部队，大多部署在古桥村（Oldbridge）的高地，博因河在这里向北折流，在此处能够俯瞰河流折弯处的浅滩。詹姆斯认为，敌人会在这里涉水渡河，而附近只有一座桥梁，位于东面4.8公里处的德罗赫达（Drogheda），而詹姆斯早已派兵封锁了那里。

两军在6月30日首次遭遇，双方立即隔河进行炮战，直到傍晚才停火。与此同时，威廉的骑兵沿着博因河进行侦察，发现在敌方主力驻守的浅滩上下游，均有能供涉水通过的浅水区。威廉三世一方夜间的军事会议之中讨论了这些情报，他们决定向西面佯攻，主力部队则继续攻击古桥村。

7月1日，在破晓的晨雾之中，威廉派总指挥官之子，49岁的梅尔图拉伯爵（Mértola）迈因哈特·朔姆贝格，率领1万人向西面的罗斯纳利（Rosnaree）浅滩进军。[3]威廉三世得知伯爵的部队成功

渡河之后，他又派詹姆斯·道格拉斯中将率领另一支部队前去支援，并成功让詹姆斯派相信，威廉派准备以主力偷袭他们暴露的左翼。詹姆斯二世决定分兵迎战，派出2/3的部队，包括最精锐的法军步兵，离开古桥村，向西南进军6.4公里，截断罗斯纳利与德利克（Duleek）之间的道路。此举决定了詹姆斯的失败。事实上，这些离开战场的部队根本未能与威廉的佯攻部队交战，双方被一片无法通行的泥沼隔开，他们唯一的作用就只有掩护主战场的部队撤退。

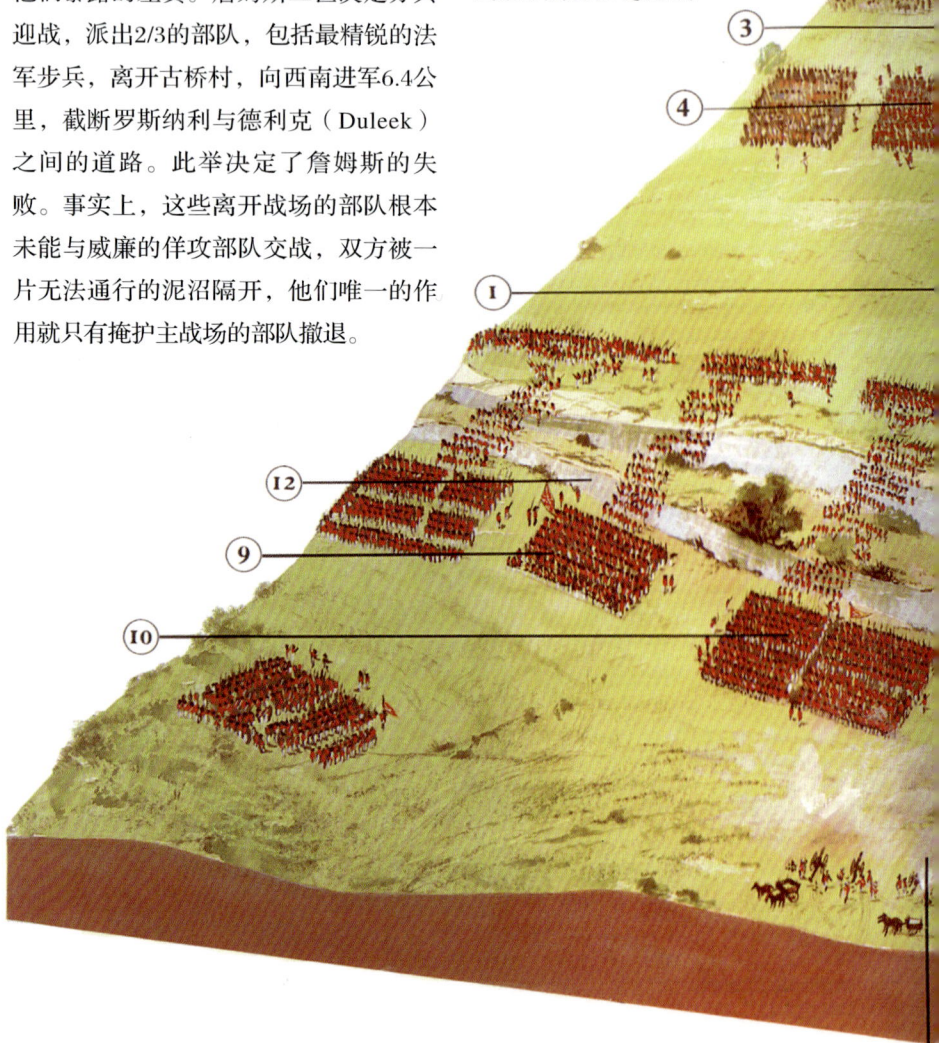

1690年7月1日上午10时30分，在晴好的夏日阳光之中，威廉的荷兰蓝衣卫队渡过博因河，向古桥村高地上的詹姆斯派步兵发起冲击。在他的卫队抵御骑兵冲击之时，威廉调动援兵加速渡河。

詹姆斯二世与威廉三世在爱尔兰的博因河之战交锋，起因是宗教纷争。詹姆斯二世是天主教徒，以圣公会为主的英国臣民对此不满，他们期待詹姆斯早日故去，让他的女儿——坚定反对天主教的玛丽，以及她的丈夫奥兰治（Orange）大公威廉继位。

然而詹姆斯二世此后又有了儿子，这位新的王位继承者也接受了天主教信仰。

英格兰人引而不发的不满情绪开始激化。1688年，他们请求威廉与玛丽前来统治大不列颠与爱尔兰。

缺少支持的詹姆斯被迫流亡，他得到了同为天主教徒的法国国王路易十四的支持，准备夺回王位。爱尔兰是詹姆斯一派实力最强的地区，因此詹姆斯带着路易十四提供的部队与装备，在1689年3月转往爱尔兰岛。

【1】詹姆斯二世的支持者被称为"Jacobites"，因为詹姆斯的拉丁语转写是"Jacob"。
【2】即申贝格（Schönberg）伯爵腓特烈。朔姆贝格公爵是由威廉三世在1688年所封。
【3】梅尔图拉伯爵继承自其父。此后迈因哈特继承了父兄的朔姆贝格公爵头衔。迈因哈特去世之时，其独子查理已经先他去世，作为荣誉头衔的朔姆贝格公爵就此绝嗣。

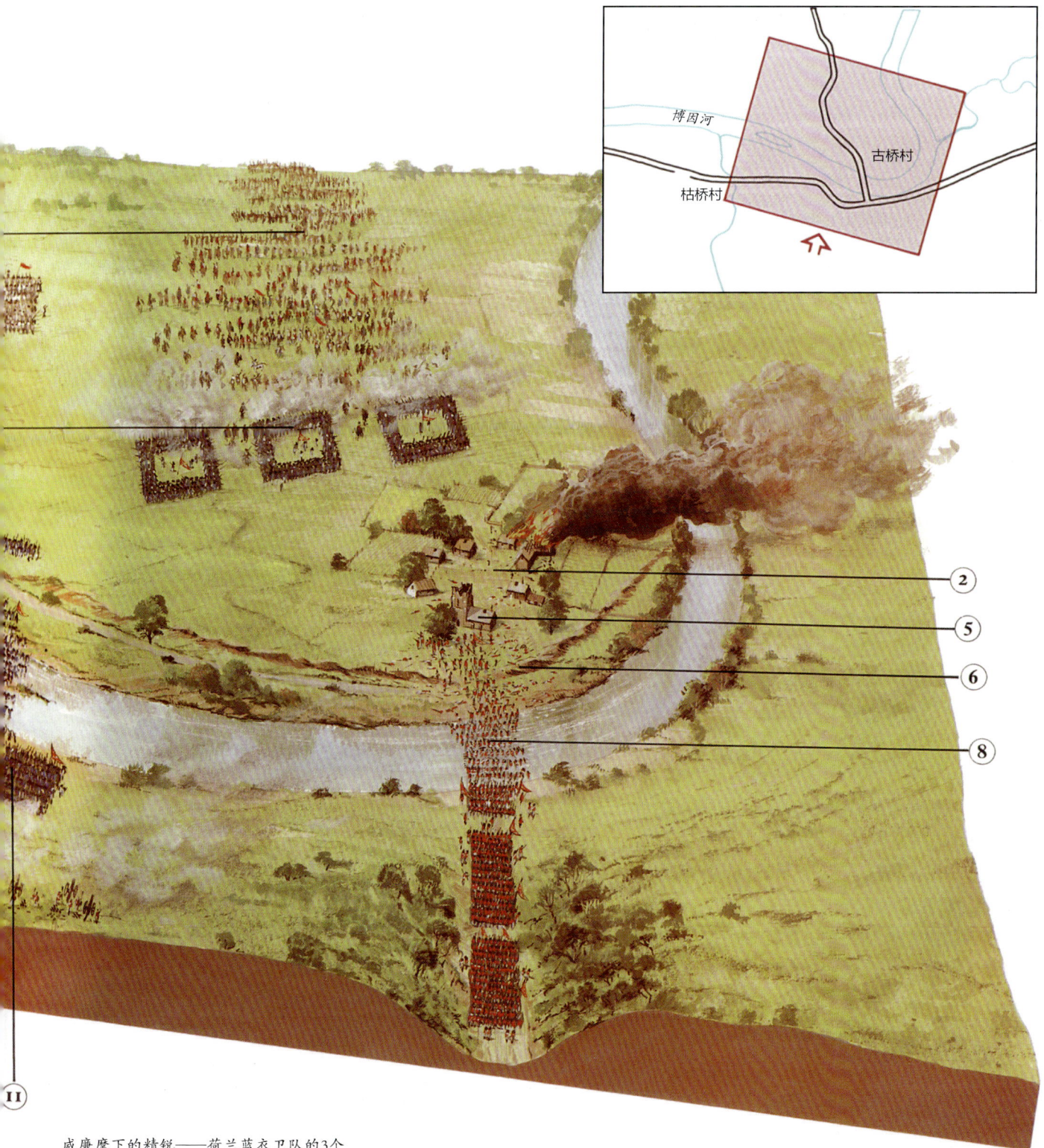

威廉麾下的精锐——荷兰蓝衣卫队的3个营①，将詹姆斯派的部队赶出了他们在古桥村的掩体与胸墙工事②。这些部队随后在村庄之外的原野重整，等待援军前来。詹姆斯派的骑兵随即对他们发起冲锋，这些步兵冷静地结成空心方阵，挡住了骑兵冲击。

对荷兰蓝衣卫队的三次强攻③，由贝里克（Berwick）公爵率领1000詹姆斯派骑兵执行，3次冲锋均以失败告终。

尽管数量远多于对方，詹姆斯派的步兵④竭力抵抗，却仍未能守住古桥村。他们后退重整，迎击另一支从东面渡河的敌军部队。

在两支大军隔河列阵之时，古桥村的居民逃离了战区。詹姆斯派在村中构筑工事，守卫浅滩，而他们的防御工事遭到威廉一方火炮的猛烈轰击，教堂⑤与村中的房屋受损严重。

詹姆斯派在博因河南岸建造了一道胸墙⑥，准备在这里射击渡河的敌人。

威廉派的6磅炮⑦，布置在俯瞰古桥村的高地之上，这些火炮战果可观。

荷兰蓝衣卫队⑧独自肃清了古桥村阵地之后，爱尔兰的圣公会步兵团，在这些荷兰部队的支援之下涉水渡河。

在蓝衣卫队夺取古桥村之后，威廉三世调动援军前进。两个胡格诺派（Huguenot）步兵团⑨以及两个英格兰步兵团⑩，在一个荷兰步兵团的支援下，从古桥镇下游的格罗夫岛（Grove）渡河。在渡河之后，他们立即遭到了攻击。

32

上午10时许，在博因河水位最低之时，威廉下令他的荷兰蓝衣卫队从古桥村方向率先渡河，胡格诺派、英格兰人和支持他的爱尔兰人部队，在蓝衣卫队后方逐次渡河。荷兰蓝衣卫队装备了同时代最先进的步兵武器——带刺刀的燧发火枪，迎着敌人的射击，步行通过水深齐腰的博因河。在抵达对岸之后，他们立即与詹姆斯派部队展开了残酷的肉搏战，后者以爱尔兰卫队为主，伤亡惨重。

在随后的逐屋争夺之中，威廉一方展现了数量优势，守军最终被赶出了古桥村。詹姆斯派的指挥官，泰康奈尔（Tyrconnell）伯爵理查，此时决定派出骑兵。[4]他的骑兵向精锐的蓝衣卫队发起冲击，而蓝衣卫队迅速结成空心方阵，用刺刀结成"拒马"（chevaux de frise）。[5]刺刀拒马在火枪射击的支援，以及后方增援部队的加强之下，挡住了一轮又一轮的骑兵冲锋。

在开战一小时之后，威廉派出以丹麦人为主的1.2万部队，从古桥村下游渡过博因河，此前他从侦察中得知，敌军并不清楚那里可以涉水渡河。詹姆斯派只得调动骑兵前去应对这一新威胁，而后又从上游的主战场抽调步兵助战。进一步分兵，让詹姆斯派的抵抗开始瓦解。下午早些时候，当威廉余下的骑兵从德罗赫达以西3.2公里处的枯桥村（Drybridge）渡过博因河时，历时3小时的战斗已接近尾声。

詹姆斯派的步兵退往村后的多诺尔（Donore）高地，在那里稍作抵抗，便沿

着唯一可能的退路转往德利克。与此同时，泰康奈尔伯爵的骑兵反复冲击，成功掩护了詹姆斯派步兵后退。此时他们面对的主要是使用火绳枪的部队，这些步兵在骑兵抵进之时无法有效抵抗。[6]伯爵的困兽之斗，以大批骑兵伤亡为代价，暂时阻拦了威廉的主力部队。詹姆斯派的余下部队，得以在这宝贵的半小时之中逃离战场。

詹姆斯派的左翼部队，在这几个

小时之中几乎完全没有参与战斗，詹姆斯二世在那里得知古桥村驻军败退的消息。他命令左翼部队立即前进，攻击迈因哈特·朔姆贝格的部队，却无法迅速绕过两军之间的泥沼。威廉的主力部队则继续前进，威胁詹姆斯派向德利克的退路。詹姆斯只能选择撤退，率领余下的部队退往都柏林，并在3周之后登船返回法国。[7]

▲ 詹姆斯二世在博因河之战后流亡。

约1690年时，随着火枪刺刀的应用，超长枪的使用不断减少，步兵部队里面的超长枪兵大约只有火枪手的1/5了。

遭遇骑兵冲锋之时，超长枪兵需要在阵列前方抵御冲击，除此之外，超长枪兵都站在火枪手的后方，火枪手则排成六排（如图中所示）。

前三排火枪手进行齐射，第一排卧姿射击，第二排跪姿射击，而第三排则立姿射击。

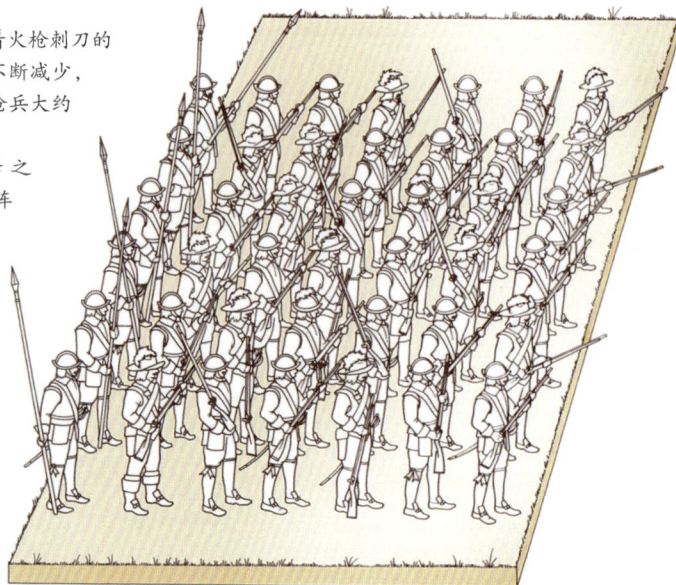

【4】泰康奈尔，盖尔语拼写为"Tír Chonaill"，是位于爱尔兰西北部多尼戈尔（Donegal）地区的古王国。

【5】"chevaux de frise"，直译即"弗里斯兰的马"，源自1668年格罗宁根围城战中的拒马防御工事。

【6】朔姆贝格公爵腓特烈为重整因遭受骑兵冲击而陷入混乱的步兵，未穿胸甲即骑马上前指挥，被泰康奈尔伯爵的骑兵所杀。

【7】在詹姆斯二世逃亡之后，爱尔兰天主教徒坚持抵抗支持圣公会的威廉三世。双方在1691年10月3日签订《利默里克和约》（Treaty of Limerick），爱尔兰天主教徒向威廉三世宣誓效忠，威廉三世则给予爱尔兰天主教徒宗教宽容。詹姆斯二世因为抛下爱尔兰人逃跑，而被称为"粪王"（Séamus an Chaca）。庇护詹姆斯二世的路易十四，也在1697年与威廉三世议和，詹姆斯本人则在巴黎隐居写作，度过余生。

射击完毕后，前三排火枪手退往后方装弹，后三排火枪手则上前，以同样的姿势进行

齐射。如此轮替射击，让火枪部队得以近乎不间断地投射。

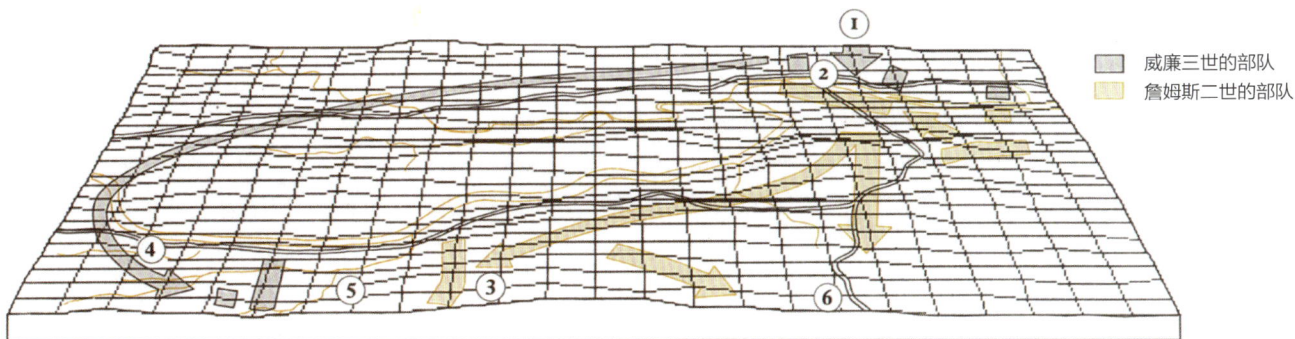

博因河阻挡了威廉进军①，然而河上有多处可以涉水通过的浅滩。

对詹姆斯一方而言不幸的是，尽管古桥村附近②是这一区域最适合防守的据点，他们却被迫在河流弯曲部聚集。

此外，由于多数部队③被紧急调走应对威廉的佯攻部队④，主战场的防御力量被进一步摊薄。而威廉的部队进行长距离机动，前往罗斯纳利，威胁詹姆斯派的后方。

威廉的佯攻达成了让对手分兵的目的，但双方在罗斯纳利也并未交战，而是被那里的泥沼分隔⑤。

这一方向的詹姆斯派部队，此后掩护了古桥村败退的部队转往德利克⑥。

许多军事战术研究者指出，应避免在河流弯曲部聚集部队，因为敌人在渡河之前，可以使用交叉火力射击聚集在弯曲部的守军。近200年后，弗朗西斯·克利里（Clery）将军在自己的军事著作之中，指出进攻如此列阵的敌军是如何有利。尽管如此，他却在1899年的科伦索（Colenso）之战无视了自己的告诫，派出大批部队集中到图盖拉河（Tugela）的弯曲部。

威廉三世（1650—1702），查理一世的外孙，与詹姆斯二世的女儿玛丽成婚，因此与英国斯图亚特王室关系紧密。在他的岳父詹姆斯二世即位之后，威廉持续谋划推翻詹姆斯，并最终成功夺取王位。他既是出色的军事家，战功显赫，也是冷酷无情的政客，工于心计。同时代的法国"太阳王"路易十四意欲掌控欧洲，威廉则是他最强大的敌人。

詹姆斯二世（1633—1701），在1668年改信天主教。尽管因此不受圣公会的欢迎，他在1685年继承兄长查理二世的王位之时，却没有遭遇反对。他随后任命大批天主教徒担任要职，并两度颁布《信仰宽容宣言》（Declaration of Indulgence），废止了迫害天主教徒和其他新教派信徒的法令，这加剧了圣公会支持者的不满。在高涨的不满情绪之下，詹姆斯二世在1688年逃亡法国。

因为"不流血"而得名的所谓"光荣革命"，是英国宪政史上的一个里程碑。1689年的《权利法案》，确定英格兰君主不得由天主教徒继承，英国人的公民权利和政治权利不受侵犯，而最重要的变化则是向英国议会让渡了政治主导权。威廉三世与他的妻子玛丽二世女王，在登基之时接受了这些条件。国王依然是英国最尊贵、影响力最大的人，但王国政体则进一步民主化，政府高级官员由选票决定，而非君主任命。博因河之战50年之后，信奉天主教的斯图亚特王朝试图夺回王位，但最终在卡洛登（Culloden）之战中彻底失败。

布莱尼姆之战，1704 年 8 月 13 日

马尔博罗（Marlborough）公爵约翰·丘吉尔，一位颇有远见与创造力的军事思想家，作为同时代顶尖的统帅，负责指挥英格兰－奥地利－尼德兰联省共和国组成的第二次"强大联盟"，参与西班牙王位继承战争。

他预见到了1704年夏季，双方争夺的关键地区将是多瑙河上游。马尔博罗公爵率领英格兰、荷兰与德意志部队组成的大规模联盟军，出兵援助奥地利。在5月，绰号"约翰上校"的他，开始将4万人从低地战区，调往402公里之外的中欧。6月21日，联盟军抵达了多瑙河上游地区，与奥地利帝国的高级军官欧根亲王[1]和巴登（Baden）侯爵路易会合。迅速而组织严密的进军，让马尔博罗公爵掌控了主动权，可以解救被法军包围在维也纳的奥地利皇帝利奥波德一世（Leopold I）。

在联盟军的行进路线之上，多瑙河北岸的堡垒城镇多瑙沃特（Donauwörth）驻守了1.4万部队，扼守进入巴伐利亚地区的主要渡口。马尔博罗公爵兵分两路，翻越山丘攻击堡垒，在一番恶战之后夺取这一要地。

尽管失去了关键据点，巴伐利亚选帝侯依然拒绝与联盟军谈判。他和法军指挥官马尔桑（Marsin）元帅决定避免决战，等待法国元帅塔拉尔（Tallard）公爵卡米耶[2]率领另一支部队与他们会合。欧根亲王此前正在斯特拉斯堡（Strasbourg）抵御另一支大规模的法军部队，他脱离战斗，率部北上跟踪塔拉尔公爵的部队。与此同时，马尔博罗公爵率部南渡多瑙河，在巴伐利亚各地进行破坏，意图迫使巴伐利亚选帝侯出兵。塔拉尔公爵在8月5日率部抵达奥格斯堡（Augsburg），与选帝侯和马尔桑的部队会合，法国与巴伐利亚集成6万人的联军，准备出兵截断马尔博罗的交通线。

马尔博罗公爵清楚，此时如果要夺回主动权，就必须和欧根亲王会合，与敌方主力决战。巴登侯爵路易反对马尔博罗公爵主动出击的方案，因此联盟军决定由他率部去围攻英戈尔施塔特（Ingolstadt）。

8月11日，欧根亲王确认塔拉尔公爵、马尔桑和巴伐利亚选帝侯已经率领全部部队渡过多瑙河抵达霍赫施塔特（Hochstadt），距离奥地利部队的前进基地明斯特（Munster），仅有32公里。

③ 肯伯尔河

【1】欧根亲王为萨伏伊大公与苏瓦松（Soissons）伯爵，萨伏伊－卡里尼亚诺（Carignano）的欧根·莫里斯之子，由路易十四抚养长大。但此后两人关系破裂，欧根转而前往奥地利，为哈布斯堡家族效力。尽管往往被译为"亲王"，但他更准确的头衔是萨伏伊"大公"。

【2】塔拉尔公爵卡米耶，本名"Camille d'Hostun de la Baume"。

当位于右翼的欧根亲王终于抵达阵地，面向巴伐利亚部队之时，马尔博罗公爵在下午12时45分，沿着6.4公里宽的战线开始进攻。

马尔博罗公爵的骑兵较强，但步兵较弱，他决定将骑兵集中到中央①，并通过诱使法军向侧翼调动部队，削弱法军中央的军力。塔拉尔公爵希望以自己的骑兵击其半渡，摧垮通过法军军阵前方的内伯尔河的敌军。

左翼的卡茨男爵②，向布莱尼姆发起佯攻，法军因此向村中大量堆积部队，同时代一

份法国人的记载称："那里人数太多，已经无法有效射击，更不可能接收和执行命令了。"

荷尔斯泰因－贝克大公指挥联盟军中军右侧的部队③。他的计划是迫使法军转往奥博格劳，进一步削弱法军的中军。马尔博罗公爵亲自调兵干预，才使得这一方向免于溃败。

奥博格劳与布莱尼姆之间的法军，在内伯尔河对岸高低起伏的坡地上列阵④。塔拉尔公爵希望在马尔博罗公爵的部队渡河之后重整时趁其不备发起进攻。

自1685年起，德意志新教诸侯便在持续对抗路易十四的野心。1700年，查理二世去世，他庞大的西班牙帝国必须进行遗产划分，而这让反对路易十四的大联盟深陷困境。若是能将西班牙王国及其庞大的海外领地交给法国统治，路易十四无与伦比的国力将足以迫使整个欧洲臣服。为了避免他得逞，各方势力纷纷与法国签署协议，分割一部分遗产。然而查理二世在遗嘱之中，还是将他的领地交给了路易的孙子，也就是此后的腓力五世。

布莱尼姆村

在准备退往多瑙沃特之前，欧根亲王向马尔博罗公爵写信："阁下，速度就是一切，您必须立即前进，在明天与我部会合，否则只恐为时太晚。"马尔博罗公爵立即行动起来，他的大军在8月12日时已经在明斯特附近宿营了。

在马尔伯勒公爵与欧根亲王紧密协同之时，他们的法国-巴伐利亚联军情况恰恰相反。巴伐利亚选帝侯要求主动进攻在他看来疲劳而分散的敌人，但塔拉尔公爵则更为谨慎。双方妥协的结果是，前进到距离敌人更近的布莱尼姆（Blenheim），占据那里的有利地形。塔拉尔公爵认为，联盟军因为巴登侯爵路易的离去而处于数量劣势，因此会避免决战，向北面的讷德林根撤退。然而这位法国元帅低估了他的对手，马尔博罗公爵按照自己的逻辑作战。他不但没有撤退，反而下令侦察法国-巴伐利亚联军的阵地。侦察兵汇报称对方有6万人和90门火炮，在布莱尼姆、奥博格劳（Oberglau）和卢青根（Lutzingen）这几座村庄之间，结成6.4公里宽的阵线。法军的右翼与多瑙河相接，左翼则位于卢青根后方树木浓密的高地之上。在他们的前方还有一个天然屏障，多瑙河的支流内伯尔河（Nebel）。

在马尔博罗公爵的参谋们眼中，以5.6万人和60门平射炮，进攻如此易守难攻的阵地，可谓无谋，但公爵不为所动。在8月12日入夜之时，塔拉尔公爵和法国-巴伐利亚两军返回营地之中休息，他们也相信，攻击他们的阵地是违背军事学常识的。

在夜色之中，联盟军开始向14.5公里之外的布莱尼姆进军。在破晓时分，浓雾掩盖了他们的行动，敌人并没有察觉。甚至当法国-巴伐利亚联军的营地之中已经响起警报，他们也并未在意，上午7时，塔拉尔公爵还在向法国国王路易十四写信，认定马尔博罗公爵会率部向北退往讷德林根。

一小时之后，当马尔博罗公爵集结起来的部队开始集结作战阵形时，惊讶的塔拉尔公爵才最终意识到，决战马上就要开始了。他紧急部署部队防御多瑙河与奥博格劳之间的区域，而马尔桑与巴伐利亚选帝侯则守卫奥博格劳与卢青根之间的战线。3个村庄都修筑了大量工事，布阵在其间的步兵、骑兵在炮兵支援之下连成一体。塔拉尔公爵的计划是，在卢青根和奥博格劳之间发起进攻的联盟军，必须挡在内伯尔河对岸，而在奥博格劳与布莱尼姆之间的敌人可以过河，在他们过河之后，通过侧向火力

马尔博罗公爵约翰·丘吉尔（1650—1722）在17世纪70年代于佛兰德地区首次参战。在"光荣革命"之中，他抛弃了此前赏识他的詹姆斯二世，获得了新君主威廉三世的信任。然而此后马尔博罗公爵依然和詹姆斯二世通信，并因此一度被囚禁。他此后重获威廉三世信任，并在西班牙继承战争之后，成为英格兰仅次于国王的第二人。

欧根亲王（1663—1736）是路易十四的宠臣。在他的母亲因为宫廷丑闻被赶出凡尔赛宫之后，路易认为欧根应当成为教士。欧根拒绝从命，他逃离法国，并在1683年开始为奥地利的利奥波德一世服役。他在与奥斯曼帝国的战斗中积累了声望，在1694年升任陆军总指挥官。在法军进军维也纳后，他与马尔博罗公爵合兵一处，他们的深厚友谊，让同时代的艺术家在作品中将他们比作著名的古希腊双胞胎卡斯托尔（Castor）与波吕克斯（Pollux）。

塔拉尔公爵卡米耶（1652—1728）在1698年前往伦敦担任法国驻英国外交官。他在伦敦颇受欢迎，也提出路易十四的外交政策存在风险。1701年9月，路易十四立詹姆斯·斯图亚特为英格兰国王，威廉三世随即驱逐了卡米耶，他随即返回法国担任军职。公爵性格柔和，顺应时势，他在战败之后认为若不是自己的指挥，这一战可能损失更惨重。但大多数人并不认同这一观点，路易十四更是无法接受。

巴伐利亚选帝侯马克西米利安·埃曼努埃尔（1662—1726），和此前的巴伐利亚领主一样，与法国结盟对抗哈布斯堡家族。这位野心勃勃的选帝侯在1691年扩张了领土，成为西班牙掌控的低地地区的总督。当马尔博罗公爵于1704年入侵巴伐利亚，在公国之中四处破坏时，也向这位选帝侯送去贿赂，劝他倒戈，但他拒绝了，因为他听说了塔拉尔公爵正率部前来营救的消息。在布莱尼姆战败之后，他长期流亡，直到1714年才得以返回巴伐利亚。

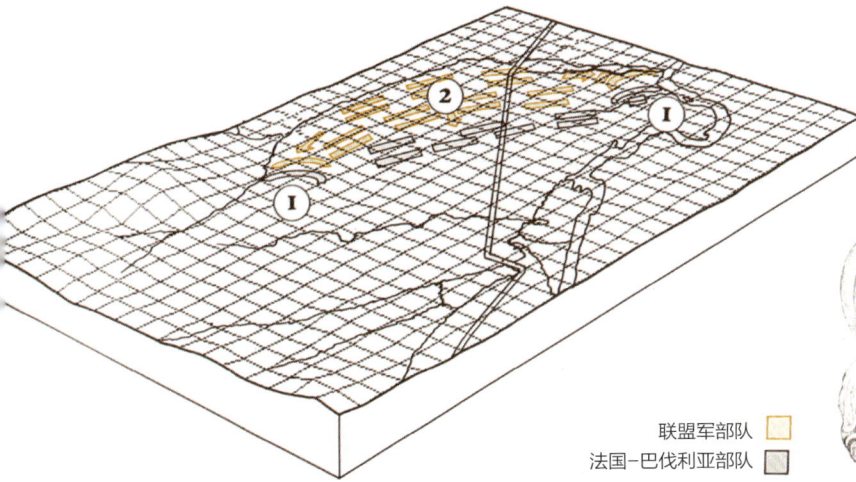

联盟军部队 ☐
法国-巴伐利亚部队 ☐

尽管对垒的两军规模相当，均约为5.6万人，但马尔博罗公爵的骑兵势力强于步兵。为了利用他的优势，他向法军翼侧的村庄发动佯攻①，以将法军中央的步兵部队调走。他的调虎离山战术成功之后，便对法军中央发动了大规模的骑兵冲击②。与此同时，法军可能在他准备完成之前率先从中央发动骑兵冲击。为了避免敌方占先，马尔博罗公爵将骑兵与步兵部队紧密相连，保证协同高效。

马尔博罗公爵与欧根亲王，堪称世界军事史上最成功的搭档之一。虽然在开战仅仅几天前才首次会面，但两人一见如故，在相互尊重全无猜忌的前提之下，得以紧密协作。马尔博罗公爵确有出众的人格魅力，但欧根亲王本就怨恨路易十四，决心要挫败这位"太阳王"（roi soleil）。他全力支持马尔博罗公爵，如此的坦诚相待，在公爵其他的盟友之中极少出现。

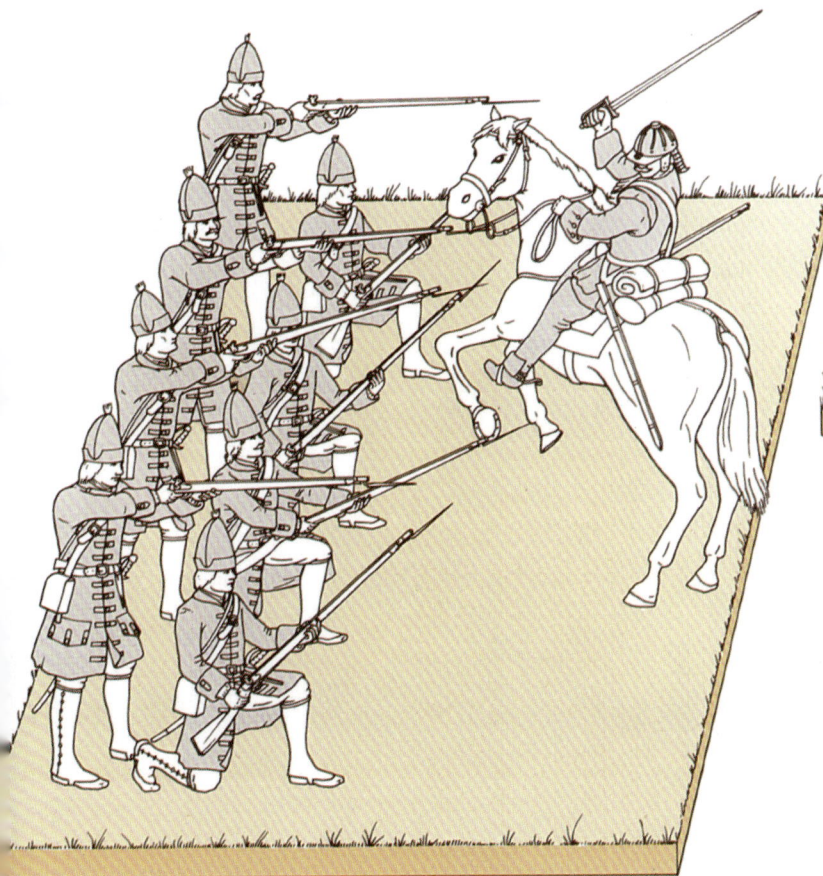

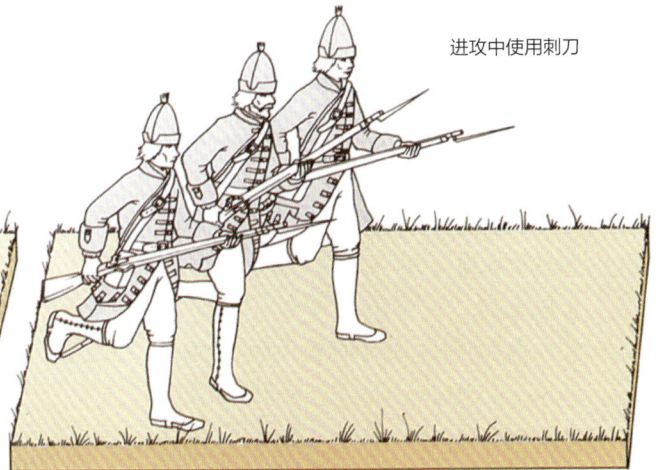

进攻中使用刺刀

世纪初推广开来的军事革新中，最重要的无疑是刺刀。将超长枪的近距离刺杀能力与火枪的远距离射击能力结合，刺刀将步兵部队变为功能更全面，可以主动进攻的力量（如上图所示），而且可以有效执行复杂的机动命令。对抗骑兵的防御阵形（如左图所示），用刺刀结成"拒马"，士兵通常还会结成空心方阵：前排单膝跪地，将刺刀斜向前伸出防备冲击，而后排则继续站立，齐射敌军骑兵。布莱尼姆之战应用的新武器与新阵形，在接下来的一个世纪之中几乎没有变化，甚至威灵顿公爵在伊比利亚半岛作战时，步兵的战术也大致如此。

射击打乱他们的队形，并以骑兵冲锋击溃他们，将他们赶回河对岸去。

分析了塔拉尔公爵的部署之后，马尔博罗公爵发现塔拉尔公爵的右翼部队比其他区域更强，他认为敌人不会预料到他将主攻方向放到他们防御最强的区域。马尔博罗公爵的计划正是从这里进攻，欧根亲王则同时对法国-巴伐利亚联军的左翼发动牵制进攻。

上午9时许，欧根亲王率部绕过崎岖的乡村，来到卢青根方向迎战敌人。这次机动所花时间超出了预期，马尔博罗公爵的部队行动也因此被迫推迟，看着数以百计的士兵在敌军的炮击之中死亡或残废却又无可奈何，公爵痛苦不已。

直到下午12时30分，8月的阳光最为猛烈之时，欧根亲王部就位的消息才最终传来。马尔博罗公爵立即下令部下进入阵地，在下午12时45分，联盟军左翼的卡茨（Cutts）男爵约翰派出一个英军旅，进攻驻扎在布莱尼姆村的9个营。对敌军阵地的连续两次进攻都未能突破防御，但猛烈的攻击让此处的法军指挥官克莱朗博（Clerambault）侯爵菲利普中将失去了理智，他请求了7次支援，调动了预备队的11个营。马尔博罗公爵没有命令对布莱尼姆村发动第3次进攻，他的战术意图已经达成：敌人27个精锐的步兵营聚集在狭窄的布莱尼姆，法军的中央阵线已经严重削弱。

与此同时，法军的精锐骑兵"宪兵骑兵"（Gendarmerie），试图支援受困的布莱尼姆，那里的守军在起火的房屋之中苦苦支撑，并在英军火枪手接连不断的齐射打击之下死伤惨重。8个中队的法军骑兵，遭到5个中队的联盟军骑兵的迎头痛击。塔拉尔公爵看到自己麾下最精锐的部队，被数量远少于他们的敌人击退了。

下午2时许，马尔博罗公爵的主力已经渡过内伯尔河，并完成重整，同时，联盟军在奥博格劳受挫，若不是马尔博罗公爵的明智，这很可能会诱发全线失败。

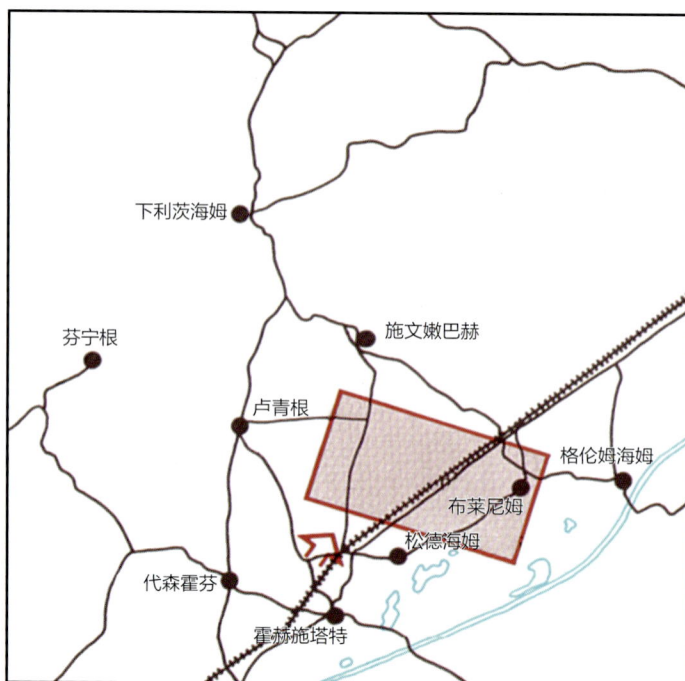

下午4时，战斗即将进入高潮。这一天全天艳阳高照。18世纪的战争之中，通常要在战前拆除战场之上绝大多数的障碍物，因此邻近的许多建筑物被焚毁，黑烟此时依然笼罩在战场之上。

布莱尼姆村附近的地面柔软泥泞，还有小溪流过，阻扰了步兵前进。由于太多部队被调往战线侧翼的村庄，无法及时调回支援中央战线，法军的骑兵进攻没有足够的步兵预备队支援。

马尔博罗公爵的部队，步兵与骑兵的协同明显优于法军，法军大量向布莱尼姆堆积部队，就是协同不利的范例。

马尔博罗公爵①将远超对手规模的部队，集中用于进攻法军中央战线。对塔拉尔公爵而言，避免灾难的唯一办法就是发起骑兵进攻。

法军骑兵在于米埃尔（d'Humières）侯爵指挥之下发起冲锋，在付出惨重伤亡之后败退②。马尔博罗公爵持续拖耗法军中央战线的计划已经基本完成。

塔拉尔公爵在战线中央，只有9个营的新兵可用③。在马尔博罗公爵的指挥下，他们被炮火炸得血肉横飞。

下午5时，马尔博罗公爵催马通过前线，下令吹响军号，让此时尚未参战的骑兵部队通过步兵军阵的空隙向前冲锋④。法军骑兵在猛烈的骑兵冲击之下败退。

马尔博罗公爵的战术，如同70年前古斯塔夫·阿道夫的天才指挥一般，大获全胜。在法军被中央突破之后，他们的战线就瓦解了。联盟军的追击持续到入夜，数以千计的法军士兵因在慌乱之中试图渡河而溺亡。

荷尔斯泰因-贝克（Holstein-Beck）大公[3]的10个营，被布兰维尔（de Blainville）侯爵的9个法军步兵营击退，马尔博罗公爵中军的右翼就此暴露。当马尔桑元帅集结大批骑兵，准备卷击联盟军战线时，马尔博罗公爵向欧根亲王送信，敦促他派富格尔（Fugger）伯爵亨德里克（Hendrick）的骑兵旅前来援救。尽管欧根亲王的部队也已陷入苦战，他依然慷慨地派出富格尔伯爵的骑兵——自己唯一的预备队，前去支援总指挥官。这些奥地利的胸甲骑兵（cuirassier）及时抵达战场，击退了马尔桑的骑兵冲锋，稳固了联盟军的中央战线。他们再度派出步兵进攻奥博格劳，而这一次，他们困住了布兰维尔侯爵的守军。

在困住敌军两个据点的守军，并保证法国-巴伐利亚联军的左翼被欧根亲王部拖住之后，马尔博罗公爵终于有机会，将80个骑兵中队和22个步兵营投入布莱尼姆与奥博格劳之间，而法军在这一方向能够集结的部队，只剩下60个骑兵中队和9个步兵营了。

大约在下午4时30分，当他得知欧根亲王的部队已经抵进卢青根时，马尔博罗公爵下令中央部队全线进攻，并一反常态地命令骑兵在前。塔拉尔公爵的防御陷阱计划，在开战之初已经被马尔博罗公爵率先攻击布莱尼姆的部署化解，此时他只能以所剩无几的预备队勉强抵抗。这些部队一度挡住了马尔博罗公爵的进军，但战局的结果已经无法改变了。

联盟军稍微后退并重整，而炮兵则使用开花弹，贴近法军阵线轰击。下午5时许，马尔博罗公爵的部队再度前进，这一次他们势不可当。法军的步兵纷纷在阵地上战死，骑兵则催马后撤。他们拥上布莱尼姆以西的多瑙河浮桥，很快不堪重负的浮桥突然断裂，许多人落水溺亡。

塔拉尔公爵被俘虏，马尔桑和巴伐利亚选帝侯逃离战场。此时只有布莱尼姆的部队仍在抵抗，约1.1万法军步兵，在四面受敌的据点之中做困兽之斗。然而他们的指挥官克莱朗博侯爵并不在指挥岗位之上，他早已逃离战场，和多瑙河浮桥上落水的许多法军一样，溺死在河中。

这些法军士兵最终同意谈判，成为有尊严的俘虏，避免了不必要的厮杀。联盟军以1.2万人伤亡的代价，让法国-巴伐利亚联军伤亡2万人，并俘虏1.4万人，缴获129面国旗，171面军旗，以及敌军的全部火炮。

奥地利与第二次"强大联盟"得以安稳，而此前独霸欧洲的法军，则遭到了重创。

布莱尼姆时代的高级指挥官任务繁重，将军们要独自承担参谋工作，分析情报和管理补给。为取得成功，指挥官必须注重细节——马尔博罗公爵甚至连细微的战术动作也要亲自过问，他的冷静与超脱，时常令旁人瞩目。他和后世的威灵顿公爵一样，总能在危机之中保持镇定自若。

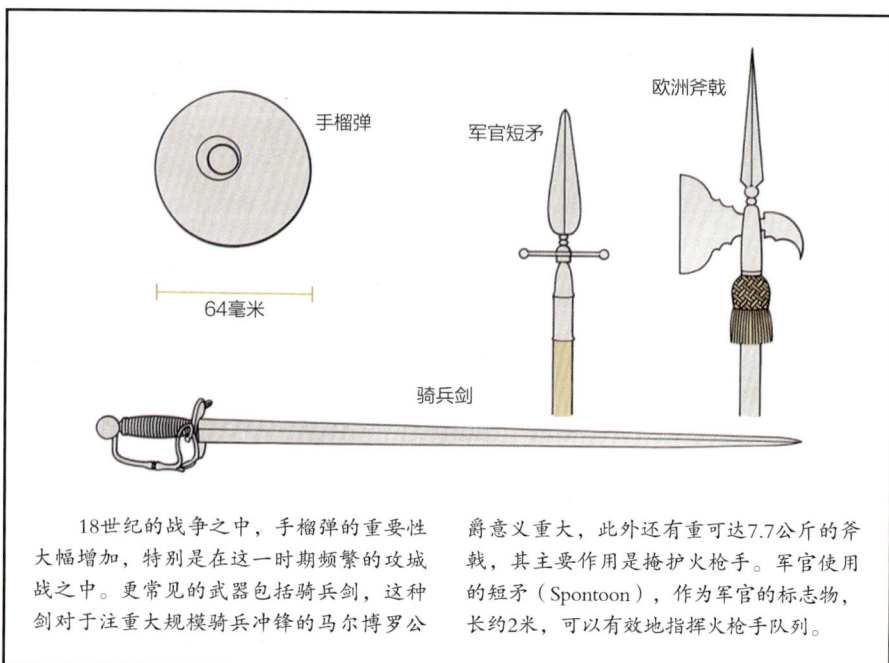

18世纪的战争之中，手榴弹的重要性大幅增加，特别是在这一时期频繁的攻城战之中。更常见的武器包括骑兵剑，这种剑对于注重大规模骑兵冲锋的马尔博罗公爵意义重大，此外还有重可达7.7公斤的斧戟，其主要作用是掩护火枪手。军官使用的短矛（Spontoon），作为军官的标志物，长约2米，可以有效地指挥火枪手队列。

【3】即石勒苏益格-荷尔斯泰因-松德伯格（Sonderburg）-贝克大公（Fürst），安东·金特（Anton Günther）。大公在败退时受伤被俘。

对这一时期战争的复原，往往会引起误导，同时代对布莱尼姆之战的描绘，比如下图，整齐的队列与方阵，与实际情况相差甚远。18世纪后期的高水平操典，此时尚未成形，大规模的部队调动往往陷入混乱。雇佣兵依然会在绝大多数战场之上出现。

18世纪初，欧洲君主们试图以战养战，让士兵们在敌人的领土上获取粮秣。士兵们来到乡村之中（如上图所示），往往需要寻找口粮和住所。骄纵不法的兵痞们往往武装劫掠乡村。马尔博罗公爵就对巴伐利亚进行了系统性的掠夺，焚烧了约400个村庄。

布莱尼姆之战是西班牙王位继承战争的重大转折点，扭转了路易初期的胜利，解救了维也纳，也解救了"强大联盟"。在这一战之后不久，巴伐利亚全境被联盟控制。事实上，布莱尼姆之战是半个多世纪以来法国军队遭受的首次重挫，这次胜利也让马尔博罗公爵的威望登峰造极。

公爵随后返回低地，在拉米伊（Ramillies，1706）、奥德纳尔德（Oudenaarde，1708）以及马尔普拉凯（Malplaquet，1709），三次击败法军，而利益诉求各不相同的联盟各方与顽固的路易十四之间，也因此最终达成了长期协议。

1713年的《乌得勒支和约》（Treaty of Utrecht），确认腓力继承西班牙王位，同时迫使他放弃法国王位的宣称权，解决了西班牙王位继承危机。布莱尼姆之战更为深远的影响则是，大不列颠就此成为世界强权，帝国将在维持欧陆平衡的同时，拓展在印度与北美的领土。

卡洛登之战，1746 年 4 月 16 日

1746年4月16日，星期三，斯图亚特王朝夺回英国王位的最后企图，在卡洛登（Culloden）荒原以惨败告终。在因弗内斯（Inverness）附近，一处雨后的泥泞丘陵地带，这场短暂、血腥而意义重大的战斗，结束了这场王位争夺战争。

10个月之前，一位25岁的年轻人，带着为数不多的追随者，少量武器装备以及有限的资金，怀着为斯图亚特王朝夺回英国王位的壮志，在苏格兰登陆。查理·爱德华·斯图亚特王子，绰号"邦尼王子查理"（Bonnie Prince Charlie），是1688年因支持天主教会而被迫流亡的英国国王詹姆斯二世的孙子，查理要为他的父亲詹姆斯·爱德华夺回这个王国。

王朝易代已经过去了近60年，支持圣公会的汉诺威王朝，此时在乔治二世的统治之下境况良好，颇得人心。然而，依然有人认为，在罗马流亡的詹姆斯·爱德华·斯图亚特才是他们的法理君主，是他们的"海外国王"。他们被称为詹姆斯派，而此时绝大多数的詹姆斯派都是苏格兰高地人。因此，在身为天主教徒的法国国王路易十五放弃了入侵英格兰，让斯图亚特家族复位的计划之后，查理·爱德华王子决定寻求高地人的支援。

即使是詹姆斯派也认为查理过于冒险了，毕竟对手的实力远强于他，但查理依然决定放手一搏。首先表示支持查理的卡梅伦（Cameron）与麦克唐纳（Macdonald）家族，对此时开战尚有所不满，但这两个颇具影响力的大家族表态之后，便有越来越多的支持者起兵。不久之后，查理王子便率领一支规模可观的"花格绒"（tartan）军队向南开进，军中的多数士兵向所属家族的族长效忠，而非效忠查理本人。

事态由此开始升级，英格兰陷入恐慌之中。在查理王子登陆苏格兰

不足两个月之后，苏格兰首府爱丁堡（Edinburgh）便不战而降。5天后，他的高地军在城东几公里处的普雷斯顿潘斯（Prestonpans），突袭并击溃了一支忠于国王的部队。

当查理王子在爱丁堡的荷里路德宫（Holyroodhouse，又称"圣十字架宫"）召开盛大的会议之时，大批的支持者如潮水涌向他的军营。对詹姆斯派

的同情，以及查理王子近期的胜利，带来了大批征召兵员，甚至一些低地人也前来加入这支以高地人为主的军队。

虽然只有5000纪律涣散的追随者，查理王子依然自以为战无不胜，他制订了更为大胆的计划，准备进军伦敦。尽管他的高级军官纷纷反对，请求他等待法国国王近期刚刚许诺提供的援军，已经被胜利冲昏头脑的王子依然下令出

在1688年的"光荣革命"之中，斯图亚特王朝的最后一位国王天主教徒詹姆斯二世，被迫逃离王国，支持圣公会的威廉与玛丽继承了王位。而苏格兰人在忠于哪一派的问题上，出现了分歧。

绝大多数的高地人——虽然并非所有——希望斯图亚特王朝复辟，而绝大多数的低地人，属于新教的长老会教派（Presbyterian），无法接受天主教君主卷土重来。然而在苏格兰高地，人们大多对英格兰人不满。因为在1701年，英格兰议会通过了《王位继承法》（Act of Settlement），宣布英国王位只能由新教徒继承。此外，在1707年，《联合法案》让

英格兰与苏格兰合并为一个国家，即"大不列颠"，共用同一个议会与同一种旗帜。然而合并之后的几乎所有利好，都留在了英格兰这边。

尽管1715年，詹姆斯二世的继承人詹姆斯·爱德华发动的暴动以失败告终，依然有许多人阴谋策划让斯图亚特王朝复辟。詹姆斯·爱德华的儿子查理·爱德华·斯图亚特，这位民谣与传奇故事之中的"邦尼王子查理"，在1745年登陆苏格兰，为自己的父亲争夺王位。起初他的军事行动屡屡胜利，然在残酷的卡洛登之战中，他最终失去了一切。

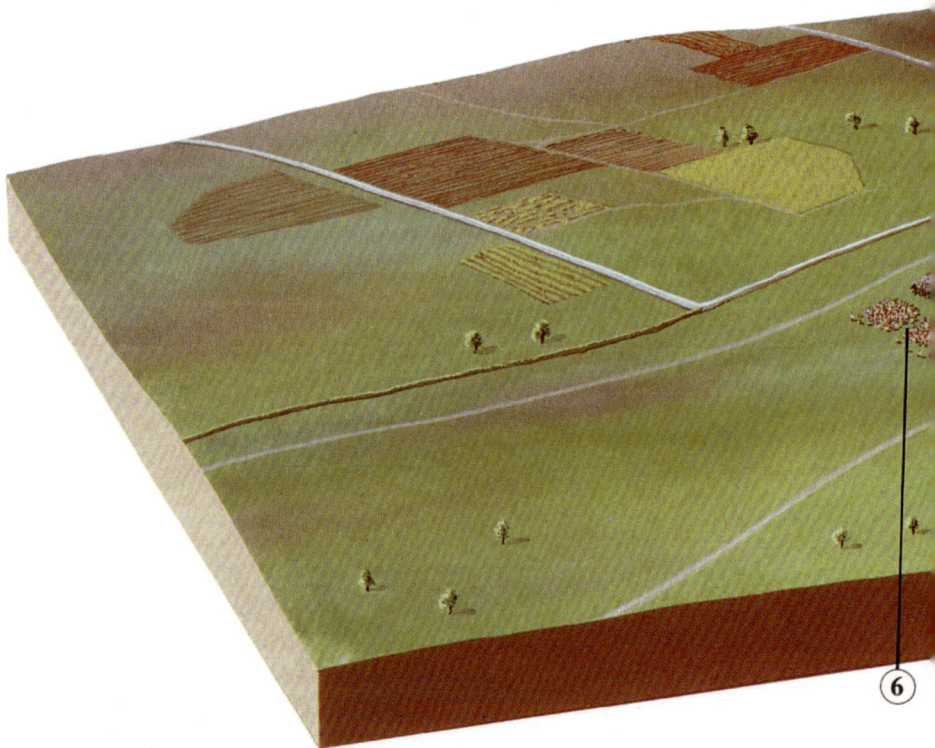

⑥

▲ 图中央的坎伯兰公爵骑乘灰马，和查理王子一样形象突出。在这件同时代的木雕作品之中，英格兰军队让詹姆斯派付出了惨重伤亡。背景中央的建筑物是对查理王子1746年4月16日的行营卡洛登军营的复原。

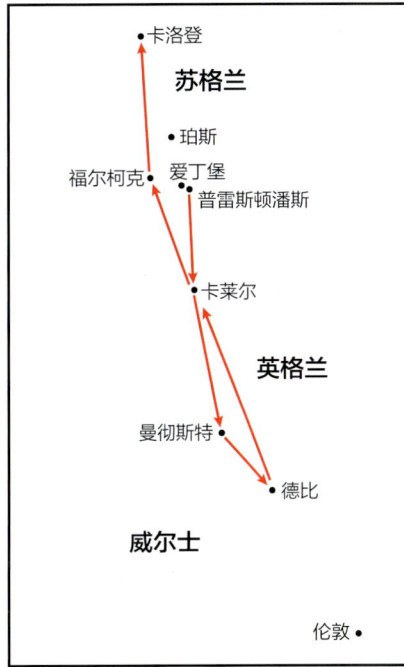

苏格兰立足后，查理王子只有两个选择：或者集结更多的部队，等待英格兰人发动进攻；或者立即南进，主动进攻。他决定南下进攻，而他很快发现，英格兰人并没有前来支持詹姆斯派。在曼彻斯特，他们混乱的队伍在一个妓女和一个敲鼓男孩的引领下入城，却仅吸引了200人参军。当詹姆斯派抵达德比时，这支部队的规模因为士兵逃亡而大减，此时只能撤退。英格兰军队则持续监视着他们的动向，不给他们喘息之机。

两军在平坦的荒原之上相对列阵。詹姆斯派军阵两侧的耕地，围绕着高2米的石墙。余下的护墙则是堆土墙，而且缺乏维护。

詹姆斯派①冒着干扰视线的雨夹雪与强风，在开阔的荒原上面向东方列阵。雨夹雪此后有所减弱，但强风依然不断将硝烟吹向他们的队列。

英格兰军队②装备精良，补给良好，而且背风列阵，视线不受阻扰。10门3磅炮持续投射，在詹姆斯派的战线上打开了缺口③。詹姆斯派的战线不整，并非因惧怕枪炮，而是因为太多人抗命出击。英格兰人则遵守纪律，阵线保持整齐。

围绕耕地的石墙④，被保王党的部队拆毁，以便包抄詹姆斯派的侧后。叛军的副官长选择这里作为战场时，宣称保王党不会从这些方向包抄。

位于詹姆斯派阵线右侧的乔治·默里男爵，派出一名信使⑤请求发动总攻，因为他的部下不肯在炮击之下继续按兵不动。

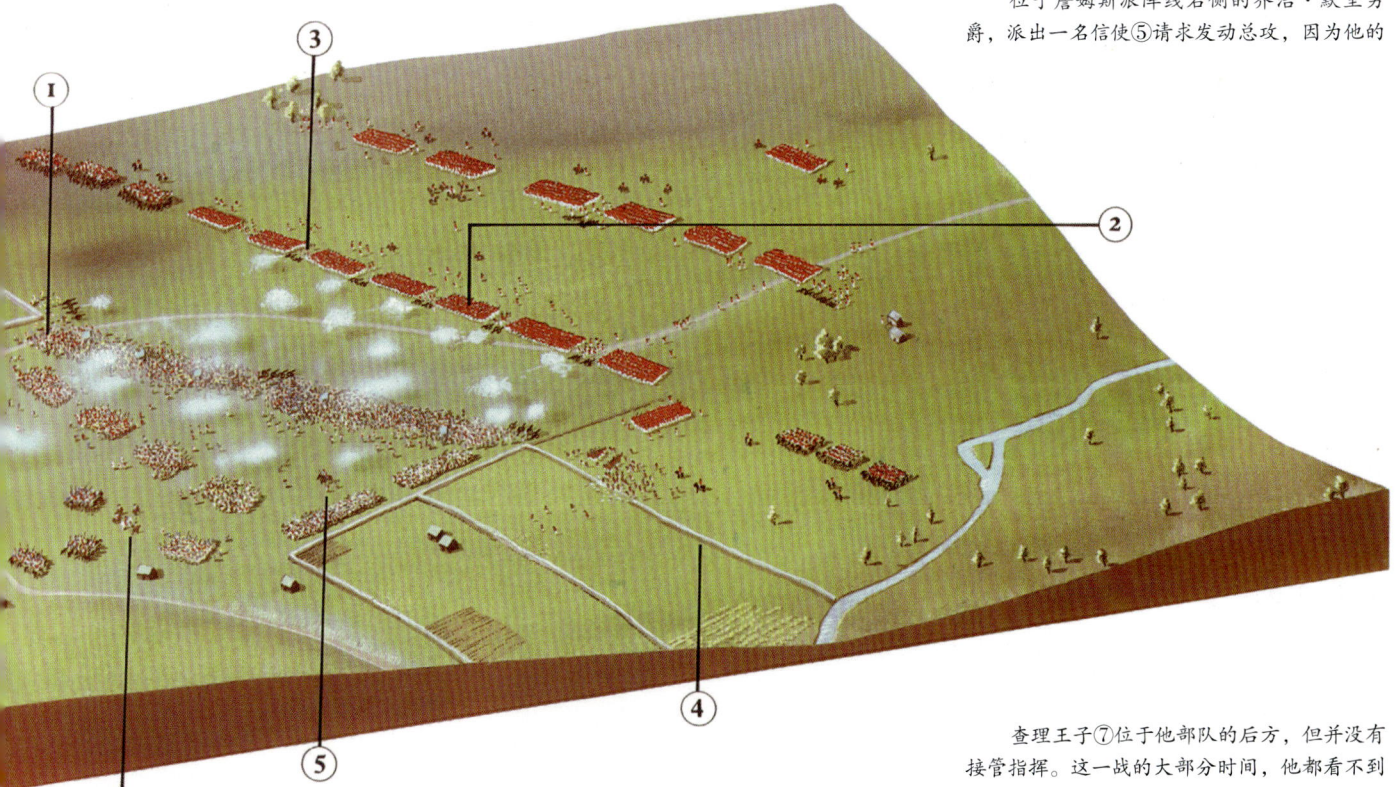

法国国王路易十五派来的法国部队⑥，此时位于后方，他们在这一战中的作用，仅仅是掩护了前方战败的詹姆斯派残兵撤退。

查理王子⑦位于他部队的后方，但并没有接管指挥。这一战的大部分时间，他都看不到战场上的情况。

王子的丝绸军旗⑧，是他父亲的红白色国王军旗，登陆的第一天王子就升起了这面旗帜。

兵，穿过苏格兰－英格兰边境。当时正是12月，在刺骨的寒风之中，他的支持者们纷纷逃亡，在他的军队抵达英格兰之前，就有大约1000兵员逃回了家乡。

查理王子的部队从卡莱尔（Carlisle）出发，向南通过普雷斯顿（Preston）与曼彻斯特（Manchester）抵达德比（Derby）。然而叛乱的势头在这里逐渐减弱。英格兰的詹姆斯派支持者，并没有如查理所愿前来支持，法国援军的消息也石沉大海，只有3万忠于国王的军队，开始向查理进军。前途渺茫的王子悻悻地选择了撤退。然而查理怎么也想不到，英国国王乔治二世，此时正在伦敦收拾金银细软，准备逃亡。

返回苏格兰之后，查理王子的情况略有改善。他的军队得到了增援，路易十五派出的3个团终于抵达。在次年的1月17日，他在斯特林郡（Stirlingshire）的福尔柯克（Falkirk），袭击并击溃了规模更大的保王军。然而查理没能借机扩大战果，反而将时间浪费在意义索然的斯特林城堡围攻战之中。一些高地人因无仗可打而离开。由于逃亡者过多，詹姆斯派的指挥官，能力出色的中将乔治·默里（Murray）男爵，认为部队已经无力迎战正在向他们开进的规模庞大的英格兰常备军。这支部队的指挥官是乔治二世的幼子坎伯兰（Cumberland）公爵威廉。

尽管查理王子大为不满，叛军还是决定退往高地，集结起一支1万人的部队，等到春季再下山与敌人交战。为了迷惑敌人，已成强弩之末的叛军派出一支分队，由乔治·默里男爵指挥，向东面的海滨进军。余下的部队由王子亲自指挥，向北退入山地。在2月的最后一周，两军在因弗内斯会合，而所谓的"45年叛乱"的最后一幕，也就此展开。

当詹姆斯派的劫掠部队在高地不断袭扰，攻击忠于国王的堡垒以及其他据点时，王子则忙于打猎与跳舞之类的玩乐，放下了之前积极进取的态度。

距离阿伯丁（Aberdeen）不到160公里处，坎伯兰公爵正在使用新操典整训步兵，以应对高地人可怕的阔剑冲锋。他要求红衣军不要用41厘米长的刺刀从正面刺击敌人，而是从高地人的右侧进攻，刺击他们因举剑而暴露的躯干。

3月中旬，坎伯兰公爵做好了继

查理·爱德华·斯图亚特王子（1720—1788），尽管身形矮小，却体格健壮，精力充沛，能够在艰苦环境之下长途行军。他的乐观态度与英俊相貌，成了詹姆斯派的重要资产。没有人质疑他的个人勇气，然而相比他的对手，查理王子存在一个关键的缺陷——缺乏军事经验，坎伯兰公爵威廉则是久经沙场。在卡洛登之战后，王子流亡法国，而后转往罗马。在复国的希望彻底破灭之后，查理王子渐渐形容枯槁，靠着酒精的麻醉聊度晚年。

坎伯兰公爵威廉（1721—1765），乔治二世第三子，向来热衷战争，年仅5岁之时便开始训练和他一同长大的男孩们。他在欧洲积累了丰富的战争经验，而士兵们也熟悉他骑乘在高58英寸（1.47米）的战马之上的高大身形，也信任他的指挥才能。士兵们虽然敬佩他的能力，却也畏惧他在面对失职者以及对手之时的严苛无情。卡洛登之战中战败的高地人，将为他的无情付出血的代价。

乔治·默里爵士（1694—1760），一位高大、健壮、无畏的军人，既是出色的战略家，也孜孜不倦地处理军中的诸多细碎任务。他无疑是詹姆斯派最优秀的军官，却遭到战友的质疑，因为他此前受雇于汉诺威王室，而且直到最后一刻才选择支持查理王子，这些猜忌影响深远，并最终招致灾祸——他的明智建议被一次次无视。在卡洛登之战后，他离开了指挥岗位，流亡欧洲，余生在那里度过。此后几年之间，他多次请求面见同样在流亡之中的查理王子，然而查理王子相信默里背叛了他，拒绝了默里的每一次请求。

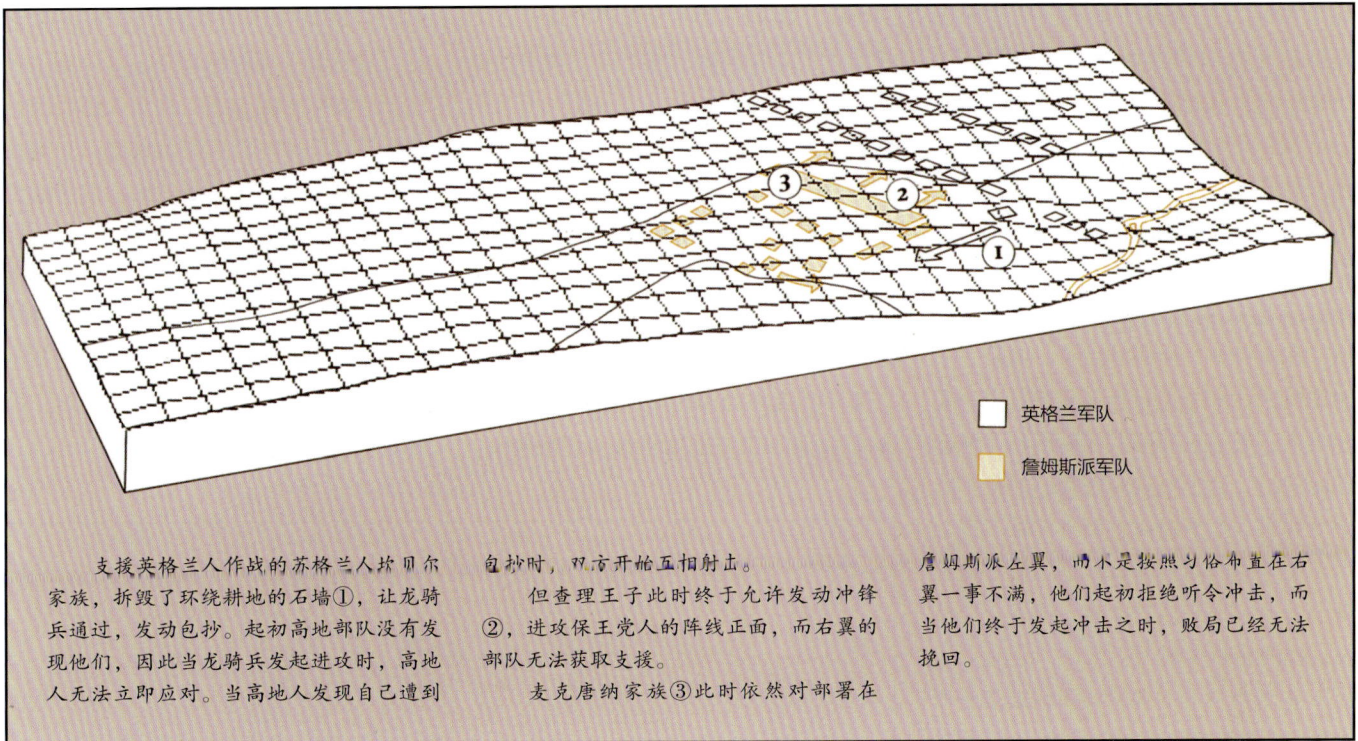

	英格兰军队
	詹姆斯派军队

支援英格兰人作战的苏格兰人坎贝尔家族，拆毁了环绕耕地的石墙①，让龙骑兵通过，发动包抄。起初高地部队没有发现他们，因此当龙骑兵发起进攻时，高地人无法立即应对。当高地人发现自己遭到包抄时，双方开始互相射击。

但查理王子此时终于允许发动冲锋②，进攻保王党人的阵线正面，而右翼的部队无法获取支援。

麦克唐纳家族③此时依然对部署在詹姆斯派左翼，而不是按照习俗布置在右翼一事不满，他们起初拒绝听令冲击，而当他们终于发起冲击之时，败局已经无法挽回。

英格兰军队在卡洛登获胜，相当程度上归功于坎伯兰公爵，虽然他在战后的暴行也是无法洗刷的污点。他接管指挥之时，尽管拥有更多的部队与更先进的装备，士兵们却因为多次被詹姆斯派击败而士气低落。此外，英格兰人畏惧高地人的冲锋，因此在他们冲锋之时容易陷入恐慌。在这一战之前的几个月中，他对部队进行了严格整训，将他们转变为高效而自信的战士。同时代的绘画（如上图所示），展现了当时英格兰步兵安装刺刀的步骤，坎伯兰公爵的部队对这一战术动作进行了大量训练。

续追击叛军的准备。4月14日，保王军抵达距离因弗内斯仅26公里的奈恩（Nairn）。之前不务正业的查理王子打起精神，命令他的部队在卡洛登荒原列阵，这是一片生长石南草的泥炭荒地，位于城东9.5公里处。

乔治·默里男爵对这一决定大为不满。选择战场的是副官长约翰·威廉·奥沙利文（O' Sullivan），查理王子的宠臣，一个志大才疏又刚愎自用的爱尔兰人。战场对高地人极为不利，地形开阔平坦，且土质较为坚实，对敌军的炮兵和骑兵作战极为有利，却并不适合擅长山地战的高地人。默里此后写道：任何一个高地家族的士兵，都不会选择在这样的地形作战。

在詹姆斯派的部队开始在卡洛登荒原聚集之时，保王军在15日时仍留在奈恩，庆祝他们指挥官的25岁生日。士兵们得到了额外的供给，得以开怀畅饮。

得知这一消息的查理王子，决定率领能够集结的4000部队，突袭保王军。詹姆斯派估计的保王军规模高达1.8万人，尽管对面实际的兵员数量只有这个数字的一半。起初，查理的所有高级军官都拒绝执行如此的冒险行动。他们在荒原之上的士兵正忍饥挨饿（他们的军需官没能运来补给），而期待已久的援军也并未到来。

又一个高地团抵达战场，且骑兵报告称坎伯兰公爵的营地没有行动，这两个消息让默里爵士的态度有所软化，更何况查理王子坚持要进军。默里下令部队进军，从两侧进攻坎伯兰公爵那些正在睡觉的部队，或许他认为，孤注一掷的进攻，总归胜过自陷死地。突然性是胜利的关键，因此他命令部队连夜进军，以便在破晓时分发起突击。

事态的发展预示了后续的灾难。默里率领2000人稳步行进，然而他们很快便和后方约翰·德拉蒙德（Drummond）男爵的部队脱节，而查理王子以及法国部队还在更后方。黑夜之中，德拉蒙德的部队与默里的部队距离越来越远，而

各部队一系列下达后又取消的命令，加剧了混乱。在晨曦初露之时，默里的部队距离敌人的营地还有3.2公里，而且因为和后方部队脱节，兵力不足，无法发动突袭。此时，保王军起床的军鼓已经敲响，詹姆斯派的部队此时只能退回卡洛登。

在军事问题上向来盲目乐观的查理王子，坚定反对撤退，并宣称他遭到了背叛。当沮丧的詹姆斯派士兵们在当天早上6时返回卡洛登荒原的预设阵地时，

据称有2000多人逃离队列寻找果腹之物，毕竟前一天他们每个人只分到了一块干饼。余下的士兵，许多人已经因饥饿与连夜赶路的疲劳而头昏眼花，躺在石南草丛中打盹——虽然他们很快就要醒了。

当坎伯兰公爵得知敌方的夜袭以失败告终时，他决定立即行动，不给叛军喘息之机。凌晨5时许，已有至少12个步兵营，3个骑兵团以及一支炮兵部队，沿着通向卡洛登的道路全速开进了。

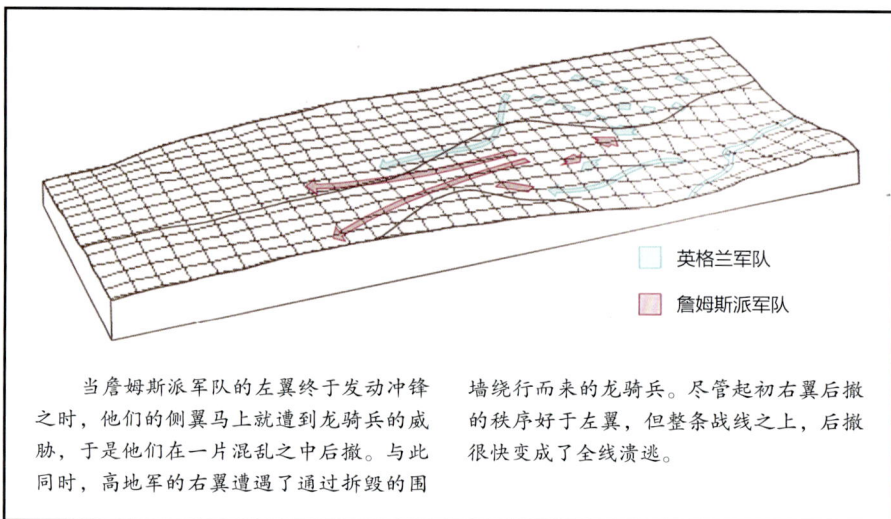

| | 英格兰军队 |
| | 詹姆斯派军队 |

当詹姆斯派军队的左翼终于发动冲锋之时，他们的侧翼马上就遭到了龙骑兵的威胁，于是他们在一片混乱之中后撤。与此同时，高地军的右翼遭遇了通过拆毁的围墙绕行而来的龙骑兵。尽管起初右翼后撤的秩序好于左翼，但整条战线之上，后撤很快变成了全线溃逃。

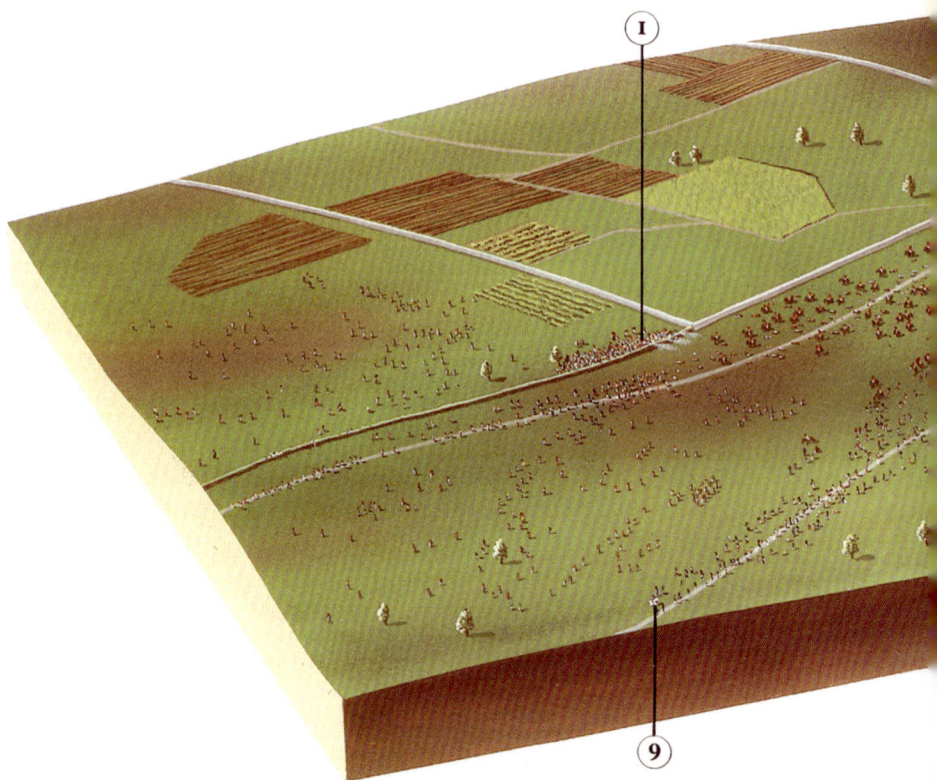

同时代的操典之中，火枪手在进攻时，要在超长枪兵的掩护之下向敌人进军，并在行进间发动齐射。然而当时的火绳枪装弹时间太长，高地人很快就利用了对面的这一劣势。高地部队会行进到双方火枪的射程之内，首先齐射敌人，而敌人也会立即发起还击。在敌人忙于装弹之时，高地人扔掉火绳枪，拔出双手阔剑，在恐怖的战吼声中冲向敌人。

直到17世纪晚期，火枪才开始加装刺刀，而此前火枪手只能依靠超长枪兵掩护，或者使用枪托自卫。枪托自然无法与阔剑对抗，而对抗超长枪的手法则是用包皮革的木质盾牌夹住枪尖，而后用阔剑斩断枪杆。惊恐且无力自保的敌方步兵，通常会在高地部队冲锋仅仅5分钟之后便崩溃后退。

然而在卡洛登之战的时代，武器装备的革新让高地部队的冲锋意义索然。火绳枪被装弹速度更快的燧发枪取代，而刺刀也已经普遍装备。高地人战无不胜的时代结束了。

詹姆斯派开始溃退。他们的右翼与左翼先后发动的冲锋，但在平射炮炮击与保王党步兵机巧的刺刀格斗之中均被击退。詹姆斯派的部队在硝烟之中开始瓦解，他们分散逃离战场，背后则是骑兵和坎贝尔家族的追击。许多人，包括伤兵在内，被无情砍杀，甚至战斗结束之后杀戮仍在继续。战场各处散落着高地人的尸骸。

法国国王路易十五派来支援查理王子的爱尔兰部队①，在围墙的掩护之下，试图以齐射阻扰保王党骑兵的行动。

詹姆斯派的左翼，此前拒绝进军，而当他们开始前进时，侧翼已经暴露，只得在龙骑兵的追击之下撤退②。

詹姆斯派的苏格兰王室团与一些法军士兵③，几乎被龙骑兵包围。

一门詹姆斯派的火炮④，布置在卡洛登耕地围墙的角落，在左翼部队逃跑之后依然持续射击。保王党人调动了7门炮才将其击毁。

坎伯兰公爵紧⑤密注视着詹姆斯派的败兵部队。

大约500名龙骑兵通过拆毁的石墙，冲向了詹姆斯派的右后方⑦。

詹姆斯派的骑兵部署在通向博尔夫赖德（Balvraid）的下沉道路之中⑧。他们拖延了保王党骑兵的行动，让詹姆斯派的右翼部队得以有序撤退。

查理王子和他的下属军官们⑨，徒劳地试图重整左翼与中央溃逃的高地部队，然而那时战局已经无望扭转。

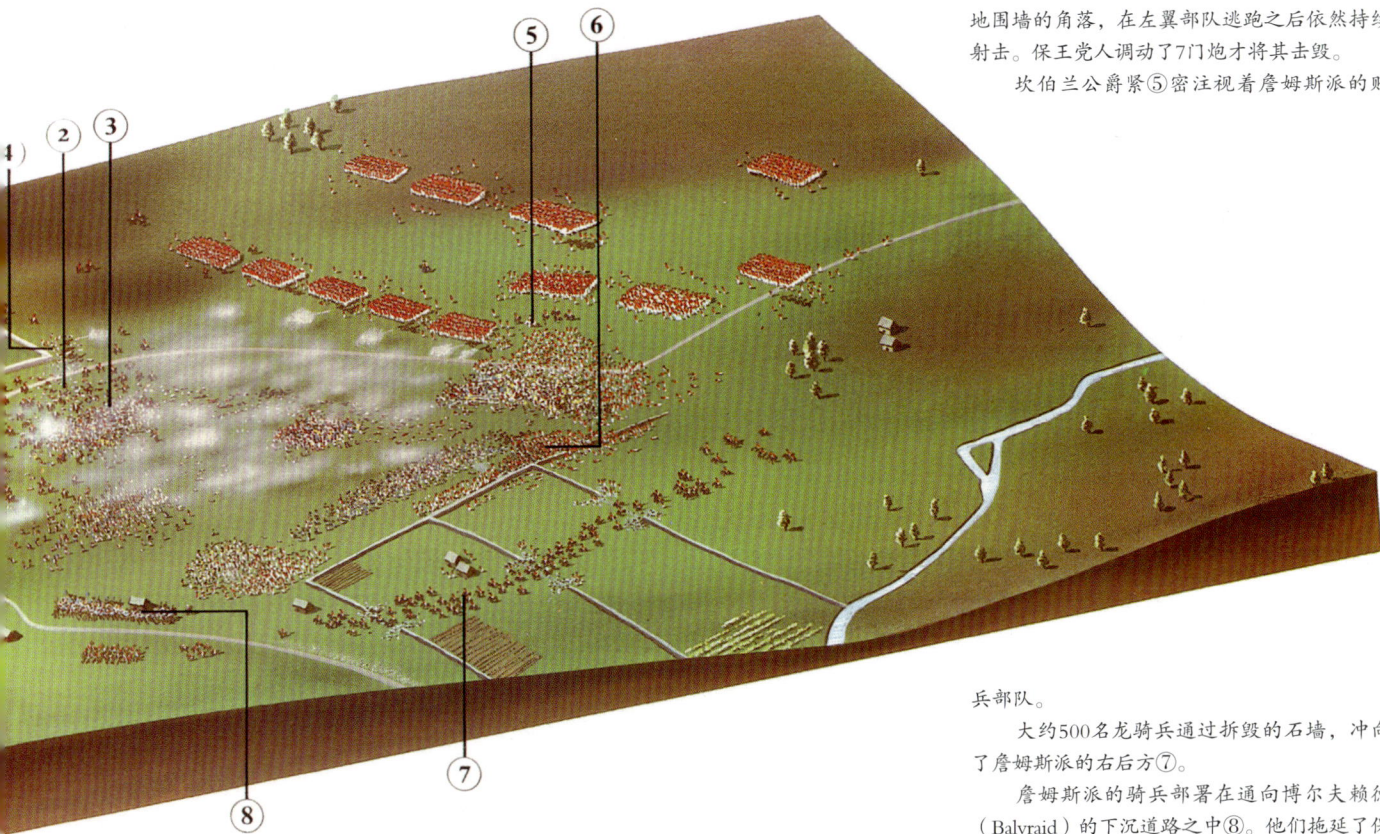

退，他下令自己的步兵坚守阵地，让骑兵和坎贝尔家族部队追击。

詹姆斯派的右翼部队，在一番苦战之后开始后退。坎贝尔家族的部队发起追击⑥，他们也是保王党人之中，唯一参与追击的步

坎伯兰公爵的前卫骑兵，在距离荒原6公里处被詹姆斯派的哨兵发现。查理王子的营地立即乱成一团，军官们竭尽所能叫醒睡着的人，找寻离队的人。他们没有时间重新部署部队了，只能按照昨天的部署整队。麦克唐纳家族的部队此时布置在左翼，而他们传统上是布置在右翼，他们宣称在左翼作战是玷污他们的家族荣誉，即使大敌当前也抱怨不休。

低地部队和法国部队敲响军鼓，高地部队则吹响风笛，疲惫不堪的詹姆斯派部队开始结阵备战。他们面向东面的原野列阵，而干扰视线的雨夹雪，在凛冽的寒风吹动之下打在他们的脸上。他们战前调动的约8000人，此时在战场上的已经不到5000人。他们排成前后两组队列，沿着640米的正面展开，两翼各有环绕耕地的石墙掩护。

在潮湿、饥饿与困倦之中，苏格兰人等待着对面绯红色与白色相间的队列前进，这支约9000人的保王党部队，明智地组成三道阵列，进军到距离敌军阵列460米以内的阵地。下午1时许，冷溪卫队（Coldstream Guard）军官博伊德（Boyd）男爵，在骑马前出侦察詹姆斯派的军阵时遭到炮击，两军随即开战。

叛军有12门各式样的火炮，但他们缺少专业的炮兵操纵火炮，因此炮击效果相当有限。保王党一方的火炮情况则大不相同，他们的五个炮组，每组有两门3磅炮，布置在前沿的各步兵队列之间，进行了近半小时持续且猛烈的炮击。尽管詹姆斯派伤亡惨重，却依然只能坚守阵地，直到位于后方看不到前方不利战况的王子，此时下达了主动进攻的命令。

此时雨夹雪已经渐停，但强风依然把呛鼻的硝烟吹向叛军的中军与右翼，他们最终在混乱之中发起冲锋。许多人疯狂向前奔跑，只为尽快进入肉搏，甚至忘记了开枪。

英格兰一方，训练有素的士兵使用火枪齐射，而火炮也发射葡萄弹助阵，杀死数以百计的苏格兰人。前方遭受直接冲击的两个步兵团接合部被突破，让约500名高地人拥入突破口，然而后方阵列的部队立即迎上前迎战，许多高地人被杀，余下的则被恢复队形的保王党部队团团围住。

默里指挥的阿瑟尔（Atholl）旅试图向前冲击，却在雾中迷失了方向，被詹姆斯派军阵右侧的一道土墙阻碍，随后遭到沃尔夫（Wolfe）团的猛烈侧向射击。那些曾经参与丰特努瓦（Fontenoy）战役以及佛兰德地区的其他军事行动的常备军老兵，也从没见过战场上出现如此之多的死伤。

抵进之前密集的枪炮射击，以及抵进之后灵巧的刺刀战法，迫使詹姆斯派的中央与右翼后退。左翼的部队此时尚未遭遇持续打击，当这些高地家族武装前进，发起吸引对面射击的佯攻时，他们的侧翼早已暴露，而附近的龙骑兵有发动包抄的威胁。左翼部队只得后撤，

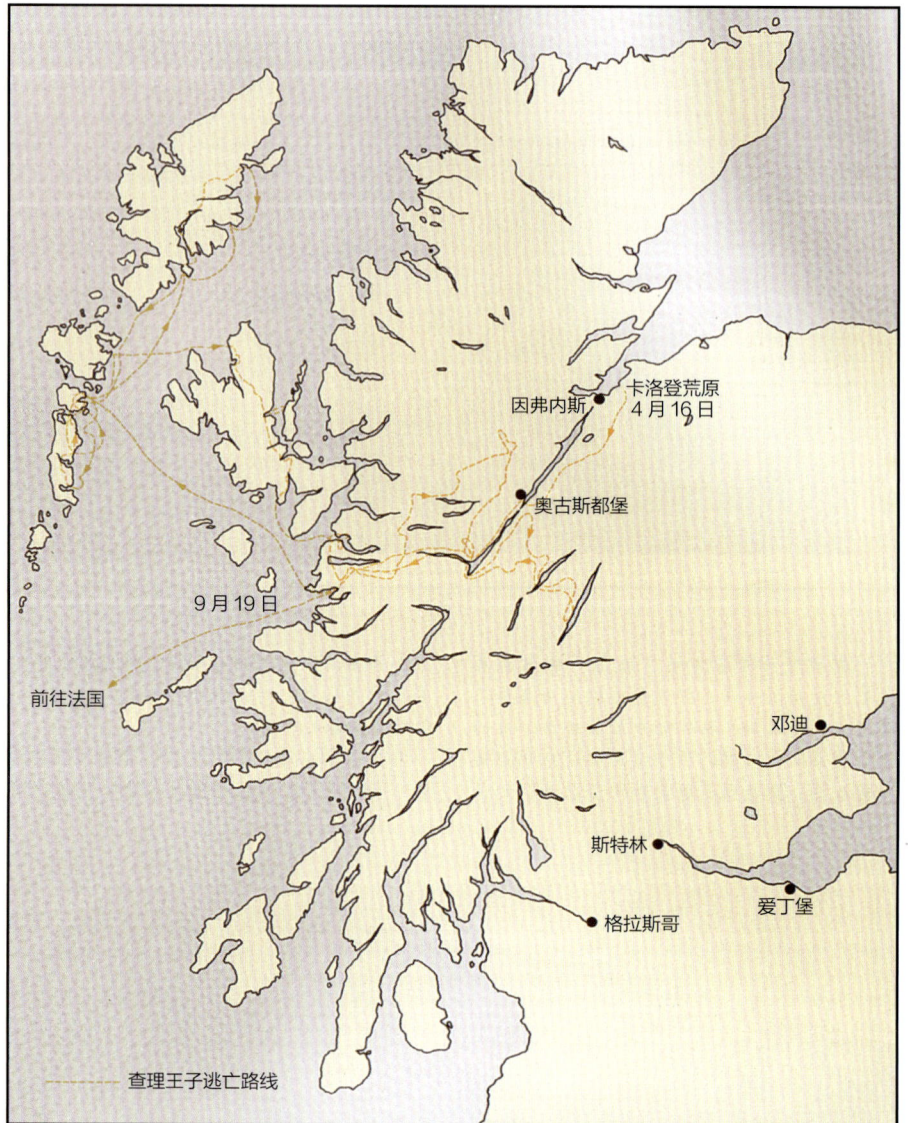

在兵败卡洛登之后，查理·爱德华·斯图亚特王子开始逃亡。他在夜间赶路，按照图中的路线逃跑，白天则往往要在农舍甚至山洞中睡觉。他扮成女人，划着小船来到斯凯岛（Skye），并得到勇敢的弗洛拉·麦克唐纳的庇护，而此后她也因这一仗义之举，一度被囚禁在伦敦塔之中。查理王子在苏格兰逃难之时，英国悬赏3万英镑缉捕他，这一金额在18世纪相当可观。然而苏格兰的男女老幼，却无一人透露王子的行踪。在躲藏6个月之后，王子终于得以登船流亡法国。

▲ 苏格兰高地人家族，为卡洛登之战中阵亡的同族士兵竖立纪念石柱。詹姆斯派在这一战中伤亡可能超过2000人，而在战后，又有约3000人因支持查理王子而遭囚禁。卡洛登之战的战场，近年得到了大规模的复原，将战场恢复为18世纪大战之时的态势。此后在荒原上种植的树木被移走，而通过詹姆斯派阵亡士兵墓葬的道路也因此改道。重建工作预计在1985年完成。

相比受损惨重的右翼，他们的撤退更加混乱。

默里是为数不多有幸逃出生天的前沿指挥官之一，他将一些法军从后方调来掩护撤退，而此时对方的骑兵已经追上了全线后退的叛军右翼。在选择这片极其不利的战场时，呆板的奥沙利文曾发誓保王党绝不可能从侧翼发起包抄，而现在，包抄部队已经到来，他们拆毁了卡洛登周围的石墙，绕到了詹姆斯派的侧后。默里是除了少量做困兽之斗的残兵之外，这一战已经结束了。全然不曾预料到溃败的查理王子，此时只能逃离战场。接下来的六个月间，他东躲西藏，直到被姗姗来迟的法国舰船接走，流亡海外。

尽管卡洛登荒原之上双方调集了1.4万人，但实际参战的很可能不超过3000人。双方都有不少部队未放一枪一弹。据估计，坎伯兰伯爵以50人阵亡，259人受伤的微小代价，歼灭约2000人，约占詹姆斯派部队总人数的一半。大部分的伤亡发生在叛军败退之后，骑兵发起追击之时，一场血腥的虐杀随之展开。詹姆斯派的败兵伤兵纷纷被杀，就连在远处观战的高地人妇孺也惨遭屠戮。

此后还有几支步兵分队在战场以及周边地区活动，将找到的詹姆斯派伤兵全部杀死。当时谣言声称詹姆斯派得到了不留活口的命令，因此保王党也决定无情报复。他们的残忍，为他们的王室指挥官赢得了"血腥屠夫"的恶名。这是目前英国领土之上进行的最后一次决战，斯图亚特王朝复辟的希望也就此彻底破灭了。

汉诺威王朝在卡洛登之战击败斯图亚特王朝的余脉，因为坎伯兰公爵的部队无情报复高地人而蒙羞。他们杀死伤者以及许多俘虏，并把余下的俘虏押往英格兰，而后迅速审判并处决。另外还有约1000名俘虏被卖到美洲的棉花种植园中当奴隶。

高地人的牲畜被英军夺走，农庄也被他们摧毁。高地各家族的族长权力被剥夺，高地的社会体系因此动摇。高地人不得使用盖尔语，不得演奏风笛，不得拥有武器，甚至不得穿着花格绒服装，违犯禁令轻则入狱，重则处死。

为保证汉诺威王朝的军队快速机动，英国在苏格兰建造了更多的道路和桥梁，让未来的叛乱无从发动。坎伯兰公爵就此消除了詹姆斯派的支持者，然而他也留下了持续许多年，代代相传的怨恨。一个好结果是，高地人战场之上的英勇，促使英国编组了高地团。在未来，这支部队将作为英军精锐，为英国征战四方。

萨拉托加战役，1777年9月19日—10月7日

1776年7月4日，英帝国的北美殖民地宣布独立，这个艰难起步的新政权，并未立即得到欧洲强权的承认。转折点在宣告独立15个月后出现，他们在萨拉托加决定性地击败了英军。

约翰·伯戈因（Burgoyne）[1]中将在1776年制定的战略目标，是恢复英国国王乔治三世的北美殖民地全境，消灭叛军。乔治·华盛顿（Washington）将军的"大陆军"，在托伦顿（Trenton）和普林斯顿（Princeton）先后击败英军中将威廉·豪（Howe）爵士的部队，而加拿大总督将军盖伊·卡尔顿（Carleton）爵士，取道尚普兰湖（Champlain）的水路进攻计划，因为海军行动遭受严重损失而放弃。

卡尔顿爵士的副手伯戈因将军，决定借机掌握指挥权。英国政府在伯戈因的煽动之下，向他下达了进攻命令，要求他越过尚普兰湖与哈德逊河（Hudson），从加拿大向北美十三州发动夏季攻势。由巴里·圣莱杰（St. Leger）中校率领的少量部队，将在同时取道安大略湖（Ontario）的莫霍克（Mohawk）谷地进军；而豪爵士以纽约城为行动基地的英军主力，则溯哈德逊河北上进攻。三支部队将在奥尔巴尼（Albany）会师，而后截断独立者的核心地域新英格兰与其他地区的联系。

然而豪爵士却在未征求伯戈因意见的情况下授权自己的部队分兵，在宾夕法尼亚（Pennsylvania）与华盛顿作战，这直接让英军的进攻计划沦为泡影。此时纽约城中的英军部队，只剩下英军少将亨利·克林顿（Clinton）爵士指挥的少量部队，北上哈德逊河的行动规模将大幅缩减。

自信而急于求战的伯戈因，在1777年6月21日出兵。他的部队包括6个英国常备军旅、德意志雇佣兵、400名原住民侦察兵以及约250名支持英国的加拿大-

英国在七年战争之中击败法国，因而获取了以北美殖民地为主的大片领土。[3]按乔治·华盛顿的说法，英国殖民当局"为了平息印第安人的不满"，拒绝殖民地开拓者购置边境地产，或定居在边境地区。这一命令虽然合理合法，但殖民者却因为失去发财的机会而不满。同时，英国政府还要求北美殖民地支付美洲的英国驻军开销，毕竟，英格兰与法国殖民军开战，庇护了北美殖民地，并提供了主力部队和战争资金。然而在英国政府看来比较合理的税收，提供的税款很少，却激起了大范围的敌对情绪。"没有代议权，就没有税金！"成了殖民地开拓者的口号。殖民地潜在的革命领袖，因为伦敦当局对殖民地直接征税的合法性争议，逐渐聚集起来。想要脱离英格兰的激进思想不断发酵，最终在1775年，在列克星敦（Lexington）与康科德（Concord）爆发了武装冲突，美国独立战争随即开始，不久之后，邦克山（Bunker Hill）之战爆发，而萨拉托加战役则发生于两年之后。

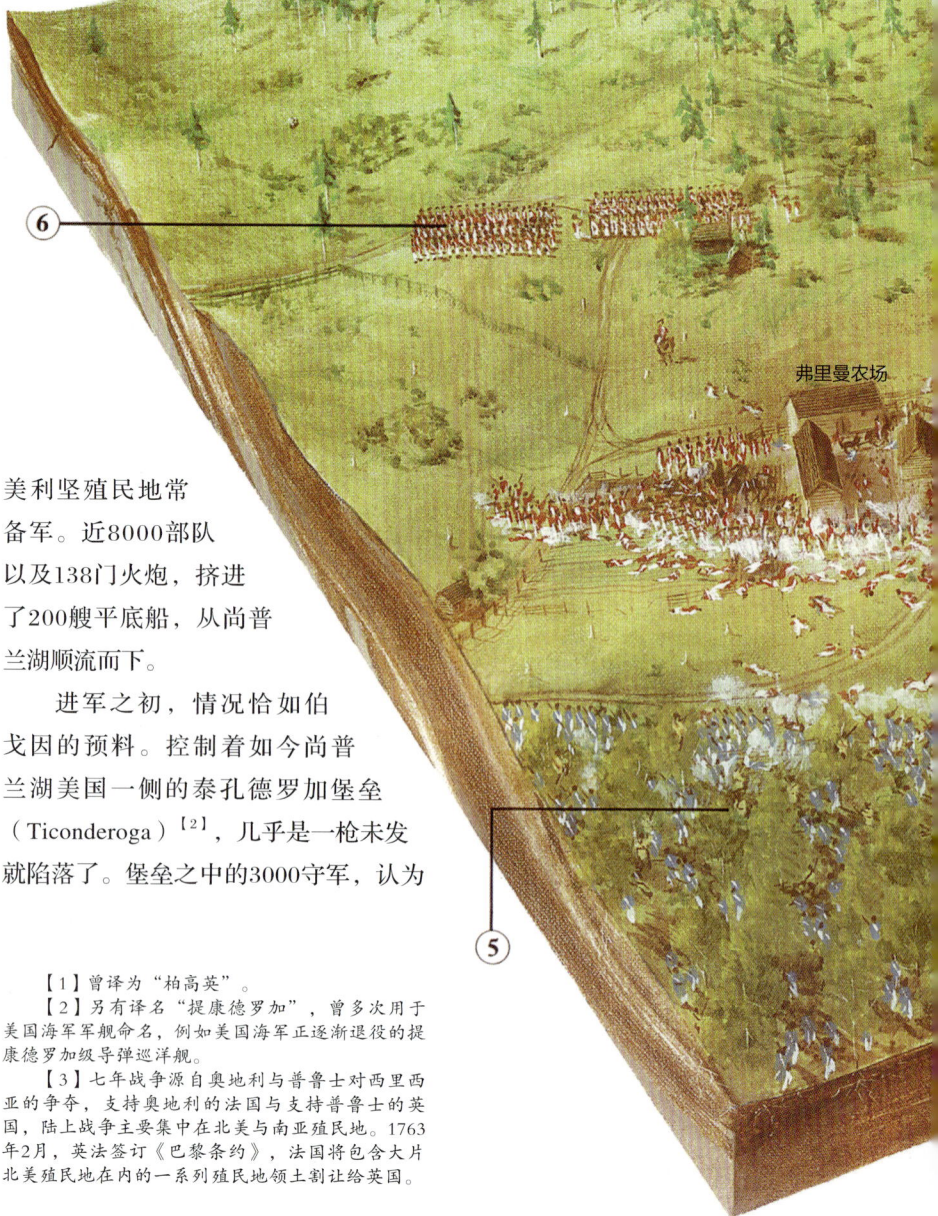

弗里曼农场

美利坚殖民地常备军。近8000部队以及138门火炮，挤进了200艘平底船，从尚普兰湖顺流而下。

进军之初，情况恰如伯戈因的预料。控制着如今尚普兰湖美国一侧的泰孔德罗加堡垒（Ticonderoga）[2]，几乎是一枪未发就陷落了。堡垒之中的3000守军，认为

【1】曾译为"柏高英"。
【2】另有译名"提康德罗加"，曾多次用于美国海军军舰命名，例如美国海军正逐渐退役的提康德罗加级导弹巡洋舰。
【3】七年战争源自奥地利与普鲁士对西里西亚的争夺，支持奥地利的法国与支持普鲁士的英国，陆上战争主要集中在北美与南亚殖民地。1763年2月，英法签订《巴黎条约》，法国将包含大片北美殖民地在内的一系列殖民地领土割让给英国。

1777年9月19日傍晚，在晴好的秋日之下，英军遭受了惨重伤亡。大多数英军在弗里曼农场附近阵亡，而大陆军从南面的林地之中，射击林间空地之上宽约320米的英军阵线。

试图向林地进攻的英军①，在松林边缘付出了相当的伤亡。英军想要以欧洲同时代的标准战法作战，他们集结成密集队形行进，因而在大陆军的精确射手打击之下伤亡甚大。

战斗最激烈处是开阔地的南端②，来自3个步兵团——20团、21团与62团——的英军部队，数量上处于劣势，并遭到了大陆军线膛枪的集中打击。

里德泽尔男爵率领布伦瑞克部队③，从战场东面哈德逊河畔的阵地赶来参战。这支部队在抵达北美两年之后，并未参加任何战斗，因而急于打响在北美的第一枪。

英军第62团的火炮④，持续射击了整整一天。大陆军对炮兵阵地发起的多次进攻，全部被英勇的守军击退。

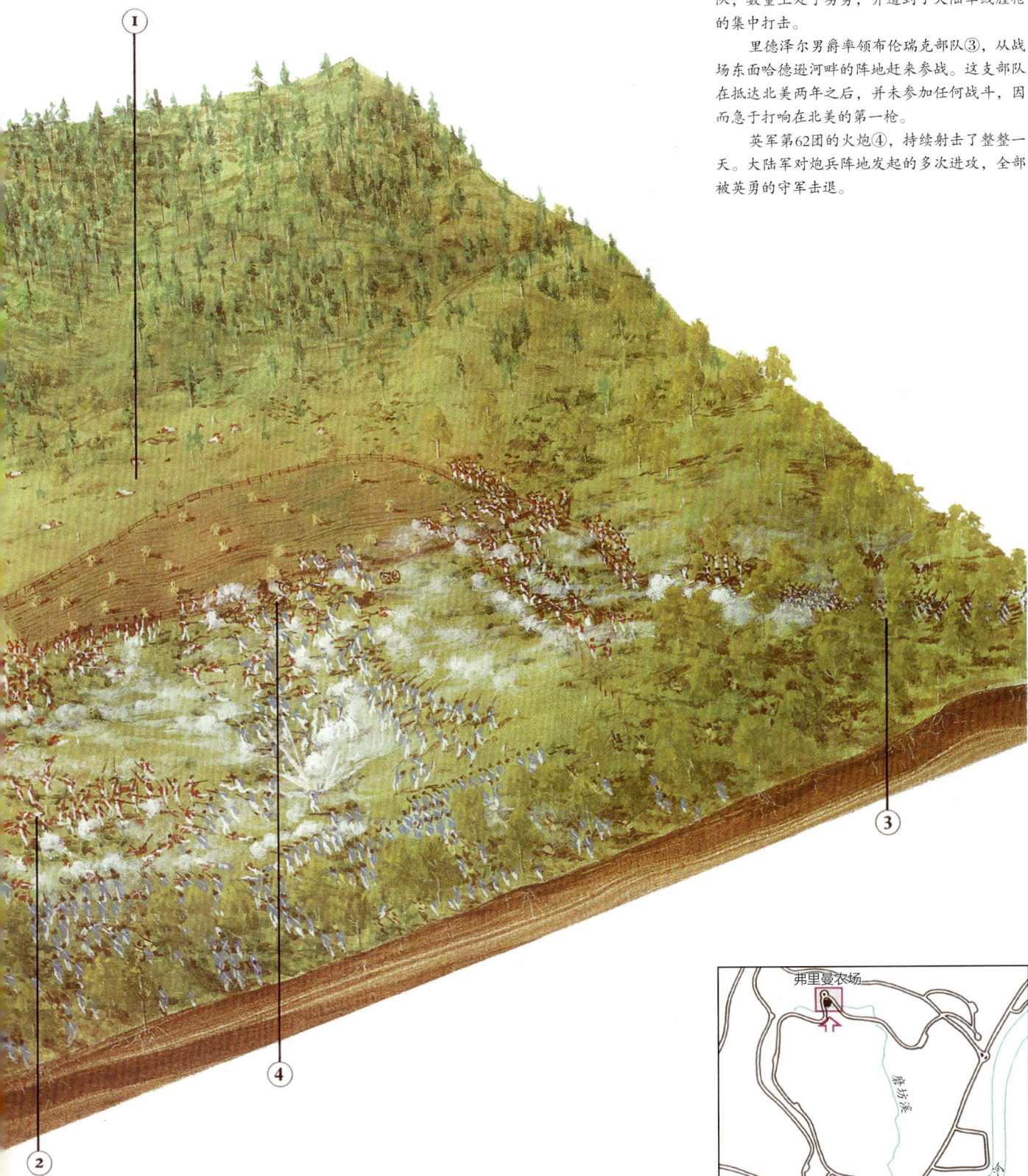

弗里曼农场

火炮无法运到附近的高地之上，而当英军从这些高地向他们发起炮击之后，他们便逃离了堡垒。一些部队向南行进64公里，与菲利普·斯凯勒（Schuyler）少将的部队会合，其他人则乘小船逃走。指挥英军精锐掷弹兵（Grenadier）和轻步兵部队的西蒙·弗雷泽（Fraser）准将，走陆路追击乘船逃走的大陆军，并在7月7日在哈伯顿（Hubbardton）追上了这些部队，在一番苦战之后彻底击溃他们。

与此同时，伯戈因被迫留下两个团驻守泰孔德罗加堡垒，监视在斯克尼斯伯勒（Skenesborough）撤退的叛军船队，他们缴获了一批渡船、武器和其他物资。在220辆辎重车和42门火炮的拖累之下，伯戈因随后率领部队通过乡间道路，向96公里之外的奥尔巴尼进军。缺少补给的伯戈因派800人掠夺了大陆军在佛蒙特州（Vermont）本宁顿（Bennington）的补给仓库，然而他们被数量占优的大陆军击败，解救他们的部队也伤亡惨重。

在交战间歇期，圣莱杰中校率领1500人从莫霍克谷地进军，在奥尔巴尼以西193公里之外，他们在斯塔尼克斯堡垒（Stanwix，今称斯凯勒堡）受挫，很快开始撤退。豪爵士则认为，至此进军顺利的伯戈因能够孤军完成任务，便继续在宾夕法尼亚作战，直到入冬之前都无法调动成规模的部队北上。

伯戈因此时已经深入敌军腹地，并损失了约15%的部队，每天他都会收到大陆军增兵前来的情报，而自己却无望得到英军其他部队的有效支援。9月13日，得到少量德意志雇佣兵部队增援，并获取他们带来的补给之后，即使与加拿大的交通线已岌岌可危，他依然决定冒险，孤军进军奥尔巴尼。当他疲惫的部队在萨拉托加（Saratoga，今称斯凯勒维尔）附近，从哈德逊河西岸通过一道浮桥之时，他清楚自己已经没有支援部队了。此时，大陆军的指挥官斯凯勒被霍拉肖·盖茨（Horatio Gates）将军接替，一天前，他的部队已经在奥尔巴尼

以北约40公里处的比米斯（Bemis）高地驻防，封锁英军的前进道路。在精心构筑的土垒工事后方，盖茨部署了7000人

与22门火炮。在数量优势之外，他的另一个重大优势，则是华盛顿将军派来支援作战的500精确射手（sharpshooter），由丹尼尔·摩根（Daniel Morgen）上校指挥。

9月19日上午10时，在哈德逊河河谷之中的浓雾笼罩之下，英军开始前进。

约翰·伯戈因中将（1722—1792），一位能力出众的军官，因为七年战争之中夺取一座葡萄牙人的城市堡垒，成为英格兰的英雄。然而他在北美的军事行动，暴露了他的两个缺点：其一是尽管他敬佩大陆军士兵的勇气，却一直低估他们的战斗力；其二是他并不擅长在野外与熟悉当地地形的民兵部队作战。

贝内迪克特·阿诺德将军（1741—1801），作战勇猛，却因为5位年轻的准将先于他得到提拔而怀恨在心。然而在1780年，他还是被任命为西点要塞（West Point）的指挥官。此后他迎娶了同情英国政府的妻子，并因为个人财务困难，伙同克林顿准备出卖西点要塞，换取大笔钱财。阿诺德在阴谋败露之后成功逃走，却也因此成了"叛徒"的代名词。

霍拉肖·盖茨将军（约1727—1806），出生在英格兰，年轻时参军来到北美服役。他在北美退役之后，定居在今弗吉尼亚州（Virginia）。他支持十三州政府，而萨拉托加大捷也让他成为英雄——即使他的领导力对战局影响相当有限。然而在1780年，他的部队在卡姆登（Camden）溃败，盖茨本人则抛下部队独自逃跑，留下了他军事生涯无法洗刷的污点。

丹尼尔·摩根上校（1736—1802），在萨拉托加战役中指挥约500人的精确射手。大陆军认为，摩根上校是这一战的真正英雄，他麾下穿着鹿皮夹克的拓荒者们，在树木的掩护之下给英军造成了大量伤亡。摩根在独立战争之后立即退伍，以平民身份安度余生。

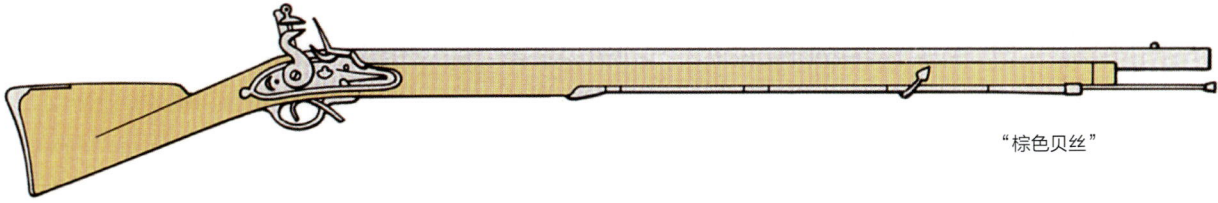

"棕色贝丝"

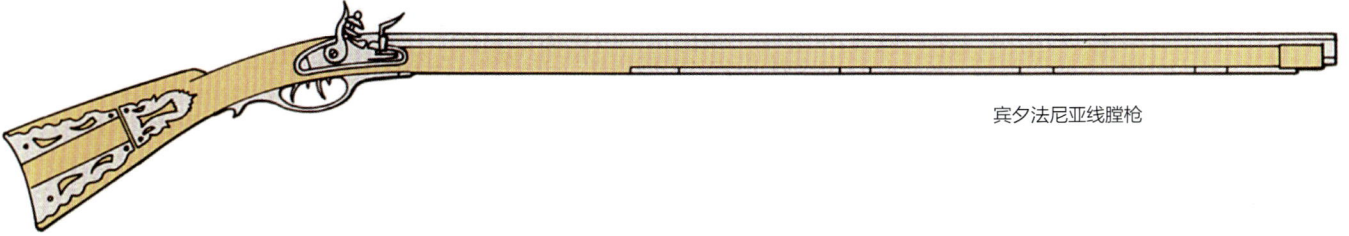

宾夕法尼亚线膛枪

独立战争中的英军步兵，绝大多数装备名为"棕色贝丝"的滑膛枪，这种武器在约1720年投入使用，直到19世纪40年代退出服役。这一时期的改型使用107厘米的长枪管。

大陆军的精确射手使用宾夕法尼亚线膛枪（时而被误称为肯塔基线膛枪），这种0.44英寸口径的武器有更长的枪管，不但比"棕色贝丝"更精确，威力更大，而且装弹所需时间还更短。

19世纪之前的火枪精度依然较差，而且也需要较长的时间装弹。为了降低长时间装弹的影响，此时的线列步兵依然采取前排射击后排装弹的战术，或者两排线列步兵在进行齐射后，立即发起刺刀冲锋。

18世纪，训练有素的士兵每分钟可以射击3次。优秀的精确射手可以在80米之外准确击中敌人，而更远的距离之外，就无法有效瞄准了。枪弹在飞行约180米之后逐渐失去杀伤力。尽管在80米之外无法有效瞄准，在80—180米的范围之内，齐射依然可以有效打击密集阵形中的敌人。

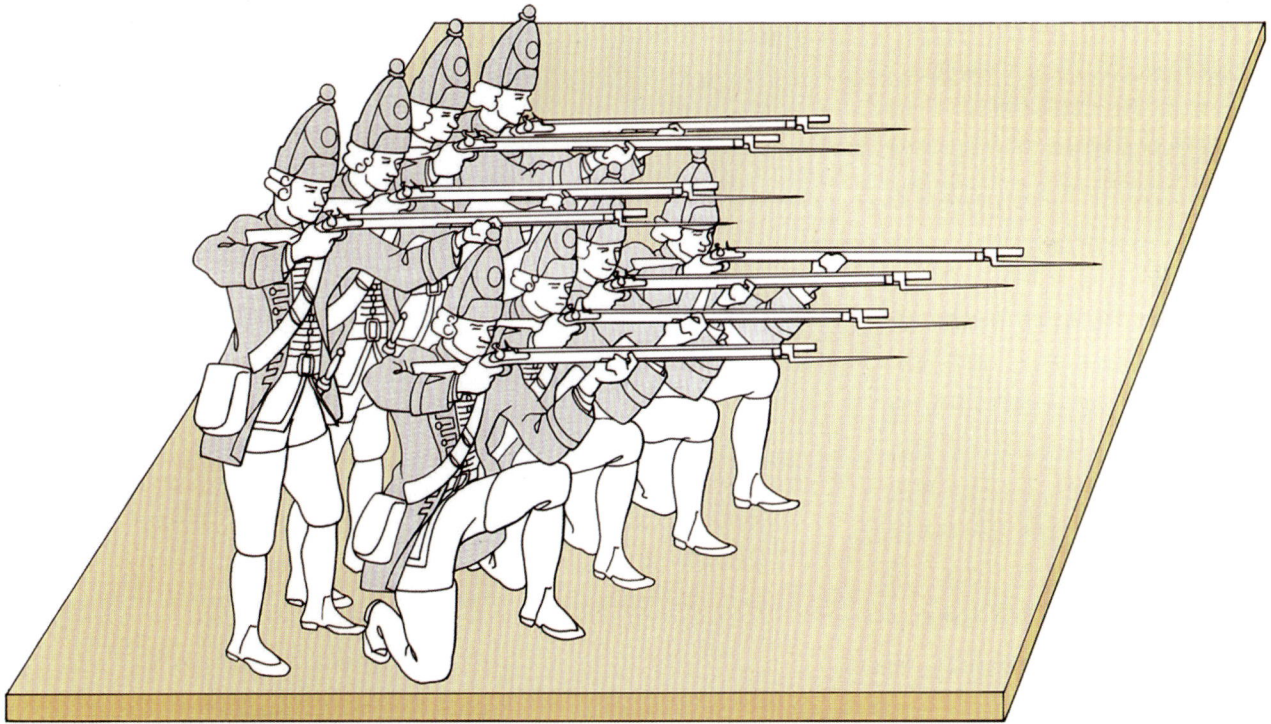

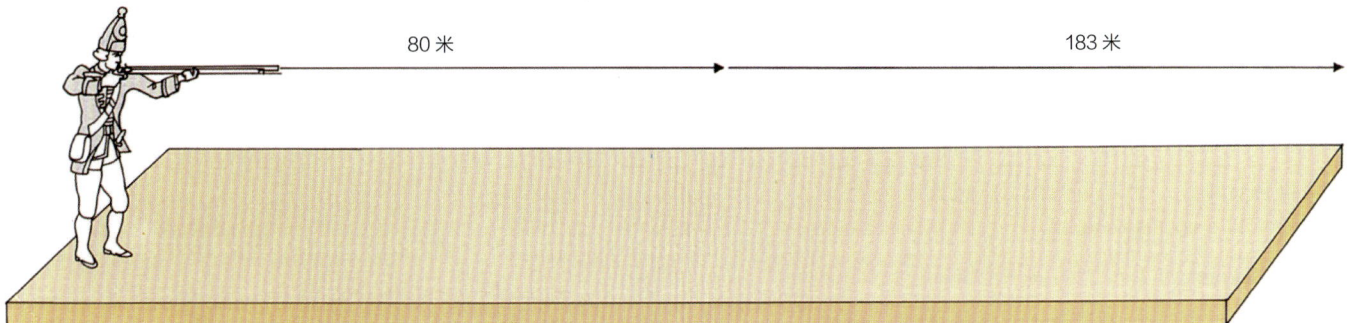

80 米

183 米

他们分为三个纵队前进，右翼是弗雷泽准将率领的2500人，中央是伯戈因率领的1400人，装备沉重的德意志雇佣军以及火炮，则在里德泽尔（Riedesel）男爵指挥之下，沿滨河道路进军。盖茨麾下的高级军官，例如贝内迪克特·阿诺德（Benedict Arnold）少将，请求主动攻击伯戈因缓慢前进的三路部队，然而盖茨仅仅允许摩根上校率部进行武装侦察。

下午1时，在弗里曼农场（Freeman's Farm）附近的开阔地，英军中央纵队的前卫部队，遭遇了大陆军线膛枪的射击。在幸存者崩溃后退之时，摩根的精确射手们上前追击，他们随即遭到了在开阔地紧急展开的英军主力的滑膛枪齐射，大陆军随即也崩溃后退。

摩根随后试图攻击伯戈因的右翼，却被弗雷泽部击退，后者在农场以西一个地势较高之处固守。在得到阿诺德将军派来的新罕布什尔（New Hampshire）民兵部队增援之后，摩根再度转往开阔地，伯戈因此时在那里布置了英国第20团、21团和62团的900名步兵，以及4门6磅炮，结成277米宽的阵线。

双方苦战了整整一下午，枪炮声回荡在河谷之中，传向远方的林地。大陆军进行了6次大规模进攻，而红衣军也发动了6次猛烈反攻。在伯戈因部的局势愈发危急之时，里德泽尔男爵主动率领他的布伦瑞克（Brunswick）部队从左翼赶来，在合适的时机发起刺刀冲锋，攻击大陆军暴露的右翼，将他们击退。这些被击退的线膛枪手逃入林地，在树木掩护之下继续分散射击英军，直到入夜。

此时伯戈因携带的补给品已不足一月所需，他唯一的希望是亨利·克林顿爵士从奥尔巴尼以南，哈德逊河畔的英军堡垒之中出兵攻击，迫使大陆军分兵。伯戈因决定在克林顿行动的消息传来之前停止前进，于是下令构筑三道土垒工事：巴尔卡雷斯（Balcarres）、布赖曼（Breymann）和"大工事"（Great Redoubts）。然而克林顿出兵的消息直到10月也没有传来，伯戈因已经陷入绝境。他决定先进行武装侦察，而后再进行大规模进攻。10月7日，他在残部之中精选1500人，在上午11时许带着10门火炮开始进军。

一小时之后，英军纵队抵达巴尔卡雷斯工事西南方向0.8公里处的一片麦田，伯戈因将部队部署在此地。与此同时，盖茨也收到了英军搜寻粮秣情况的详细情报。这位谨慎至极的将军，此刻终于做出了决定。摩根上校和他的线膛枪手以及少量轻步兵和两个民兵旅，将绕过英军右翼一座树木丛生的山丘，从侧背攻击伯戈因部；同时，伊诺克·普尔（Enoch Poor）将军率领一个旅攻击其左翼。在两线作战的英军被困住之后，由埃比尼泽·勒尼德（Ebenezer Learned）将军率领一个旅进攻英军松动的正面。

1777年10月7日下午的第二次萨拉托加之战，在又一个晴好天气之中展开，这有利于精确射手瞄准射击。然而此时英军已经在哈德逊河与布赖曼工事之间构筑防线。弗里曼农场是其防御最坚固处，英军在那里部署了8门平射炮。

弗里曼农场①由德意志雇佣兵守卫。他们直到英军战线崩溃后的战役尾声才遭到攻击。贝内迪克特·阿诺德将军也在这里受伤。

英军左翼的一些红衣军士兵②，在阵地被夺走之后，退往布赖曼工事之中大多数英军左翼的部队退到了弗里曼农场周围构筑的巴尔卡雷斯工事③。

大陆军右翼伊诺克·普尔的旅④部队数量远超过对面的英军掷弹兵。寡不敌众的英军退往巴尔卡雷斯工事寻求庇护。

大陆军中央的部队⑤，在贝内迪克特·阿诺德指挥之下，通过麦田进军，给伯戈因阵线中部的布伦瑞克部队造成了极大压力。他们此时已经濒于崩溃。

摩根率领精确射手、轻步兵与民兵组成的混合部队⑥，绕过英军的右翼，对他们的侧背发起攻击。

西蒙·弗雷泽准将⑦竭尽所能重整英军的右翼部队，直到被精确射手射杀。

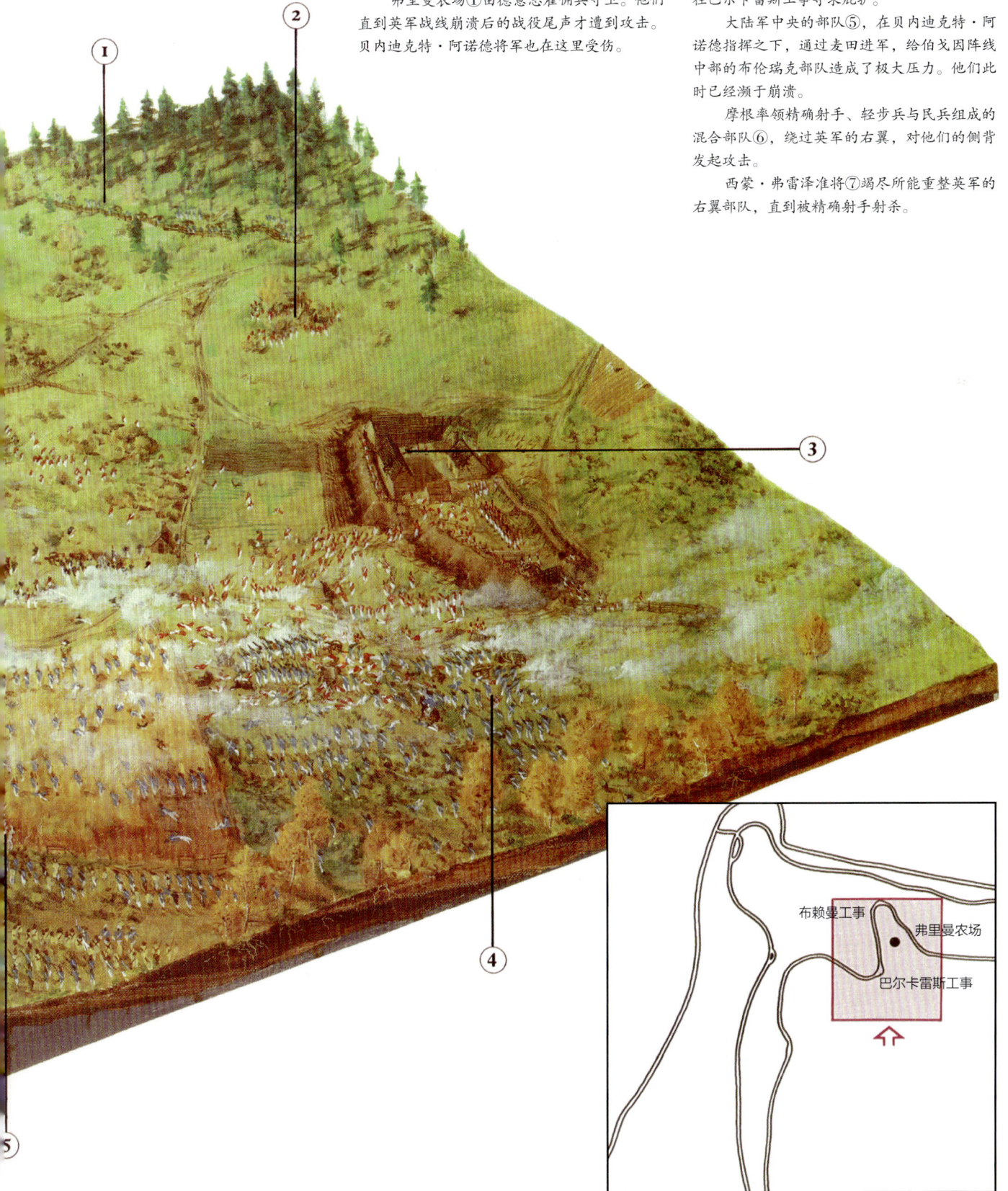

56

在弗里曼农场战斗之后，阿诺德将军因为与盖茨将军意见不合，被解除了指挥权，然而这位鲁莽的将军依然不肯离开炮声隆隆的战场。仗着自己蛮横而又爱出风头的性格，他无视了盖茨将军的命令，没有返回营地，而是直接前往前线指挥战斗。

英军英勇抵抗从几个方向发起攻击的大陆军，然而明显的人数劣势让他们依然落入下风。不到一小时之后，他们就被大陆军包围，各部队只得背靠背向外射击。英军左翼首先崩溃，而后右翼也在三个方向的夹击之下动摇。弗雷泽准将以卓越的领导力集结起残部，后退重整。

当勒尼德的部队从森林之中杀出，对伯戈因部的正面发起攻击之时，大陆军完美地完成了作战计划。英军与德意志雇佣兵在五倍于己的敌军夹击之下，被迫撤退。弗雷泽准将身穿显眼的绯红军服，他英勇地骑马上前，试图阻止溃败，但摩根部的精确射手认出了他，用线膛枪将他射杀。英军的溃败此时已不可避免。

直到日落时分，枪声才开始减少，伯戈因在夜色掩护之下率残部撤退到"大工事"之中。第二次萨拉托加之战中，他又损失了600人，而大陆军损失200人。

第二天夜间，伯戈因下令退往萨拉托加镇，准备再次通过那里的浮桥，取道返回泰孔德罗加堡垒。英军与德意志雇佣兵在大雨与泥泞之中挣扎行进了两天，才最终走完了通向萨拉托加的这13公里路，而那时大陆军已经在镇中布防，那座至关重要的哈德逊河浮桥之上也架设了火炮。

10月17日，伯戈因承认失败，向大陆军投降，而大陆军也慷慨许诺，只要这些英军士兵保证不再到北美服役，就可以安然返回英格兰。十三州议会随后违背了这一协议。他们愿意尊重英勇的敌人，却也决定，囚禁此后在战争之中俘虏的英军士兵。

▲ 伯戈因将军以及其他英军军官，征召原住民作为侦察兵或普通士兵。由于大陆军夺取了原住民的土地，且不肯给予补偿，原住民纷纷支持英军。然而在本宁顿战败之后，伯戈因部的原住民大多逃离了军营。英国一方参加萨拉托加战役的部队之中，只有约100原住民。[4]

【4】居住在今纽约州及周边地区的原住民六个部族，组成殖民者所谓的"易洛魁联盟"（Iroquois Confederacy），而他们自称"Haudenosaunee"，即"居住在长屋的人"。这个部族联盟起初意图在美国独立战争中保持中立，但最终还是卷入了战火，两个部族支持大陆军，四个部族支持英军，导致联盟就此分裂。独立战争结束后，美国政府以威逼利诱的手段迫使各部族签署协议，接受补偿款或购地款后离开原本的家园，前往原住民保留地。

使用燧发枪的步兵需要接受严格训练，以在战斗之中保持射速。下图从左至右展现了燧发枪射击的步骤：①咬破火药纸包以倒出药粉，②将药粉倒入枪管之中，并向火药池倒入药粉，③将枪弹和填料放入枪口，④将枪弹推入枪管底部，⑤整备枪机，⑥在听到射击命令之后扣动扳机。

英军在萨拉托加战败投降，既有显著的短期影响，也有深远的长期影响。大陆军证明了他们能够赢得独立战争，因而获得了其他欧洲势力的支持，其中，急于在七年战争失败后向英国复仇的法国，提供了最大的支援。法军舰队一度打破了英国对北美东海岸的封锁，让大陆军获得了继续作战必不可少的弹药供应。此外，英法两国的直接战争，也迫使英军在欧洲以及其他战场作战，无法前去支援北美殖民地。在萨拉托加战役之前，十三州独立的希望可谓渺茫；萨拉托加战役之后，美国独立已是不可阻挡。

大英帝国在萨拉托加战役失败，失去了北美的大片殖民地，而由此诞生的新国家，很快将要比欧洲所有国家都要强大且繁荣。这个致力于"自由"与"民主"的新国家，立即影响了全世界。美国独立的成功也促进了法国大革命的到来，随之而来的则是法军席卷欧洲的拿破仑时代。而距离北美十三州更近的拉丁美洲，也将在不久之后掀起一系列的独立运动，赶走当地的西班牙-葡萄牙殖民政府，建立独立国家。

许多大陆军部队，比如摩根的线膛枪手们，并没有统一的着装，因而几乎都穿着鹿皮夹克。他们大多数使用宾夕法尼亚线膛枪，这种枪的长度大于同时代的其他线膛枪，因而射程更远，也更精确。然而为展现新生国家的自豪感，多数大陆军的线膛枪手还是配发了军服（如图1、3所示），以标识他们的所属部队。英军的掷弹兵（图2）、德意志雇佣兵以及绝大多数殖民军部队，则装备滑膛燧发枪。掷弹兵头戴类似主教冠的军帽，因为他们在掷弹时需要把滑膛枪背在背后，这种高帽显然比常备军的三角帽更适合。

西蒙·弗雷泽准将在第二次萨拉托加战斗之中受了致命伤，弥留之际，他请求埋葬在"大工事"之中。即使这会拖慢英军的撤退，伯戈因还是遵从了他的遗愿。由于聚集悼念的人太多，大陆军担心英军是在集结备战，于是向他们开炮。在炮弹扬起的尘土之中，主持葬礼的随军神父还是进行了长篇布道。和伯戈因一同参与葬礼的里德泽尔男爵，称这是一场"真正的军人葬礼"。

奥斯特利茨之战，1805 年 12 月 2 日

　　1805年冬季，拿破仑，欧洲最伟大的军事家，开始构想将饥寒交迫且数量处于劣势的法军撤出摩拉维亚（Moravia，约为今斯洛伐克）。他从法国长途跋涉进军中欧的行动，于同年9月开始，在奥斯特利茨之战达到高潮。奥地利、沙皇俄国与英国组成的"第三次反法同盟"，此前迫使刚刚加冕的法国皇帝放弃入侵英国的宏大计划，转而率部东进，与奥地利–沙俄联军交锋。把部队从海峡调走之时，拿破仑将这支部队的名字由"英吉利军团"（Armee d'Angleterre）改为"大军团"（Grande Armee），这支名垂青史的部队即将席卷欧洲。

　　为了在奥地利和俄国集结大军之前抢占先机，拿破仑率领20万部队，加急渡过莱茵河。席卷南德意志之时，他的部队包围了乌尔姆（Ulm）的6万奥军，他们几乎一枪不发就投降了。

　　在东南方向160公里外的奥地利因河（Inn）谷地，一支俄军部队在联军总指挥官米哈伊尔·库图佐夫（Mikhail Kutuzov）元帅指挥下，正向乌尔姆进军，援救北伐军俘虏的数万奥军。拿破仑决心与俄国人展开决战。时年60岁的库图佐夫久经沙场，处事谨慎，他决定要在集结足够强大的部队之后再行动。他率部有序向东撤退，抵达维也纳，而后转向北面的摩拉维亚地区，于1905年11月19日，与F.W.巴克斯霍顿（Buxhowden）中将的前哨部队会合。

　　在法军的紧密追击之下，库图佐夫不断后撤，从布吕恩（Brünn，今布尔诺）转往奥尔米茨（Olmütz，今奥洛莫乌茨），渐次赶来的援军将他的部队规模增加至约8.9万人，以及278门火炮。然而在此地，库图佐夫仅仅是名义的总指挥官，因为俄国沙皇亚历山大一世与奥地利皇帝弗朗茨一世都在军营之中。沙皇亚历山大的军事经验相当有限，却

对军事行动提出了一系列的意见，而弗朗茨也尊重他的看法。亚历山大最大的愿望就是打败拿破仑，因此，联军自此不可能继续后退了。

　　拿破仑的"大军团"境况也颇为不利，长途行军减少了可用的部队规模，越来越多的兵员要去防卫不断延长的交通线，而冬季的恶劣天气也加剧了军需供应的困难，导致逃兵数量增加到了必须重视的程度。在奥尔米茨以南的营地之中，拿破仑只有5.5万部队，缺少给养的他们蜷缩在敌国土地之上的火堆旁边，这里距离法国边境有965公里远。而就在此时，又一个噩耗传来：普鲁士在考虑加入第三次

　　1803至1805年，拿破仑·波拿巴在英吉利海峡的港口布鲁日（Boulogne）不断集结军队，意图从此地出发入侵英国，消灭他最顽固的强敌。然而欧洲其他地区的威胁逐渐增加，迫使法国皇帝暂停他精心布置的计划。在沙皇亚历山大的鼓动以及英国首相小威廉·皮特（Pitt）的积极支持之下，沙皇俄国、奥地利与英国签署协议，组织了第三次反法同盟，以挑战拿破仑在欧洲的支配地位。当英军海将法国舰队封锁在西班牙北部的费罗尔港（Ferrol）之时，沙俄与奥地利开始集结陆军对抗拿破仑。在1805年夏末，拿皇决定首先东进，解决掉这个新威胁。他推迟了入侵英国的计划，率军穿过法国，渡过莱茵河，与敌人决战。[1]

【1】对英国而言幸运的是，在奥斯特利茨之战一个多月之前，法国–西班牙联合舰队，在特拉法尔加角（Trafalgar）与英军舰队决战，面对奋勇突击的英军指挥官纳尔逊，法军指挥官维尔纳夫（Villeneuve）优柔寡断，调度失灵，导致舰船数量与舰炮规模均处于优势的法西联合舰队遭遇惨败，损失18艘战列舰（其中17艘被俘）与1.3万人员，从此长期失去了渡海入侵英国的可能。

1805年12月2日下午1时许，在这个寒冷的冬日，法军步兵在激烈战斗后，已经占据了奥斯特利茨战场中央的要地普拉岑高地。此时俄军的沙皇卫队正在对他们的阵地发起猛攻。沙皇卫队起初的进展，一度动摇了拿破仑歼灭奥地利–沙俄联军的计划，但法军还是击退了对面的俄国人。

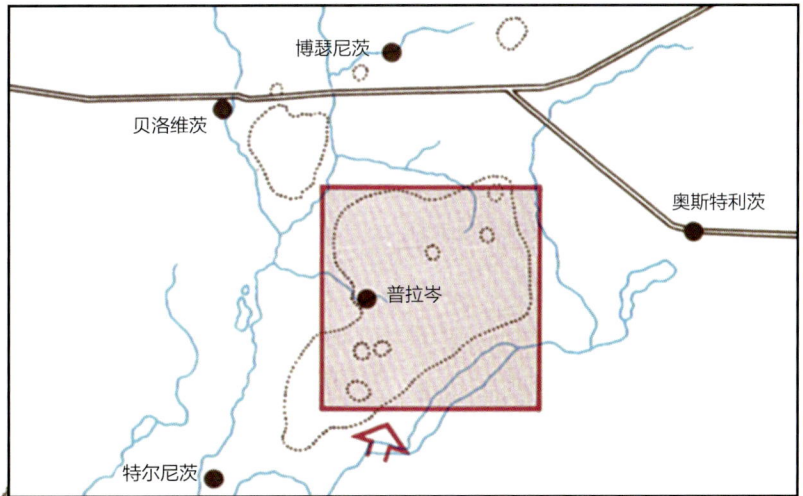

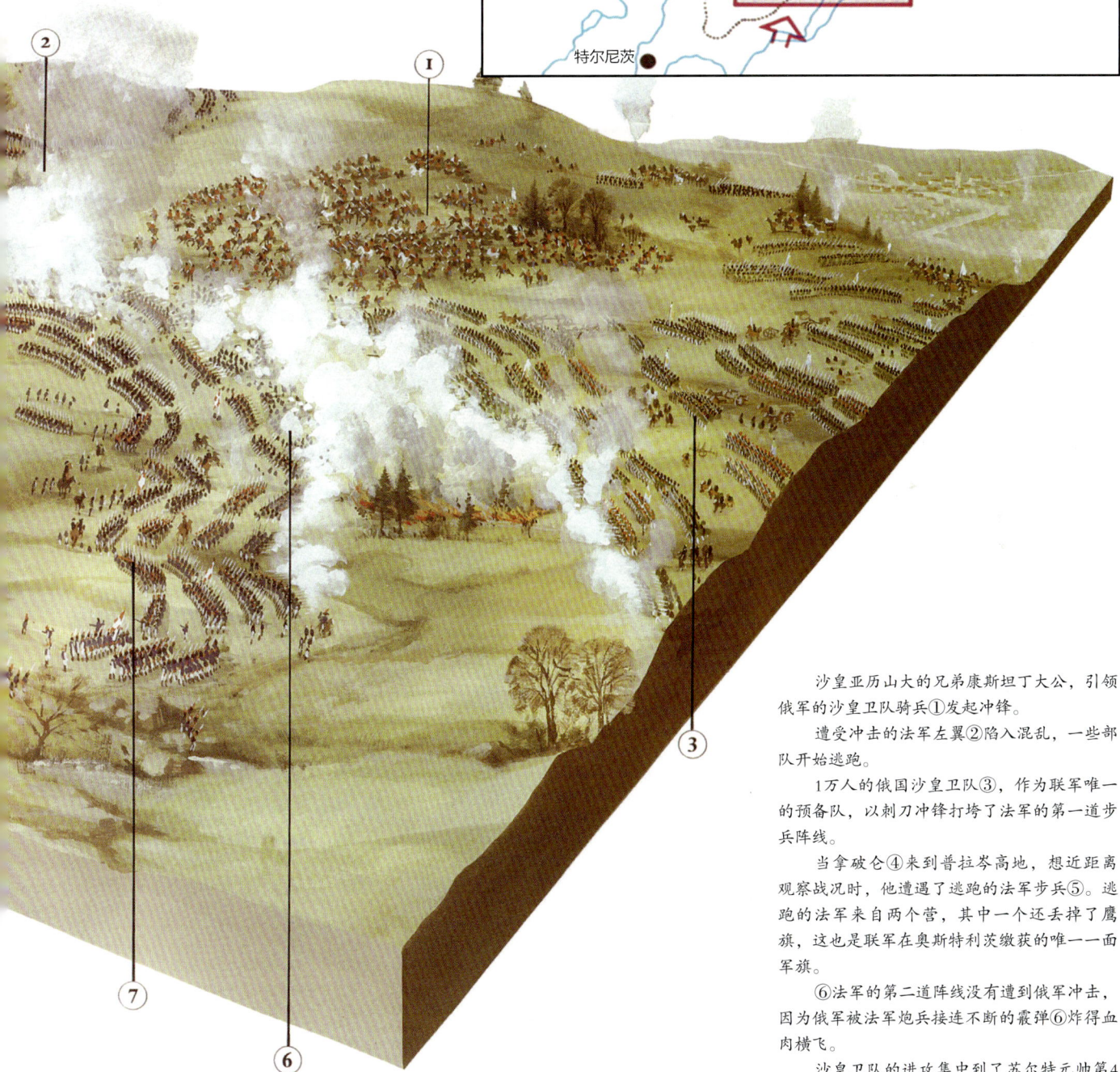

沙皇亚历山大的兄弟康斯坦丁大公，引领俄军的沙皇卫队骑兵①发起冲锋。

遭受冲击的法军左翼②陷入混乱，一些部队开始逃跑。

1万人的俄国沙皇卫队③，作为联军唯一的预备队，以刺刀冲锋打垮了法军的第一道步兵阵线。

当拿破仑④来到普拉岑高地，想近距离观察战况时，他遭遇了逃跑的法军步兵⑤。逃跑的法军来自两个营，其中一个还丢掉了鹰旗，这也是联军在奥斯特利茨缴获的唯一一面军旗。

⑥法军的第二道阵线没有遭到俄军冲击，因为俄军被法军炮兵接连不断的霰弹⑥炸得血肉横飞。

沙皇卫队的进攻集中到了苏尔特元帅第4军下辖的第2师，该师由旺达姆（Vandamme）将军指挥⑦，他们在普拉岑高地之上向东迎击俄军。旺达姆将军在90分钟的苦战之中受伤，而俄军的精锐则付出了700人的伤亡。

60

反法同盟，共同对抗法国。

法国皇帝的想法很简单：撤退是不可能的，而主动向规模远大于自己的部队进攻同样愚蠢。他决定迅速诱使反法同盟军主动出击，在他选定的时间与地点与他决战，这是他夺回战争主动权的最可行方案。

他立即精心策划了一个骗局，让反法同盟军相信法军已经濒于崩溃。拿破仑主动展现法军士气低落的情况，并命令他的先遣巡逻队在遭遇敌人之后立即后撤。他后退了几公里，来到奥斯特利茨（Austerlitz，今斯拉夫科夫），并有意做出没能攻占这座村庄以南的普拉岑（Pratzen）高地的态势。而后，作为最后的伎俩，他向联军求和。

被彻底欺骗的沙皇下令联军进军奥斯特里茨，并坚信自己能够击溃士气低落的法军。库图佐夫并不这么认为，并表示反对，但他的建议被无视了。

沙皇亚历山大应当听从库图佐夫元帅的建议。当奥地利-沙俄联军于12月1日潮水般涌上普拉岑高地之时，西面位于哥尔德巴赫河（Goldbach）对岸的法军阵地，情况却与沙皇的预想大相径庭。

联军并未发觉，此时拿破仑已经将贝纳多特（Bernadotte）元帅的第1军从伊格劳（Iglau）调往战场，而当天傍晚，达武（Davout）元帅的第3军先遣部队，也从维也纳方向强行军赶到战场。法军8公里宽的战线面向东面，左翼与修筑了工事的桑通（Santon）丘陵相接，右翼则有特尔尼茨湖（Telnitz）掩护。拿破仑在此精心设计了圈套，准备迎战奥地利-沙俄两军。

拿破仑展现了远胜对手的战术水平，将大部分部队聚集在中央与左翼，利用地形掩藏他部队的规模，而在沿着哥尔德巴赫河部署，与特尔尼茨湖相接的右翼，他有意减少了部队。拿破仑借此诱使联军减少在普拉岑高地的中军，全力攻击他薄弱的右翼，以切断法军向维也纳方向的退路。法军则借此夺取高地，从左侧对敌军发动包抄。

米哈伊尔·库图佐夫元帅（1745—1813），身为久经沙场的老兵，库图佐夫在奥斯特利茨战前，强烈反对与拿破仑决战。他的建议被无视了，联军也随即遭遇惨败。库图佐夫在1812年再度与拿破仑交锋，指挥俄军抵御入侵俄国的法军。在莫斯科以西110公里处的博罗季诺村（Borodino），他试图以决战拖延敌军前进，双方都在这一战中伤亡惨重。俄军在法军猛烈炮击之下，三度击退法军步兵进攻，但在后续的骑兵冲锋之中崩溃，向莫斯科的道路就此畅通。在拿破仑被迫撤出莫斯科之时，愤怒的库图佐夫不断追击法军，让"大军团"付出了惨重伤亡。

俄国沙皇亚历山大一世（1777—1825），在统治初期，亚历山大采取自由主义政策，支持改善农奴待遇。然而俄国于1812—1813年的战争之中击败了拿破仑，亚历山大成为欧洲权势最强的君主之一，自此他便忙于在国内弹压革命了。他愈发增加的保守主义倾向，一定程度上源自笃信基督教，支持基督教的道德价值，并反对改变现状。在他逝世之后，有传言称他事实上是秘密逊位，到西伯利亚成为隐修士。1926年苏俄政府对他的墓葬进行了发掘，发现确实是空墓葬。传说就此流传了下去。

奥地利皇帝弗朗茨一世（1768—1835），他也是神圣罗马帝国最后一位皇帝（即弗朗茨二世），而1806年，神圣罗马帝国被拿破仑强行解散。在奥斯特利茨之战前，未老先衰又因此前又次战败而名誉扫地的弗朗茨，听从年轻气盛的沙皇亚历山大的意见。尽管在奥斯特利茨战败，签订屈辱的城下之盟，弗朗茨还是同意在与法国结盟期间，将他的女儿玛丽亚·路易斯嫁给拿破仑。

这场婚姻，加之忌惮普鲁士与沙皇俄国势力增长，促使他在1814年拿破仑战败之时，在普鲁士人的强烈反对下给拿破仑开出宽大的条件，而没有如他们所愿彻底推翻这个"科西嘉的怪物"。

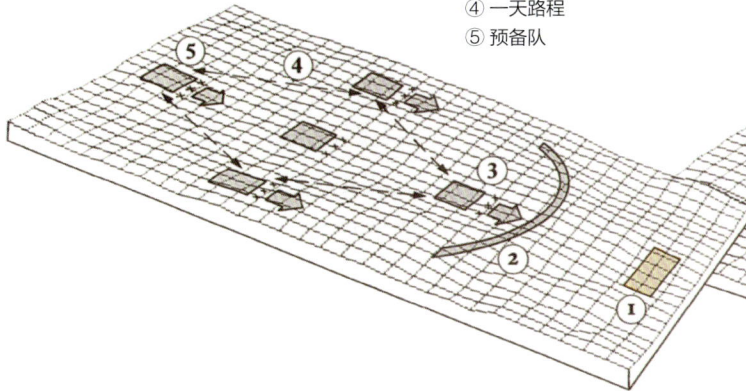

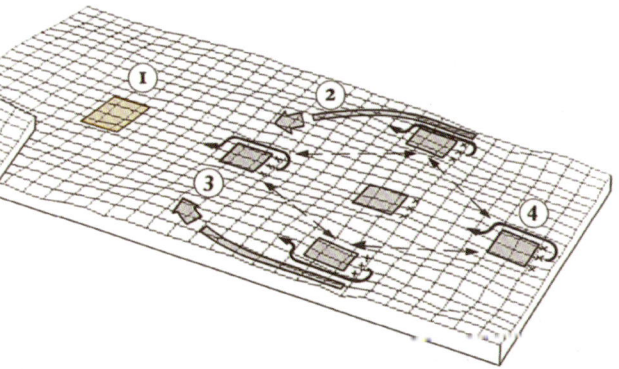

为了保证行军速度，拿破仑训练他的部队利用当地的资源维生。然而这也意味着，他们行军时的集群不能大于军级别，各个集群要走不同的道路行军。他解决分兵行进的策略，是让各部队保持在一天的行军距离之内。由于各军的数量相同，无论哪个方向的部队首先遭遇敌人，即使数量处于劣势，依然可以进行佯攻，或者牵制他们数小时。此时，拿破仑会安排包抄行动，或者利用地形，或者使用骑兵直接掩护。对敌人正面的佯攻通常能够让他们主动上前进攻，从而落入两翼包抄部队设置好的陷阱，而正后方的预备队则会上前支援正在作战的军。这样的部署，结果往往以大胜告终。

如果敌人的实际部署位置未知，这样的部署还存在一个额外的优势。如果敌人处在法军正面之外的其他方向，另外三个军都可以转为前卫部队。例如，如果敌军出现在法军右翼，那原本右翼的法军将作为前卫，原本左翼的法军则作为预备队，原本的前卫作为左翼，原本的预备队作为右翼。采用这种部署迅速完成机动，极大增加了拿破仑在作战之时的选择权。在行军之时，拿破仑本人位于预备队，而当双方开战之时，他会赶往战场。拿破仑的说法是："依靠他人的眼睛指挥作战的将军，无法充分发挥军队的战斗力。"

拿破仑意识到了兵员对所属部队的忠诚以及对君主的忠诚的重要性，因此他为各团级部队都定制了军旗与口号，巩固兵员的忠诚。他对军服也相当关注。

所有步兵②都穿着白色的军裤与内衬背心，以及带绯红色绲边的蓝色外衣。熊皮帽已经取代了曾经的三角军帽。阅兵式的士兵装扮华丽，甚至可谓时髦。

士兵必须要留髭须，还要留正好15厘米长的发辫，发辫再用黑色丝带精心编织的蝴蝶结系起来。每天晚上，精锐的法国皇帝近卫军士兵都要把头发放到卷发纸上，第二天再由理发师系好。

拿破仑的皇帝近卫军，全部来自普通士兵之中选拔的优秀者。俄国挑选近卫军时更看重体格和力量，穿上垫肩，戴上高头盔或熊皮帽之后，他们的形象如同超人一般①④。

在奥斯特利茨之战前不久，奥地利的军事支出遭到大幅削减，而这严重影响了奥军的战斗力。绝大多数的步兵③戴着高军帽（shako），身着绿色的军服，并使用陈旧的1754年款玛利亚·特蕾莎（Maria Theresa）燧发枪，而且弹药还时常短缺。

深受沙皇信任的奥地利少将魏洛特尔（Weyrother），提出由巴克斯霍顿将军率领约5万部队渡过哥尔德巴赫河进攻。截断奥尔米茨与维也纳之间的道路。在执行这一机动任务的同时，1.7万的步骑兵混合部队，分别由P.I.巴格拉季昂（Bagration）中将和列支敦士登（Lichtenstein）亲王约翰指挥，威胁法军的桑通丘陵工事。俄军的沙皇卫队在联军的右翼作为预备队。

然而似乎没有任何一位军官清楚行动的细节。库图佐夫元帅在魏洛特尔冗长的报告开始之时就睡着了，而这位奥地利将军的长篇大论还要翻译为俄语，让在场60%的兵员理解，而翻译完成之时，天已经快亮了，决战马上就要展开。各级军官根本来不及仔细阅读命令，更谈不上充分理解，因而执行时不出所料地陷入了混乱。

12月2日晨，浓雾笼罩着对垒的两军。本就不清楚命令的联军，又被恶劣的能见度拖慢了部队集结的速度。联军离开高地向哥尔德

巴赫河谷地进军之时，各部队混杂在一起，因拥挤而无法保持队列。

巴克斯霍顿将军行进中的部队，突然遭到了法军右翼的射击，然而在对面有限的抵抗面前，他们很快占据了上风。然而达武元帅的第3军在不久之后赶到了这一方向，这些疲惫的士兵依然让巴克斯霍顿将军深感不安，因而向中军请求援军——这正如拿破仑所料。

在祖尔兰（Zurlan）丘陵之上，拿破仑在位于军阵左翼的指挥所眺望雾气渐渐散去的战场，上午8时30分，他看到了大批联军部队离开普拉岑高地，向南进军。当这些部队大多消失在他的视野之外，前往攻击法军右翼时，他命令苏尔特（Soult）元帅的

第4军，从浓雾掩盖的谷地之中出发，突袭普拉岑高地。这一行动完全出乎联军预料。法军很快控制了普拉岑高地，并在高地上部署平射炮，炮击拥挤的奥地利–沙俄联军的左翼。

与此同时，巴格拉季昂与列支敦士登亲王指挥的联军右翼，对桑通丘陵发动了仓促的全线攻击，却在

◀ 奥斯特利茨之战一天后，奥地利皇帝弗朗茨一世派出军官向拿破仑请求谈判。两位皇帝于12月4日在奥斯特利茨附近的斯帕勒尼磨坊（Spaleny）会面（如图中油画所示）。双方签署了停战协议，于次日生效。

1805年12月2日下午2时30分左右，法军已经控制住战场中央的普拉岑高地，拿破仑随即集中军力歼灭巴克斯霍顿将军指挥的联军左翼。法军从正面、右翼和背面夹击孤立无援的奥地利-沙俄联军。联军残部被迫向特尔尼茨湖溃逃。

下午4时许，在联军惨败于奥斯特利茨之时，战场开始降雪。一些部队投降，余下的部队开始撤退，联军已经下令解散阵线，分散撤走，让残部的士兵们各凭天命。许多人通过特尔尼茨湖附属的萨查安池塘（Satschan）①，从冰面上逃离战场。

法军部队②夹击败退的联军③。巴克斯霍顿将军逃离战场，把绝大部分部队抛下。

据称拿破仑下令炮击冰面④，让联军逃兵落水溺亡。

下午4时30分，战场降雪与天色渐暗，共同终结了奥斯特利茨之战，法军成了无可置疑的胜利者。

萨查安池塘冰面破裂，无论原因是逃兵太多、法军炮击抑或两者皆有，溺亡的人数终归难以考证。"大军团"的第30号公报声称，有2万俄军在战斗结束之时在此地溺亡，而这一数据应当存在极大夸张。在最后阶段的死亡人数不太可能超过2000人。

特尔尼茨

萨查安池塘

梅尼茨池塘

拉纳（Lannes）元帅的第5军、贝纳多特元帅的第1军以及缪拉（Murat）元帅的骑兵部队的共同防御之下败退。此前，这一方向的部队还一枪未发。然而此时拿破仑命令贝纳多特元帅向布拉索维茨村（Blasowitz）进军，支援苏尔特元帅在南面的进攻。

进攻起初进展顺利，然而在上午9时30分许，俄军轻步兵夺回了这个村子。在半小时内，缪拉元帅的骑兵在拉纳元帅的步兵配合之下，竭力阻止巴格拉季昂将军与列支敦士登亲王部队的前进，双方在布拉索维茨周边展开血战。法军面对10倍于己的敌人，纷纷下马使用卡宾枪射击联军。而后他们再上马发起冲锋，阻止了列支敦士登亲王的进军。巴格拉季昂将军立即对桑通丘陵发起新一轮进攻，但法军的阵线岿然不动。

不久之后，拉纳元帅的部队夺回了布拉索维茨，而缪拉元帅则借机向前冲锋，在巴格拉季昂部与南面的库图佐夫部之间撕开缺口。尽管联军仍做了短暂抵抗，但他们的骑兵还是崩溃了。巴格拉季昂的部队在当天中午开始全线撤退，贝纳多特则得以率部支援法军中军的进攻。

当天上午，联军多次试图夺回普拉岑高地，但均以失败告终。到下午，他们出动了预备队，精锐的俄军沙皇卫队，意图夺回失地，而他们的进攻也让拿破仑短暂紧张了一阵。他们猛烈的突击突破了法军的第一道战线，一些部队陷入混乱并开始逃跑，直到法军出动近卫军骑兵稳定了局势。

下午2时30分，高地已经完全处在法军的掌控之中了，而拿破仑则可以开始有计划地进攻巴克斯霍顿将军的大规模部队，并将其逐步歼灭。许多人被杀，数以千计的士兵缴械投降。侥幸逃出包围圈的部队，又有不少人在特尔尼茨湖的冰面之上逃跑时，因冰面破裂而溺亡。一些人声称法军向冰面开炮导致冰面破裂，但更可能的情况是逃跑的士兵太多，冰面不堪重负。

天色将晚之时，突如其来的暴雪暂停了战斗，让已经彻底失去协同、溃不成军的联军得到喘息之机。他们的伤亡高达2.7万，而拿破仑则仅损失了8000人。

又称"三皇会战"的奥斯特利茨之战中，法国成功战胜了强敌，并就此终结了第三次反法同盟。奥地利立即向法国求和，而屈辱的俄军则撤回了本土。

▲ 奥斯特利茨之战。

同时代强大的法国炮兵武器库之中，最轻的平射炮是4磅炮，这种火炮深受炮兵军官出身的拿破仑青睐。4磅炮口径为85mm，由6名炮兵操控。

在作战中，炮兵要准确地执行装弹、瞄准与射击的流程。这种火炮没有反后坐装置，因此在每次射击之后，炮兵都需要用牵引绳将火炮复位。而后负责清理炮膛的士兵，用湿海绵探入炮膛擦除上次发射留下的火药颗粒。装填手再装入一发炮弹，并用木棍将炮弹推入底部。而后火门操作手用锥子刺穿火药包，安装发射药管，并检查火炮水平角度。最后由发射员用点火棒点燃发射药管，发射炮弹。

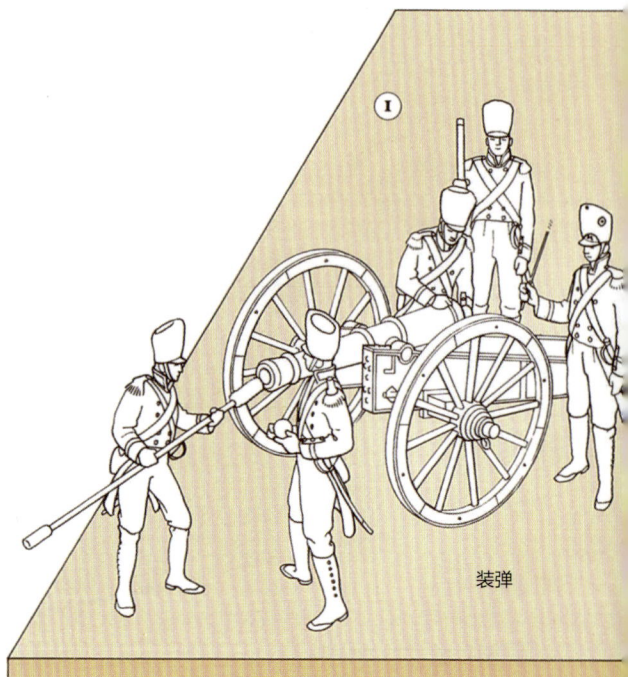

装弹

骠骑兵

龙骑兵

胸甲骑兵

奥斯特利茨之战，拿破仑战术意义上最完美的一战，政治上既有重大的直接影响，也有相当的长期影响。一天之后，奥地利便向法国请求停战，并得到了同意。与此同时，俄军则返回本土。沙皇亚历山大对自己的错误指挥懊悔不已，并转而支持法国，直到在1812年被法国直接入侵。英国此前的一切计划全部成了泡影，而唯一的盟友普鲁士，则在次年的耶拿（Jena）之战被法国击溃。

然而尽管接连取得胜利，拿破仑的帝国却没有未来，因为每一次胜利带来的都是怨恨，而怨恨会引发更多的战争，而新的战败者又会准备新的复仇计划。英国反败为胜的唯一可能，是让拿破仑野心膨胀，引火自焚。事实也确实如此，他在1808年出兵入侵法国曾经的盟友西班牙与葡萄牙，并就此让英国得以在海军支援下派出大批陆军。进入伊比利亚半岛作战的英军，其指挥官正是可以与拿皇媲美的军事天才"铁公爵"阿瑟·韦尔斯利，即威灵顿公爵。

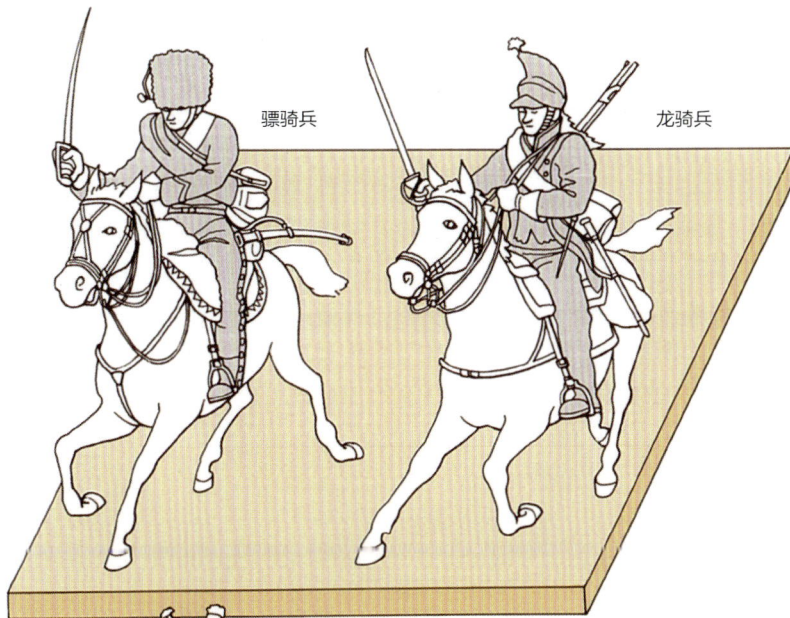

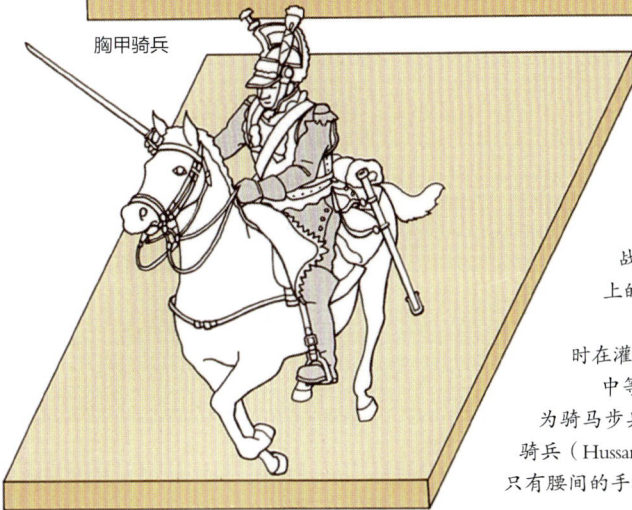

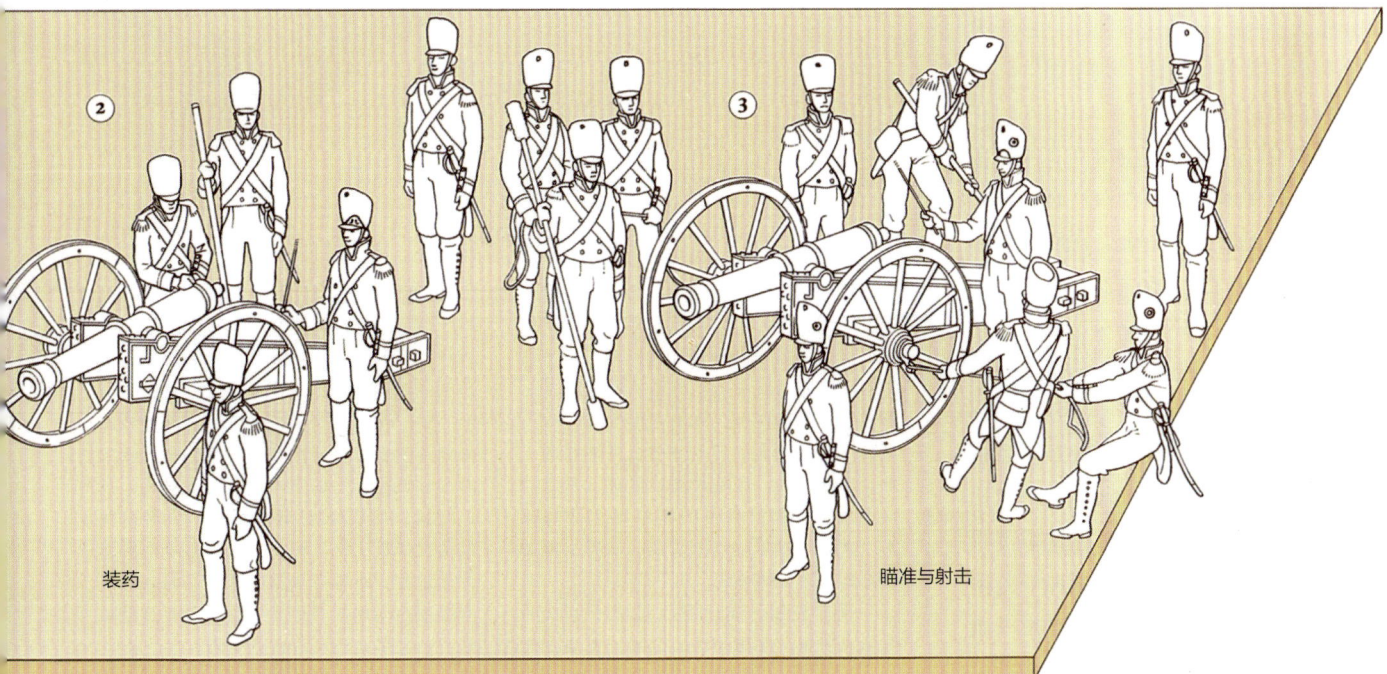

拿破仑用于冲击的重骑兵——通常直接冲击步兵——主要是胸甲骑兵。实战中的骑兵，需要放弃阅兵场上的种种装饰。

马尾通常编成辫子，防止奔跑时在灌木丛中缠结。

中等装备水平的龙骑兵，通常作为骑马步兵使用。龙骑兵以及一部分骠骑兵（Hussar）使用卡宾枪，而胸甲骑兵则只有腰间的手枪可用。所有的骑兵都装备刀剑，通常是曲刃马刀，用于劈砍。通常装备越轻的骑兵，马刀刀刃曲度也越大，但不同部队以及不同时代的装备情况，也存在很大差异。

拿破仑以骠骑兵为主的轻骑兵，主要担负侦察任务。所有精锐部队都使用熊皮帽（kolbaks）。其他的部队则使用圆锥形的骑兵高军帽，其尖端还配有竖立的短羽饰。

装药

瞄准与射击

滑铁卢之战，1815 年 6 月 18 日

开战之前，拿破仑·波拿巴自信地将这一战称为"野餐"，但这场战役却使他复辟的野心梦碎，法军精锐的神话也一同破灭。

不到 4 个月之前，曾经的法国皇帝，西欧的掌控者，逃离了他在地中海厄尔巴岛（Elba）的流放地，这个消息让欧洲各国政府陷入惶恐。当反法同盟在维也纳会议之中商定划分欧洲地图，消除拿破仑的影响之时，拿破仑返回法国的消息传来。他们立即开始动员部队，要推翻这个"篡位者"。

1815 年春，两支大军在比利时集结，威胁法国的北部边境。在布鲁塞尔的指挥部，威灵顿公爵指挥一支来自英国、荷兰、比利时、汉诺威和布伦瑞克的混杂部队，其总兵力约 8.3 万人。他称之为"狼藉之师"。在列日（Liege），72 岁的普鲁士元帅格布哈特·冯·布吕歇尔（Gebhard von Blücher）则集结了约 11.3 万人，但其中相当一部分是征召的新兵。

在派出部队到边境警戒之后，拿破仑迅速在法国北部集结了 12.4 万部队。敌人的规模接近他们的两倍，但情况并没有那么不利，毕竟这些部队之中绝大多数兵员，都是拿破仑"大军团"之中久经沙场的老兵。

拿破仑以不减当年的果断，决定率先进攻，截断威灵顿部与布吕歇尔部之间的联系，而后各个击破。在联军收到情报之前，法军已经在 6 月 15 日入侵比利时，在沙勒罗瓦（Charleroi）渡过桑布尔河（Sambre），开始向 64 公里之外的比利时首都布鲁塞尔进军。

布吕歇尔侯爵立即派三个军赶往沙勒罗瓦东北方向 16 公里处的利尼（Ligny），但他没有及时通知威灵顿公爵这一行动。与此同时，威灵顿公爵则在蒙圣让（Mont-St-Jean）与尼韦勒（Nivelles）之间集结部队，这里大约位于沙勒罗瓦与布鲁塞尔之间主干道路的中点。

法军巡逻兵带来了利尼有普鲁士大部队的情报，拿破仑立刻决定分兵行动——而他此前告诫他的元帅们切忌分兵。他本人率领 6.3 万人对抗布吕歇尔部，而奈伊（Ney）元帅则进军布鲁塞尔。

6 月 16 日，双方在利尼附近展开反复争夺。次日上午，拿皇犯下了这一战中一系列错误的第一个。他错误地认为普军已经向东退往莱茵河，于是派呆板的元帅格鲁希（Grouchy）率领 3 万人进行追击，这让他直接指挥的部队进一步减少。这也是他和自己近 1/4 部队见的最后一面。次日，在距离战场 24 公里之外的旅馆外面吃草莓的格鲁希，听到了滑铁卢（Waterloo）战场上的炮声，然而他以为这仅仅是雷声，

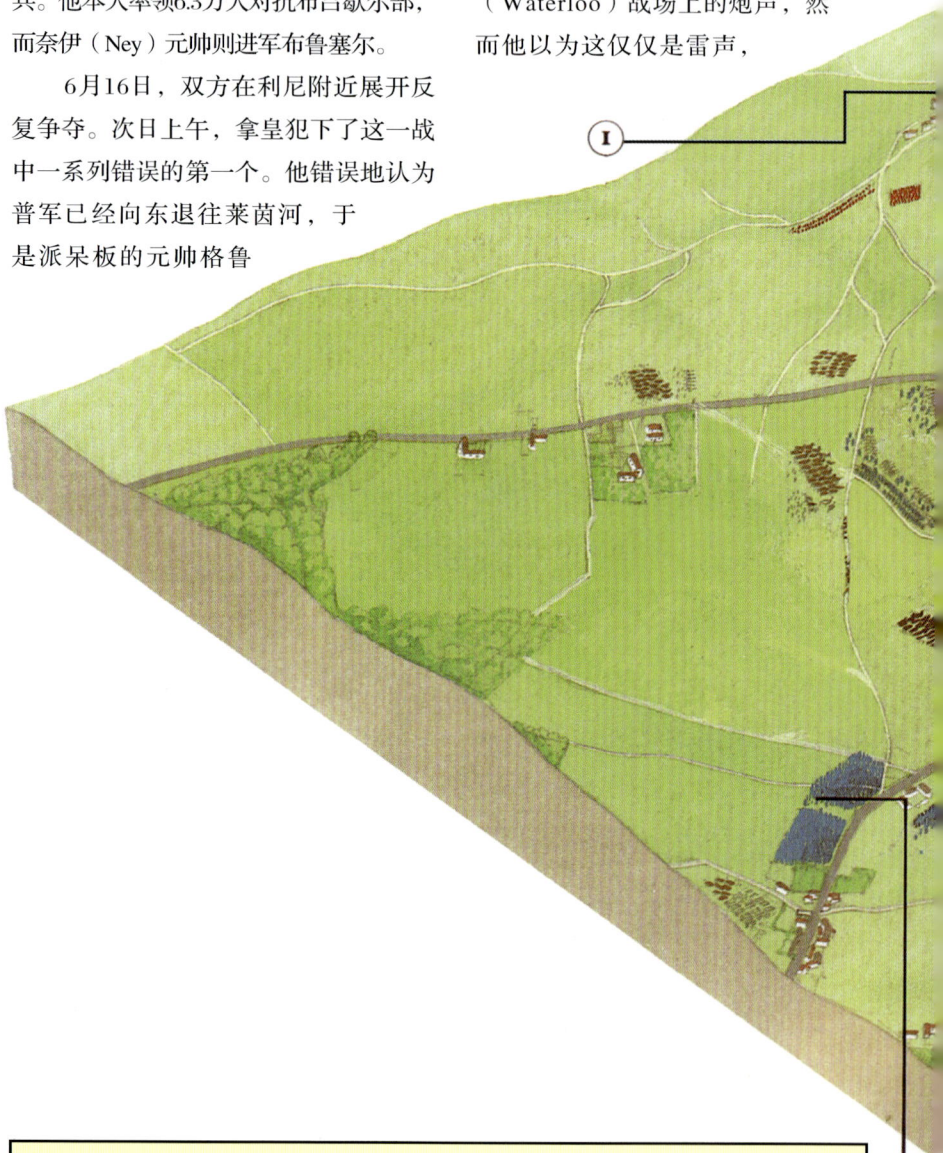

拿破仑自 1803 年起到 1814 年，几乎接连不断地发动战争，也不断击败欧洲其他国家。然而 1812 年，他永不屡足的野心，促使他进攻沙皇俄国，并付出了惨痛的代价。劳师远征，穿越广阔地域进入严寒的俄国腹地，面对数量处于绝对优势的俄军，拿破仑最终被迫抛下部队离开，返回巴黎集结更多的部队。

沙皇俄国、奥地利、普鲁士以及英国结成联盟，共同向法国进军。无法击败入侵大军的拿破仑被迫于 1814 年逊位，随后被流放到厄尔巴岛。

1815 年，他逃离流放地，并带着几名支持者于 3 月 1 日登陆尼斯（Nice）。他随后转往巴黎，一路上不断集结支持者。18 天之后，他已经进入首都，并在 6 月时集结起 12.4 万人的大军。拿破仑随后向东北方向进军，准备夺取布鲁塞尔，而在他与布鲁塞尔之间，是威灵顿公爵与布吕歇尔侯爵的大军，以及滑铁卢战场。

67

　　6月18日上午11时30分许，法军阵地视角的滑铁卢战场上，英荷联军在威灵顿公爵指挥之下，占据着蒙圣让山脊，阻挡着沙勒罗瓦向布鲁塞尔的道路。对于参战的庞大军队而言，这片南北宽3.6公里、东西长6公里的战场，确实可谓狭小。

　　拿破仑误以为普鲁士军队已经败退，但威灵顿公爵并不清楚这一点，他认为皇帝会进攻英军的右翼，或者向西机动，直接进军布鲁塞尔。为了应对法军的包抄，他在哈勒部署了1.5万部队①。

　　威灵顿公爵将阵线前方的一系列建筑加固为防御工事，尤其是在阵线右翼的霍高蒙特城堡②以及中部的拉艾桑特③。他意图在法军向自己的主阵地进军之时，从这些工事侧向射击法军，压制法军的进攻势头。

　　拿破仑没有在破晓时分发起进攻，而是推迟至上午，他在等待土地被阳光晒干，以便骑兵冲击。他最先攻击的目标，正如威灵顿公爵所料，是前方的防御工事。

　　上午11时30分，拿破仑命令雷耶率领第2军④进攻霍高蒙特，试图将威灵顿公爵阵线中部的部队吸引到这一方向。

　　同时代最擅长防御战的威灵顿公爵，并没有落入拿破仑的圈套，他只向霍高蒙特派出了极少的援军。很快，这一方向的守军牵制了法军左翼的大批部队。而霍高蒙特的英军，即使处于极大的兵力劣势，依然坚守到了这一战结束。

　　滑铁卢位于布鲁塞尔东南方向。这一战得名滑铁卢之战，是因为威灵顿公爵的部队从这里出动，然而主战场则是位于南面的蒙圣让，那里的一道东西向的土坡截断了沙勒罗瓦向布鲁塞尔的主干道。威灵顿公爵早在1794年就来到过这里，并记住了这处适合防守的土坡。

　　和霍高蒙特的情况不同，拉艾桑特③最终被法军夺取，威灵顿公爵的阵线中部短暂暴露。然而此时普鲁士部队已经开始攻击拿破仑的右翼，最危急的时刻很快就过去了。

　　拿破仑击中的80门火炮位于此处⑤。在这一战初期，法军大部分的炮击没能有效杀伤敌人，因为威灵顿公爵将他的部队撤到了土坡的背后。法军在上午11时30分开炮，支援热罗姆亲王进攻霍高蒙特。

　　拿破仑⑥起初位于法军左翼的后方，与精锐的皇帝近卫军在一起。这支部队作为最后的预备队，直到这一战的最后时刻才投入战场。

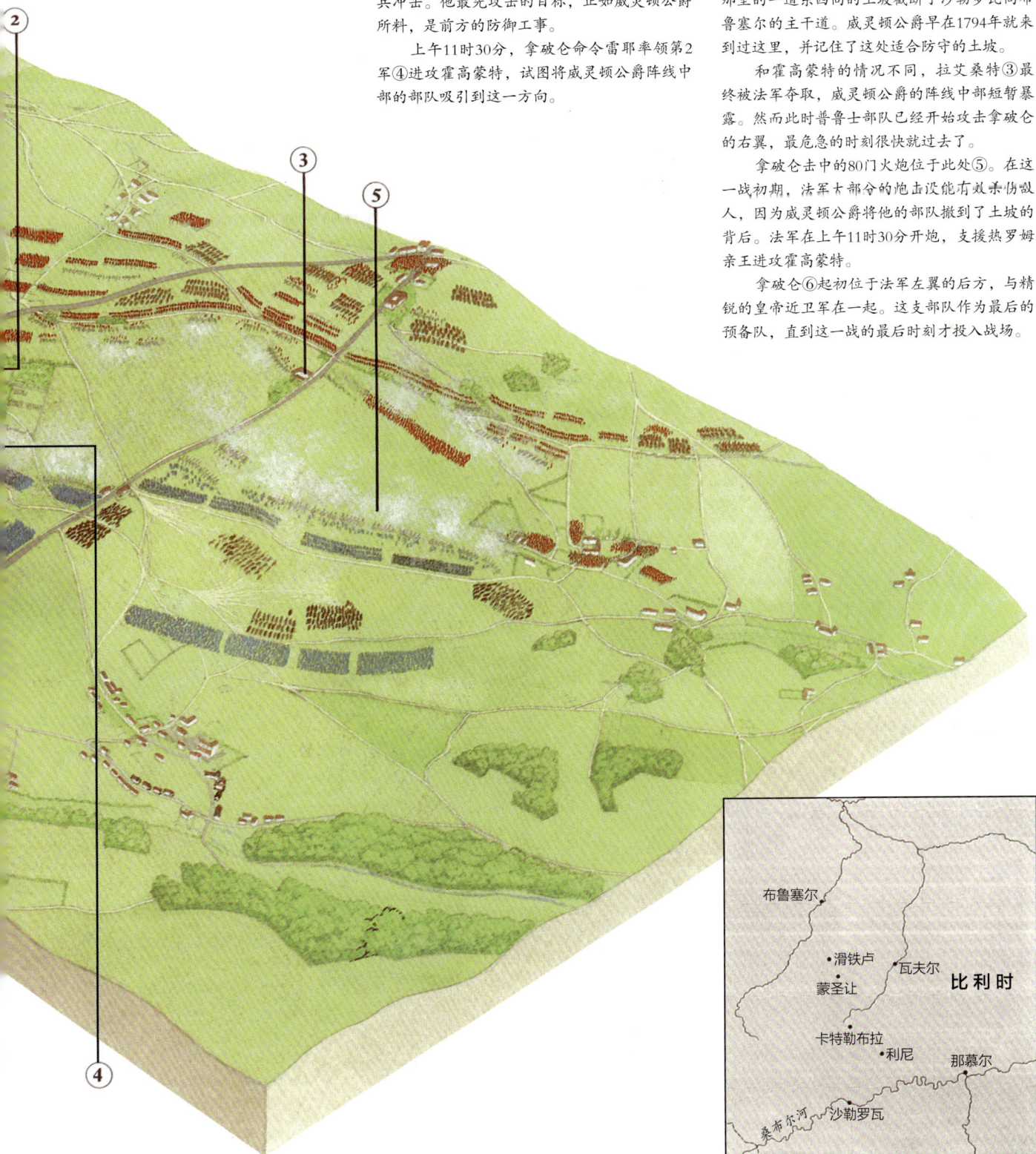

因此没有调兵支援。

皇帝率领余下的部队乘胜与奈伊部会合，后者此前于6月16日在卡特勒布拉（Quatre Bras）苦战，未能取胜。奈伊误以为英荷联军全部集结在这个战略要地，但事实上封锁他前进道路的仅仅是3万先头部队。

在战线的另一边，威灵顿公爵本以为布吕歇尔侯爵已经在利尼取胜，直到他收到又一份迟来的消息，才惊讶地得知老元帅的部队已经败退到了布鲁塞尔以南几公里处的瓦夫尔（Wavre）。此时普鲁士部队位于东北方向，在他的后方。威灵顿公爵下令立即退往蒙圣让地区一处此前仔细勘察过的防御阵地——距离瓦夫尔仅19公里的滑铁卢。他在这里等待布吕歇尔侯爵的部队，这两个军预定在次日抵达战场。

在骑兵与马拉火炮的出色殿后掩护之下，威灵顿公爵的部队在一阵急雨之中脱离与奈伊部的战斗，有序后撤。在那个暴风雨之夜，他悲惨的部队部署到了4公里宽的战线之上，自东向西横跨沙勒罗瓦与布鲁塞尔之间的主干道路。他们的阵地是一处有庄稼掩护的缓坡，背后则是广阔的苏瓦涅森林（Soignes）。为了掩护他右翼的薄弱部，威灵顿公爵反常地将一批部队部署到霍高蒙特城堡（chateau of Hougoumont），那里距离他的主阵地约400米。在他阵线中部的拉艾桑特（La Haye Sainte），以及左翼的帕佩洛特（Papelotte），农场建筑纷纷被加固为防御据点。

威灵顿公爵推断，拿破仑的部队不会将自己的侧翼暴露给瓦夫尔方向的普鲁士军队，因此他会攻击自己的右翼，或者可能会向西移动，进军布鲁塞尔。为了应对后种情况，威灵顿公爵派1.5万部队转往哈勒（Halle），封锁蒙圣让与布鲁塞尔之间的道路。他的推断却落空了。

拿破仑以及他同样因淋雨而衣衫不整的士兵，在南面约1.6公里处的拉贝勒阿莱恩斯（La Belle Alliance）附近集结，他们并不清楚普鲁士军队距离他们

威灵顿公爵（1769—1852），英荷联军的指挥官。他在危机之中的镇定自若，既受英军全军的敬佩，也让他在战斗时立于不败之地。得知拿破仑率军进入比利时的傍晚，公爵正在布鲁塞尔参加里士满（Richmond）公爵夫人的舞会，尽管这出乎他的预料，他依然镇定自若。在滑铁卢之战中，许多人就记载了他对枪声与炮声毫不在意。他的参谋军官们多次表示担忧他个人的安危，毕竟他的指挥才能不可替代，然而所有人都相信，威灵顿公爵是真正的英勇无畏，他关注的只是两军的动向而已。

格布哈特·冯·布吕歇尔侯爵（1742—1819），普鲁士军队的指挥官。他性格和蔼可亲，称部下为"我的孩子们"，与高高在上不容侵犯的拿破仑，以及态度冷漠的威灵顿公爵截然不同。布吕歇尔侯爵在滑铁卢之战时已经72岁，尽管年迈，还曾在利尼之战被战马轧伤（在倒地不起时，两支骑兵队从他身上碾过），但在这一战中他依旧全程骑马，直到确定胜利的那一刻。他遵守诺言，忍着坠马的伤痛亲自率部支援遭受攻击的威灵顿部，也正是他的支援，决定了拿破仑的败局。

拿破仑·波拿巴（1769—1821）与威灵顿公爵同岁，在滑铁卢之战时都是46岁左右，但威灵顿公爵依然体格健壮，精力充沛，拿破仑此时却日渐肥胖，精神也愈发消沉。在这一战中，他的精神状态并不好。只有三人清楚他的健康问题：私人医生、贴身仆人与他的兄弟热罗姆亲王，热罗姆亲王后来揭露了这一真相。拿破仑显然患有痔疮，或许还有膀胱炎。此外，他在流放时期健康状况也有所下降，更重要的是，返回法国之后，大规模的体力与脑力劳动已经让他疲惫不堪。这些原因或许导致了他在这一战中接连犯错，而这些错误，几年前的他几乎不可能犯下。

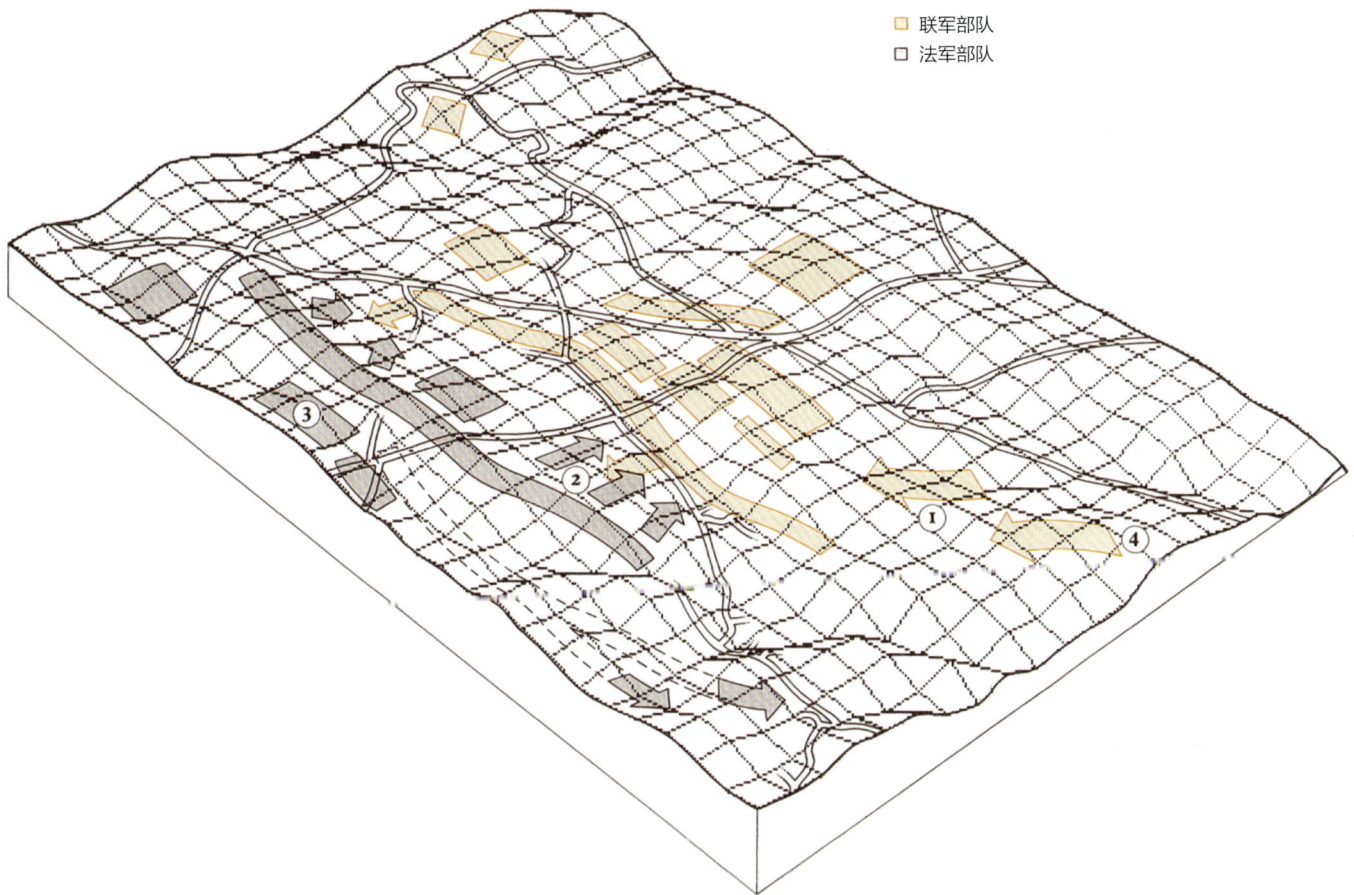

☐ 联军部队
☐ 法军部队

拿破仑的作战意图是使用80门火炮向敌军战线中部齐射，而后使用步兵突破。在下午1时，法军火炮开始了长达半小时的轰击，掩护埃尔隆伯爵（d'Erlon）指挥的第1军发动冲锋。

在法军炮击之时，一支部队从战场的东方赶来。起初法国人以为他们是格鲁希的部队，然而不久之后，他们发现这支部队是比洛（Bülow）指挥的普鲁士部队①，前来支援威灵顿公爵。

埃尔隆伯爵的进攻②于下午1时30分开始，但几乎立即就陷入了困境，由于部队过于密集，他们无法在前进之时及时展开。他们遭到了皮克顿师的猛烈射击，初次进攻被击退。

在埃尔隆伯爵的进攻已经开始之时，拿破仑被迫命令洛博（Lobau）作为预备队的第4军③转往右翼，迟滞普鲁士部队的进军。

布吕歇尔和普鲁士军队的主力④，在比洛部的后方进军。

贝克（Baker）线膛枪是英国陆军最早装备的线膛枪之一，在1800—1840年使用广泛。这种武器配有可拆卸的短剑式刺刀，可以固定在枪口的一侧。

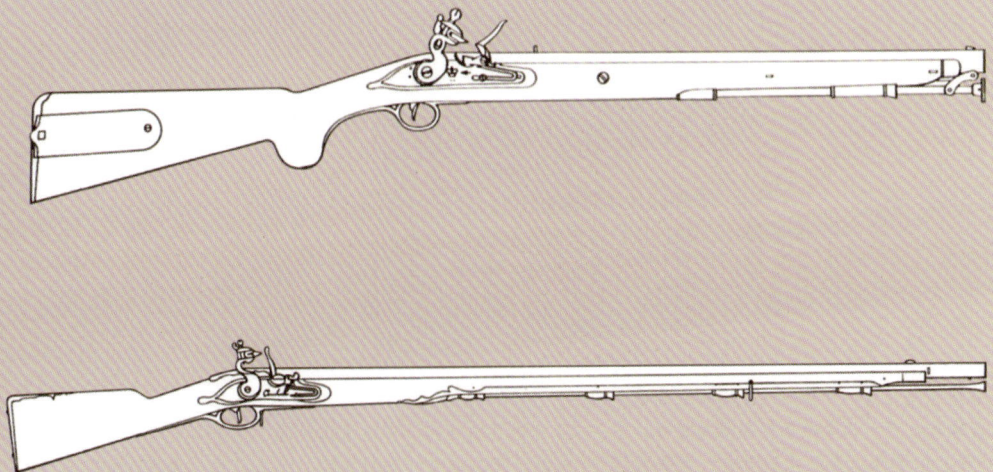

1777年式滑膛枪是当时法军的制式武器，发射直径19mm的铁弹丸。尽管杀伤力可观，但以当代人的视角，即使近距离射击，这种武器也并不精准。英语中称这种滑膛枪为沙勒维尔（Charleville）式滑膛枪，因为这种武器产自同名的城镇，这里早在17世纪时就是重要的武器生产中心。

的右翼不远。次日，6月18日，星期日，雨过天晴，皇帝决定先对威灵顿部队的两翼发起进攻，而后再猛烈攻击中部。威灵顿公爵以及大批英军常备军抵达战场，让一些曾在伊比利亚半岛战争之中，被威灵顿公爵击败的法国高级军官深感不安。深感不满的拿破仑向他的总参谋长苏尔特元帅说道："我告诉你，威灵顿是低劣的指挥者，英格兰人是低劣的部队，这一战将如同野餐一般。"

法军在上午11时集结阵形，半小时后第一轮炮击开始，支援热罗姆亲王（Jerome）指挥的师，向霍高蒙特城堡发起佯攻。在城堡附近的林地与果园列阵的荷兰步兵被击退，然而对石墙的进攻没能取胜，起初这里的守军只有卫队旅下属的4个轻步兵连。在猛烈的火枪射击之下，愤怒的法军向这个方向不断调集援军，最终雷耶（Reille）指挥的第2军，绝大多数的兵员都集中在这一方向激战。

起初威灵顿公爵认为这就是向他右翼发起的主攻，然而当他发现大批法军正在他中部战线前方集结之时，他停止了向霍高蒙特方向的英勇守军派出大规模支援的行动。他的谨慎挽救了战局。尽管当天双方在城堡方向持续苦战，但法军最终仍未能攻破这一要地，这些至关重要的预备队也得以投入更关键的战场。

拿破仑随后进行削弱敌方阵线的炮击，为主攻开路，80门火炮准备向法军主攻方向的联军发动炮击。然而在开炮之前，皇帝惊讶地发现，在东北方向罗索姆（Rossomme）附近的一处高地之上，可以用望远镜看到一支大军正在移动，纵队长度达10公里。是格鲁希的部队前来助战吗？不，是普鲁士人！法军只得紧急派出四个师的部队，迎击意料之外的威胁。

法军的炮兵，包括24门同时代口径最大的12磅野战炮，开始向蒙圣让山脊发动炮击，然而炮击的杀伤力有限。威灵顿公爵将他的部队主力集结在背坡，法军炮兵的射程之外。许多炮弹仅仅击中了无人的土坡正面。

下午1时30分，法军的军鼓敲击出冲锋的指令，四个步兵师开始前进，1.6万把刺刀在阳光下闪闪发光。他们以密集队形向土坡进军，对面等待多时的野战炮也立即开始无瞄准速射，大量杀伤法军。伤亡惨重的法军高声向皇

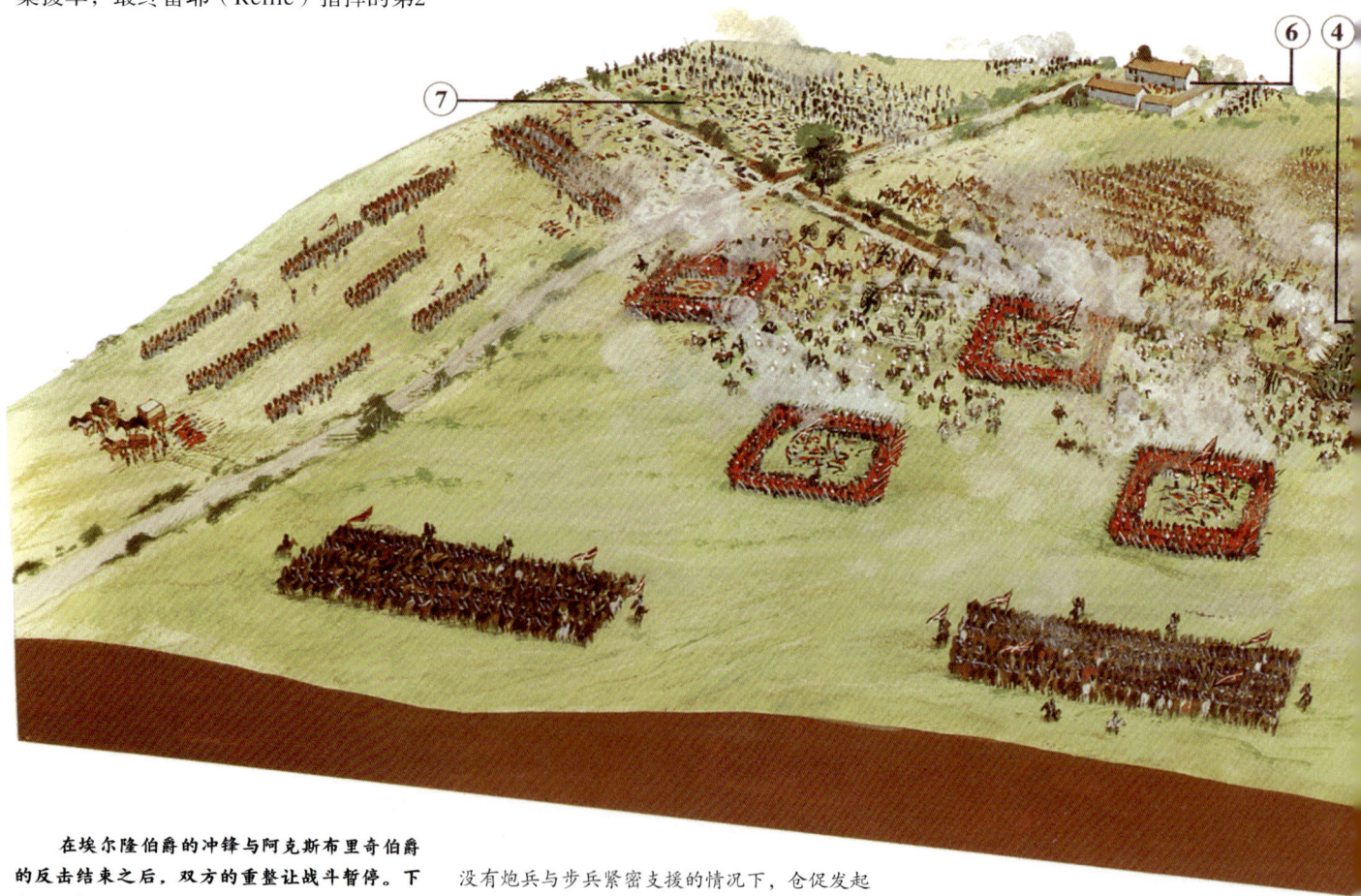

在埃尔隆伯爵的冲锋与阿克斯布里奇伯爵的反击结束之后，双方的重整让战斗暂停。下午3时许，法军火炮再度开始射击，支援后续的骑兵冲锋。图中展示了联军视角长达460米的战场。

奈伊元帅见到敌人从土坡顶后退，误以为他们准备撤退，便亲自率领5000骑兵①，在没有炮兵与步兵紧密支援的情况下，仓促发起冲锋。见到敌方的刺刀方阵，骑兵只能向两侧转移，后续的冲锋也以类似的方式自行化解。

威灵顿公爵集结了20个空心方阵②，步兵排成三排，前排步兵成跪姿，将火枪成45°举起，队伍迅速压缩结成一道刺刀屏障，后方的两排则持续举枪射击。这种阵形还有另外两个优势：步兵只需要向内侧移动就可以迅速补上队列之中的缺口，而骑兵也无法正面冲击这些防御坚实的步兵。威灵顿公爵③骑在栗色的坐

在滑铁卢之战中，为了减少伤亡，威灵顿公爵多次命令他的部分部队退到蒙圣让土坡的后方，而且他们还要卧倒以进一步保证安全。法军骑兵误以为联军就此撤退，便准备发动冲锋。威灵顿公爵看到奈伊的骑兵开始集结时，起初并不相信他们会在没有步兵与炮兵支援的情况下冲锋。而当他意识到法军决定蛮干之时，他下令集结空心方阵。当法军终于冲过土坡之时，他们面对的是20个空心步兵方阵，每排3人，刺刀向外。一些骑兵试图停下，却被后排裹挟向前；其他人试图强冲，却无法控制竭力向两侧躲避的战马。在法军骑兵陷入混乱之时，他们成了训练有素的英军步兵的活靶子。

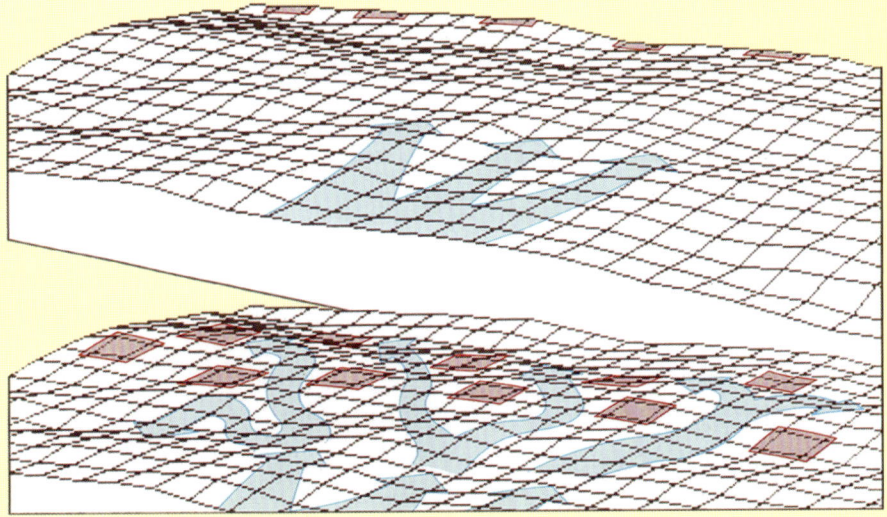

骑"哥本哈根"之上，在其中一个方阵之中等待冲击。

默瑟（Mercer）指挥的炮兵④，在法军冲锋期间持续射击，让友军士气振奋。

霍高蒙特城堡⑤此时正在遭受法军猛攻。

拉艾桑特的驻军⑥以及联军骑兵的残部，已经在此前的血战之中伤亡殆尽。

炮兵和他们的驮马在敌军发起骑兵冲锋之时躲进空心方阵之中。他们把火炮留在阵地上——炮兵阵地距离步兵方阵甚至只有90米，当敌方骑兵退却之后，炮兵再立即上前继续开炮。

此前苦战中溃散的法军步兵，此时仍乱作一团，四散奔逃。双方的死伤者散落在战场之上⑦。

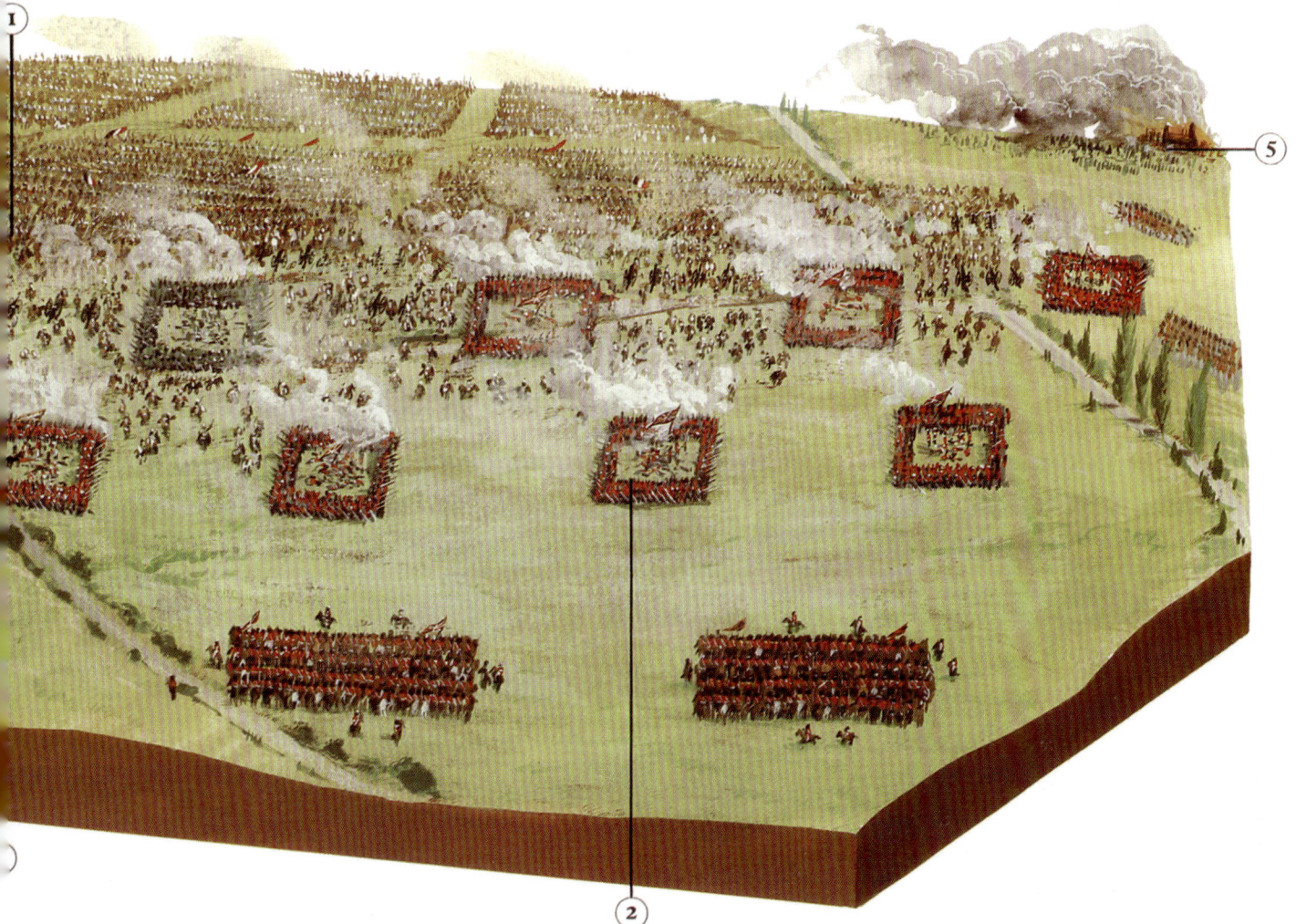

帝致敬,继续前进。帕佩洛特被法军夺取,拉艾桑特则被包围,法军的胸甲骑兵击退了前去支援守军的吕讷堡(Lüneburg)后备营。在中央,士气低落的一支比利时部队崩溃后撤,然而法军还没能拥入缺口,托马斯·皮克顿(Picton)将军就率领伊比利亚半岛战争之中锤炼出的英军老兵旅封堵了缺口。他在苦战中阵亡,却保住了阵线。

当拿破仑和他的参谋们因夺取中部山脊之上的据点而欣喜之时,威灵顿公爵则在己方部队一次次英勇击退法军进攻之时,看出了法军队列的混乱。他审时度势,派出了两个重骑兵旅发动反击,让法军陷入混乱。

首先发起进攻的是英勇的阿克斯布里奇(Uxbridge)伯爵亨利指挥的皇家近卫骑兵,在拉艾桑特方向发动冲击之后正在整队的胸甲骑兵,被英军冲散,皇家近卫骑兵随即向法军步兵队列发起冲锋,砍杀他们遭遇的所有敌人。

随他们行动的是庞森比(Ponsonby)的"联合旅",这支部队由苏格兰灰马骑兵、因尼斯基灵骑兵(Inniskilling)与皇家龙骑兵部队混编而成。当灰马骑兵穿过皮克顿的部队之时,第92团——戈登指挥的高地部队,高喊着"苏格兰万岁!"追随骑兵向前发起冲锋,直到被得胜的骑兵甩开。

冲向法军的英军骑兵,以近乎疯狂的作战方式执行了载入史册的冲锋。马尔科涅(Marcognet)指挥的第3师与东泽洛(Donzelot)指挥的第2师,严整的步兵阵线被英军冲散,然而这些骑兵继续奋勇向前。他们无视了所有整队的命令,穿过法军的炮兵阵地,向拿破仑所在的阵地冲去。联军重骑兵队列已乱,气喘吁吁,坐骑也伤损殆尽,被拥上来的法军包围并歼灭。

此时下午已经过半,除了霍高蒙特城堡方向,其他区域的混战暂时平息。然而,几乎就在同一时间,法军炮兵开始了新一轮更加猛烈的炮击。联军的伤亡迅速增加,因此威灵顿公爵下令部队

再度撤回背坡,躲避炮击。

奈伊元帅认为英荷联军准备撤退,便大胆地发动猛攻,寻求速胜——事实证明,拿破仑派他指挥这一战并不明智。

滑铁卢之战前一夜,威灵顿在霍高蒙特城堡(如上图所示)构筑了防御工事。虽然名为"城堡",但这里其实只有一个农舍,以及配属的谷仓与畜棚。除了朝北的大门,院落的其他所有出入口全部封死,唯一的道路用于运输补给。这一防御工事的一侧是果园,另一侧是树林,均适宜防守。双方展开了激烈的肉搏,出乎英军意料的是,法军通过果园悄然抵近,冲入了敞开的大门。约100人冲入工事之中,但指挥苏格兰人与冷溪卫队的麦克唐奈(Macdonnel)上校,和另外4人强行关上了大门,被困在工事中的法军全部被杀。如果霍高蒙特被法军攻破,战局走向或许将大不相同。

奈伊没有等待他的步兵重整,便派出5000重骑兵向山脊冲锋。威灵顿公爵惊异地发现,这次进攻没有步兵与马拉火炮的支援,便命令他在山坡之上的部队,以营为

拿破仑的80门火炮之中,有24门12磅炮。相比联军的轻炮,这些火炮机动性更差,而此前因降雨而泥泞不堪的战场,也给布置火炮的法军带来了相当的困难。每一门火炮都配有三个牢固的弹药箱车。这些弹药车部署在火炮后约27米处。每个弹药箱之中有48发实心弹(同时代最常用的炮弹)、12发大开花弹和8发小开花弹。此外,炮车的前车箱还有9发实心弹。每门炮总共配有213发炮弹。

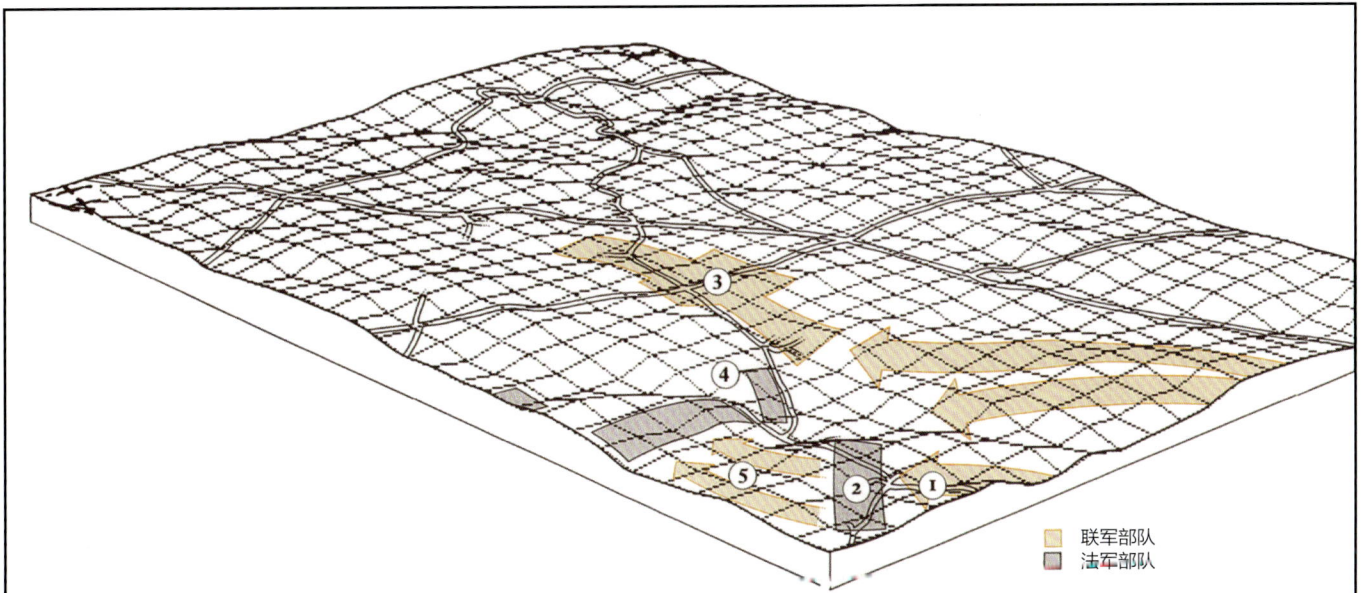

在下午1时许，拿破仑意识到，从东方抵近的部队是普鲁士人①，而不是他以为的格鲁希部。他被迫立即派出洛博指挥的4个师②前去防卫右翼。他也清楚，此时他最多只有3个小时的窗口期击败敌人，在普鲁士军队主力到达之前，击败自己面前的威灵顿部③。

当天下午，他被迫派出更多的部队④应对这一新威胁。下午6时30分，抵达战场的普鲁士军队太多，拿破仑有被包围的危险⑤。

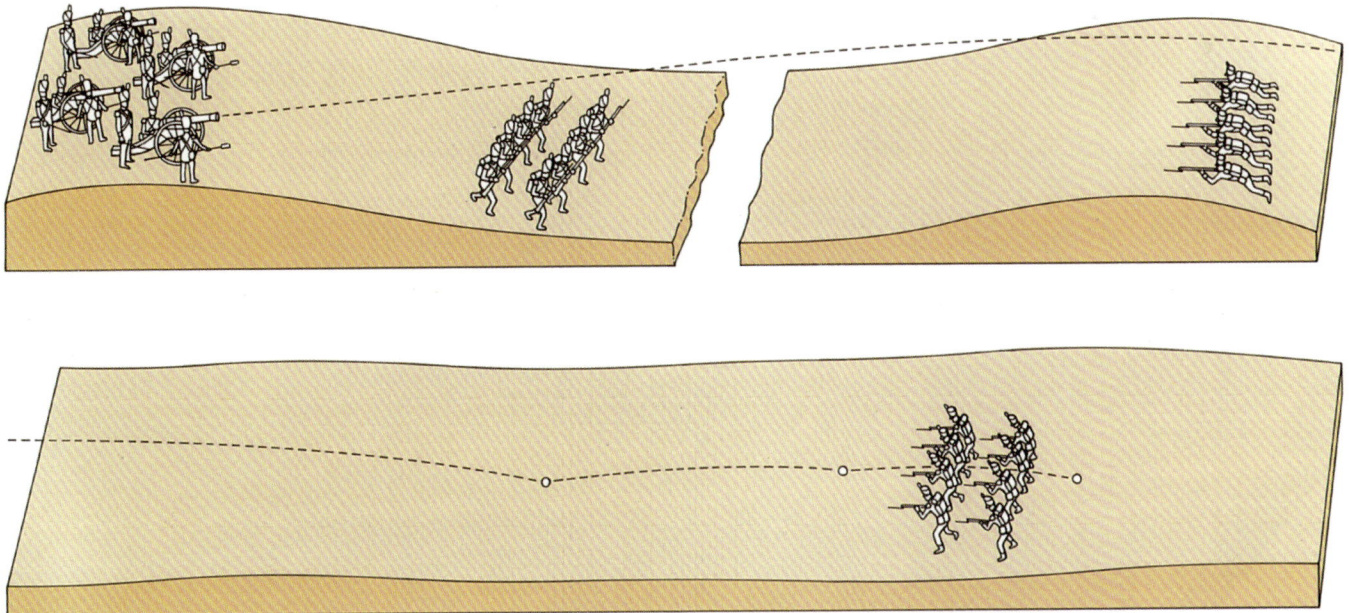

同时代有三种主要的炮弹：空心弹、圆形实心弹以及高爆榴弹。高爆榴弹只能使用榴弹炮发射。

圆形弹是实心的铁球，依靠高速飞行的动能杀伤敌人，因此主要使用长管炮射击，尽可能保证炮弹初速度。

开花弹在圆筒状的薄锡壳中填了大量的小金属球，仅在近距离使用。在开炮时，圆筒自然解体，以金属球作为预制破片杀伤敌人。

火炮前方的己方部队如何布置至关重要，因为火炮的高度必须保证炮弹从己方部队头上飞过，同时又能命中敌人。

圆形弹通常平行于地面发射，以尽可能多地杀伤同一纵列的敌人。在地面上反弹两三次之后，圆形弹的速度会迅速下降。然而尽管此时炮弹的飞行轨迹已经慢到足以看清，但依然能击碎士兵的头骨。

单位梯次集结成空心方阵，而后，凶险的命令传来："准备迎战骑兵。"

盛装的法军骑兵中队通过坡顶之时，面前的景象让他们胆寒：20个步兵方阵已经集结完成，前排成跪姿的步兵紧握刺刀，后面则是两排迎向他们的火枪枪口。在法军骑兵行进时，英军皇家炮兵不断射击，让他们伤亡惨重，而当法军抵达炮兵阵地时，这些炮兵已经退到了步兵军阵之中。

法军骑兵迎着火枪的硝烟反复冲锋，进攻联军的方阵，而每一次进攻都在致命的齐射之下败退。身穿灰衣、头戴黑色三角帽的威灵顿公爵，则在方阵之间不断鼓舞士兵：他每次都要赶往战斗最激烈的方向指挥。

当威灵顿公爵的部队承受法军猛攻之时，普鲁士部队终于赶到了战场，迫使拿破仑派出更多援兵支援此前的4个师，以拖延他们前进。

当空的烈日逐渐西转之时，疲惫不堪、伤损殆尽的法军骑兵开始从无法突破的敌军方阵前方后退，此时拿破仑决定用预备队骑兵再度发起进攻，以在布吕歇尔部抵达战场之前，决定性地突破威灵顿公爵的阵线。英勇的法军骑兵再度催马向前，冲上双方浴血争夺的土坡，却再度被守军猛烈的射击击退。直到此时，奈伊才

意识到这一方向急需步兵支援，他匆忙驰马赶往战场，尽可能集结起此时仍在混乱之中的步兵，以及可用的火炮。

一些战损严重的联军方阵开始动摇，拉艾桑特的阵地也濒于崩溃，奥普特达男爵（Freiherr von Ompteda）指挥的英国皇家德意志军团奉命前去支援守军，此时已经基本耗竭。威灵顿公爵的阵线之上，出现了危险的缺口。

当威灵顿公爵冷静地调度右翼与左翼的预备队前来，巩固大受削弱的中部战线时，奈伊元帅向拿破仑请求调度更多的步兵，以乘胜追击。拿皇此时忙于抵御不断拥向战场的普鲁士军队，防止他们完成

黄昏时分，联军视角的滑铁卢之战最后阶段。下午6时，奈伊率领预备队步兵全力进攻拉艾桑特，很快夺取了此地。法军炮兵就此可以前推，炮击威灵顿部的中军。境况对威灵顿公爵而言极为不利。但奈伊请求拿破仑派出步兵总预备队继续扩大战果，却遭到拒绝。这让威灵顿公爵得到了喘息之机，得以将部队从他的左翼调往中部巩固战线，并把左翼的防守交给赶来的普鲁士部队。

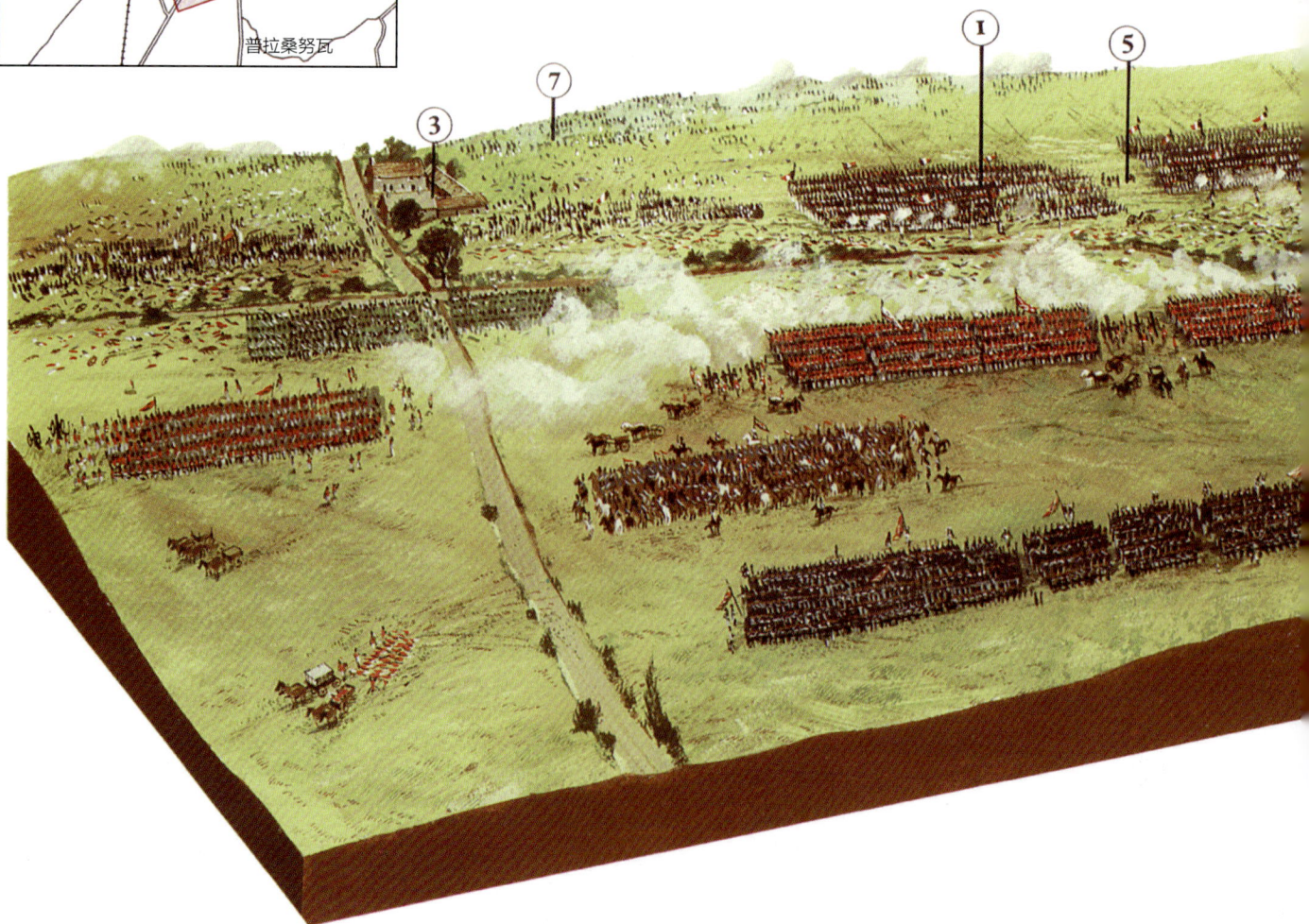

包围，因此他拒绝了奈伊的求援，即使他仍有预备队在手。

不久之后，拿破仑改变了心意，然而那时奈伊决定胜利的战机已经丧失了。日薄西山之时，硝烟弥漫的战场之上，拿破仑遭受包抄的右翼暂时得以稳固，他再度将注意力转往北侧，最后一次试图突破英荷联军的阵线。这一次，

▶ 滑铁卢之战时的军服，在保暖之外还有两个作用。士兵可以便利地区分敌我，盛装也能让敌方误以为己方部队规模更大。所有的头盔与熊皮帽都高耸着，显得士兵更为高大，而垫肩也让士兵显得更壮硕。这些装饰在阅兵场上威风凛凛，在战场上却会起到反作用。士兵已经穿着军服忍受了三天的阴雨，连睡觉也不能脱衣，此时他们的军服潮湿且布满泥点，而开战之后又会染上战友的血污。

晚7时，拿破仑发动了最后的进攻。他命令皇帝近卫军前进①，斜穿战场进攻霍高蒙特②与拉艾桑特③之间威灵顿公爵中军的右侧。

最前方的2000近卫军登上了山坡，与梅特兰的卫队旅交锋④。他们被击退了，拿破仑突破联军阵线的最后尝试也失败了。

由6门炮组成的炮组⑤抵近支援近卫军的进攻，两个炮组的近距离射击，让联军伤亡惨重。

第二队近卫军⑥也有2000人，他们被亚当的旅击退。

苦战了一整天的霍高蒙特方向②，此时仍未决出胜负。这一阵地从未被法军夺取，持续庇护着联军的右翼。

法军步兵被赶下了山坡⑦。当近卫军步兵的进攻失败之后，他们和骑兵一样开始逃离战场。

著名的法国皇帝近卫军——一支此前攻无不克的精锐，将担负正面进攻任务。拿破仑保留了几个营的老近卫军，作为预备队。

威灵顿公爵的左翼此时已经得到了齐滕（Ziethen）伯爵的普鲁士军支持，他谨慎地调遣部队，应对法军的新一轮突击。他清楚，法军的主攻方向将在霍高蒙特城堡与拉艾桑特之间。在敌人炮兵的轰击之下，他四排的步兵阵线尽可能寻找掩护，等待法军进攻。威灵顿公爵本人留在梅特兰（Maitland）指挥的卫队旅之中，这些部队隐藏在玉米田里。

黄昏时分，高傲的法国皇帝近卫军，身穿蓝色军装，佩戴红色肩饰与白色肩带，在拿破仑本人的亲自率领之下向前移动。他们如同阅兵一般前进，并在随后的苦战之中夺取了部分阵地，但联军的增援部队及时赶到，不断封堵他们的突破。法军只有两个团登上了山脊。当他们戴着红色羽饰的熊皮高帽出现在坡顶之时，威灵顿公爵大喊一声："梅特兰！现在看你的了！"英军卫队立即冲出隐蔽地，向自以为突破联军阵线的法军发动齐射。这也是法国皇帝近卫军第一次战败逃跑。

在山脚下，近卫军步兵短暂重整，并在少量骑兵支援之下再度发起冲锋，却又再度被击退。近卫军出人意料地陷入溃退，联军骑兵则无情地发动追击。当威灵顿公爵对欢呼胜利的部下发令，发动全线进攻之时，拿破仑余下的部队陷入恐慌之中，只有纪律严明的老近卫军顽强作战。这些法军精锐结成两个方阵，掩护法国皇帝与法军其他部队撤退，他们几次拒绝投降，战至最后一人。

威灵顿公爵此后将这次大胜称之为"该死的险胜"，而布吕歇尔侯爵率部赶来，也成了这一战取胜的保证。两人在当天晚上9时终于在拉贝勒阿莱恩斯（直译即"美好的联盟"）会面——此时此刻，这个地名恐怕再适宜不过了。联军为胜利付出了2.2万人伤亡的代价，而法军的损失则高达3万。

▲▼ 戴维·威尔基（Wilkie）爵士于1822年的画作，描绘了在伦敦的一个小旅馆外，领取军人抚恤金的退伍兵们（上图），正在阅读滑铁卢之战胜利的简报（下图）。各个报社的记者们争先恐后，赶在竞争对手之前发出这篇轰动的新闻。精于此道的《泰晤士报》（The Times）使用了信鸽。图中的老兵们，或曾在伊比利亚半岛战争之中跟随过威灵顿公爵作战，许多人或许也认识在滑铁卢战场上的士兵。

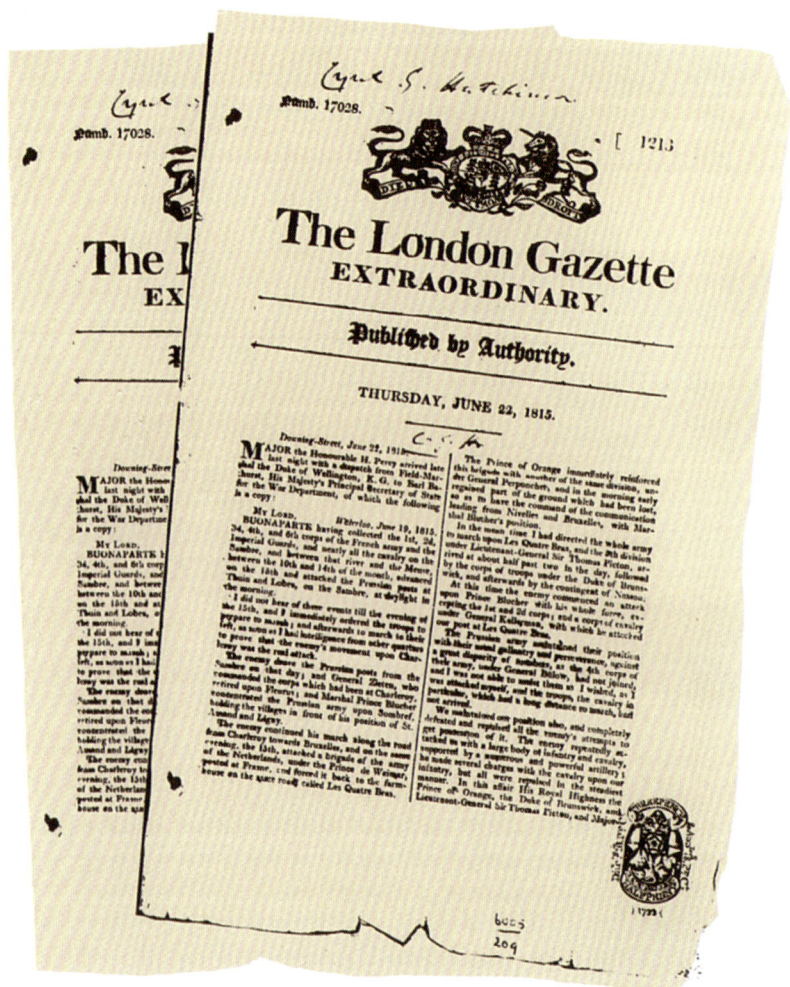

▲ 拿破仑在滑铁卢彻底战败，而在仓促逃离战场之时，他被迫抛弃华贵的皇帝马车，骑马逃离战场。

从远古时代起，掠夺战场上的死伤者，就是胜利一方士兵的特权。在滑铁卢之战后，胜利者收获颇丰，特别是搜索军官的尸体时，他们可以拿到钱包、怀表、手枪以及刀剑。另外，通常使用象牙制成的假牙，卖给牙医也能赚一笔钱。许多试图保卫财产的伤者都被杀死，其他人只能交出财产，换点保命的饮水。在次日黎明，比利时农民也来到战场上，像秃鹫一样进行最后一轮搜寻。一些人抢走的衣物与其他财物太多，只能扔到地上拖行。在滑铁卢之战4天后，双方最后一批伤兵才被发现，并被颠簸的推车送往医院，接受早期的外科手术。

在滑铁卢之战后，联军与军力耗竭的法国签订城下之盟。普鲁士人在1806年兵败耶拿之后，在法国对欧洲势力范围划分之中受损甚大，因此急于复仇；但在威灵顿公爵看来，保证长期和平的关键在于展现仁慈，而此时，在滑铁卢之战大败拿破仑的威灵顿公爵，已经是全欧洲影响力最大的人。联军终究展现了仁慈，但并没有考虑到欧洲民族主义的兴起。

法国大革命与拿破仑帝国，使用枪炮与鲜血，将自由理念与民族主义传播到了欧洲各地，然而普鲁士、沙皇俄国与奥地利帝国订立的和约，其主要目的是恢复他们旧日的统治。尽管他们划定的边界线维持了超过一百年，直到《凡尔赛和约》（1919—1920）才再度变动，旧统治者的复辟依然激起了怨恨，并导致1832年与1848年的大规模起义。

即使如此，欧洲终究得以在这个世纪之中免于大规模战争了——克里米亚战争是唯一的例外。当第一次世界大战爆发之时，19世纪的技术进步让各国军队更新了一大批武器，也极大改变了军事体系与战争模式。机枪开始应用，榴弹威力进一步增加，步枪也更加精准，而最重要的进步则是炮兵杀伤力达到了前所未有的水平。战争再也不会像滑铁卢之战那样进行了。

巴拉克拉瓦之战，1854 年 10 月 25 日

1854年10月25日，在克里米亚的巴拉克拉瓦（Balaclava），维多利亚女皇缺少补给的士兵，在面对远强于己方的沙俄军队之时，通过三阶段作战证明了自己。六星期之前，英国、法国、奥斯曼土耳其和撒丁王国组成的联盟，入侵克里米亚半岛，将战火烧到俄国的土地之上。这场在一片俯瞰同盟军补给基地的高原之上的战斗，是双方的第二次交锋。

这场苦难重重但终于成功的军事行动，目标是沙皇尼古拉斯一世的黑海海军基地塞瓦斯托波尔（Sebastopol）。尽管同盟军在9月20日的阿尔马河（Alma）之战击败了俄军，5.7万人的同盟军却未能从北面突入塞瓦斯托波尔要塞。进攻方随后转往巴拉克拉瓦，准备从南面进攻塞瓦斯托波尔。

同盟军清楚，俄军必然出兵解救塞瓦斯托波尔，为了防备进攻而构筑的营地工事，让大批营养不足、服装不适的英军士兵因劳累而病倒。

即使如此，同盟军还是晚了一步，俄军在10月25日的晨雾之中发起了进攻。土耳其军队被迅速击溃，放弃了通向巴拉克拉瓦的道路上的一系列临时工事，但远达4.8公里之外的英军与法军营房，却也及时响起了警报。

首先应对威胁的是卢肯（Lucan）伯爵的英国骑兵师，下辖重骑兵旅与轻骑兵旅。他们来不及饮马与用餐便集结出动，少量部队奉命掩护土耳其人撤退。

起初战场之上缺少步兵。英军第1师与第4师，以及两个法军步兵旅，从围攻塞瓦斯托波尔的战线上撤出，前来增援。而在这些主力部队到来之前，通向巴拉克拉瓦港区的道路，只有93高地团的550名步兵，以及少数其他部队的兵员防守，他们由科林·坎贝尔（Colin Campbell）将军统一指挥。

英军最高指挥官拉格伦（Raglan）男爵，和他的参谋军官以及一些非军事人员，在俯瞰战场的萨普尼（Sapoune）

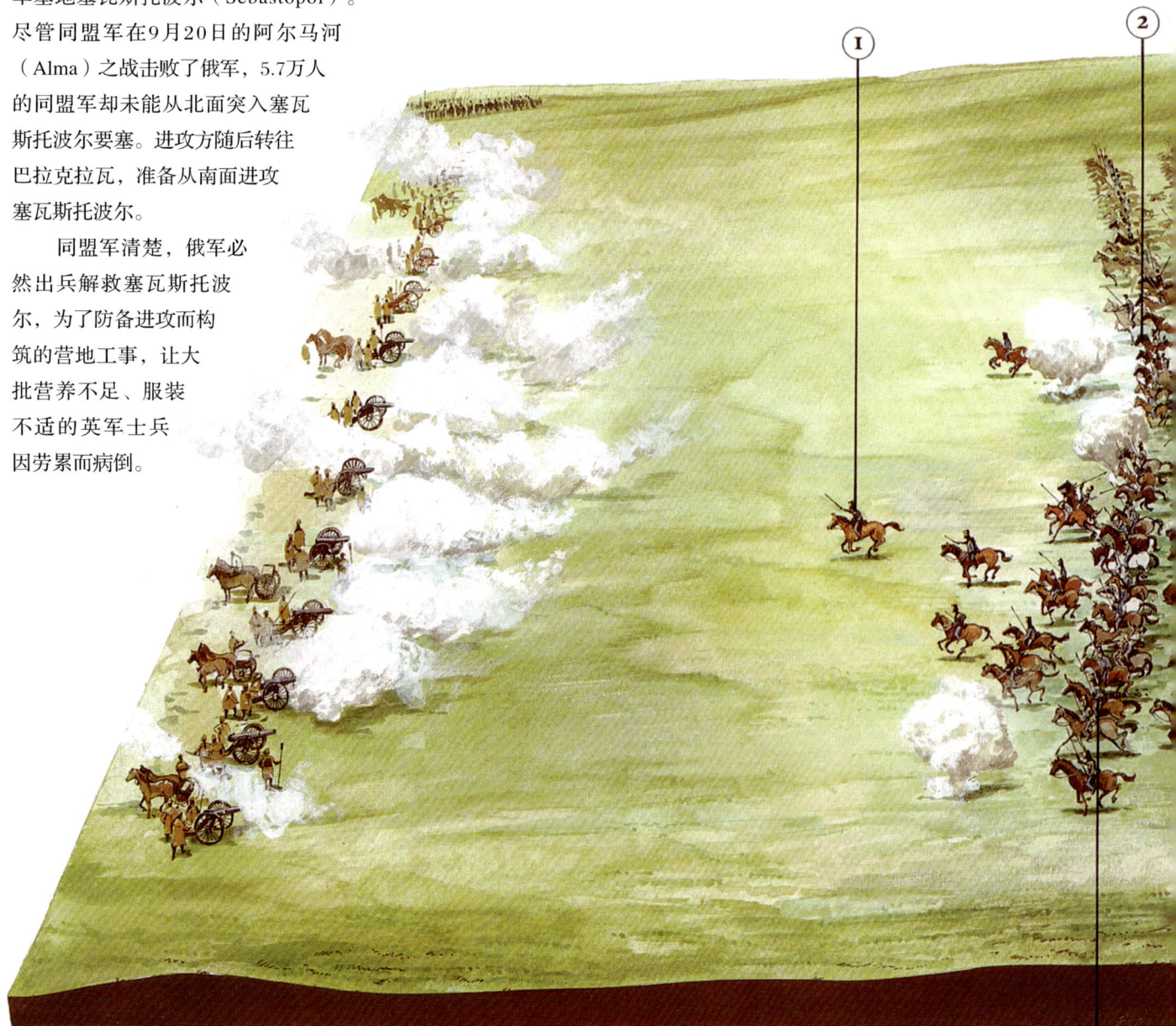

1854年10月25日，上午11时20分，在晴朗的秋日之下，轻骑兵旅奉命冲过"北方谷地"，前进约2.4公里。这片谷地北面是呈弓形的丘陵地带，南面是低矮的山脊，宽度约有1.6公里。然而这些骑兵的队列不到战场宽度的1/5。他们起初以轻快小步前进。在距离俄军炮兵阵地仅92米时才大步冲锋。整场冲锋之中，他们不断遭受侧翼的枪炮打击。

虚荣却勇敢的指挥官卡迪根伯爵①，坚持在冲锋之时全程位于队列的最前方，部下们奉命跟在他的后面。

第17枪骑兵中队②和第13轻龙骑兵中队③，位于队列的前方，在抵达俄军炮兵阵地之后，无情地砍杀敌人，为他们遭遇的苦难复仇。

第11骠骑兵中队④和第4轻龙骑兵中队⑤，在第一队骑兵的后方前进，距离前队约366米。地上的尸体、伤员以及骑手坠落后乱跑的惊马，阻扰了他们的前进。

第8骠骑兵中队⑥位于最后方，他们是唯一一支有序抵达炮兵阵地的部队。然而当时战场上硝烟弥漫，他们根本看不清前方的战况。

轻骑兵旅的冲锋，仅仅20分钟就结束了。673名参与冲锋的骑兵，集结撤退之时只剩下195人。许多返回同盟军阵线的骑兵因伤重而死。

克里米亚战争（1853—1856）因奥斯曼土耳其在巴尔干的统治崩溃而起，沙皇俄国的帝国主义扩张，将奥斯曼帝国推向亡国的边缘。战争的直接起因则是巴勒斯坦的圣地庇护权问题，法国与俄国互不相让，信仰东正教的沙俄宣称拥有圣地的庇护权，而与此同时，法国与奥斯曼苏丹谈判，为天主教徒在圣地获取了一系列特权。1853年10月4日，俄国已经开始战争动员之时，奥斯曼土耳其向俄国宣战。1854年3月，英国与法国宣布与土耳其结盟，并在9月出动部队登陆克里米亚，准备夺取俄军的重要海军基地塞瓦斯托波尔。

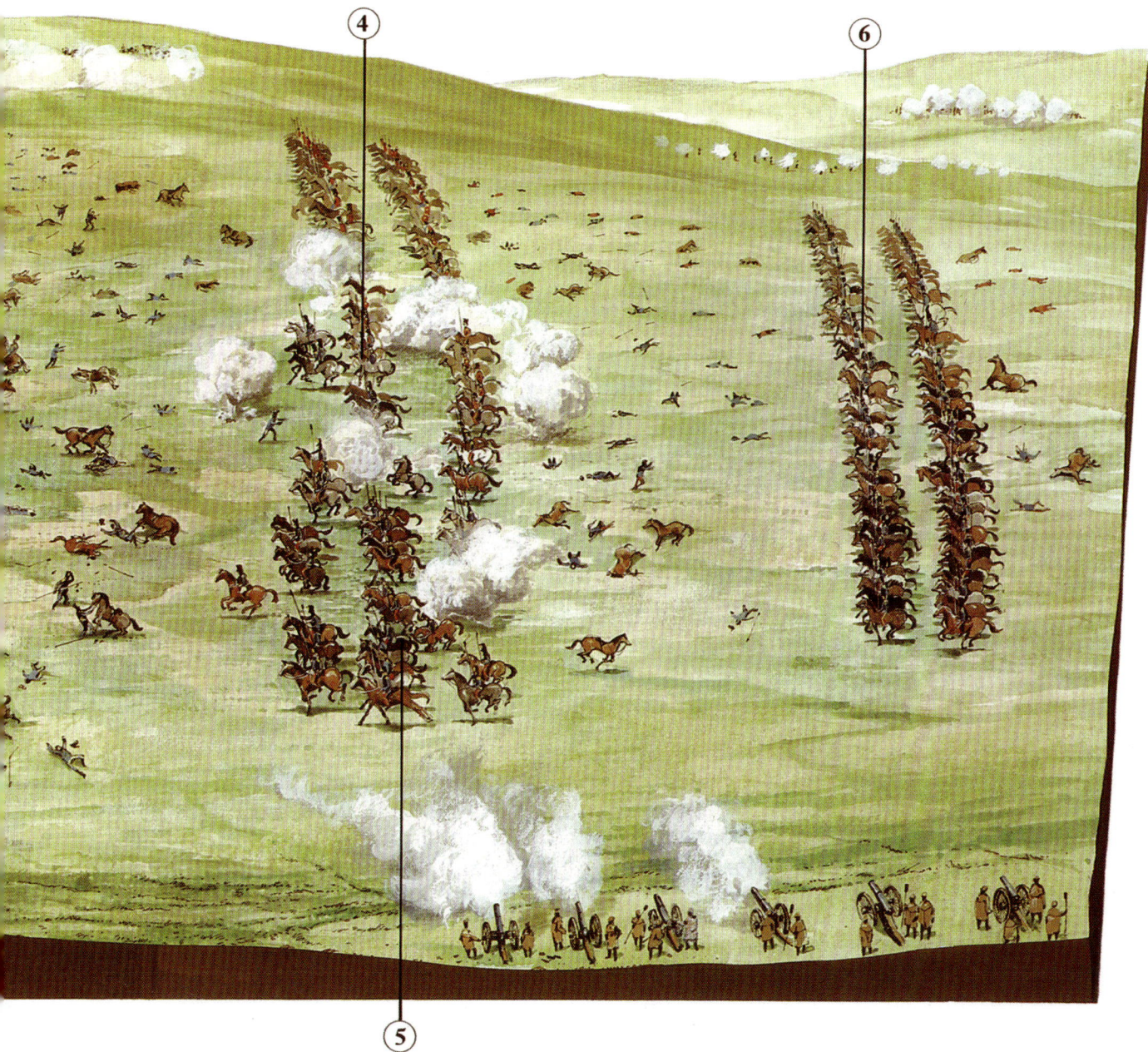

山脊之上，忐忑地望着强大的俄军骑兵向高地人发起冲锋。寻常的士兵在面对呐喊着冲向他们的骑兵之时，难免畏缩。然而军帽上插着羽毛的苏格兰人笑对强敌，他们坚守阵地，冷静地展开两轮齐射，击退了攻击。

目睹了93团的英勇坚守之后不久，山脊之上的观战者又爆发出新一轮欢呼。

詹姆斯·斯卡利特（Scarlett）将军的重骑兵旅因为疾病减员，此时只剩下约600骑兵，他们部署在一处洼地，全然不知危险即将到来：数量近6倍于己的俄军骑兵，正准备发动攻击。

当3500名俄军从365米之外发起冲锋之时，苏格兰灰马骑兵团和第6因尼斯基灵龙骑兵中队冷静地下达命令，吹响冲锋号。他们所在的区域实际上并不平整，不允许大步或小步冲锋，因此他们缓步迎向俄军。英军的剑术让沙皇的骑兵损失惨重，仅仅几分钟之后，中央的灰马骑兵和因尼斯基灵中队就杀出了一条血路，突破了俄军的队列。第4与第5龙骑兵中队，则在侧翼向混战的俄军射击，进一步扰乱了俄军的阵脚。

重骑兵旅的胜利，阻止了俄军在巴拉克拉瓦城外的高地，即"南部山谷"的进一步行动。战斗短暂停止之后，双方在考斯韦高地（Causeway Height）另一侧的"北部山谷"展开了新一轮交锋。那里是一道低矮的山脊，与通向沃龙佐夫（Woronzow）的道路平行，这条道路是同盟军的主要补给线，连接着巴拉克拉瓦和塞瓦斯托波尔围城部队的营地。这条道路之上构筑的临时工事，在开战之初就被俄军从土耳其守军手中夺走。

拉格伦男爵没有等待步兵赶来，命令骑兵师向"北部谷地"进军，英军军史之中最无畏也最无谓的壮举之一——"轻骑兵旅的冲锋"，也随之开始。这位英军指挥官，误认为敌人正在从考斯韦高地之上的临时工事之中拖走缴获的火炮，决定主动出击。

由于他向卢肯伯爵下达的是紧急命令，命令并没有交给卢肯伯爵的侍从武官（aide-de-camp），而是交给了第15骠骑兵中队的路易斯·诺兰（Nolan）上尉。这位出色的骑兵军官，决定冒险抄近路发起攻击。卢肯伯爵拿到的命令写着："拉格伦男爵命令骑兵迅速前进，阻止敌军掠走火炮……"卢肯伯爵立即要求说明原因，因为在他的阵地之上，根本看不到俄军运走火炮的迹象。

诺兰对拉格伦男爵的指示做出了错误的解释，他指着2.4公里之外位于"北部谷地"末端的俄军炮兵阵地，并郑重地告知卢肯伯爵："长官，敌人在那儿，炮也在那儿。"

除了前线布置的平射炮之外，战线两翼还各有一个俄军炮组，炮组的后方则是大批俄军步兵。这是自杀式的任务，但卢肯伯爵接到的是军令，不能违背。他命令自己的妻舅卡迪根（Cardigan）伯爵詹姆斯——事实上两人关系早已破裂——率领轻骑兵旅发动进攻。重骑兵旅因为此前的苦战正在重整，作为突击的预备队。

卡迪根伯爵对攻击命令大惑不解，因为同时代的骑兵，不会在没有步兵炮

兵支援的情况下直接冲击炮兵阵地。即使如此，他仍集结了有限的部队，执行这个绝望的进攻任务。他下辖的5个团，因为疾病减员只剩下673人，而且他们的马匹健康状况也很差。

拉格伦男爵和他的参谋们得知战场实际情况时，萨普尼山脊之上的众人也惊愕不已，他立即派出信使去谷地取消进攻，但为时已晚。丁尼生（Tennyson）爵士笔下不朽的"600勇士"，已经走向了死亡。

在硝烟与火光之中，轻骑兵旅迎着平射炮的轰击，前仆后继冲向俄军严阵以待的炮兵阵地。卡迪根伯爵率领伤亡惨重的部下发起第一轮冲击，用马刀与骑枪杀死了没来得及逃进掩体之中的俄军炮兵。然而即使付出了如此的代价，抵达俄军炮兵阵地的轻骑兵旅，根本没有手段破坏俄军的火炮。幸存的勇士们只能调转方向，加速返回己方的阵线。

此时，英军轻骑兵旅的士兵已所剩无几，不少人还身受重伤。当他们催马返回之时，在侧翼接连不断的俄军枪炮射击之外，右翼的哥萨克骑兵也前来追击。[1]

◄《六百人中的幸存者》，卡顿·伍德维尔（R.Caton Woodville）。

| | 两发霰弹 180米 | 两发实心弹或三发霰 370米 |

19世纪，骑兵从出发地向敌军所在地移动，要按顺序缓步、小步、大步前进，再进行最后的全速冲锋。通过915米的距离，需要约7分钟的时间。在通过915—550米的这段距离时，敌军的火炮能够进行9轮射击，投射9颗实心弹或开花弹；在贴近到550—180米时，火炮还能够射击两发实心弹或三发霰弹；而最后180米的冲锋之中，炮兵还有时间

▲ 4名第17枪骑兵中队的幸存者，佩戴勋章。

▲ 两名穿着同时代军服的冷溪卫士。

1855年，有意停战的沙皇亚历山大二世继位，加之同盟军夺取塞瓦斯托波尔，促使双方展开和平谈判。双方在1856年签署《巴黎和约》，沙皇俄国承认奥斯曼土耳其独立，放弃了对土耳其领土的宣称。俄国还同意将黑海作为中立水域，允许各国的船只通航。奥斯曼苏丹则被迫提高国内基督徒的地位。

和约并未持续太久。土耳其的改革承诺尚未兑现，俄国便趁普法战争之机，放弃了黑海中立承诺。"东方问题"依然困扰着欧洲，直到这些问题因第一次世界大战结束之后的政治版图巨变而终结。

克里米亚战争之中，指挥的无能与兵员的恶劣待遇，促使英军进行军事改革，并提高士兵的待遇。[2]

第15膘骑兵中队的路易斯·诺兰上尉，坚信他的部队优于敌军。他究竟是误解了拉格伦男爵向卢肯伯爵下达的命令，还是蓄意曲解命令，以证明他的轻骑兵所向无敌，目前依然存在争议。讽刺的是，诺兰是最先阵亡者之一。

菲茨罗伊·萨默塞特（Fitz-Roy Somerset）元帅，拉格伦男爵，在拿破仑时代的伊比利亚半岛战争中脱颖而出，并在滑铁卢之战中失去了右臂。拉格伦男爵勇敢而呆板，在克里米亚战争中，他与法军指挥官圣阿诺（Saint-Arnaud）元帅的龃龉，以及英国政府的低效，加剧了同盟军的困难。他在战争结束之前去世，也遭受了许多人的指责。[3]

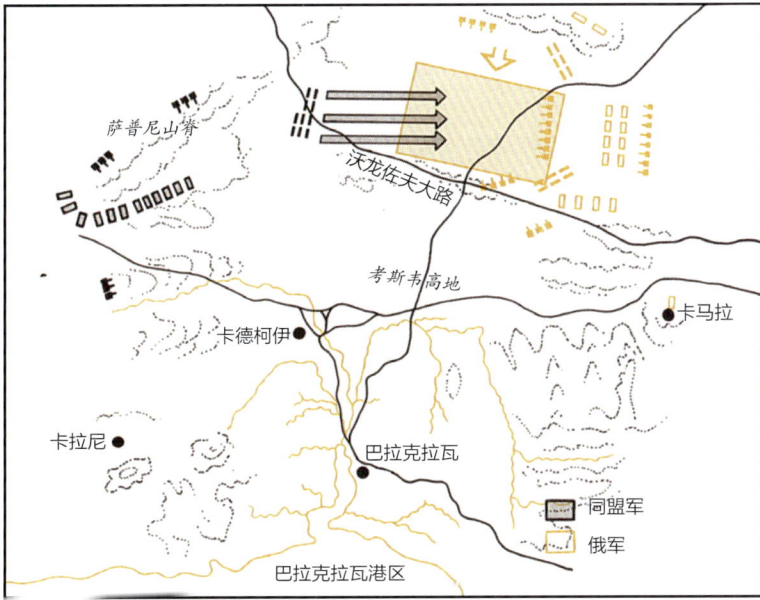

10月25日清晨，俄军对巴拉克拉瓦周围的同盟军防御阵地发起攻击，迅速占据了同盟军补给线上的一系列防御工事。随后，俄军骑兵的两次进攻被击退，英军指挥官拉格伦男爵认为俄军试图掠走工事之中的火炮。为了阻止俄军，他派出自己的轻骑兵旅穿过考斯韦高地，进行骑兵历史上，或许最无畏也最无谓的一次冲锋。

九发实心弹或开花弹
365米

发射两发霰弹。

同时代最可靠也最有效的圆形炮弹，占了这一时期约70%的弹药消耗，一发炮弹就足以摧毁一辆马车。此外，向敌军队列平射时，圆形炮弹可以杀伤飞行路线上的所有人。这些事实足以说明，轻骑兵旅迎着俄军炮兵阵地冲锋，是自寻死路。

【1】"轻骑兵旅的冲锋"在英国通俗文化之中影响深远，而这次严重指挥失误的归责，却因相关责任人去世而无了之。20世纪的英国政治讽刺剧《是，大臣》中，将此事的处理意见归纳为"因个人疏忽导致的不幸，目前已依据内部纪律条例处理"，并称之为英国政府推脱责任的五个标准借口之一。

【2】近代护理学的创始人弗洛伦斯·南丁格尔（Florence Nightingale），就是因在克里米亚战争中率领护士护理伤病员，而得到"提灯天使"的美名。通过对克里米亚战争中伤病报告的分析，南丁格尔指出了常备战地护理人员与设施的必要性，以及提高伤病员护理水平的意义。

【3】更讽刺的是，尽管拉格伦男爵因"轻骑兵旅的冲锋"而广受指责，他依然因克里米亚战争中后续的胜利被升为元帅。

索尔费里诺之战，1859 年 6 月 24 日

没有人能预料到，索尔费里诺（Solferino）之战亲历者留下的一份骇人听闻的记录，能给西方世界带来如此的改变。1859年6月24日，残酷的索尔费里诺之战，原本只是奥地利的又一场失败，但国际红十字会也因这一战而诞生。

挑起战争的是狡猾的皮埃蒙特（Piedmont）首相加富尔伯爵卡米洛（Camillo di Cavour），[1]以推动他赶走外国干涉者，实现意大利统一的大计划。1848年，皮埃蒙特–撒丁王国在国王维托里奥·埃马努埃莱二世（Vittorio Emanuele）统治之下，曾试图实现意大利统一，但被奥地利元帅拉德茨基（Radetzky）击败。[2]而后，加富尔伯爵促成了与法国的同盟，以便后续争夺伦巴第（Lombardy）和威尼斯地区（Venetia）的宗主权时，在不可避免的军事冲突之中寻求法国的支持。

法国的拿破仑三世乐于支持加富尔，效仿叔父拿破仑·波拿巴席卷欧洲。但拿破仑三世也要求回报：皮埃蒙特要向法国割让萨伏依（Savoy）和尼斯（Nice）。

1859年4月下半月，奥地利对好战的皮埃蒙特失去了耐心，奥地利皇帝弗朗茨·约瑟夫命令皮埃蒙特停止军事动员。4月22日，这份最后通牒将于翌日到期，拿破仑三世加紧在皮埃蒙特集结部队，抵御奥地利的进攻。一些法军部队走海路抵达热那亚，但多数部队则乘坐火车，这也是首次以火车为大规模军事

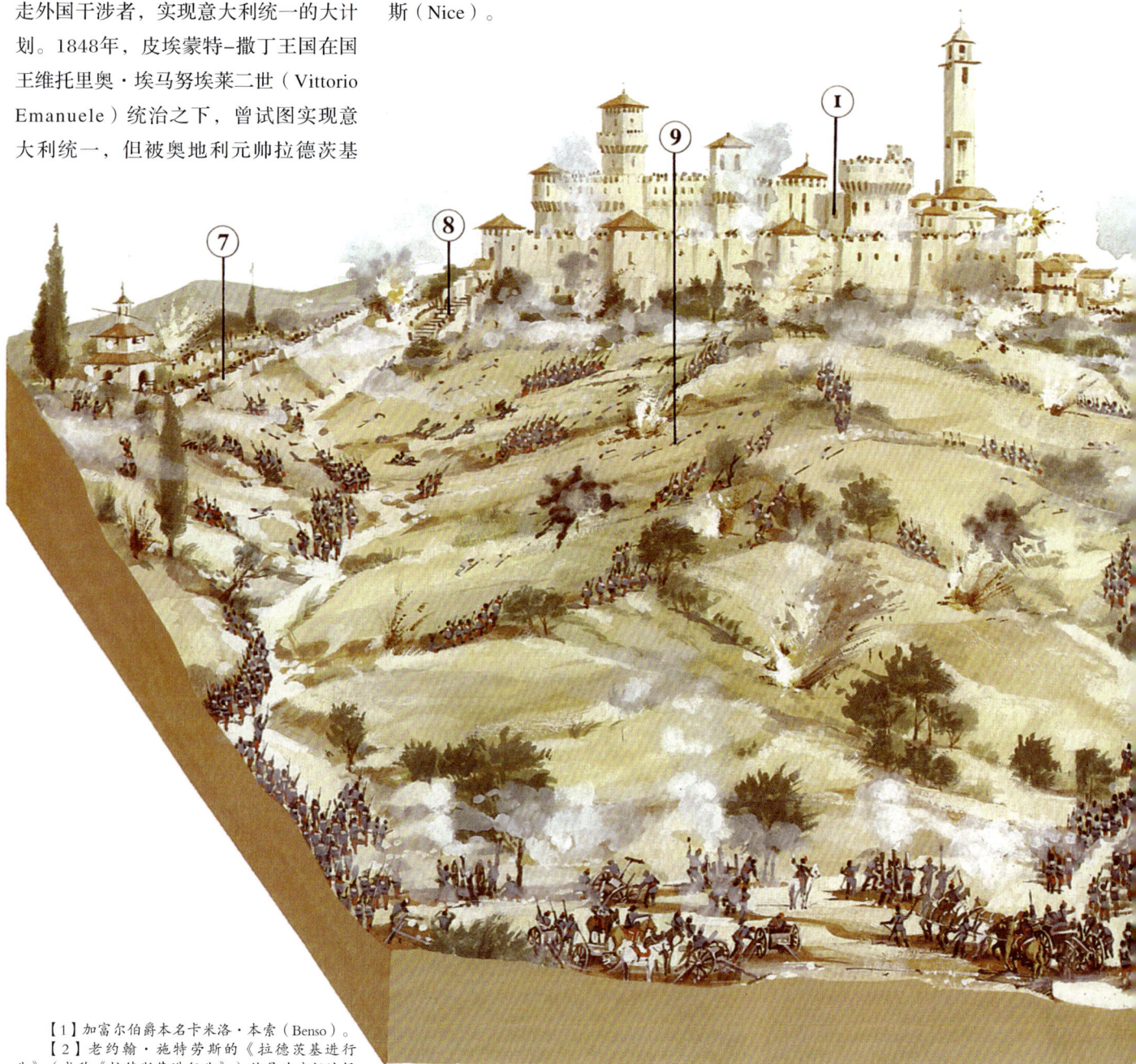

【1】加富尔伯爵本名卡米洛·本索（Benso）。
【2】老约翰·施特劳斯的《拉德茨基进行曲》（或称《拉德斯基进行曲》）就是为庆祝这场胜利而作。

为了巩固自己岌岌可危的统治，拿破仑三世必须要在法国之外寻找军事胜利。因此，他决定支持野心勃勃的皮埃蒙特，将奥地利势力赶出意大利北部。

在双方密约之中，拿破仑三世许诺支持皮埃蒙特，而皮埃蒙特一方则在1859年3月开始动员部队。奥地利要求他们立即解散，并在4月时出兵入侵皮埃蒙特。拿破仑三世以此为借口出兵干预。入侵军在蒙特贝洛被击退，但拿破仑三世军事才能平庸，法军出现了混乱。

在一系列规模不大的战斗中，奥军逐步后退，他们撤退到以城防坚固的曼托瓦、加尔达渔村、维罗纳和莱尼亚诺（Legnano）为枢纽的防御区之中，在这里重整，而后在完成准备之前就鲁莽地前去与拿破仑三世决战。

调度的主要交通工具。法国高效的铁路系统，在不干预民用火车运营时间表的前提下，能够每天运送超过8000人与500匹马。

5月17日，10万法军与5万皮埃蒙特军队，在400门炮的支援之下，在亚

尽管这一战在6月24日上午6时开始，但直到下午，法军步兵在暑热之中成功夺取奥军阵线中央的关键据点索尔费里诺村之时，才真正决出胜负。通向这个山丘顶端小村的陡峭坡道之上，奥军进行了殊死抵抗。

索尔费里诺村的塔楼与堡垒①，控制着村落的制高点，奥军的步兵②以及炮兵③，则拥挤在村中。

对奥军阵地的整齐炮击④，展现了法军炮兵的优势。他们的线膛炮能够精确射击目标。

奥地利与法国－皮埃蒙特联军之间的短暂战争，决战在北意大利以索尔费里诺村为枢纽，长24公里的战线之上爆发。

法军前仆后继，在暑热与尘土之中攻击索尔费里诺的守军。

下午1时—2时，精锐的法国皇帝近卫军⑤发起冲锋。

法军夺取了村右翼的一座生长着柏树的土丘⑥。奥军阵地随即开始瓦解。

在卫队夺取了柏树土丘不久之后，左翼的线列步兵成功攻破了奥军死守的墓园围墙⑦。他们随后进入村中继续作战，俘虏了大批奥军。

奥军背后，通向索尔费里诺村的陡峭狭窄的山路⑧，遭到法军持续炮击，因此奥军几乎无法向村中派出增援。

尽管法军拥有出色的炮击支援，他们依然在强攻索尔费里诺村时付出了惨重代价。在通向山丘的道路之上成排的死伤者⑨，证明了这种密集阵形给了奥军大量杀伤他们的机会。

卡斯蒂廖内
波佐卡泰纳
索尔费里诺
圣卡夏诺

历山德里亚（Alessandria）以北80公里长的战线上展开。他们面对的是12万奥地利入侵军和480门炮。3天后，法国与皮埃蒙特的联军开始前进，在蒙特贝洛（Montebello）与敌人接触。在此后一个月之中，经过一系列的小规模战斗，以及在马真塔（Magenta）的大规模战斗，联军不断深入伦巴第地区。

6月23日，拿破仑三世率领的法军，在左翼埃马努埃莱二世的皮埃蒙特军队支援之下，沿基耶塞河（Chiese）展开，准备在次日清晨继续进军，追击奥地利人。他们认为，此时的奥地利军队防线，北起加尔达湖（Garda）湖畔的加尔达渔村（Peschiera），南至筑垒城镇曼托瓦（Mantua），沿明乔河（Mincio）展开。然而此时得到增援的奥地利军队，在皇帝本人率领之下，此时已经渡过明乔河，占据了位于索尔费里诺村附近的一道高地，准备主动进攻。

双方的战前侦察都出了问题，都不清楚对方主力的实际位置。23日下午，法军战线之上的热气球观察哨之中，有哨兵发现明乔河西岸有大量的扬尘，但拿破仑三世认定这只是少量侦察部队。24日凌晨，法军前卫部队与奥军警戒部队遭遇，这些奥军立即撤回报信，而奥军南起梅多莱（Medole），通过卡夫里亚纳（Cavriana）、索尔费里诺、马东纳-德斯科佩尔塔（Madonna del Scoperta）和圣马蒂诺（San Martino）这几个丘陵村庄，北达加尔达湖南岸的阵线，也意识到了联军抵进。

法军在上午6时许开始攻击奥军的左翼。大约一个半小时之后，拿破仑三世抵达前线之时，战斗已全面展开，双方都投入了约15万部队。上午10点30分，奥军左翼的梅多莱被夺取，但法军在其他方向并无重大进展。奥军中央部队守住了阵地，而弗朗茨·约瑟夫的右翼在贝内德克（Benedek）将军指挥之下，接连击退皮埃蒙特全军的进攻。

战局焦灼之时，拿破仑三世担忧奥地利军队将大规模援军调往南线，攻击法

军脆弱的右翼，于是下令集中兵力攻击位于索尔费里诺的奥军中央。法军使用线膛炮，向奥军严防死守的村庄猛烈炮击。不久之后，步兵潮水般涌向村庄，精锐的

皇帝近卫军率先冲锋。双方在暑热之中苦战至下午2时，法军终于夺取了索尔费里诺，前锋成功楔入奥军阵线之中。

当天下午，阴云逐渐开始笼罩战

法国皇帝拿破仑三世（1808—1873），伟大的拿破仑·波拿巴的侄子，在1851年通过政变成为法国总统。他在次年称帝，建立法兰西第二帝国。他的统治并不稳固，因此有意通过在国外的成功巩固国内的地位。这促使他与英国联盟，参与克里米亚战争。1859年，他与奥地利宣战。事实上，拿破仑三世优柔寡断，摇摆不定，被他的妻子皇后欧仁妮（Eugénie）皇后所掌控。他的威望仰赖叔父曾经的赫赫威名，而1859年的远征证明，他与拿破仑唯一的联系，只有血缘而已。

奥匈帝国皇帝弗朗茨·约瑟夫（1830—1916）。弗朗茨·约瑟夫漫长而悲剧般的统治，完整见证了中欧哈布斯堡王朝的衰亡。弗朗茨·约瑟夫生性悲观，在1859年之前未曾直接指挥作战，索尔费里诺之战的骇人景象让他良心难安，因此再也没有亲自指挥作战。据说在索尔费里诺之战之后，弗朗茨·约瑟夫总是认定他的部队会战败。他的担忧变成了现实，奥匈帝国在1859年之后，便加速衰败了。

维托里奥·埃马努埃莱二世（1820—1878），皮埃蒙特-撒丁王国国王，首次参战是在1848年，指挥一个旅与奥地利作战。继承王位之后，他立即任命狡猾而无情的加富尔伯爵为王国首相。索尔费里诺之战的直接结果是伦巴第地区脱离奥地利的掌控，次年，托斯卡纳（Tuscany）、摩德纳（Modena）和帕尔马（Parma）也先后发动反抗外来势力的暴乱。此前，加里波第（Garibaldi）已经解放了西西里岛与那不勒斯，意大利的统一就此实现，维托里奥·埃马努埃莱也成为意大利王国的第一位国王。埃马努埃莱二世既是机巧的外交家，也是尽责的统治者。

相比奥军，法军最大的优势是重武器。拿破仑三世是坚定的炮兵主义者，在这一战不久之前，拿破仑三世给部队全面换装了线膛的四磅前装青铜炮。这种火炮发射带引信的圆锥形炮弹，可以精确地击中3.2公里之外的目标，其射程是奥地利滑膛炮的两倍，后者仍发射老式

圆形炮弹。

自英军在克里米亚战争之中首次使用线膛炮后，拿破仑三世便在不断试验这种武器。在马真塔与索尔费里诺的成功，为整个西方世界指明了方向，线膛炮很快成为主流。

场。奥军右翼的贝内德克将军仍率部坚守阵地，但其余的奥军，在随处可见骇人景象的战场之上，随着法军前进而逐步后退。中央的奥军在撤出索尔费里诺之后，退到了卡夫里亚纳。而当法军准备继续攻击时，一场倾盆大雨让战斗暂停。

雨势渐小之后，拿破仑三世的士兵欣喜地发现，奥军已经全线退过了明乔河。在苦战9小时之后，双方付出了超过4万人的伤亡，法军伤亡约1.7万人，皮埃蒙特军队伤亡约5000人，而奥军伤亡超过22500人。欣喜的拿破仑三世向巴黎的皇后发去电报："大战，大胜。"然而这一战的伤兵，此时依然分散在战场之上，在痛苦中挣扎。

▲ 索尔费里诺之战的前哨战开打仅仅一小时之后，拿破仑三世就循着炮声，从后方的指挥所赶往前线。在整场战斗之中，他都在战场之上游走，四处指挥部队（左上图），然而他的指挥意义索然。战斗很快就变成了残酷的肉搏战，协同不畅的双方步兵集群绞杀在一起（右上图），画家在作品之中描绘了指挥第55团的法军上校马勒维尔（Maleville）中弹坠马的场景。

亨利·杜南（Henri Dunant），一位年轻的瑞士银行家，他生性敏感，在度假之时来到了索尔费里诺战场，他和绝大多数的观战者一样，期待着一场盛大的表演。然而战争的真实情景——残酷的杀戮与伤兵的挣扎，震惊了杜南，他在此后的著作，包括那篇著名的短文《索尔费里诺回忆录》（Un Souvenir de Solferino）中，呼吁设立中立组织救护战场伤员。1864年，在他的倡议之下，世界红十字会应运而生。

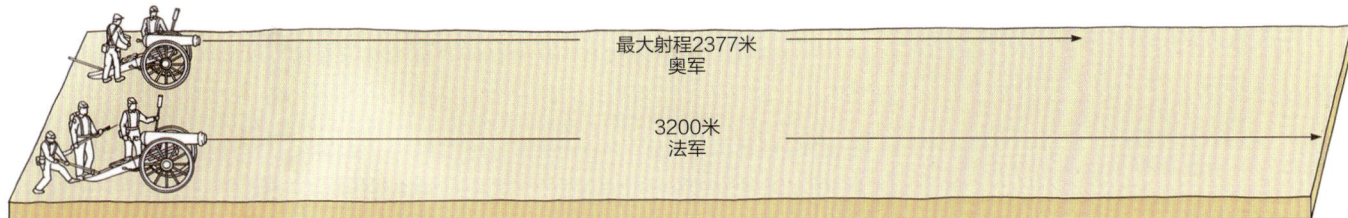

在索尔费里诺之战后，法国与奥地利决定停战。弗朗茨·约瑟夫在两场决战之中均战败，匈牙利的不满情绪也与日俱增。拿破仑三世也清楚法国此时反战情绪有所回升，担心因为战败而丢掉皇位，而且对法国干涉北意大利不满的普鲁士，也有诉诸武力的可能。

两位君主于7月8日背着埃马努埃莱二世，在维罗纳自由镇（Villafranca di Verona）秘密会晤，商定停战条款，最终在《苏黎世和约》（Treaty of Zurich）之中确认停战条件。伦巴第除加尔达渔村与曼托瓦之外，全部割让给皮埃蒙特-撒丁王国，奥地利则保留对威尼斯地区的控制。这让大多数意大利人愤怒不已，而维托里奥·埃马努埃莱二世则在混乱之中加冕为意大利国王，确立意大利的统一。[3]

【3】加富尔伯爵因国王妥协而辞去首相职位，却又在次年1月复出。加里波第于同年率领"黑衫军"出征两西西里王国，夺取南意大利，皮埃蒙特-撒丁王国军主力则趁意大利中北部各公爵领暴动之时出兵，将广阔的土地纳入王国管辖。1866年，意大利借普奥战争之机出兵威尼斯地区，尽管意军陆海军进攻并不顺利，但由于奥军在主战场迅速战败，意大利还是得以控制威尼斯地区，达成了索尔费里诺之战的未竟之业。

最大射程2377米
奥军

3200米
法军

葛斯底堡之战，1863年7月1日—3日

"战争以及随之而来的一切恶行，正在侵袭我们曾经美好的合众国！叛乱者已经入侵了我们的土地，用火与剑破坏我们昔日幸福的家园。挺身而出吧！"

1863年夏初，类似措辞的征兵海报贴满了宾夕法尼亚的城镇与乡村。又称美国南北战争的内战，已经进入第3个年头，而在短短9个月间，"邦联军"，即南军部队，第二次入侵北方。在此前尚未直接卷入战火的宾夕法尼亚，居民陷入了理所应当的恐慌，南军指挥官罗伯特·E.李（Lee）率领他仿佛战无不胜的北弗吉尼亚集团军，正在向宾夕法尼亚州进军，他麾下7.5万老兵此前已经多次击败波托马克（Potomac）联邦军。

6月3日，南军已经从弗吉尼亚的弗雷德里克堡（Fredericksburg）溜走，约瑟夫·胡克（Hooker，绰号"战士乔"）少将率领士气低落的部队此前被阻滞在此地。罗伯特·李向西进军，而沿着谢南多厄（Shenandoah）谷地北上，进入敌人物资充足的腹地。

近一个月之中，两军都不清楚对方的动向。胡克在9天之后才得知南军主力已经离开了他前方的据点。胡克并没有如罗伯特·李所预期的那样立即追击，而是要进军里士满，林肯总统及其政府禁止他发起进攻，指出他部队的主要作战任务是防御华盛顿特区，并歼灭入侵的南军。然而胡克也不知道此时北弗吉尼亚集团军的所在地。他的骑兵发回来的侦察报告或者不够准确，或者全是胡说。尽管缺少可靠情报的问题严重阻扰了他的行动，他还是率部转移，将他的部队布置到首都与他预计的叛军主力所在地之间。

在蓝色山脊山脉（也称"蓝岭"）对面，罗伯特·李获取的情报同样严重失实。他通常依靠J.E.B.（"Jeb"，"杰布"）斯图亚特少将的情报汇总，但这位出色的骑兵指挥官及其麾下坚韧

的骑兵，此时正在执行突袭任务，与罗伯特·李多日没有联络。

直到6月28日，罗伯特·李依然相信波托马克集团军仍在弗吉尼亚州某地，而当他从间谍口中得知，"联邦军"，即北军，其主力来到了马里兰州的弗雷德里克（Frederick），距离他仅40公里时，他深感不安。他也得知，夸夸其谈却才能平庸的胡克，此时已经被能力更强的军官乔治·米德（Meade）少将取代。罗伯特·李预言道："米德将军不

这一场大战第一天下午4时许的情况是：罗伯特·李将军的北弗吉尼亚集团军的两个军，从西、北两个方向推进，进攻乔治·G.米德将军的波托马克集团军的两个军。北军的右翼此时开始崩溃，他们将通过城镇后退近3.2公里，在墓地丘陵建立新的阵地。

1860年底，共和党候选人亚伯拉罕·林肯被选为美国总统。总统选举之中，争论的重心是奴隶制度与联邦政府权利。林肯并不是想要对奴隶制发动"宗教战争"，而是想要阻止奴隶制这一"特殊制度"扩展到西部的各"地区"（Territories），即当时尚未建州的美国西部广阔地域。然而南方各州却把各州脱离联邦的权利作为重点议题。在林肯就任之后，多个蓄奴州宣布独立，建立"邦联政府"（confederacy），美国内战就此不可避免。

起初，许多的南方州居民在北部的美国联邦政府陆军之中服役。他们之中的绝大多数，包括罗伯特·E.李上校，返回南方

为邦联军效力。身为同辈之中的佼佼者，罗伯特·李负责指挥南军主力。但他的作战目标应该是什么呢？联邦指挥的北军拥有他两倍的人力资源，还拥有所有的工厂，长期作战对他们有利。

罗伯特·李决定主动进攻，他指出："入侵敌人的领土，打乱他们此前的计划，让他们无法进攻我们的领土，我们可以在他们的领土上用他们的资源维持作战。"

此前罗伯特·李已经短暂地率部攻入北方，而1863年，在葛底斯堡，他进行了最大规模的行动。

安布罗斯·P.希尔将军的南军第3军部队①，参与了开战初期的前哨战，并有大量部队渐次前来增援。从西北方向进军前来的他们，在第一天的战斗结束时，把北军赶出了神学院山脊。

路德神学院（Lutheran Seminary）的圆顶②，提供了俯瞰整个葛底斯堡周边的绝佳视野。双方都将此地作为观察哨，而在这一战中的大部分时间由南军掌控。

北军第1军在阿布纳·道布尔迪（Abner Doubleday）将军指挥之下防守神学院山脊，这位据说将棒球引入美国的功臣，没能守住这一阵地，他率领部队有序退往墓地丘陵。

南军第2军③，在理查德·尤厄尔指挥之下，从北面进抵葛底斯堡，击溃了北军第11军并俘虏大批兵员。

当O.O.霍华德的第11军④开始撤退时，道布尔迪的右翼彻底暴露，让他无法坚守神学院山脊。

第11军之中，席梅尔芬尼希(Schimmelfennig)将军的第3师率先逃跑⑤，这位前普鲁士军官在葛底斯堡镇中的一个地窖里躲到了战役结束。

林木丛生的卡尔普丘陵⑥，在7月1日傍晚被北军部队占领，成为后续作战之中米德将军的右翼核心阵地。南军未能攻下这个丘陵。

此前由联邦政府管辖的墓地丘陵⑦，成了霍华德败退部队的集结地。这处高地适宜防守，北军也迅速在此构筑了工事。

道布尔迪的左翼得到约翰·比福德将军的第1骑兵师掩护⑧，他们的巡逻队在当天清晨首次遭遇敌方射击，而后便持续投入作战。

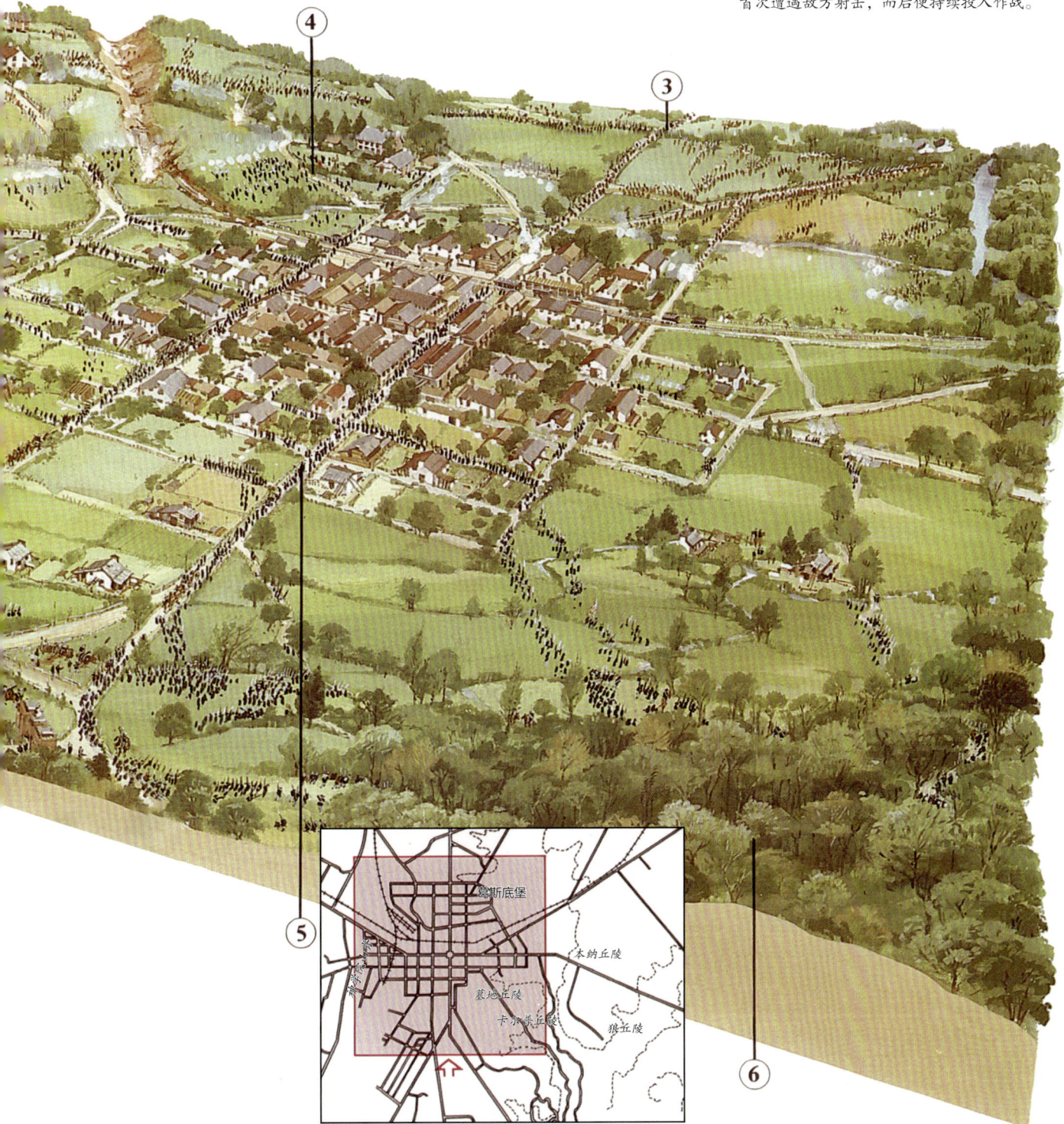

88

会贸然进攻我的阵地，而如果我仓促攻击他的阵地，他会立即利用我的失误，后发制人。"

罗伯特·李迅速修改了计划，命令他麾下此时分散开的三个军，聚集到卡什敦（Cashtown）村。与此同时，米德率部前进到大管溪（Big Pipe Creek）的一个阵地。两军主力的距离逐渐缩短，双方也都派出了大规模巡逻队。

6月30日下午，双方前卫部队首先在葛底斯堡（Gettysburg）以西遭遇。南军在发现北军骑兵之后立即后退，但在次日调动更多部队返回。

清晨5时许，纽约第9骑兵中队的霍奇斯（Hodges）下士，发现有部队在钱伯斯堡（Chambersburg）公路之上，朝他在麦克弗森（McPherson）山脊的观察哨前进。他催马上前想看清那些部队，遭到了对面的齐射。葛底斯堡之战就此开始。

起初北军的运气比较好，因为此时的指挥官是指挥第1骑兵师的约翰·比福德（Buford）准将。这位职业军人对骑兵战术的理解甚为超前。比福德认为骑兵应当骑马机动，而后下马作为步兵使用。为了保障自己的部队高效执行这一战术，他使用七发的斯宾塞杠杆式卡宾枪装备部队。4个中队的骑兵，用手中的"水平射击塔"拖延了两个南军旅的行动，让北军得以调动援军前来。

米德与罗伯特·李在开战之时距离战场都比较远，两人也都不想在葛底斯堡进行决战，然而局势发展迫使他们向这里增兵。这座城镇汇集了12条道路，四通八达，因此双方都可以迅速集结兵力与运送补给。此时下令脱离战斗已无可能，因为已有越来越多的部队加速赶往战场，投入混战之中。

当罗伯特·李在当天下午抵达葛底斯堡时，他的步兵在争夺城镇西面与北面山脊的激烈战斗中，已经占据了上风，北军的高级指挥官，约翰·雷诺兹（Reynolds）少将，此时已经阵亡。

然而幸运之神再次眷顾北军。

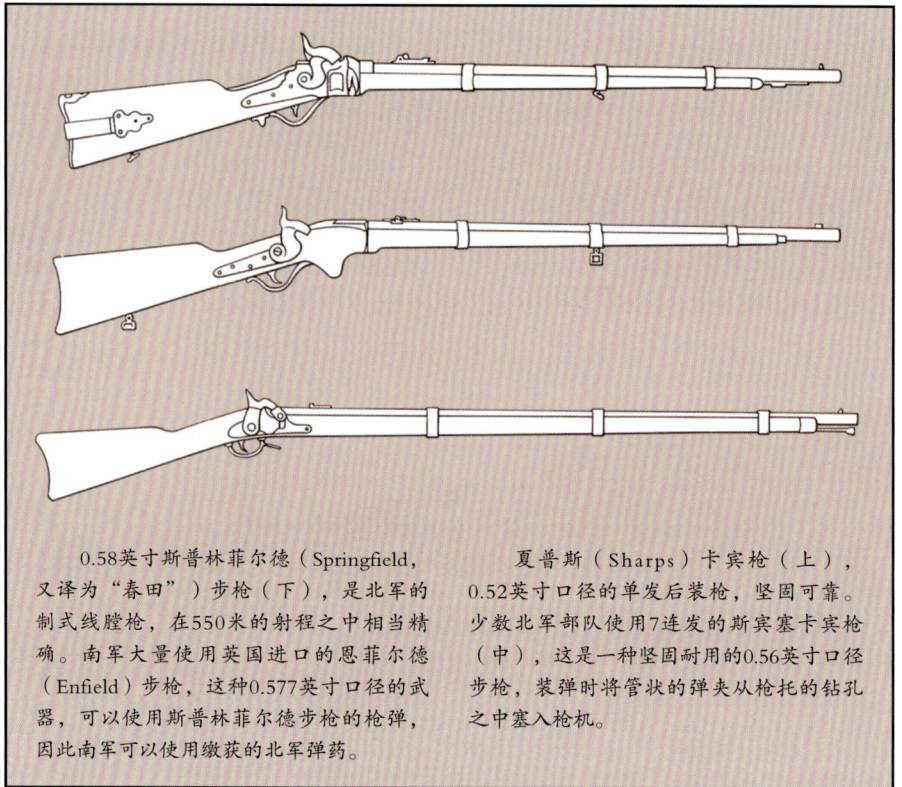

0.58英寸斯普林菲尔德（Springfield，又译为"春田"）步枪（下），是北军的制式线膛枪，在550米的射程之中相当精确。南军大量使用英国进口的恩菲尔德（Enfield）步枪，这种0.577英寸口径的武器，可以使用斯普林菲尔德步枪的枪弹，因此南军可以使用缴获的北军弹药。

夏普斯（Sharps）卡宾枪（上），0.52英寸口径的单发后装枪，坚固可靠。少数北军部队使用7连发的斯宾塞卡宾枪（中），这是一种坚固耐用的0.56英寸口径步枪，装弹时将管状的弹夹从枪托的钻孔之中塞入枪机。

米德派出温菲尔德·斯科特·汉考克（Winfield Scott Hancock）少将接管战场指挥任务，这位干练的战术家立即开始在葛底斯堡以南的高地集结防御阵线。他在树木丛生的土丘卡尔普丘陵（Culp's Hill）集结部队，而后在附近的墓地丘陵与墓地山脊修筑工事，将他的左翼驻扎在两个小丘陵，"小圆顶"（Little Round Top）和"大圆顶"（Big Round Top）。这条长4公里的战线，弯成鱼钩

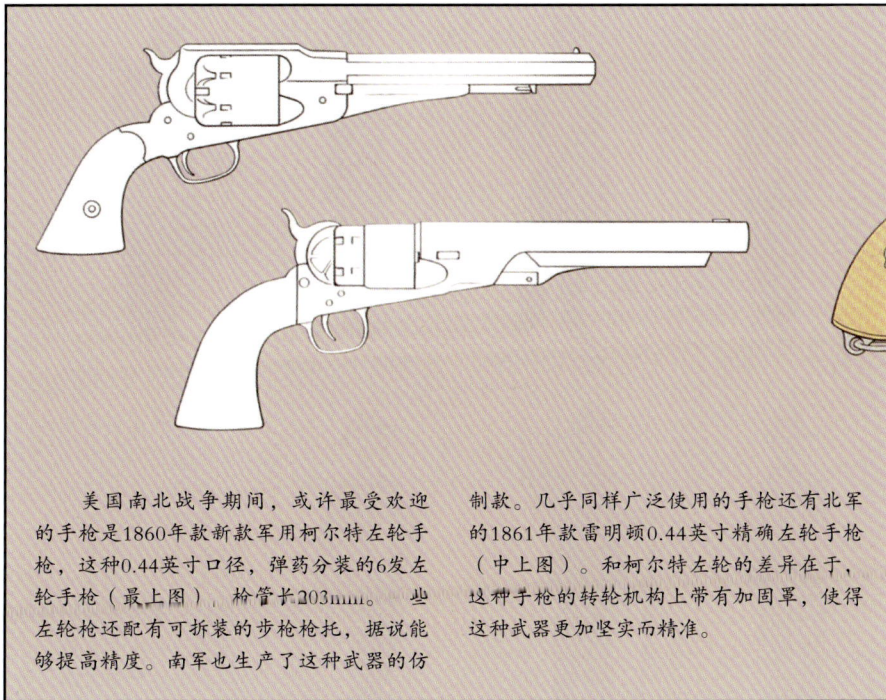

美国南北战争期间，或许最受欢迎的手枪是1860年款新款军用柯尔特左轮手枪，这种0.44英寸口径，弹药分装的6发左轮手枪（最上图），枪管长203mm。一些左轮枪还配有可拆装的步枪枪托，据说能够提高精度。南军也生产了这种武器的仿制款。几乎同样广泛使用的手枪还有北军的1861年款雷明顿0.44英寸精确左轮手枪（中上图）。和柯尔特左轮的差异在于，这种手枪的转轮机构上带有加固罩，使得这种武器更加坚实而精准。

许多南军军官使用枪械史上威力最强的量产手枪——勒马特（LeMat）左轮枪。这种手枪由南军上校让·勒马特设计，使用0.4英寸口径，弹药分装的九发转轮，另外在转轮中轴的七膛孔中，还塞有一枚16方（gauge）的鹿弹（霰弹）。平常这种武器作为单动左轮枪使用，然而在近战时，军官可以拨动击锤的位置，发射下方枪管填装的鹿弹。南军通常称这种手枪为"葡萄弹左轮"。

▼ 这幅吉尔伯特·高尔（Gilbert Gaul）的画作，展现了南北战争时代装填与射击步枪的场景。画面右侧的士兵在将子弹压进枪膛，左侧的士兵则在斯普林菲尔德步枪上加装发火帽；其他人则以跪姿或立姿瞄准。在这一战后，双方都发现步枪里竟然压进了十几发子弹，因为使用步枪的士兵在血腥交火之中过于紧张，完全忘记扣动扳机了。

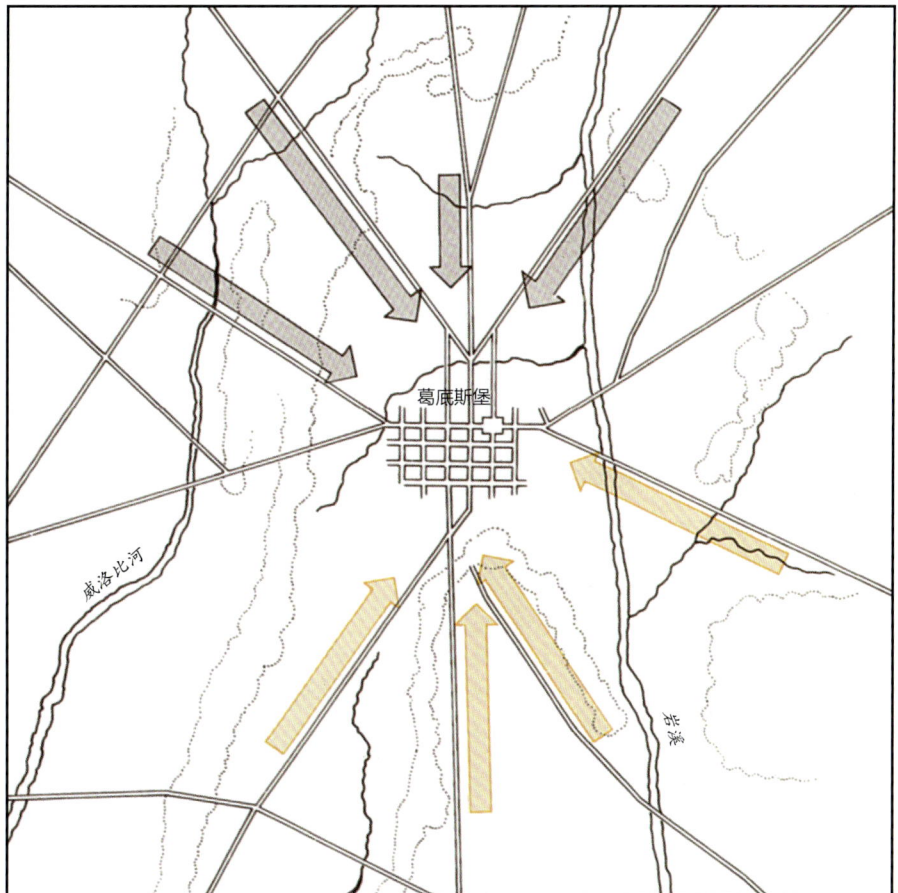

决定战斗胜负的，往往是"天时"与"地利"，亦即指挥官选定的进攻时机与作战阵地。在葛底斯堡，情况却有所不同。双方的先遣巡逻队在6月30日遭遇，而双方的指挥官罗伯特·李与米德，离此地均有相当的距离。葛底斯堡位于一条铁路与12条公路交会处，因此双方都可以将增援部队迅速调往此地。美国南北战争之中最大规模的交锋，便在一个双方指挥官都未选定的时间与地点展开了。而决定这一战胜负的，正是"人和"。

的形状，既占据了有利地形，又有通畅的内线交通线。

当罗伯特·李看到北军在城镇之外的高坡之上机动时，他清楚南军必须尽快驱逐这些有利地形之上的北军，防止他们筑垒固守。他命令理查德·尤厄尔（Ewell）中将执行该任务，后者指挥的是此前由可敬的"石墙"杰克逊指挥的部队，杰克逊本人在两个月前的钱瑟勒斯维尔（Chancellorsville）之战被己方误伤。尤厄尔在第二次马纳萨斯（Manassas）之战中失去了一条腿，他没有杰克逊的进攻精神与天赋——罗伯特·李在葛底斯堡之战中不断印证了这一看法。

为了避免向实际指挥的军官发布刻板的命令，罗伯特·李一如既往地要求"如果可行"就进攻墓地丘陵。若是杰克逊指挥，他会立即率部上前，但习惯接受准确命令的尤厄尔，按字面意思理解了命令。部队苦战了一天，伤亡惨重，他被感染的残肢也疼痛不已，因此尤厄尔认定他的残部疲惫不堪，无力发起大规模进攻。他确实对墓地丘陵和卡尔普丘陵进行了侦察和试探，直到入夜，但他全程没有进攻，并认定进攻"不可行"。

深夜时分，当波托马克集团军的新任总司令抵达前线时，他同样伤亡甚大，但免于溃败的部下正在重整，并加紧修筑汉考克将军规划的工事，进驻防御战线。米德对此大加赞赏，他决定在这个易守难攻的阵地之上坚持防御。

在当地路德宗神学院——南军驻守的低矮坡地因此得名"神学院坡地"——附近的指挥部，深受腹泻困扰的罗伯特·李，继续谋划下一步的行动。这位南军指挥官的心脏也颇为不适，他最终也是因心脏疾病去世。

詹姆斯·朗斯特里特（Longstreet）中将，南军的高级军官，提出绕过米德的左翼，直接威胁华盛顿，并在南军选定的战场之上决战。然而罗伯特·李拒绝了这一方案，因为斯图亚特的骑兵仍没有前来

骑兵中士，南军　　炮兵下士，南军　　步兵列兵，南军　　穿大衣的步兵，南军

炮兵准尉，北军　　步兵列兵，北军　　骑兵下士，北军

到葛底斯堡之战时，此前华丽的军装已经基本在南北战争的战场之上消失了。图中的士兵服装，只有北军的步兵军服还在军中实际使用。事实上，所有的北军部队从未有过蓝色军服短缺的问题，因为绝大部分与服装相关的生产都在北方，这些制造商也不断按照联邦政府的订单生产标准军服。北军的军礼服则只有司令部卫兵穿着，或者供阅兵时使用。

南军在开战之时同样配发有齐整时髦的军服，然而艰苦的战争之中，工业产能有限的南方邦联几乎无法补充这些军服。南军士兵所着军服，往往要用自家纺织的布匹染成南军灰色，或者所谓"灰胡桃色"的灰棕色，这使得南军的队列看上去颇具"实用主义"。

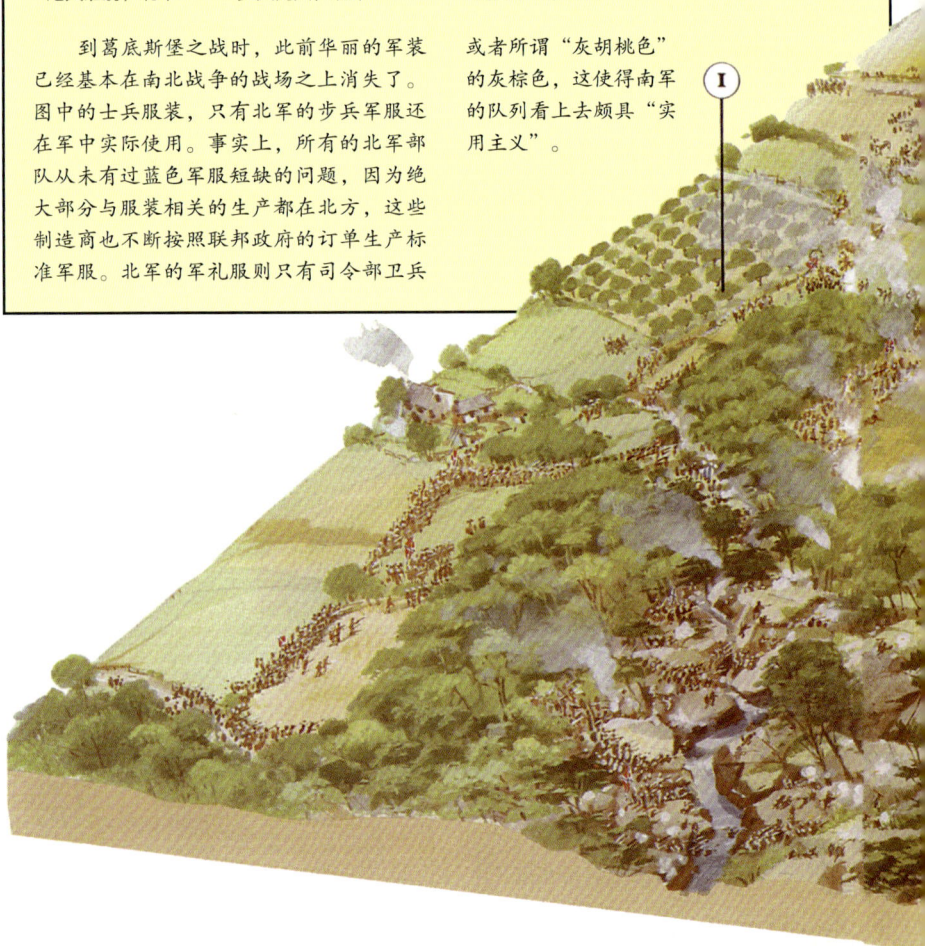

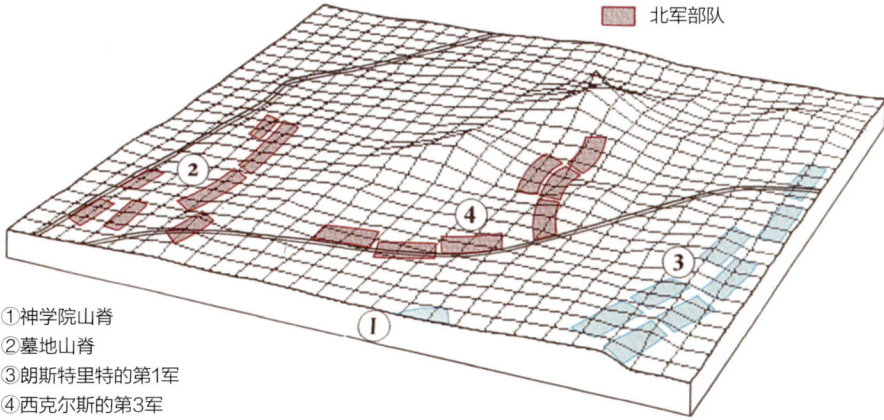

南军部队
北军部队

①神学院山脊
②墓地山脊
③朗斯特里特的第1军
④西克尔斯的第3军

7月2日，天色将晚之时，绝大部分的北军与南军部队都聚集到了葛底斯堡。北弗吉尼亚集团军占据着城镇西面的神学院山脊，而波托马克集团军则占据着位于其东面约1.6公里处，与之平行的墓地山脊。詹姆斯·朗斯特里特将军的第1军位于南军右翼，此时正在进攻丹尼尔·西克尔斯将军的第3军在北军左翼制造的缺口。

丹尼尔·西克尔斯将军的第3军擅自前进制造的北军战线缺口，其中轴线位于一处桃园①。

南北两军对这处麦田②进行了血腥争夺，阵地在这一天反复易手。

北军左翼阵地的防御关键点是小圆顶丘陵③，由于西克尔斯率部擅自前进，这里的阵地一时无人防守。当南军对这一关键高地发起突击时，后续的北军部队抢先填补了阵地空缺并守住了该阵地。

朗斯特里特赢得胜利的最佳机遇就是夺取小圆顶丘陵，而后向北军战线侧向射击。他错过了这一战机，战斗也沦为他指挥的1.5万南军，与米德派援军逐渐增补至3万的北军左翼部队之间，血腥的混战。

"恶魔巢穴"④，一处树木茂密岩石遍布的区域，南军的精确射手在此隐蔽，射杀了许多小圆顶丘陵的北军士兵。

在战斗中身负重伤的西克尔斯将军，将他指挥的北军部队调至防线前方，从而与其余北军部队脱离了联系。他率部抵达特罗斯特勒（Trostle）农场⑤，将这里作为指挥部。这里遭到了南军的猛烈炮击。

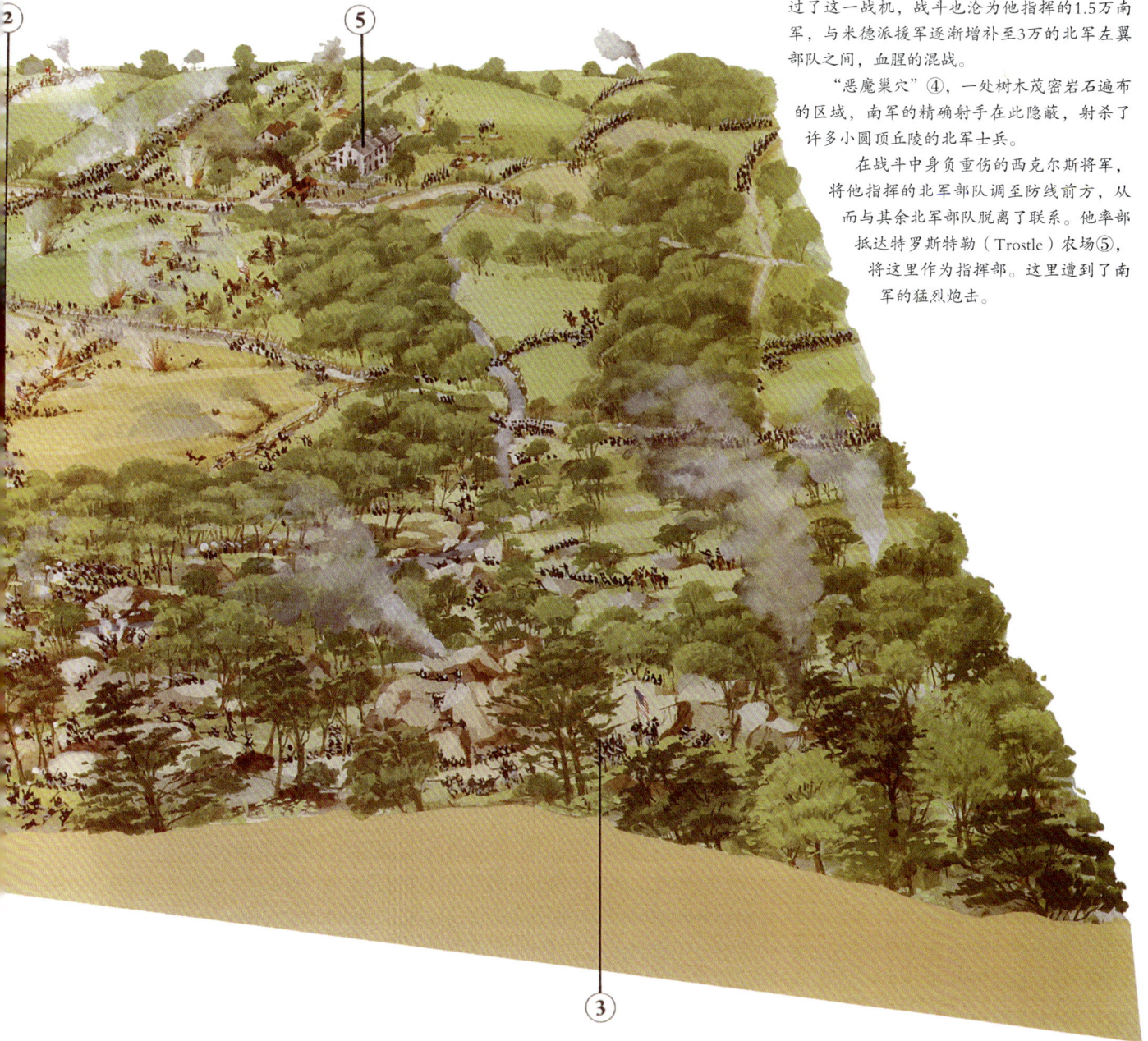

会合，所以他拒绝"盲目地"在敌人控制的区域行动，朗斯特里特对此大为不满。南军也要在葛底斯堡决战了。

次日，即7月2日的清晨，朗斯特里特的第1军计划尽早从神学院坡地的南端出发，向东北方向进军，穿过埃米茨堡（Emmitsburg）大路，来到他们预想的北军左翼所在地。罗伯特·李望借此包抄北军，而后从墓地丘陵沿着山脊将他们逐个击破。尤厄尔则进攻北军的右翼，即前一天傍晚他显然未能突破的阵地，如果出现战机就全力进攻。安布罗斯·鲍威尔·希尔（Ambrose Powell Hill）将军的第3军向北军中央发动牵制进攻，让米德无法确知南军的主攻方向。罗伯特·李计划成功的关键在于协同，然而他却没有意识到这一点。

经常嘟囔着"我从不愿在脱掉一只靴子的时候作战"的朗斯特里特，展现了前所未有的怠惰。直到下午4时30分，他才来到进攻出发阵地。

此时，北军战线在行将遭受攻击的最危险时刻发生了变动，这令米德怒不可遏。驻守墓地丘陵边缘以及"大小圆顶"，稳固北军左翼的丹·西克尔斯（Dan Sickles）少将，突然下令前进，向着他认为更适宜的阵地进军，而下达命令之前他根本没有与总指挥商议。他与北军主力之间出现了缺口，也失去了联系，这一命令几乎导致北军彻底失败。

一名机警的信号员，在此时已经无人防守的小圆顶丘陵之上，发出了敌军抵进的消息，而被米德派去查看情况的古弗尼尔·沃伦（Gouverneur Warren）准将也确认了这一情况。沃伦担心南军在夺取丘陵之后侧击整个墓地山脊，就加急派出自己的少量部队赶到丘陵之上，赶在南军进攻崎岖的坡地之前进入阵地。此后沃伦也因该举措理所应当地被称为"联邦军的救星"。

朗斯特里特的部队穿过林地与田野，从西面进攻小圆顶丘陵。随后4小时之中，南北战争之中最惨烈的战斗，在争夺"恶魔巢穴"（Devil's Den）、桃园和麦田的过程中展开，这些地名在此后作为血腥战场的代名词，在美国人口中代代相传。尽管南军发起猛攻，朗斯特里特部依然无法突破北军阵线，因为米德出色的部队调度，在混战之中将部队补充到了每一个薄弱部。

罗伯特·E.李上将（1807—1870），在内战之前已经在美国陆军服役近20年，表现出色。他和善、体贴而虔诚，从道德角度反对奴隶制，也出于现实考虑反对南方各州退出联邦。即使如此，他还是忠于自己的家乡弗吉尼亚州。林肯政府命令他指挥北军，他拒绝从命；而几天之后弗吉尼亚退出联邦，他立即辞去公职，返回家乡。四天之后，他接受了弗吉尼亚陆、海军指挥权。尽管他无疑是南北战争之中最出色的战略家与战术家，但罗伯特·李终究没能击败拥有庞大人力、物力与财力的北方。

乔治·G.米德少将（1815—1872），在葛底斯堡之战三天之前才出乎意料地得知，自己已经被任命为波托马克集团军司令。他虽然急躁易怒，在指挥作战时却十分谨慎。他的指挥虽然称不上精妙，却也从不犯低级错误，靠着将部队调往每一处战况危急的区域，他在葛底斯堡成功击退了南军的每一次进攻，保证了北军的胜利。

直到南线的战斗几乎完全结束之时，尤厄尔才开始进攻北线。他的进攻为时太晚，很快就被从山脊其他区域赶来的北军支援部队击退。此后提起葛底斯堡之战时，尤厄尔承认："输掉一场战役，是许多错误累加的结果，而这一

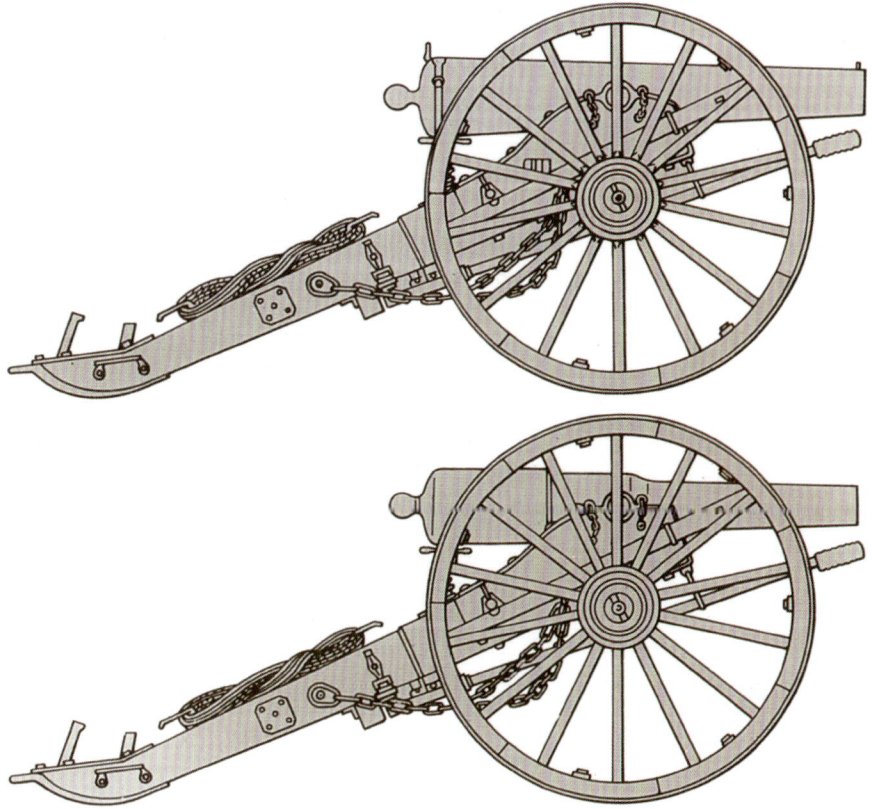

北军在庞大的兵工厂支持之下，他们6门炮组成的炮组，几乎全部使用相同口径，以简化弹药供应。南军由于缺少重武器生产能力，通常使用4门情况各异的火炮拼凑成炮组。

双方都喜欢使用上图的12磅青铜滑膛炮，所谓"拿破仑炮"，其射程为1554米。这种法国拿破仑三世设计的前装火炮坚实耐用，可以发射实弹、高爆弹或开花弹，且射程相同。

许多北军的马炮炮组装备了下图的帕罗特（Parrot）10磅炮，这是一种前膛线膛炮，比"拿破仑炮"更加精准，射程也略长。这种铸铁火炮在末端有一圈熟铁加强，价格低廉，便于批量生产，但铸造缺陷往往导致炸膛。

在南北战争之中最大规模的炮战中，北军的波托马克集团军发射了3.2万发炮弹，而南军的北弗吉尼亚集团军发射了2万发炮弹。

◄ 葛底斯堡之战近一年之后，4位美国陆军的高级军官拍下了这张合影。在那3天的苦战之中，他们共同击退了入侵北方的罗伯特·李，如今他们养好了战伤，准备共同返回前方。前排就座者为第2军军长温菲尔德·斯科特·汉考克少将，后排从左至右分别为第11军第1师师长弗朗西斯·巴洛（Francis Barlow）准将，第3军第1师师长戴维·伯尼（Birney）少将，以及第2军第2师师长约翰·吉本准将。

葛斯底堡之战，双方将级军官的伤亡比例都异常之高，北军4名将官死亡，南军6名将官死亡（其中一人在退往弗吉尼亚时阵亡）。双方还各有12名高级军官负伤。

战绝大部分的错误都是我犯下的。"

此前沦为笑柄的波托马克集团军士兵，在自己的家乡作战之时却意志坚定。他们并不像在南方作战被罗伯特·李屡屡击败之时那样士气低落了。在第二天的战斗行将结束之时，很明显北弗吉尼亚集团军遭遇了顽强抵抗。如果7月3日继续开战，没有人能预测战斗最终的结果。

当天夜间，米德在位于墓园山脊背后农舍之中的指挥部召开作战会议，他预测，如果罗伯特·李再度进攻，约翰·吉本（Gibbon）准将指挥的北军中央部队，将是南军的主要目标。

当阳光再度照耀血腥的战场之时，南军备受崇拜的总指挥官，决定完成前一天的未竟之业，但北军抢占了先机。凌晨4时30分，他们对尤厄尔的部队发动偷袭，将他们赶出了在卡尔普丘陵之上据的前进阵地，就此打乱了罗伯特·李集中部队夹击北军侧翼的计划。在尤厄尔的部队遭受猛攻，而右翼的朗斯特里特依然不愿进攻之时，罗伯特·李将注意力集中到了北军的中央，因为前一天这里似乎防守薄弱。而米德早已预料到了这一点。

罗伯特·李提出，将乔治·皮克特（Pickett）少将指挥的师，从朗斯特里特的军之中调走，这支部队此时刚刚抵达战场，与希尔的第3军一起共计1.5万人，向北军战线的中央进攻。朗斯特里特对这一决定大为惊讶，他直截了当地反驳自己的上级："在我看来，那样的阵地绝不是1.5万人就能攻下的。"罗伯特·李无视了他的反驳。

然而他的部下再一次展现了恼人的迟缓。进攻准备持续了整整一上午，直到下午1时，朗斯特里特才开始用150门火炮炮击墓地山脊，为他的步兵开路。北军则使用80门火炮还击。接下来的两小时之中，北美土地之上前所未有的激烈炮战就此展开。隆隆的炮声虽然骇人，实际的战场效果却并不显著。

当南军的射击逐渐停止，等待后方

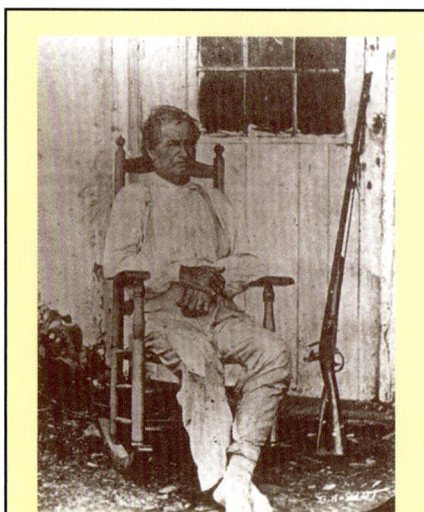

曾参加1812战争与墨西哥战争的72岁老兵约翰·伯恩斯（Burns），也参与了葛底斯堡之战。当两军于7月1日开战时，他拿起自家的旧火枪，加入第7威斯康星（Wisconsin）志愿者团。他在战场上三次负伤，一度被抛下，但最终还是得以幸存，并获得亚伯拉罕·林肯总统的亲自嘉奖。

在葛底斯堡持续三天的血战之中，唯一身亡的平民是女青年珍妮·韦德（Jennie Wade）。当两军交战之时，她正在已婚的姐姐家中照顾姐姐刚出生的孩子，这个位于巴尔的摩街的住宅邻近墓地丘陵。一颗流弹打穿了这栋小砖房的两道门，击中珍妮的背部，年仅20岁的她不治身亡。

运输长距离炮击的弹药时，皮克特将军率领他1.5万人的突击部队，从神学院山脊之下的树丛掩体中走出。许多的目击者指出，他们结成横排，如同阅兵队列一般穿过1.6公里宽的农村开阔坡地，他们的红旗在和暖的阳光之下昂然飘扬。

这样的盛况让人想起拿破仑时代的战争。然而在墓地山脊之上南军部队用作行进目标的树丛周边，部署了大量的轻重武器，而南军将要承受的打击，远

罗伯特·李无视了朗斯特里特的建议，坚持命令在开阔地上向东行进1.6公里，突破墓地山脊之上波托马克集团军阵线的中央。他决定由刚抵达战场的1.5万部队负责突破。在乔治·皮克特少将指挥之下，经过一番规模可观但效果索然的炮击之后，这支部队开始前进。下午3时30分，出发不到半小时后，皮克特的冲锋就在付出惨重伤亡代价之后失败了。

当1.5万人的南军在乔治·皮克特将军指挥之下，准备突破墓地山脊之上的北军战线中央时，米德阵地以东3.2公里处，另一场交锋正在进行。果断的南军骑兵军官"杰布"·斯图亚特将军与北军骑兵展开大战，这些北军骑兵阻止了斯图亚特的部队。若是他们突破到了波托马克集团军的后方，或许足以改写这一战的结果。

罗伯特·李将军选定了这处树丛①作为南军向北军进军时的中轴线标志物，这处树丛在地平线上显得格外醒目。

只有刘易斯·阿米斯特德准将以及约150

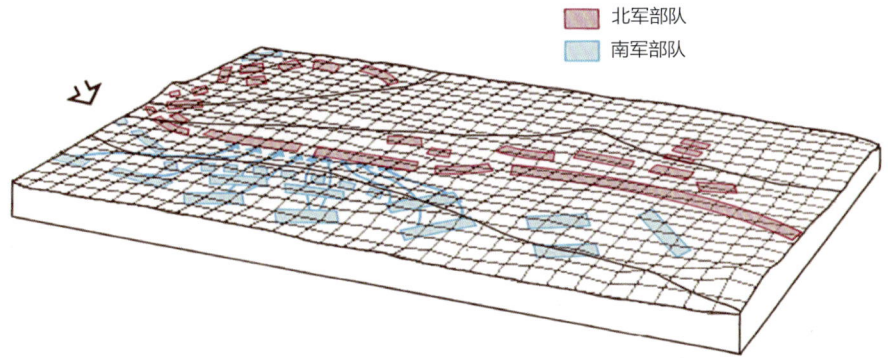

人的南军步兵③，成功突破了北军阵线②。阿米斯特德此时已经受了致命伤。

北军的火炮向进攻的南军队列发射双引信开花弹，在他们的队列之中炸开巨大的缺口。

这个墓地山脊后方的小农舍④就是米德将军的指挥部，此后这里被南军的火炮击毁。

在科多里（Codori）农场⑤后面的小羊圈

里，距离敌方阵地仅460米处，皮克特的部队在此整队，准备冲锋。

当皮克特的部队发起冲锋时，北军的步兵⑥调转方向，对南军的右翼进行侧向齐射。

皮克特部第一轮冲击的残兵⑦，开始向神学院山脊的南军阵线后退。

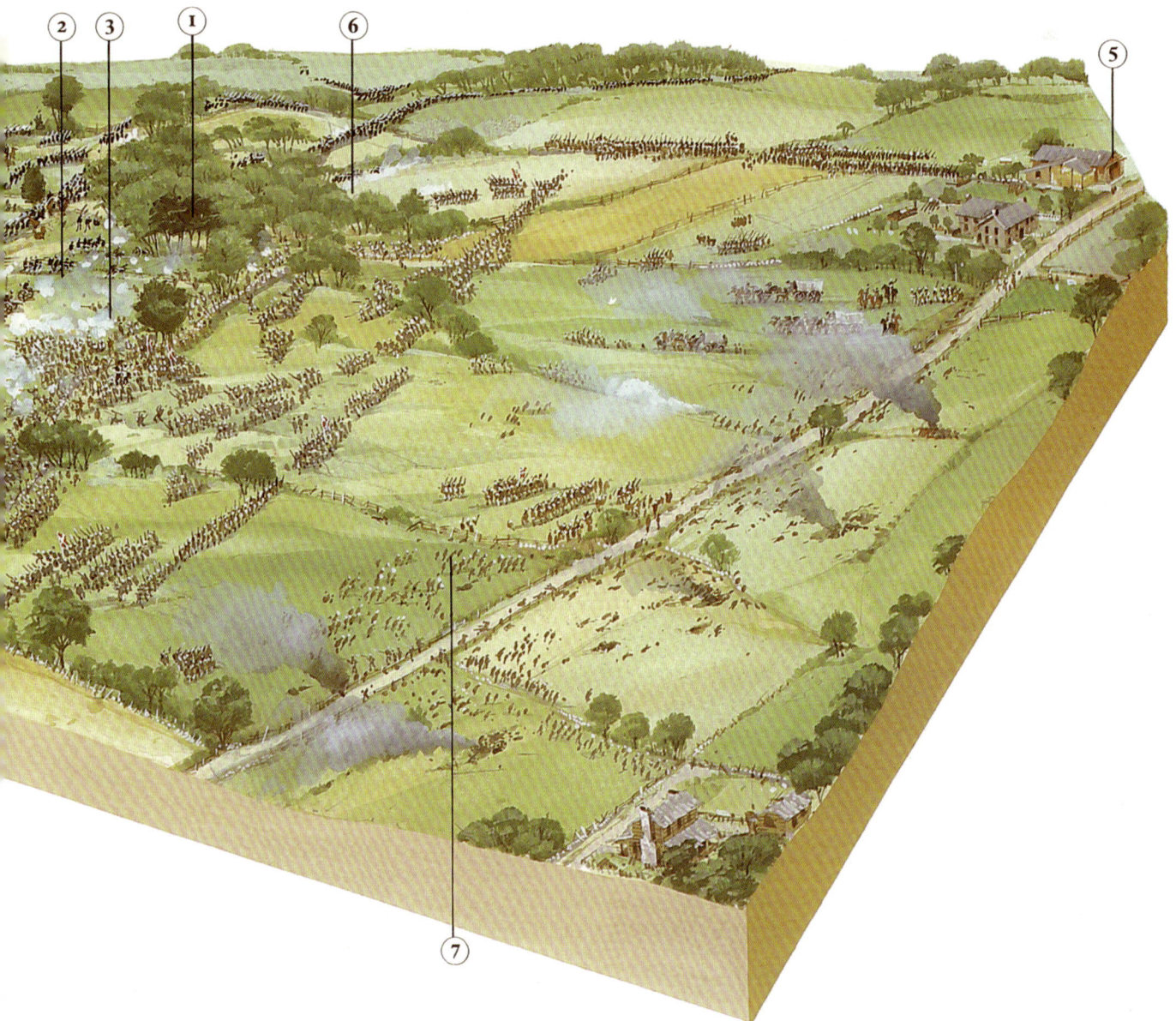

北军部队
南军部队

比拿破仑时代的同类武器强力而精准。

当灰衣战线逐渐接近时，猛烈的步枪齐射以及以逸待劳的炮兵发射的开花弹让他们伤亡惨重。南军士兵不断向内闭合战线之上的缺口，继续向前，在战场的喧嚣之中，南军士兵一次次喊出他们著名的口号。大约150人突破了北军御御严密的防线，率领这支部队的是刘易斯·阿米斯特德（Armistead）准将，他将军帽挑在指挥剑之上引领部下冲锋。他为自己的英勇付出了生命的代价。

由于朗斯特里特拒绝派出其他部队支援，皮克特的悍勇冲锋势头很快就瓦解了，幸存者无力防守他们夺取的阵地，只得在付出7000人伤亡的代价之后，在敌人的火力打击之下后退。

"一切都是我的错。"罗伯特·李将军如此对退回的士兵们说道。他立即下令重新集结战线，防备北军可能的反突击。他掩盖了对战败的失望，士兵们也向他欢呼致意。

当皮克特英勇而无用的突击尚在进行之时，斯图亚特和他的骑兵部队终于从掠夺行动之中返回，抵达敌军阵地后方东面4公里之外。然而他们的威胁相当有限，因为事实上一支规模可观的北军骑兵已经封堵了他们前进的道路，而野心勃勃的乔治·阿姆斯特朗·卡斯特（Custer）准将，就在这支部队之中。

美国本土最大规模、也最血腥的战斗就此结束。9.7万北军之中，约有2.3万人伤亡、被俘或失踪，而南军则损失2.7万人。次日，即美国独立日，双方部队都留在己方阵地之上，没有试图开战。

当天下午，一连几日的晴好天气一去不返，南军长达27公里的车队也在此时启程，载运众多的伤兵踏上漫长、颠簸而痛苦的旅途返回弗吉尼亚。入夜后，罗伯特·李在确认北军不会进攻之后，撤离了战场，将胜利留给了对手。

米德直到7月5日星期日的中午，才确认南军撤离战场。他并没有积极追击，在罗伯特·李率领南军通过波托马克河，返回安全区域之前，北军未能再

度展开大战，扩大胜利。这也成了后世争论的焦点之一。

尽管伤亡惨重，却依然自豪的北弗吉尼亚集团军，又英勇地战斗了两年，直到罗伯特·李最终在阿波马托克斯（Appomattox）向北军投降。缺乏工业能力的南方邦联，输掉了成为消耗战的南北战争。

▲ 在葛底斯堡之战中受伤的2.1万人，有一部分留在了镇中休养。在这一战几星期之后，整个地区成了大规模的疗养院。军医系统难以应对如此大规模的伤兵，但他们得到了民间卫生委员会（红十字会的前身，civilian Sanitary Commission）的大力协助。

▶ 葛底斯堡之战后，3155具北军遗体与3903具南军遗体散落在葛底斯堡周边的田野与林地之中。一些遗体被送往家乡安葬，或者进行防腐处理，或者使用右图海报中所说的特制的金属棺材密封。绝大多数的遗骸被掩埋在战场附近的几处集体墓葬之中。此后，3564具士兵遗骸被迁葬至葛底斯堡镇附近，原战场角落处的一处美国军人公墓。

METALLIC COFFINS

FOR

Transportation of Bodies

To any part of the Country.

THIS SUPERIOR ARTICLE!

Warranted Air-Tight,

Can be placed in the Parlor without fear of any odor escaping therefrom. For Sale by

JOS. H. JEFFERIES,

AGENT,

GETTYSBURG.

▲ "叛军射手的归宿"，亚历山大·加德纳（Gardner）于1863年7月的葛底斯堡，拍下了这张著名的照片。照片之中，重点展现了位于南军阵地右翼的"恶魔巢穴"的岩石之间，一名阵亡的南军精确射手。从他的其他底片看来，事实上这名阵亡士兵的遗体本不在此地而在附近，是加德纳把他摆到了岩石之间，以便构图拍摄。

在葛底斯堡之战结束一天后，南军又遭到了另一次挫败：他们在维克斯堡（Vicksburg）的守军最终因长期缺粮投降，将密西西比河完全交给了北军。当天，即1863年7月4日，成为南北战争的转折点，尽管后续发展并没有迅速展开。然而罗伯特·李的战败却是显而易见的，他损失了7.5万部队之中的2.7万人，而且完全没有补充兵员缺口的可能，他的部队战无不胜的传说也就此破灭。

罗伯特·李率领他的部队通过谢南多厄谷地，返回他们位于拉帕汉诺克河（Rappahannock）与拉皮丹河（Rapidan）之后的出发地。尽管南军仍有规模可观的作战部队，但罗伯特·李清楚，他再也得不到足以主动进攻北军的人力物力了。葛底斯堡之战并未让南方邦联输掉战争，但在葛底斯堡之战后，北方联邦的胜利，已是确定无疑了。

"87年前，我们的前辈们在这片新大陆上建立了一个新国家，它孕育于自由之中，并主张人人生而平等……"亚伯拉罕·林肯总统（右图圈中）以此作为1863年11月19日在葛底斯堡演说时的开场词。在南北两军于同年7月曾激烈厮杀的战场角落，一座美国军人公墓在当天奠基，面对在场的约1.5万听众，林肯总统的演讲仅仅花了2分钟零15秒，说了10句话。

这仅仅271个词的简短发言，与年长的学者爱德华·埃弗里特（Everett）——美国当时最优秀的演说家，长达1小时57分钟的悼词形成鲜明对比。

在场的听众大多没有意识到总统这段演讲的价值，事实上林肯本人在就座之后，也向身边人抱怨道："太失败了。"然而当美国人一次又一次重新阅读这段简短而直接的发言稿时，他们逐渐意识到了它的意义。在这段流传后世的《葛底斯堡演说》之中，林肯概括了新生的美利坚合众国的立国理念，以及为这一理想献身的精神。

色当之战，1870年9月1日

愤怒的法国，终于在1870年7月19日开启战端。在拿破仑三世治下的法军，名义上实力强大，但事实很快就会证明，他们没有做好大规模战争的准备。然而莱茵河对面，超过38万补给充足的普鲁士军队，正集结在两国边境，面向阿尔萨斯（Alsace）与洛林（Lorraine）地区。

8月1日，拿破仑三世调动了25万人，他意识到这些兵员并没有做好战斗准备。但他坚信法国士兵的锐气足以克服现实困难，下令向敌国领土进军。这是拿破仑三世犯下的首个错误，与他此后的一系列错误行动，共同导致了在色当（Sedan）的惨败。

法军两支大规模部队在沃尔特（Wörth）、斯比谢伦（Spicheren）、马斯拉图尔（Mars la Tour）和格拉沃洛特（Gravelotte）接连被普鲁士军队击败。在8月18日兵败格拉沃洛特之后，巴赞（Bazaine）元帅的部队只能进一步退往梅斯的防御工事之中，被15万普军围困。麦克马洪（MacMahon）元帅的部队在沃尔特战败之后，一路退往240公里之后的马恩河畔沙隆（Châlons-sur-Marne），与拿破仑三世的部队会合。8月20日，法国组建了沙隆集团军，并坚持要求这支部队前去支援巴赞元帅的部队，让他向北突围撤出梅斯。拿破仑三世全然没有叔父的军事远见，下令进军。麦克马洪随即率领沙隆集团军向东北方进军比利时边境，企图通过绕行左侧避开普鲁士军队，而后向南进攻，与巴赞的部队会合。

普鲁士军队立即利用法军低效的调度，派出第三集团军和马斯河集团军[1]

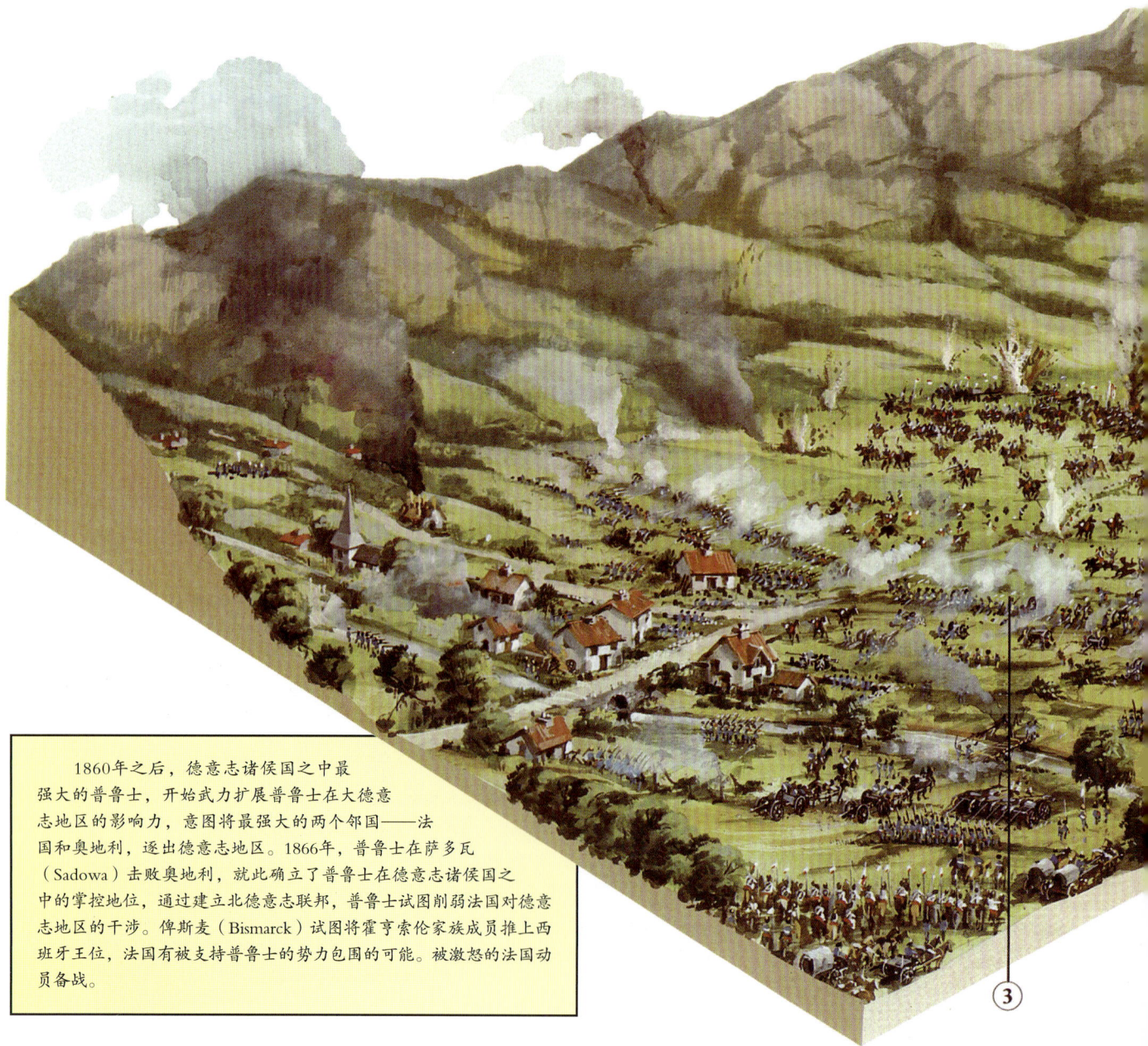

1860年之后，德意志诸侯国之中最强大的普鲁士，开始武力扩展普鲁士在大德意志地区的影响力，意图将最强大的两个邻国——法国和奥地利，逐出德意志地区。1866年，普鲁士在萨多瓦（Sadowa）击败奥地利，就此确立了普鲁士在德意志诸侯国之中的掌控地位，通过建立北德意志联邦，普鲁士试图削弱法国对德意志地区的干涉。俾斯麦（Bismarck）试图将霍亨索伦家族成员推上西班牙王位，法国有被支持普鲁士的势力包围的可能。被激怒的法国动员备战。

③

北上，夹击绕道的法军。8月30日，普军在赫尔穆特·冯·毛奇（Helmuth von Moltke）[2] 指挥之下，追上了法军。在损失了5000人与40多门火炮之后，麦克马洪退往色当。

8月31日，沙隆集团军占据了色当及周边地区，三条河流——默兹河、弗卢万河（Floing）与日沃讷河（Givonne），将这里围成一个三角形的"岛屿"。法军阵地位于周围的丘陵之中，普军可以轻而易举地占据丘陵布置炮兵，向城中射击。

9月1日黎明时分，比法军多约9

弗卢万

默兹河

色当

▲ 上图的普鲁士征召军士兵，纪律严格，积极备战。仅仅18天内，就有38万人集中到了普法两国边境，如此的调度速度前所未有。

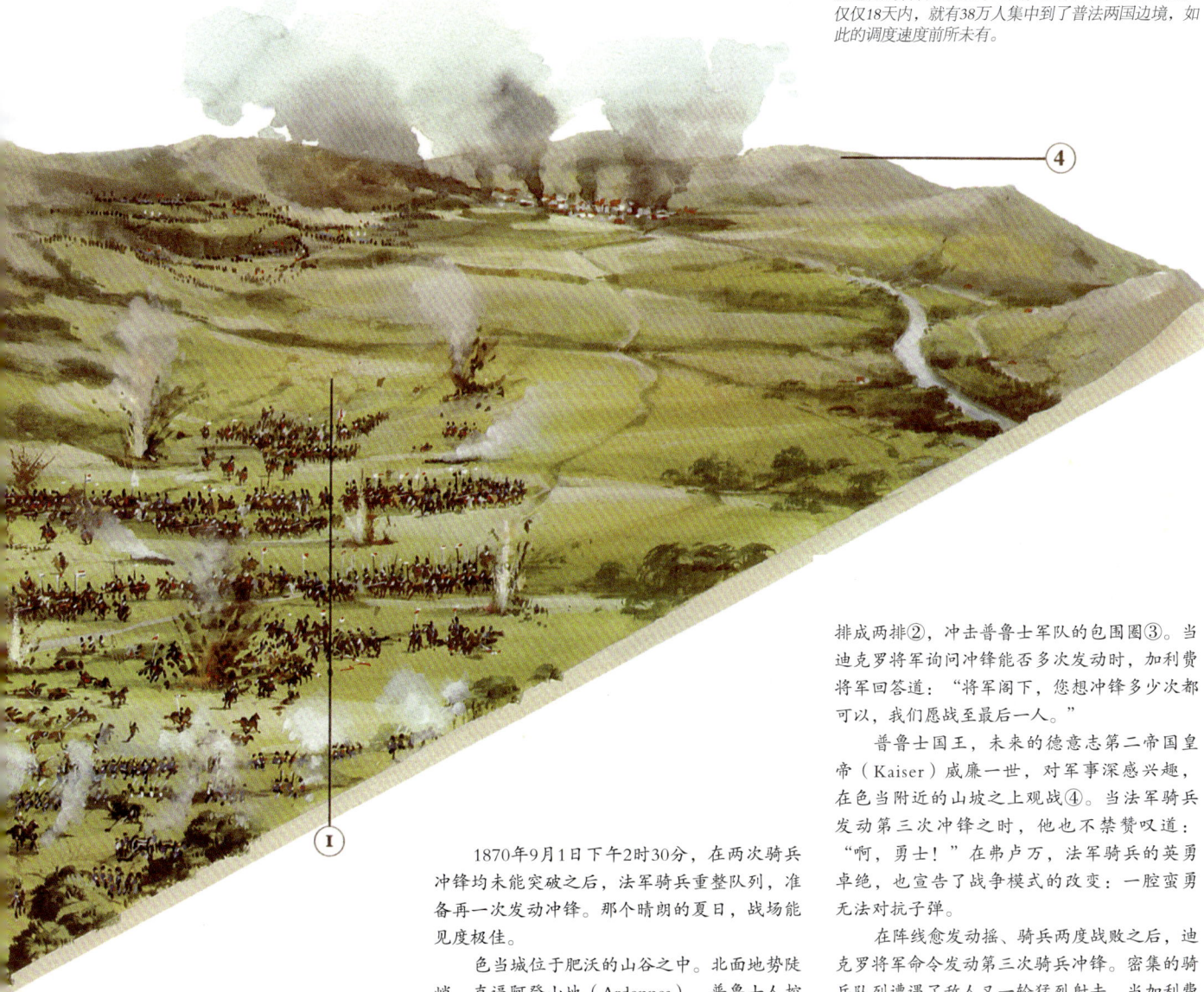

1870年9月1日下午2时30分，在两次骑兵冲锋均未能突破之后，法军骑兵重整队列，准备再一次发动冲锋。那个晴朗的夏日，战场能见度极佳。

色当城位于肥沃的山谷之中。北面地势陡峭，直逼阿登山地（Ardennes）。普鲁士人控制着城西北2.4公里处的弗卢万村。为了从色当突围，法军必须夺取这个村庄。

法军骑兵必须通过崎岖不平的坡地①，才能冲进弗卢万。地形过于破碎难行，如果保持冲锋的势头，势必会导致许多马匹撞在一起或摔倒。

法军的战术相当粗糙，他们将众多的骑兵

排成两排②，冲击普鲁士军队的包围圈③。当迪克罗将军询问冲锋能否多次发动时，加利费将军回答道："将军阁下，您想冲锋多少次都可以，我们愿战至最后一人。"

普鲁士国王，未来的德意志第二帝国皇帝（Kaiser）威廉一世，对军事深感兴趣，在色当附近的山坡之上观战④。当法军骑兵发动第三次冲锋之时，他也不禁赞叹道："啊，勇士！"在弗卢万，法军骑兵的英勇卓绝，也宣告了战争模式的改变：一腔蛮勇无法对抗子弹。

在阵线愈发动摇、骑兵两度战败之后，迪克罗将军命令发动第三次骑兵冲锋。密集的骑兵队列遭遇了敌人又一轮猛烈射击，当加利费将军和他英勇的残部败退之时，普鲁士军队停止射击，允许幸存的法军骑兵安全撤走。他们的军官向法军骑兵敬礼。

一位普鲁士炮兵军官此后如此描述这一战的高潮："战场之上的惨状堪称恐怖，被我们炮弹击中的伤兵，凄惨的呼号甚至传到了我们的阵地上。"

【1】即"Maasarmee"。这条流经法国、比利时与荷兰的主要河流，法语称"默兹河"（Meuse），德语及荷兰语称马斯河（Maas）。

【2】即与同名的儿子先后担任德意志第二帝国总参谋长的老毛奇，爵位为伯爵。

万人的普军开始进攻，他们的步枪虽然是过时的1841年版德莱赛击针步枪（Dreyse needle-gun），却拥有大量先进的克虏伯（Krupps）后装线膛炮。拿破仑部队的夏塞波步枪（Chassepot）性能更好，射程是德莱赛步枪的两倍，能够每分钟发射125发子弹的米特留斯多管枪（mitrailleuse），以及一些老式的前装炮。不幸的是，法军军官并不了解作为秘密武器的米特留斯多管枪，不知道如何部署。最终，普鲁士人的火炮掌控了色当之战，也决定了胜负。

在开战之初，麦克马洪元帅就受伤了，指挥任务交给了迪克罗（Ducrot）将军。迪克罗认为法军已无望反败为胜，决定撤退，准备在普军包围色当之前稳固撤退路线。然而一天前刚刚抵达战场的德·温普芬将军[3]得知这一消息之后，他出示了法国战争大臣的书面命令，宣称如果麦克马洪无法指挥战斗，将由他接替指挥。在仅仅4小时之间，法国的沙隆集团军就转手到第三位指挥官手中了。

温普芬取消了撤退命令，并轻率地吹嘘说自己只需要两小时就能把敌人赶进河中。他的计划无望实现，因为越来越多的普军火炮已经开始射击，炮击造成的法军伤亡正在加速累积。

上午11时许，普鲁士军队在色当城北会合，完成了包围，炮击愈发猛烈。法国皇帝有被俘虏的危险。为此，法军试图向北通过弗卢万村，突破普军的防线。

玛格丽特（Marguerite）将军的骑兵师将率先冲锋，迪克罗的步兵军紧随其后。然而玛格丽特将军在侦察普军阵地时阵亡，接替他的是英勇的骑手加利费（Gallifet）将军，他率领骑兵向弗卢万发动了至少三次孤注一掷的冲锋。当他和麾下骑兵最终败退之时，普鲁士军官下令停止射击，让这些勇士安全撤退。

法军已经无望突围了。皇帝在色当城上挂起了白旗。起初，温普芬拒绝投降，但见他的部下不肯发动反击，他也只能承认失败。普鲁士军队大获全胜，以不到9000人伤亡的代价，让法军损失1.7万人，俘虏10.4万人，并缴获了他们全部的火炮与辎重。

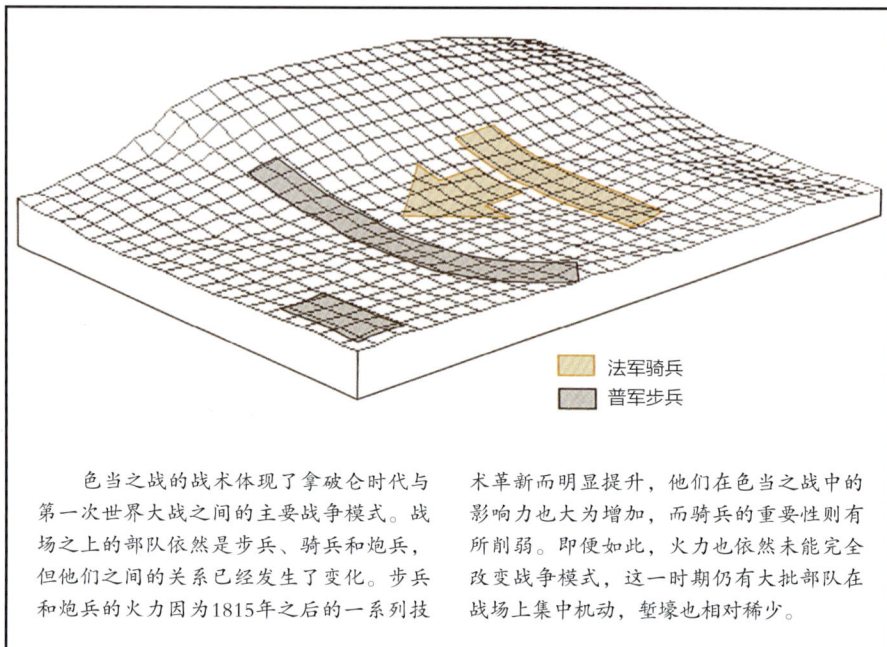

色当之战的战术体现了拿破仑时代与第一次世界大战之间的主要战争模式。战场之上的部队依然是步兵、骑兵和炮兵，但他们之间的关系已经发生了变化。步兵和炮兵的火力因为1815年之后的一系列技术革新而明显提升，他们在色当之战中的影响力也大为增加，而骑兵的重要性则有所削弱。即便如此，火力也依然未能完全改变战争模式，这一时期仍有大批部队在战场上集中机动，堑壕也相对稀少。

图例：
- 法军骑兵
- 普军步兵

马真塔公爵麦克马洪元帅（1808—1893），（上图）尽管勇敢无畏，但他在非洲与克里米亚作战的经验并不适用于对抗普鲁士人。尽管如此，他在色当战败之后依然保全了名声。

埃马纽埃尔·费利克斯·德·温普芬（Emmanuel Felix de Wimpffen，1811—1884），（左上图）被自己的野心冲昏了头脑，将色当的法军陷入绝境。战败之后，他作为屈辱的谈判代表签署和约，暂停了法国与普鲁士22年的敌对关系。

赫尔穆特·冯·毛奇（1800—1891），（左图），一位能力出众的军人，对军事技术的掌握无与伦比，在1857年升任普鲁士总参谋长。

【3】"de Wimpffen"源自德国的温普芬伯爵（Graf von Wimpffen），但埃马纽埃尔·德·温普芬只是某位温普芬伯爵的后裔，他出生在法国。

米特留斯多管枪，机关枪的前身，是拿破仑三世推动武器革新的成果。法国人在1860年之后就在试验这一武器，并在1866年开始秘密生产这一武器。然而这一武器的奇怪外形让法国将军们怀疑其效能，因而没有在陆军体系之中找到适宜的位置。米特留斯多管枪有25根枪管，可以通过转动摇把的方式逐一发射。其射程可达1.83公里，每分钟射速为125发，是一种性能可靠的武器。法军军官并没有意识到这种武器的潜力，他们将这种武器布置在开阔地，将其作为一种低效的平射炮使用。

普鲁士人的德莱赛击针步枪（如下图），是一种早期的后装枪。扣动扳机之后一个针状的机构刺入枪弹火药中，直达紧贴弹头的火帽，引爆其中的击发药。这种枪的应用极大提升了步兵射击的准确性以及射速，但可靠性有限，炸膛的概率不低。法国人采纳了这种设计理念，并进行了改良，使用橡胶密封环封堵枪膛。步枪的射程也大为提高，从约550米提升到1463米，在对抗骑兵冲锋时最为高效。

图1 普鲁士击针枪（枪机打开）

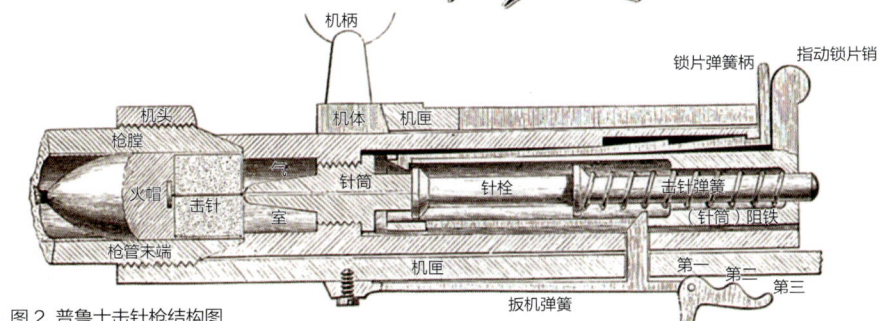

图2 普鲁士击针枪结构图

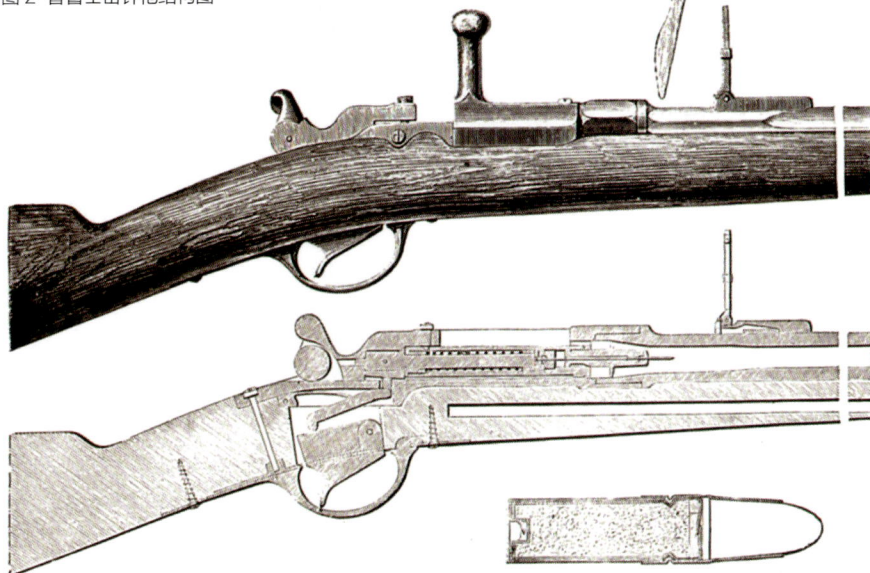

机柄

锁片弹簧柄　指动锁片销

机头　机体　机匣

枪膛

火帽　气室　击针　针筒　针栓　击针弹簧

（针筒）阻铁

枪管末端　机匣　第一　第二　第三

扳机弹簧

法军在色当的屈辱战败，决定了普法战争的结局。拿破仑三世的投降沉重打击了法国第二帝国，本已风雨飘摇的波拿巴皇室此时人心尽失，行将终结。9月4日，巴黎市民发动起义推翻帝国统治。拿破仑三世追随皇后流亡英格兰，里昂·甘必大（Leon Gambetta）宣布建立法兰西第三共和国。

半个月之后，普鲁士人已经开始进军巴黎，而后展开了漫长而艰苦的围城战。甘比大使乘热气球逃往法国南部，寻求组织新军。巴黎守军的三次突围均以失败告终。共和国总指挥官特罗许（Trochu）请求停战，随着《凡尔赛条约》在1871年1月29日签订，所有法军正规军都放下了武器。巴黎被普鲁士军队占据，而普鲁士国王威廉一世，在凡尔赛宫加冕为德意志第二帝国皇帝。

1871年5月，根据《法兰克福和约》条款，法国被迫将阿尔萨斯地区以及洛林地区的2/3割让给德国。德国取代法国成为欧洲第一陆上强权。

小大角河之战，1876年6月25日

乔治·阿姆斯特朗·卡斯特，一生都在追求名望，而让他真正闻名世界的，却是他的死亡，他和指挥部的官兵在"卡斯特的最后抵抗"之中被全部杀死。

卡斯特于1861年在美国陆军军官学院，即"西点军校"毕业，美国南北战争也于同年爆发。两年后，时年23岁的他，已经被称为"少年将军"。向来夸夸其谈热衷炫耀的卡斯特，领导了一系列大胆的行动。他的勇气无可置疑，但他的部下因指挥官的莽撞付出了相当的伤亡代价。

将美国的骑兵部队塑造为一支严整的作战部队的菲尔·谢里登（Phil Sheridan）将军，颇为青睐卡斯特，在1864年末，卡斯特已经升任少将，指挥师级单位，成为北方媒体的宠儿与社会名流。1866年7月，南北战争结束一年后，名义上的美国志愿部队少将卡斯特转为正式的美国陆军中校，跟随谢里登前去征讨夏延（Cheyenne）与阿拉珀霍（Arapaho）原住民部族。卡斯特与第7骑兵团的700部队，在沃希托河（Washita）河畔找到了原住民营地。卡斯特没有做好侦察，便将部队分为4队发起进攻，杀死了营地之中的男女老幼，连马匹都不留。这场疯狂屠杀，在美国陆军19世纪下半叶的军史之中留下了又一个污点。为了追击逃跑的原住民，乔尔·埃利奥特（Joel·Elliott）少校带着19名士兵催马追击。尽管侦察兵报告称山谷之中还有接连不断的枪声，卡斯特也没有派人查看，带着受损轻微的骑兵团撤走了。

另一支美军部队发现了埃利奥特少校和他的部下残缺的尸骸，他们死亡的地点距离卡斯特屠杀的原住民聚落不到3.2公里。这也预示了这位美军青年才俊的未来，也让他的部下以及他的上级谢里登将军，对卡斯特的信任有所动摇。8年之后的1874年，卡斯特率领一支远征部队对达

科塔（Dakota）地区的黑色丘陵（Black Hill）进行探查。在这一地区发现黄金的消息吸引了大批淘金者，然而这里是美国

小大角河之战发生在1876年6月25日下午，一片1.6公里宽的战场上。对部下过分自信，在战术上鲁莽无谋的卡斯特，秉承着"见到敌人就冲锋"的信条。

卡斯特家族在这一战中失去了许多成员，在乔治·卡斯特①身边，还有他的兄弟骑兵上尉汤姆·卡斯特，以及并非军人的兄弟波士顿·卡斯特，此外还有他十几岁的外甥奥蒂·里德（Autie Reed）。

在丘陵的另一边，卡斯特的妹夫卡尔霍恩（Calhoun）中尉②也死于乱军之中。

政府划归所谓"苏族"（Sioux）[1]的保留地，美国西北部原住民在愤怒之下结盟反抗，自称"七火联盟"的"苏族"与

根据1868年的协议，蒙大拿州的黑色丘陵与黄石河流域划定为"苏族"的永久保留地。然而1873年，美国人开始要求政府放弃对黑色丘陵的保护，允许进山勘探淘金。领地遭到入侵，铁路逐渐切入，以及野牛日渐减少，激起了原住民一致的愤怒，他们决定为保卫领地、自由与独立而战。

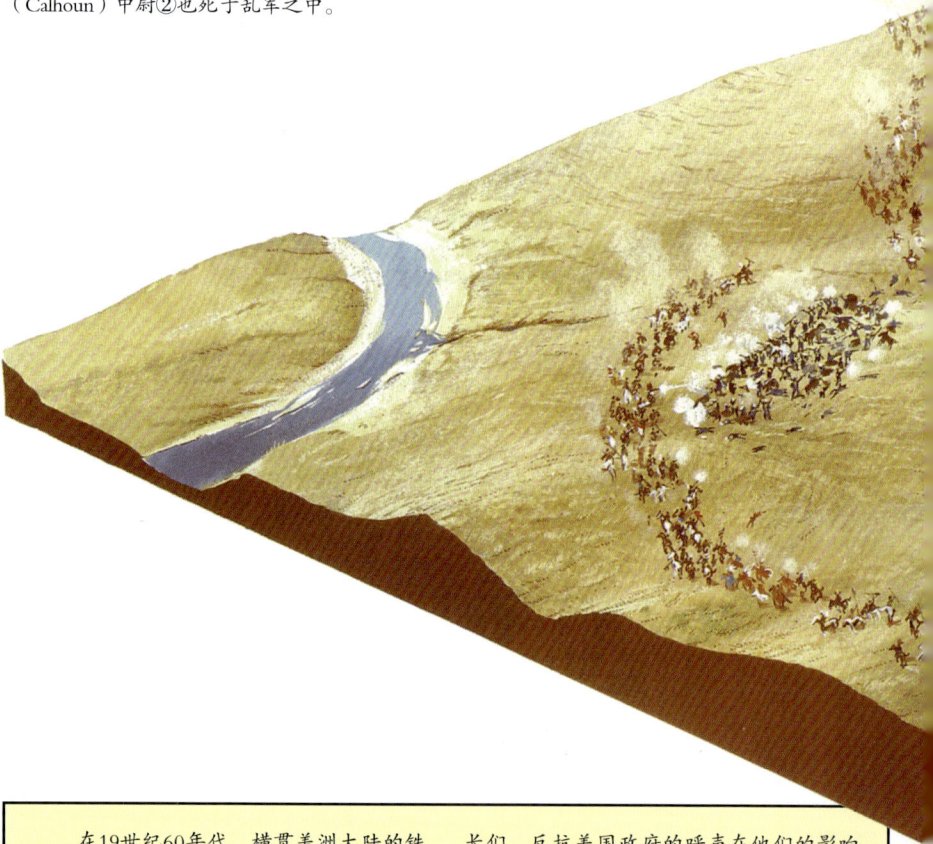

在19世纪60年代，横贯美洲大陆的铁路穿过了原住民的领地，而后到1876年的十几年间，对于原住民而言意义重大的野牛群，被拓荒者纷纷杀死。大量杀死野牛在获取经济利益之外，也能够让原住民断粮，从而迫使他们接受美国政府的条件。尽管采取进攻政策，美军此时却分散在大平原上，这给了原住民集结部队将孤立的美军部队歼灭的机会。两位"苏族"的酋长，"疯马"（Crazy Horse）和"坐牛"（Sitting Bull），说服了有意妥协的年长酋长们，反抗美国政府的呼声在他们的影响下持续增加。两位酋长决心保卫"七火联盟"在普拉特河（Platte）以南的猎场，这里在1873年交给美国政府后，他们位于黑色丘陵的圣地遭受了拓荒者的威胁。双方的谈判仍在继续，"七火联盟"宣布交出黑色丘陵需要6亿美元的补偿款，而美国政府的谈判代表只肯给600万美元，联盟拒绝了这一提议，而1876年春，美国内政部决定将"平息事态"的任务交给美国陆军。

当高尔（Gall）率领1500名原住民战士③将第7骑兵团的部队赶往丘陵之时，疯马率领自己的1500名战士④发起包抄，截断了卡斯特的去路，让他无法占据有利地形防御。

卡斯特部阵亡官兵的分布情况，说明当时卡斯特部分为两队，都在向丘陵前进。在通向丘陵的道路上留下了"V"形的两串尸体之后，残部被原住民包围并歼灭。

【1】被美国政府称为"Sioux"的七部族联盟，自称"七火联盟"（Oceti Sakowin），以七个部族的营火为标志。和许多原住民部族一样，美国政府与他们签署离开故土前往"保留地"的协议，而后事实拒绝约束"拓荒者"进入保留地开垦或开矿。1862年，达科塔部已经与美国军队爆发了流血冲突，双方各有包括平民在内的数百人伤亡。

卡斯特如何被苏族包围

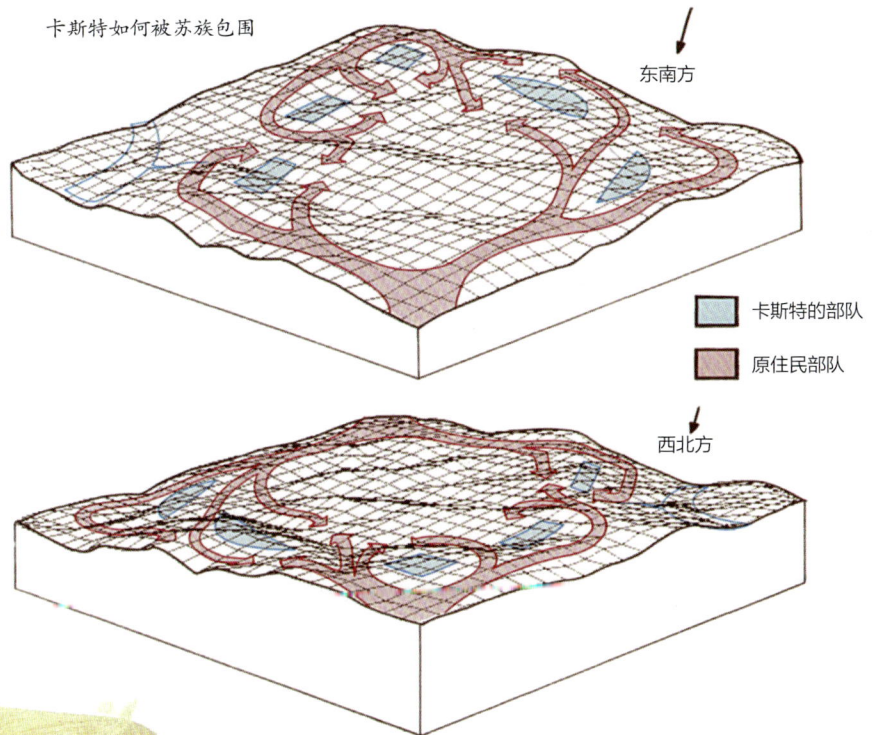

东南方

西北方

▨ 卡斯特的部队

▨ 原住民部队

原住民目击者声称，卡斯特是最后死亡的几人之一，当时他已经打光了子弹。

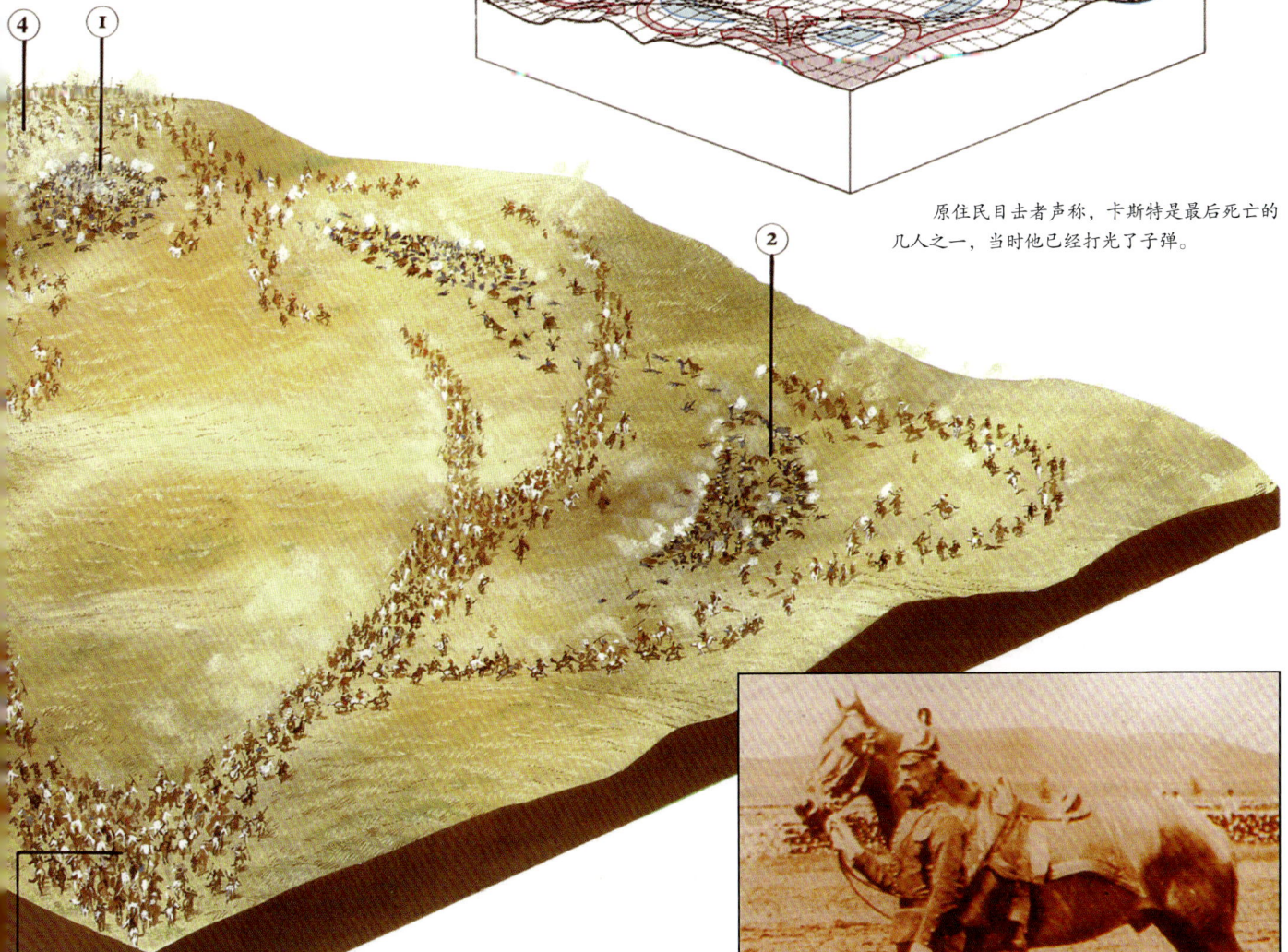

▶ 战马"科曼奇"：卡斯特分队的唯一幸存者。

卡斯特意识到攻守易势之后，向小大角河东岸约61米高的丘陵进发，这座丘陵如今也被称为卡斯特丘陵。如果及时在丘陵顶端展开防御阵形，他或许能在这里坚守到援军抵达。然而在前往丘陵顶端的路上，疯马率领的原住民战士发动包抄，截断了他的去路。

骑兵最好的朋友就是他的战马，然而在小大角河之战中，除了"科曼奇"（Comanche），其他的战马全部被杀——其中一些甚至是被骑手亲自杀死，以用作射击时的掩体。

"夏延人"[2]组成联军，集结了北美最大规模的原住民军队。

谢里登对原住民的进攻兵分三路，克鲁克（Crook）将军从费特曼堡（Fort Fetterman）北上，吉本上校从埃利斯堡（Fort Ellis）东进，而特里（Terry）将军从林肯堡西进。特里的部队之中就包括第7骑兵团，其指挥官卡斯特上校，因为尤利西斯·S.格兰特总统不满意他的表现，被暂停了指挥职务。然而特里将军希望熟悉"大平原"地形的卡斯特参与这一战，格兰特总统也妥协了。

6月21日，在罗斯巴德河（Rosebud）与黄石河（Yellowstone）的交汇处，特里将军满足了卡斯特期待已久的心愿：独自行动。他将溯罗斯巴德河前进160公里，而后向西进入小大角河（Little Big Horn）谷地。在卡斯特看来，第7骑兵团足以击败西北平原之上的全部原住民战士，因此尽管特里提出从第2骑兵团调4个中队支援，并配属两台加特林机枪，这一慷慨支持还是被卡斯特鲁莽地拒绝了。6月22日中午，他和他的部队出发，向他们的丧命之地前进。

卡斯特坚持要求部队保持高速行进，在6月24日入夜之时，他已经前进了112公里。两天半的全速行军，让他们人困马乏。卡斯特却不允许休整。他命令部队连夜进军小大角河，这让第7骑兵团的官兵愈发疲惫。当他们终于在6月25日上午抵达预定的宿营地时，卡斯特命令部队休整，准备在6月26日发起进攻——吉本的部队在当天也将抵达此处。

然而吃早饭时，卡斯特的侦察兵报告称，在西北方向发现了他们前所未见的大规模原住民营地，距离他们仅有24公里。随后的另一份报告称，这些原住民似乎准备行动了。这样的目标，卡斯特绝不打算错过，于是他下令立即准备

进攻，不让这些原住民有逃走的机会。

他的侦察兵已经警告他，聚集的"苏族"与夏延人的数量比第7骑兵团的总弹药量还要多，但卡斯特据说仅仅是微笑应对，他相信自己久经沙场的部队足以驱散一群野蛮人，在他看来敌人不会超过1500人。如果他下令进行密切侦察，他就会发现，自己少估计了大约2000人。

卡斯特的计划与此前在沃希托河时大致相同，将部队兵分几路，从不同的方向发起进攻。三个骑兵中队随马库斯·雷诺（Marcus Reno）行动，三个骑兵中队随弗雷德里克·本廷（Benteen）上尉行动，另一个中队由托马斯·麦克杜格尔（McDougall）上尉指挥，与运输弹药的车辆一同留在后方。卡斯特本人亲自指挥5个中队。本廷向西南方向的小大角河前进，"与他遭遇到的任何敌人作战"，并歼灭试图逃跑的原住民；雷诺负责进攻营地的南段，卡斯特则在岩壁的掩护下北上，从另一个方向进攻营地。

卡斯特相信，当这些原住民向南迎战雷诺的进攻时，自己的背袭足以消灭他们。然而情况截然相反。疯马清楚，卡斯特正在峭壁之后行动，但他的侦察兵并没有发现雷诺的部队。

在峭壁之上，卡斯特俯瞰下方的大片原住民帐篷（tepee），那里仿佛一切如常，并没有原住民准备逃跑的迹象。他意识到本廷的分队并不必要，于是派出他的司号兵，尽快把本廷上尉的部队追回来，同时也把弹药补给尽快调来。

这名士兵是意大利裔移民，英语很差，因此在出发之前，卡斯特的副官写了一张纸条递给了他，上面写着："本廷，来，大村。尽快，带上辎重，W.W.库克（Cooke）。注，带上自重（此处"packs"拼为"pacs"）。"这张潦草的字条以及错误的拼写足以说明紧急程度，这也是乔治·阿姆斯特朗·卡斯特和随他行动的225名骑兵传递出的最后讯息。

此时，雷诺少校已经能够看到"苏

族"的营地了。他的部下疲惫不堪，马匹也无力发起冲锋，因此他的部队下马，使用卡宾枪向营地射击。原住民战士迅速派出部队迎击。少校下令后撤，到河西岸的林地之中寻找掩护，而后转往小大角河对岸的峭壁后方。他的部队在撤退中陷入恐慌，而当他的部队在开阔地被敌人截住之时，伤亡迅速攀升。

不久之后，本廷上尉和第7骑兵团的余下部队与雷诺会合。值得称赞的是，他们确实试图执行他们指挥官的最后一条命令，然而面对数量上处于绝对优势的原住民，他们只能后退，转往适宜防御的阵地。

卡斯特的部队在离开峭壁之后，大致的情况是，他们发现涂着油彩的原住民战士挡住了他们的去路，而这支部队至少有1500人。当疲惫的骑兵在开阔地遭受攻击之时，他们转向右侧，试图登

卡斯特上校与他的原住民侦察兵在北太平洋铁路公司的帐篷之前合影，摄于1873年黄石远征期间。在他的右手边是他最信任的侦察兵，乌鸦部落（Crow）的"血刀"。25日他随同雷诺少校行动，也是最早阵亡的人之一。

卡斯特很喜欢奇装异服，在南北战争期间，作为北军志愿者部队的少将，他身穿自己设计的黑天鹅绒军服。此后，他穿带流苏的鹿皮夹克，蓝色的裤子，红色的围巾以及深色的宽檐帽（如照片中所示）。他就是穿着这样一套服饰抵达小大角河的。原住民则称他为"长发"，因为他留着招摇的浅黄色披肩发。

【2】"Cheyenne"是其他部族对他们的称呼，而这个部族自称"奇奇斯塔斯"（Tsitsistas），十九世纪前期与邻近的"苏泰奥"（Sutaio）部族融合，成为后世所谓的"夏延人"。

上峭壁北端的丘陵，在那里凭高据守，等待援军。

然而疯马另有计划。当这些美军骑兵拼命向丘陵前进时，他亲自率领另外1500名原住民战士，从小大角河西岸迅速发动包抄，而后渡河直插卡斯特的侧背，在他的部队登上丘陵之前将他截住。

战斗大概不到半小时就结束了。原住民在当天损失40人，而那批美军骑兵唯一的幸存者是一匹军官的战马。在这一战之后，美国新闻界与公众将卡斯特视为英雄——身后之名，确实难以预料。

疯马是出了名的厌恶拍照，但这张S.J.莫罗（Morrow）拍摄的照片，被普遍认为是疯马本人。因勇敢善战传名后世的疯马，是被殖民者称为"苏族"（Sioux）的"七火联盟"（Oceti Sakowin）公认的伟大统帅。他也在小大角河之战中展现了原住民领袖之中不寻常的指挥能力。

坐牛（Sitting Bull），或许是最著名的北美原住民酋长，他承认自己并没有直接参与这一战，而是留在帐篷之中"制作大量草药"。

对七火联盟以及此后的白人殖民者而言，疯马与坐牛，成了美洲原住民抵抗白人侵略蚕食，追求自由的精神象征。

小大角河之战的重要性，在于这是原住民战士为数不多的战胜欧美殖民者的范例。然而尽管原住民赢得了这场大战，他们却很难赢得战争。卡斯特的死令美国政府恼羞成怒，他们集结大军进攻坐牛与疯马的部队，并许诺立即进行大规模报复。在随后的"疯女人河汊"（Crazy Woman Fork）与狼山（Wolf Mountain）的战斗之中，原住民联盟的部队无力抵抗火炮，被驱散并分割。坐牛带着少量的勇士逃亡加拿大，疯马则向美军投降，并于几星期后在罗伯逊堡（Fort Robertson）囚禁期间，因"试图逃亡"而被刺死。北美原住民最大的军事胜利，以悲剧收场，而那个因为自己的愚蠢虚荣，将胜利拱手送给原住民的乔治·阿姆斯特朗·卡斯特，则成为美国民间传说中的英雄。

原住民使用的传统武器，例如战斧（tomahawk）、棍棒、剥皮刀、弓箭与长矛，事实上比卡斯特部队的装备更适合肉搏——他们为了隐蔽机动，甚至没有携带马刀。原住民装备的1866年款弹匣式温彻斯特（Winchester）步枪，事实上也优于美军，美军装备的是1873年款斯普林菲尔德.45/70"活门"式后装卡宾枪。温彻斯特步枪事实上直到19世纪最后10年，才成为美军的制式装备。

斯普林菲尔德步枪，源自康涅狄格州（Connecticut）的同名联邦政府兵工厂（1794—1966），每次射击都需要手动退壳与填装，因此射速较低，而0.44英寸口径的温彻斯特"连珠枪"则可以快速上弹，连发13枪。

为了在马背上使用而设计的温彻斯特步枪，可靠性很高。这种给边境拓荒者使用的武器，被称为"打下（美国）西部"的武器，尽管事实上也有大量原住民通过贸易获取了这种步枪。人们认为，小大角河之战中可能有多达1/5的原住民勇士装备了"连珠枪"。

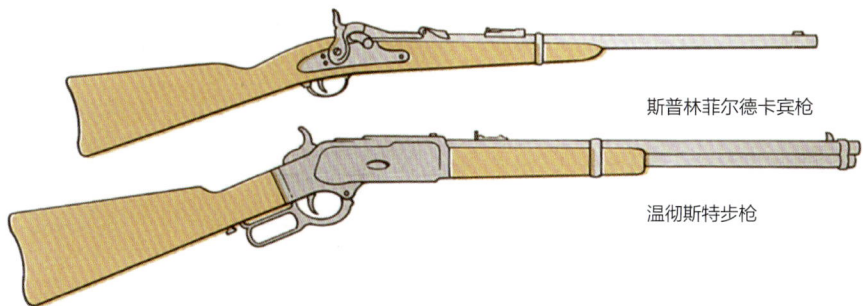

斯普林菲尔德卡宾枪

温彻斯特步枪

乌姆杜尔曼之战，1898 年 9 月 2 日

戈登将军[1]于1884年2月抵达喀土穆（Khartoum），监督英军撤军，这位虔诚的基督徒曾为阻止苏丹的奴隶贸易立下汗马功劳。然而他很快认定，让苦修士马赫迪（Mahdi）[2]引领的起义军占领苏丹，会让自己颜面扫地。戈登向伦敦请求援军，而时任英国首相格莱斯顿（Gladstone）不愿参与殖民地战争，因此蓄意拖延出兵。当他在公众日益高涨的不满情绪之下屈服，同意派出援军时，却为时已晚，这支援军在喀土穆被马赫迪派攻破两天之后才抵达，戈登已经在总督府邸的台阶之上被标枪刺死。许多英国人认定，格莱斯顿才是害死戈登的凶手。

穆罕默德·马赫迪于不久之后去世，但他的继承者哈利法（Khalifa）同样狂热，坚持与英国殖民者战斗，多次率部抵达英国控制下的埃及边境。1896年，索尔兹伯里（Salisbury）侯爵罗伯特的保守党政府决定以报戈登被杀之仇、消除奴隶贸易以及恢复地区秩序为借口出兵，再度占领苏丹。

赫伯特·基奇纳（Herbert Kitchener）将军[3]奉命指挥进攻苏丹的任务，重新夺取这片非洲东北部的不宜居地区。基奇纳爵士纪律严明，当时是英属埃及的最高指挥官（Sirdar），英国人整训的埃及附庸军由他指挥，这些部队之中包括几个营的南苏丹原住民，这些高大健壮的士兵反对马赫迪派。基奇纳此前几乎没有指挥作战的经历，但他身为皇家工兵军官，已经展现了出色的组织与管理能力，足以胜任这一指挥任务。

1875年，英国保守党首相本杰明·迪斯雷利（Benjamin Disraeli），从破产的埃及总督（Khedive）手中主持购买了他拥有的苏伊士运河公司股份。这一天才之举稳固了英帝国的交通线，却也因此陷入了埃及的问题之中。

1881年，奥拉比帕夏（Arabi Pasha）上校发动民族革命，对抗欧洲殖民者。革命军夺取亚历山大港并修筑工事。时任英国首相的自由党人威廉·格莱斯顿，派出军队恢复埃及的秩序。1882年9月13日，英军在泰勒凯比尔（Tel-el-Kebir）歼灭了奥拉比帕夏的军队，却又遭遇了新的问题。苏丹的苦修士在狂热的穆斯林马赫迪率领之下发动起义，对抗埃及，并占据了苏丹大部。在出兵夺回苏丹与撤出苏丹的选择之中，格莱斯顿选择了后者。

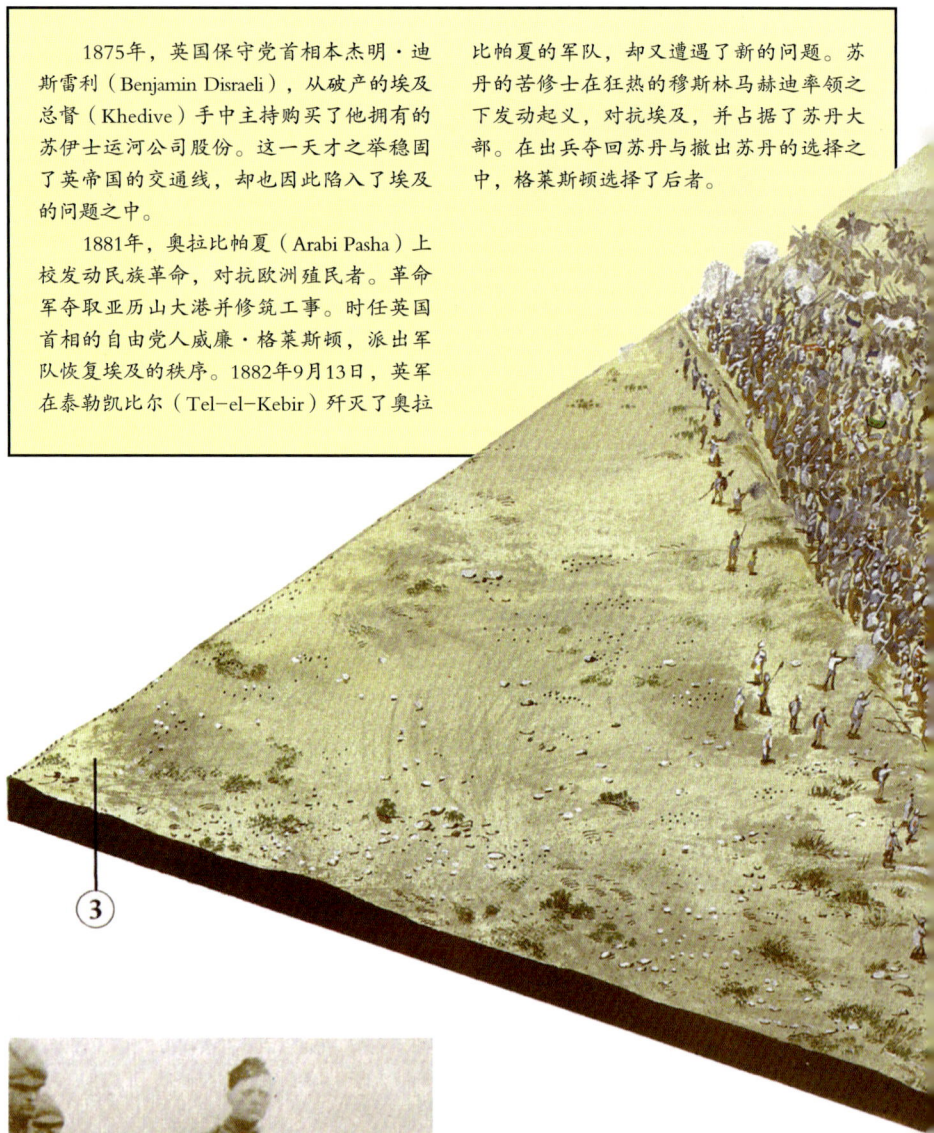

③

【1】戈登即查理·乔治·戈登，在第二次鸦片战争之中随英军入侵北京。在上海"租界"组织的"洋枪队"指挥官华尔身亡后，戈登以少校身份接任"洋枪队"指挥官，镇压太平天国起义，参与攻破苏州等战斗。1874年，戈登抵达埃及，为英国处理打通东北非殖民地陆上交通线的相关事务。在马赫迪起义爆发之后，已升任苏丹总督的戈登被困在喀土穆，格莱斯顿政府在英军是否从喀土穆总撤退的问题上举棋不定，最终导致了喀土穆的英军被歼与政府倒台。

【2】"马赫迪"意为"蒙受真主指引的人"，是伊斯兰教教义之中，在末世引领穆斯林的神选之人。穆罕默德·艾哈迈德·马赫迪，是苏丹地区的教士，因英国殖民者与埃及帕夏在苏丹横征暴敛，激起民怨，马赫迪于1881年6月发动抗税起义，接连击败埃及与英国的部队，于1885年1月夺取苏丹首都喀土穆。马赫迪去世之时，起义军已经占领了除港口萨瓦金（Sawakin）之外的苏丹大部。

【3】又译为"霍雷肖·赫伯特·基钦纳"。

◀ 第4骠骑兵团的年轻军官温斯顿·丘吉尔，跟随第21枪骑兵团，参与了他们在乌姆杜尔曼之战那次著名的骑兵冲锋。其他军官怀疑，此时的丘吉尔和伦敦的《晨报》（The Morning Post）签了合同，不断给他们提供关于本战的文章。

1898年9月2日，上午9时前，第21枪骑兵团奉命发起英军骑兵的最后一次冲锋。他们的任务是拦截一支英军误以为不足1000人的、撤退中的马赫迪军。事实上，约2700马赫迪军藏在苏厄姆丘陵（Surgham）与尼罗河之间、410米长的干涸河道（khor）之中。

当英军枪骑兵距离他们仅有91米时，马赫迪军排成12排①，发动集体冲击。

英军枪骑兵②尽管遭遇了出乎意料的强敌，但他们立即加速前进，恐怖的冲击与激烈的肉搏随之展开。所有人都在拼死搏斗，马赫迪军用短标枪刺杀英军骑兵与马匹，甚至将步枪抵在英军枪骑兵的躯干上再射击，而英军则无情砍杀马赫迪军。

英军冲锋的冲击力极强，直接杀穿了马赫迪军的队列③。他们随后进行重整，落马的骑手迅速重新上马，发动新一轮冲锋。在第二轮冲锋之下，马赫迪军队列终于崩溃，开始逃跑。

▲ 这幅维多利亚时代的综合材料绘画，将乌姆杜尔曼之战中各阶段发生的事件集中到了同一时刻。画中英军身穿绯红色的军礼服，但实际上他们是穿着卡其布军服，英属印度的英军于1848年开始使用这种军服。

108

如何击败敌人并非这一战的最大困难，最大的困难是穿越沙漠，抵达敌人主力的所在地。此外，如何在远离补给基地的地方供养大规模部队，如何维持漫长的交通线，如何后送伤病员，也都是难题。

尼罗河提供了一些支持。部队以及物资可以使用蒸汽船运输到开罗以南约800公里处瓦迪哈勒法（Wadi Halfa）的"第一瀑布"。然而尼罗河在此折向西，继续走水路前往苏丹腹地的喀土穆，需要绕行相当的距离。

基奇纳决定修建一条铁路。这一提议起初被上级认定不可行而驳回，但批评者们低估了基奇纳的决心，他也有足够的时间来进行这场大规模的复杂工程。

法属加拿大的铁路工程师爱德华·吉鲁阿尔（Edouard Girouard），指挥当地劳工铺设铁路，以每天两公里的惊人速度向前延伸。1897年年底，铁路的末端已经抵达了尼罗河与阿特巴拉河（Atbara）的交汇处，而使用蒸汽机车，从瓦迪哈勒法将人员、马匹以及装备运输至此，只需要36小时。

当埃及军队主力以及一个英军旅正集中到阿特巴拉时，哈利法派埃米尔马哈茂德（Mahmoud）率1.6万勇士袭扰入侵者。这位起义军领袖在南面322公里之外的指挥所，与喀土穆隔尼罗河相望的乌姆杜尔曼（Omdurman）还有一支大军。将指挥所设置在这里，是因为他曾梦到在乌姆杜尔曼赢得大胜。

在阿特巴拉，马哈茂德在英埃联军营地几公里之外扎营，没有立即发动进攻。双方对峙了一段时间，而后在4月8日，基奇纳对马赫迪军营地进行了大规模炮击，而后发动步兵冲锋。在刺刀冲锋之下，付出惨重伤亡的马赫迪军纷纷逃跑，留下了包括指挥官马哈茂德在内的4000俘虏。

巩固了铁路的终点之后，基奇纳随后开始储备3个月的补给品，调度更多的英军增援指挥部，并集结炮艇以控制阿特巴拉与喀土穆之间的尼罗河水道。

▲ 英军军官使用望远镜观察马赫迪军的调度。

赫克托·麦克唐纳中校（1853—1903），本是小农场主的儿子，凭借自己的勇敢、干练与坚韧，从基层一步步升为军官，成为维多利亚时代的英格兰的代表人物之一。此后，他升为少将，受封骑士，成为爱德华七世的侍从武官。丘吉尔声称，英军在乌姆杜尔曼的胜利，很大程度上归功于"麦克唐纳中校的卓越军事才能"。此后，媒体纷纷称他为"战士麦克"，让他成为英帝国的知名人物。

赫伯特·基奇纳将军（1850—1916），同时代英国陆军最年轻的将军，虽有媚上欺下的恶名，但也忠诚可靠。他严格要求部下，并更严格地约束自己。尽管他的军事指挥经验有限，却依然是指挥夺取苏丹的合适人选，因为他是能力出色的工兵军官，也精通后勤补给的每一个细节，而这两个特质，在这一战中都至关重要。

直到做好万全准备之后，基奇纳才下令他的部下进军乌姆杜尔曼。9月1日，他下辖的部队近2.5万人，并调动了一批马克沁机枪、46门炮以及10艘装甲炮艇，距离目标也越来越近。

当天夜晚，他的部队在河流与3公里长的荆棘丛制成的防护屏障"扎里巴"（zereba）之间枕戈待旦，营地之外有严密的巡逻哨兵，毕竟，侦察骑兵已经报告称，约5万人的马赫迪军，已经在

8公里外的山脊背后集结了。

起床号在日出前的凌晨4时30分吹响。英军与埃军的骑兵中队首先开始行动，前去侦察敌军阵地。而一小时之后，在晨曦之中，全军已经在荆棘之后

▲ 乌姆杜尔曼之战前夕，一排马克沁机枪布置在英军与埃及军队之间。这些早期的机枪终于实现了全自动射击，射速远高于19世纪70年代的手摇机枪。起义军虽然英勇，却也无法抵御马克沁机枪的速射。

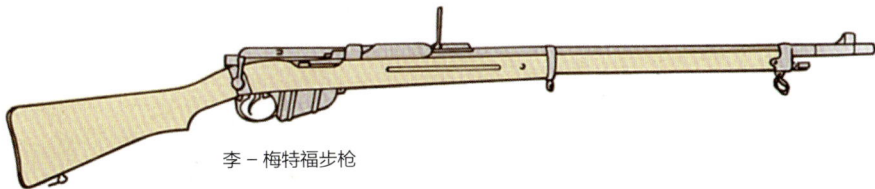

李-梅特福步枪

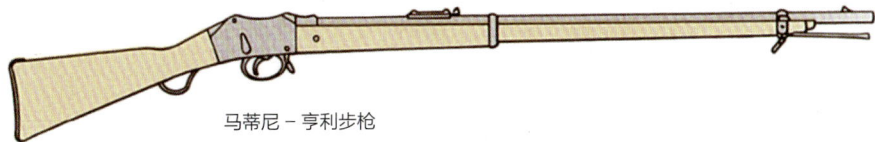

马蒂尼-亨利步枪

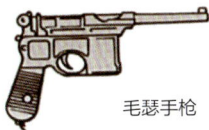

毛瑟手枪

李-梅特福步枪是英军最早的栓动步枪。1888年列装之时，这种步枪是当时最先进的步兵武器。这种步枪结合了美国的"李"式栓动枪机和八发弹匣设计，以及英国的梅特福线膛枪管。这种0.303英寸口径的武器，此后被李-恩菲尔德（Lee-Enfield）步枪取代。

马蒂尼-亨利步枪此前已经在苏丹使用过，这种威力强大的0.45英寸口径步枪，此时

仍在一些英军部队之中使用。这种单发的下压杆式后装枪重3.9公斤。马赫迪派有约1.5万支步枪，其中2000支为马蒂尼-亨利步枪。

问世于1896年的毛瑟手枪，很快被欧洲多国军队采购。接下来的20年间，这种武器得到了一系列的改进和完善。这种0.33英寸口径的自动手枪，重1.13公斤，使用10发弹夹。

生活条件恶劣的乌姆杜尔曼周边地区，几乎没有任何可以依托的天然屏障。英军只能使用"扎里巴"，即紧密捆扎的沙漠荆棘丛作为屏障。沙漠之中的荆棘数量可观，因此足以构筑齐腰高的有效防御带。在这些临时工事之中，英军扎营并建造战地医院，并派出哨兵不断绕营地巡逻。

列阵，以半环形阵列向西横跨宽阔的克勒里（Kerreri）平原，侧翼则与尼罗河相接，得到炮艇掩护。

20分钟之后天已大亮，骑兵带回来的侦察报告声称，马赫迪军展开8公里长的军阵，正在迅速前进。

在第一批起义军进入视野之后，基奇纳的炮兵在1829米之外开炮，而后马克沁机枪也开始致命的连射，最后则是步兵使用李–梅特福弹匣步枪发射达姆弹（dumdum bullet）。这些弹药在击中人体之后破碎，造成严重伤害，因此在1901—1902年的日内瓦会议之后被禁止使用。

使用标枪以及为数不多的雷明顿（Remington）单发步枪和马蒂尼–亨利步枪的马赫迪派，尽管以超人的勇气发起冲锋，却无法抵御基奇纳部的强大火力。在"扎里巴"前方约450米处，马赫迪派士兵的伤亡不断增加。上午8时30分，他们已经败退——至少基奇纳如此认为。

急于夺取乌姆杜尔曼的基奇纳，派出第21枪骑兵团，攻击敌军散乱的右翼，并截断这支部队与该城之间的联系，而后他命令部队前进，向哈利法的指挥部进军。这一行动，险些将他的胜利断送。

枪骑兵团向西南方向小步行进，阻截向乌姆杜尔曼撤退的大批马赫迪起义军，时年23岁的下级军官温斯顿·斯潘塞·丘吉尔也在队列之中。随后发生的故事，记载于丘吉尔给伦敦的《晨报》写的一篇通讯文章之中。

"在最前方，大概有200名马赫迪军蹲伏在平原之上的壕沟之中。骑兵接到了明确的任务：扫清这些敌人，让后方数量更多的步兵跟上。为包抄敌人，骑兵各中队纷纷结成纵队向左绕行，而后转为小步前进，奔赴战场。我们以为这些人手里只有标枪，因为在我们距离他们300码（273米）时，他们并没有开枪。突然之间，在我们团开始小步前进时，他们开始了密集、猛烈而凶险的射击。此时，只剩下一种选择。号手吹响了

'右转变横队'的命令，而后骑兵团便开始整齐划一地冲向敌方步枪手。距离虽然很近，但我们还没有走完一半距离便发现，这些步枪手后面的敌人威胁更大。那时才能看到，在地上的一道深沟之中——怪异的地形完全掩盖了它的存在——有大批身着白衣的人组成密集的长队列。他们的横排几乎与我们等长，而且大约有12排。我们显然完全没有预料到他们在此埋伏。随后发生的事或许也出乎他们的预料。我个人并不认为他们预料了骑兵会发起冲锋。见到伏兵的枪骑兵们，立即加快了行进速度，以保证冲击密集队列之时的冲击力。然而这一切仅仅发生在几秒钟之间。"

"骑兵各中队以紧密队形全速冲击马赫迪军集群。那些直到最后一刻仍在英勇射击的步枪手，被扫进了壕沟之中，而

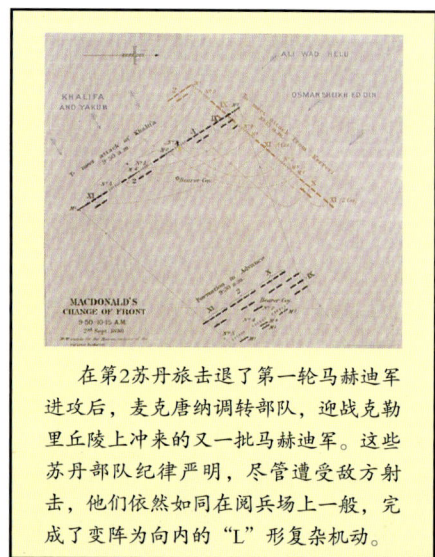

在第2苏丹旅击退了第一轮马赫迪军进攻后，麦克唐纳调转部队，迎战克勒里丘陵上冲来的又一批马赫迪军。这些苏丹部队纪律严明，尽管遭受敌方射击，他们依然如同在阅兵场上一般，完成了变阵为向内的"L"形复杂机动。

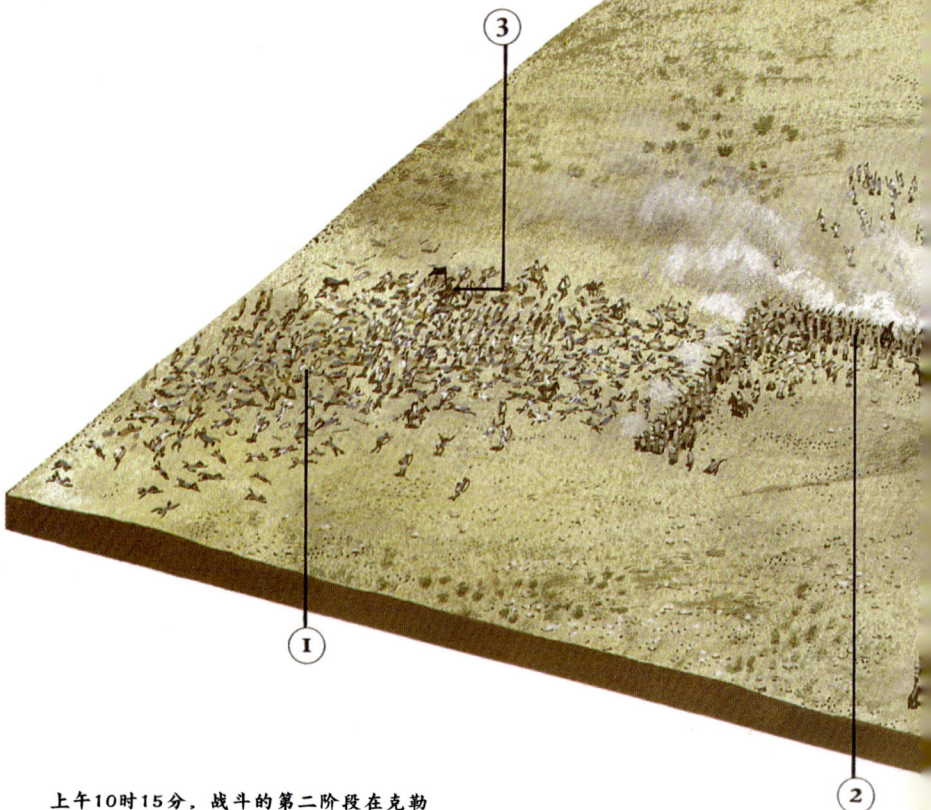

上午10时15分，战斗的第二阶段在克勒里平原约5平方公里的土地上展开。马赫迪军对埃及–苏丹部队组成的后卫部队发起攻击。然而由于协同较差，第二批马赫迪军从克勒里丘陵抵进之时，第一批马赫迪军已被击退。

马赫迪军①的第一轮进攻，由哈利法率领。

麦克唐纳的苏丹第2旅②以致命的齐射击退了这次攻击，马赫迪军阵亡约3450人。

马赫迪军竭力让他们的黑色军旗③飘扬，

因此这里的战斗也最激烈，马赫迪军因此伤亡惨重。

英军在埃伊盖加村（El Egeiga）的少量土坯房之中扎营，构筑前进基地。在一道"扎里巴"⑨的保护之下，英军还建立了一座战地医院。

　　两名马赫迪派将军高举绿色军旗⑩，率领约2万部队从克勒里丘陵冲出。当马赫迪军距离英军约450米时，他们的前卫部队在他们前方275米处，而且已经耗尽了弹药。许多人只能使用刀剑和标枪来攻击英军。

　　柯林森（Collinson）的埃及第4旅④在沿河岸行军之时，得知了马赫迪军进攻麦克唐纳率领的后卫部队的消息，柯林森立即下令调转方向，掩护麦克唐纳的右翼。

　　布罗德伍德（Broadwood）的骑兵部队⑤，此前从战场吸引了一些马赫迪部队，他们不断杀伤敌人，消耗敌人的弹药并迟滞了他们的二次反击。在完成任务之后，这些骑兵转往

柯林森部④与克勒里丘陵之间。麦克唐纳②命令苏丹第2旅改变方向，迎击马赫迪军。

　　骆驼部队⑥配置在麦克唐纳新集结的"L"形军阵的长段末端，支援他抵御敌人。此时的苏丹旅面向克勒里丘陵，向马赫迪军疯狂射击，许多士兵甚至不瞄准。当林肯郡步兵团抵达战场，为他们彻底解困之时，他们已经几乎没有弹药了。

　　炮艇布置在英军营地与克勒里丘陵之间的尼罗河上，但它们距离太远，并没有有效支援战斗。战地医院附近的弹药运输船上，挤满了战斗之中后送过来的伤兵。

　　林肯郡步兵团⑦，在当时号称拥有英军

速度最快，枪法最好的步枪手，他们补全了麦克唐纳的阵形。这支部队在苏丹第10营②后方列阵，此前两支部队也协同行动。

　　沃科普（Wauchope）准将⑧，带着3个英军步兵营以及补充弹药，前来增援麦克唐纳部。

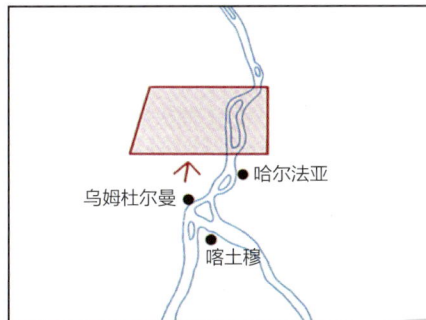

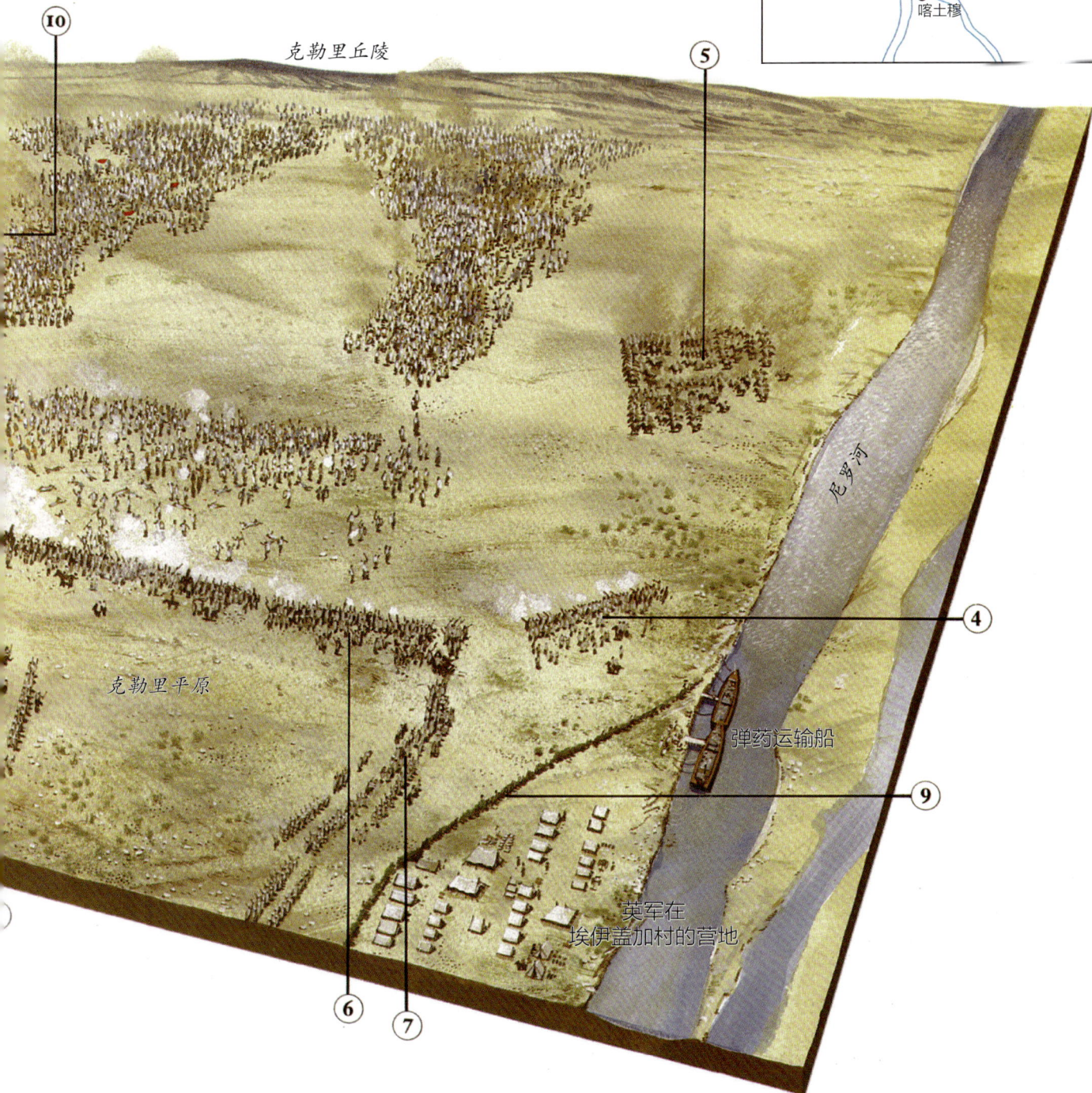

枪骑兵也迎着敌人的枪尖冲进壕沟之中，敌人的头几乎与马匹的膝盖齐高。"

丘吉尔恰好参与了世界军事史上最后一次经典的骑兵冲锋。在短短两分钟的交锋之中，马赫迪派阵亡60人，许多人受伤，而第21枪骑兵团则付出了5名军官、66名士兵以及119匹战马的代价。

与此同时，基奇纳命令他的部下向乌姆杜尔曼进军，但他并未确认敌军是否已经战败。事实上，马赫迪军并未退出战场，而他已经将整个右后方暴露给敌人。他的境况极度危急。

对基奇纳而言幸运的是，马赫迪军的第一轮进攻，遭遇了他的后卫部队与第2苏丹旅，这些距离主力部队较远的部队，由此后被媒体称为"战士麦克"的中尉赫克托·麦克唐纳指挥，这位中级军官出身行伍（在19世纪时可谓罕见），是一位善战而坚决的指挥者。他迅速评估了新的威胁，并亲自指挥齐射迎击敌人。这支马赫迪军很快被击退。

在基奇纳试图将主力部队重新集结成作战阵形时，又一批多达2万人的马赫迪军冲向麦克唐纳的部队。坚持严格操练部下的麦克唐纳，冷静地调度他的原住民步兵，进行一系列复杂的机动，迎击先后从北、西、南三个方向进攻的敌军。当林肯郡（Lincolnshire）步兵团终于为"战士麦克"解困之时，发现后者的许多士兵已经打光了子弹，其他人也只剩两发子弹了。

麦克唐纳的干练与勇敢，无疑拯救了基奇纳的主力部队，让没有整队的他们免于进行近距离混战，否则英军的伤亡必然大增，甚至也有战败的可能。

此时马赫迪军已经彻底战败。幸免于难的基奇纳在继续进军乌姆杜尔曼和喀土穆之前，对他的参谋们说道："先生们，我觉得我们已经给他们来了个漂亮的下马威。"

伦敦的《每日邮报》则称之"与其说是一场战役，不如说是一场处决"。英埃联军的伤亡不到500人，而马赫迪起义军阵亡1.1万人，另有许多人负伤。

▲ 上图，马赫迪在戈登被杀之后不久神秘死亡，而后被安葬在乌姆杜尔曼的陵墓之中。他的墓地被英军火炮严重损毁。

中图，基奇纳的河道船队，包括10艘近期建造的蒸汽船，上面安装火炮与机枪，另外还有5艘轻装的蒸汽运输船。每艘蒸汽船上都有皇家海军军官指挥，配有一个排的步兵保护。

下图，在占据了乌姆杜尔曼之后，苏丹平民掠夺了城墙之外的所有建筑物，用人力、推车以及骆驼运走战利品。丘吉尔写道："这里被洗劫一空，一切财物都逃不过苏丹掠夺者的火眼金睛。"

英勇的骑兵们获得了4枚维多利亚十字勋章。第21枪骑兵团的P.A.肯纳（Kenna）上尉，在敌人的猛烈射击之下，尽力营救已经落马并被马赫迪军包围的战友格伦费尔（Grenfell）中尉。肯纳上尉冲到格伦费尔中尉身边时，中尉已经阵亡，但他还是将战友的遗体带回了骑兵团。

这一战之后，苏丹部队立即开始掠夺死亡的士兵。许多伤兵也被掠夺者杀死。许多英军士兵也加入了这场可耻的掠夺。【4】战场之上，马赫迪派留下了1.1万具尸体，伤者则大约在1万—1.6万人之间。

【4】纵观史料，英军士兵掠夺的恶行比比皆是，早在英法百年战争时代，英法第一次签署和约的1360年之后，就有以约翰·霍克伍德（Hawkwood）为代表的大批英格兰士兵，裹挟其他武装力量在法国各地流窜劫掠。直到二战，北非战场的英军军营旁也总是跟随着当地人的黑市，将英国士兵掠夺的物品及时变现。

枪骑兵伯恩（Byrne）看到一名受伤的军官被马赫迪军包围，军官高声呼救。当时伯恩右臂已受枪伤，可他依然毫不犹豫地催马前去救援，尽管胸口又被标枪刺伤，但他还是救下了那名军官。英勇无畏地完成任务之后，伯恩返回队列之中，直到因失血过多陷入昏迷。

英国在乌姆杜尔曼的胜利，让其恢复了在苏丹的统治，消灭了狂热的马赫迪派，并迅速恢复了殖民统治秩序。然而这一战结束不到一周之后，喀土穆传来了一个新情报：法军以及法属西非附庸军的少量部队，在马尔尚（Marchand）少校指挥之下，抵达了尼罗河上游的法绍达（Fashoda）堡垒。

法军的目标是在刚果与埃塞俄比亚之间，为法国占据尼罗河流域的一个战略要地。他们的计划失败了，基奇纳率领一支远多于他们的军队向法绍达进军。法军在1898年12月11日撤退，然而所谓的法绍达危机，让英法两国政府因对方的敌对行为而警戒了几个星期。

这一事件，也是英法两国在非洲一些利益冲突之中的最后一次交锋。此后，在德意志第二帝国日益增长的工业产能与军事力量威胁之下，两国决定放下旧日的仇怨。1904年，两国签订《英法同盟协约》（Entente Cordiale），根据该协议，法国承认英国在埃及的利益，英国则承认法国在摩洛哥的治权。

科伦索之战，1899年12月15日

1898年10月，英国与南非当地的布尔人（Boer）爆发战争，而1899年12月，传来了令英国不安的消息。那些轻装的民兵，真的能够在短短6天内，连续三次击败英国正规军吗？

英国派去解救被包围的金伯利（Kimberley）、马菲肯（Mafeking）与莱迪史密斯（Ladysmith）的部队，接连三次战败，被英国媒体称为"黑色星期"。如果解围部队取胜，维多利亚女皇便将成为德兰士瓦（Transvaal）与奥兰治自由邦（Orange Free State）的布尔人的宗主，南非或许也能迅速恢复和平。然而此时，一场旷日持久的战争将不可避免。

英国远征军的指挥官是拥有维多利亚十字的勋爵雷德弗斯·布勒（Redvers Buller）将军，这位祖鲁战争中的英雄，在10月31日抵达开普敦（Cape Town）。行动初期，他将部队分为三个数量不等的集群，走不同的道路穿越荒凉的稀树草原进军，这一安排招致了灾难。他身穿卡其布的士兵们，将在布尔人突击队的打击之下蒙羞，那些作战顽强、笃信《圣经》的荷兰定居者后裔，统一的装备只有毛瑟步枪。

威廉·加塔克（Gatacre）将军率领3000部队驱逐侵袭英属开普敦殖民地（Cape Colony）的敌军，他的部队最先战败。12月10日，在斯托姆贝赫（Stormberg）的遭遇战中，他损失了600士兵和两门火炮；前去为金伯利与马菲肯解围的1.5万部队，在马盖斯方丹（Magersfontein）被击溃，伤亡948人。

但"黑色星期"的至暗时刻还是雷德弗斯爵士本人的战败，当时他率领5个旅的部队与44门火炮前去为莱迪史密斯解围。在纳塔尔（Natal）地区的小镇科伦索（Colenso），犹豫与被动招致了危机，英军靠着勇气才免于更大的灾难。

12月8日，雷德弗斯爵士首次展现

了他的前后不一，他明确宣称无意在科伦索强渡水深流急的图盖拉河，此地位于被包围的莱迪史密斯以南24公里处。他认为河对岸的高地防御严密，因而向英国政府报告："我认为我无法突破布尔人在此地与莱斯史密斯之间的防御，我必须绕过敌人的防线，为此我要行进50英里（80公里）。"

绕过敌方防线的机动于12月12日开始，然而英军最高指挥官又莫名其妙地

改变了计划，命令部队在科伦索方向强渡图盖拉河。他的下属们似乎没有人评论这次计划变更，但他们一定想知道为什么这位将军要自相矛盾，并把部下置于危险之中。

根据1881年的《比勒陀利亚和约》（Treaty of Pertoria），布尔人的德兰士瓦与奥兰治自由邦被承认为独立政权，虽然二者管理秩序较差，但依然抵御了英国对他们内部事务的干预。然而1886年，威特沃特斯兰德（Witwatersrand）发现了金矿，并非布尔人的淘金者融入约翰内斯堡（Johannesburg）周边地区，而此前的定居者对他们甚为不满。1899年，布尔人担忧英国发动武装入侵。奥兰治自由邦随即与德兰士瓦结盟，布尔人入侵了开普殖民地与纳塔尔，围攻马菲肯、金伯利与莱迪史密斯这三个重要的边境城镇。

1899年12月15日，上午6时30分，哈特将军派他4000人的爱尔兰旅涉水通过图盖拉河弯曲部。河面约110米宽，水深可达6米。哈特被当地的向导欺骗，误以为他的目标马缰河滩就在河流弯曲部，因而率领部下踏入了布尔人的陷阱。

海军舰炮的炮弹⑥宣告这一战在早上5时30分开始，英军以炮击为哈特的步兵旅开路。4.7英寸的炮弹不断轰击马缰河滩北岸的布尔人阵地，然而由于哈特的部队在预定位置的右侧渡河，炮击并没能达成目的。

布尔人的步枪手①隐蔽在河流弯曲部
对岸的三个方向，对哈特暴露的步兵迅速射
击。他们是出色的精确射手，既擅长利用地
形，也擅长隐蔽伪装。即使在开阔地上，也
极难发现这些身穿与隐蔽处颜色相近服装的
步枪手。

当英军士兵试图涉水通过图盖拉河②
时，他们发现行进路线被河床之上的带刺铁
丝网阻挡。被困在水流之中的他们，成了布
尔人精确射手的活靶子。

▲ 英军参谋军官在4.7英寸舰炮阵地上，观察科伦索战场。

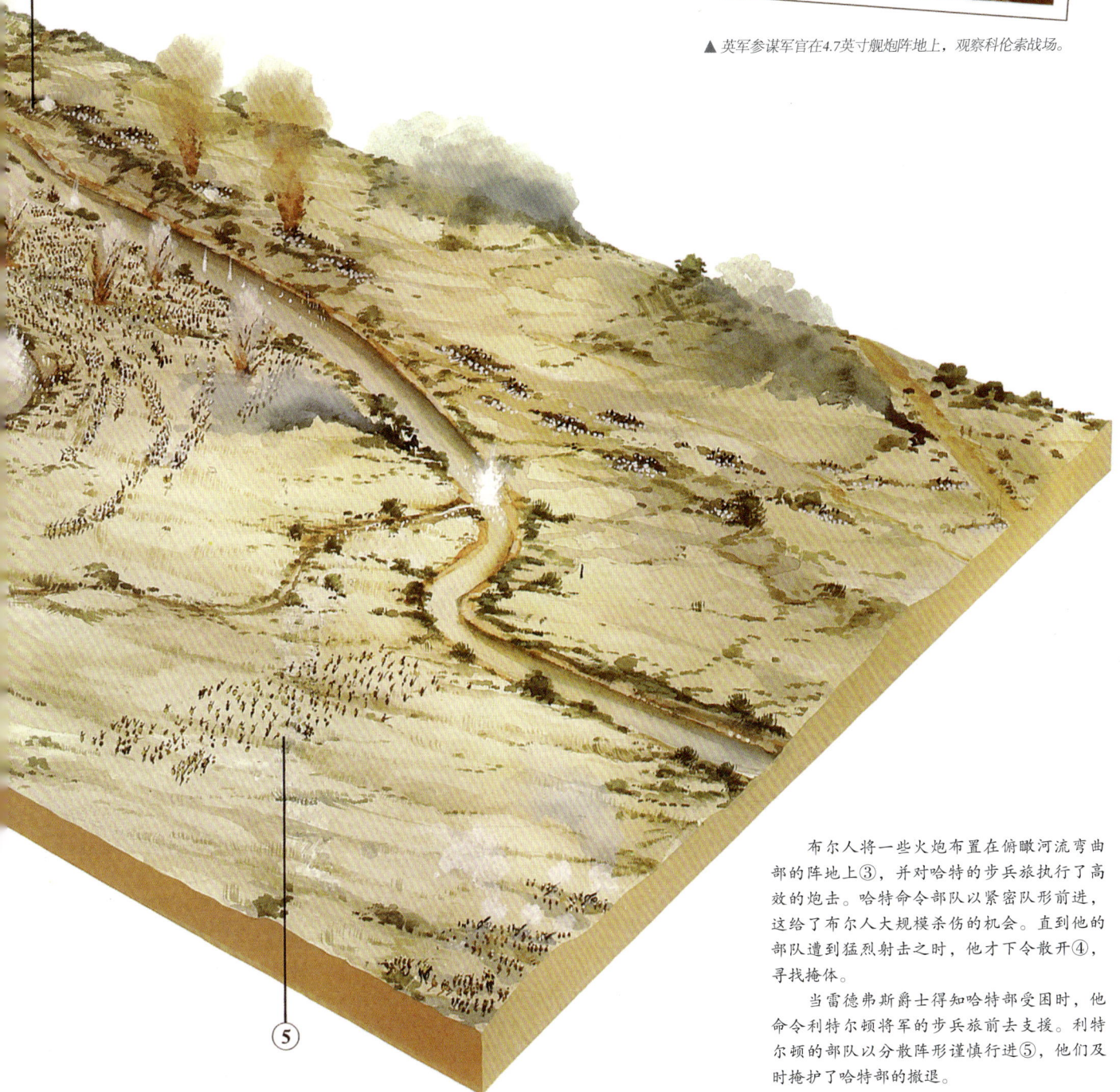

布尔人将一些火炮布置在俯瞰河流弯曲
部的阵地上③，并对哈特的步兵旅执行了高
效的炮击。哈特命令部队以紧密队形前进，
这给了布尔人大规模杀伤的机会。直到他的
部队遭到猛烈射击之时，他才下令散开④，
寻找掩体。

当雷德弗斯爵士得知哈特部受困时，他
命令利特尔顿将军的步兵旅前去支援。利特
尔顿的部队以分散阵形谨慎行进⑤，他们及
时掩护了哈特部的撤退。

雷德弗斯爵士向指挥莱迪史密斯守军的乔治·怀特将军发出信号，表明他正在向科伦索进军，可能在12月17日发起进攻。怀特要同时进攻围城者以配合友军。然而在12月14日，善变的雷德弗斯爵士又命令在次日破晓时分进攻科伦索。他没有把进攻提前48小时的消息告知怀特。

雷德弗斯爵士要求亨利·希尔德亚德（Hildyard）将军的第2旅突破科伦索以北的铁路桥，菲茨罗伊·哈特（Fitzroy Hart）将军率领第5旅在该镇以西4公里的"马缰河滩"（Bridle Drift）涉水通过图盖拉河，而邓唐纳德（Dundonald）伯爵道格拉斯上校则指挥他的骑兵旅进攻右翼的赫朗瓦内（Hlangwane）丘陵，这个陡峭的山丘位于河南岸，这里也有南岸唯一一处布尔人阵地，雷德弗斯爵士显然能意识到，布尔人的指挥官路易斯·博塔（Botha）将军很重视这处阵地。内维尔·利特尔顿（Neville Lyttleton）将军的第4旅在后方，第2旅与第5旅之后的区域作为预备队，而杰弗里·巴顿（Geoffrey Barton）将军的第6旅则在第2旅与骑兵旅之间担负类似的任务。

当英军水兵们操纵的重型舰炮开始炮击图盖拉北岸的布尔人阵地时，哈特命令第5旅前进，其部队几乎全部是爱尔兰人。尽管地图之上显示的最佳涉水浅滩——马缰河滩在更西面，但将军听信了一位当地向导的意见，认为河流向北折弯处的顶点才是最好的涉水地点。骑兵巡逻队警告称布尔人已经在对岸等待，哈特无视了这一情报，命令下属各营加速前进，并以紧密队列涉水渡河——事实证明这一选择大错特错。上午6时30分，当大批身穿卡其布的英军踏入河水之中时，那个向导已经溜走了，而敌人使用约2000支毛瑟步枪、一挺马克沁机枪和几门野战炮，从三个方向射击这些英军。

面对守军猛烈的火力，英军依然5次试图强渡图盖拉河，然而每一次，爱尔兰士兵们都遭遇了河中央水流之中布尔人早已布设好的带刺铁丝网。在急流之中被挂住的爱尔兰人进退不得，成了布尔人的活靶子。

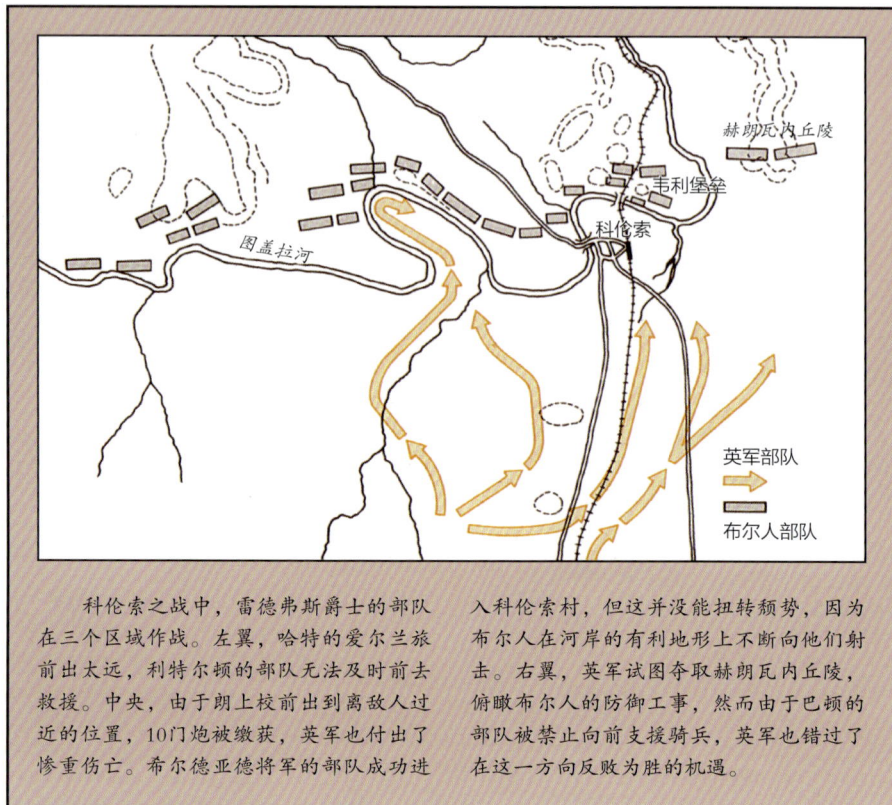

科伦索之战中，雷德弗斯爵士的部队在三个区域作战。左翼，哈特的爱尔兰旅前出太远，利特尔顿的部队无法及时前去救援。中央，由于朗上校前出到离敌人过近的位置，10门炮被缴获，英军也付出了惨重伤亡。希尔德亚德将军的部队成功进入科伦索村，但这并没能扭转颓势，因为布尔人在河岸的有利地形上不断向他们射击。右翼，英军试图夺取赫朗瓦内丘陵，俯瞰布尔人的防御工事，然而由于巴顿的部队被禁止向前支援骑兵，英军也错过了在这一方向反败为胜的机遇。

雷德弗斯爵士全神贯注地观看了左翼部队落入下风的过程，他通知利特尔顿将军："哈特在那里已经陷入了困境，你要尽力解救他。"然而那时明智

雷德弗斯·布勒爵士（1839—1908），1899年10月11日布尔战争爆发之时，担任南非英军总指挥官。时年60岁的他军事经验丰富，却从未曾主持制定过军事计划。他在1857年进入皇家步枪军服役，此前曾在加拿大、南非、埃及和苏丹服役。他向来颇受部下爱戴，也关心他们的福祉，并在布尔战争之中建立了"野战部队食堂"（Field Force canteen），在稀树草原之上的漫长、艰苦而单调的征战中，改善士兵的伙食。

路易斯·博塔将军（1862—1919），在科伦索之战中指挥布尔人突击队，封锁雷德弗斯爵士的进军路线。当时他37岁，这是他指挥的第一场战役。博塔本是成功的农场主，也是天生的领袖，尽管也有性格敏感、不接受批评的缺点。他是优秀的军人，但他并不愿意参战，在布尔人的议会之中，他在是否与英国开战的投票之中，投下了弃权票。

毛瑟步枪

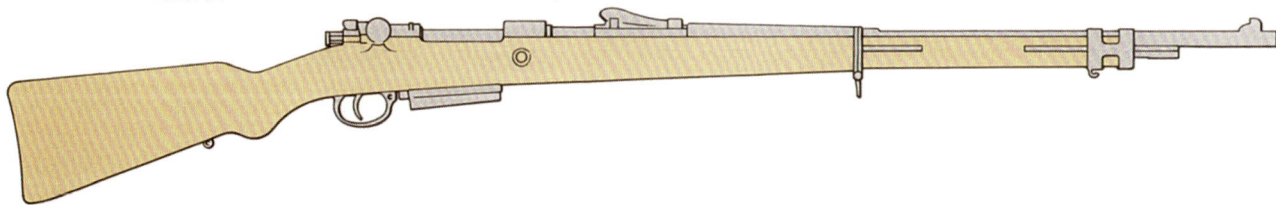

尽管布尔人拥有一些高质量的火炮，但他们与英军作战时的主要武器还是毛瑟步枪，特别是1898年版（Gewehr 1898）。这种7.29mm口径的栓动步枪，使用5发的弹匣，射速高于英军的李－梅特福步枪与李－恩菲尔德步枪，准确度也略高。但这种武器的最大优势在于弹夹装弹。当英军一发一发地填装弹药时，布尔人用弹夹可以一次压入5发子弹，这极大增加了他们的射速。

带刺的铁丝网，这种在之后的战争之中扬名的防御设施，被布尔人机智地部署在河流浅滩之中。他们在河床之中布置铁丝网，让敌人无法涉水通过。

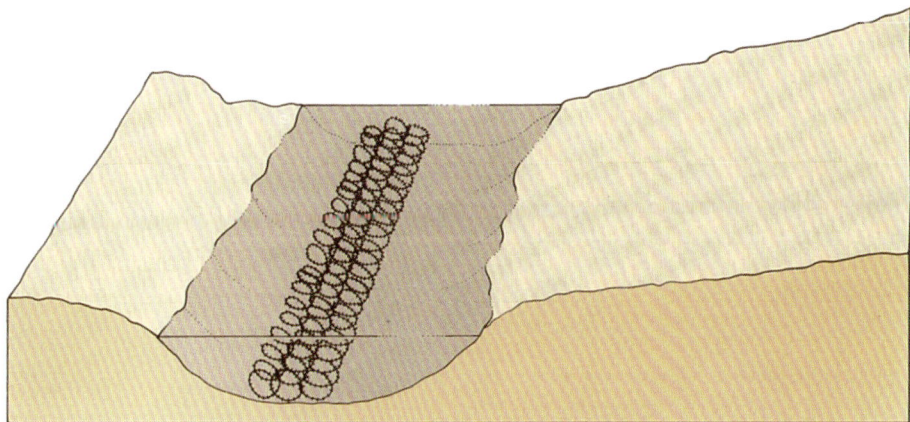

▶ 同时代拍摄的科伦索村庄，1899年12月15日，希尔德亚德将军的部队就是通过这一片开阔的稀树草原进军。

▶ 布尔人的75mm克勒索（Creusot）榴弹炮，布置在俯瞰科伦索与图盖拉河的高地之上。照片的右侧展示了河流的弯曲部，哈特将军的爱尔兰人旅就在这里被布尔人困住。

地以松散阵形前进的第4旅，已经进入了布尔人的射程之中，见到了哈特麾下从那个陷阱之中逃生的士兵，英军已有553人被俘。

与此同时，英军右翼中央也遭遇了灾难，而总指挥官还没收到报告。希尔德亚德将军进攻科伦索铁路桥的行动，本应当获取C.J.朗（Long）上校的炮兵支持。朗上校在巴顿将军的预备队旅步兵分队掩护之下，本应奉命进军到距离布尔人阵地2290米处，他率领两个挽马拖拽的皇家炮兵炮组——第14连与第66连，小步向敌人阵地迅速行进。朗上校多次无视了巴顿停止前进的要求，前进到了与掩护步兵以及使用牛拖拽的重型舰炮脱节的位置。

上午6时30分之前，在一片寂静之中，朗上校在距离图盖拉河仅550米的开阔地上精确地架设了炮位。然而在炮兵开炮之前，一门布尔人的火炮走火，博塔的左翼与中央部队喧闹起来。朗上校此后宣称，他误判了距离，前进到了距离敌军比预期更近的位置。

在这个距离敌人1.6公里的危险阵地之上，皇家炮兵冷静地开始射击，而他们的身边，子弹与炮弹破片呼啸而过。士兵与驮马纷纷倒地，但幸存者坚持射击，直到上午7时，他们基本耗尽了弹药。朗上校身受重伤，和其他伤者一同被送往炮兵阵地后方365米处的干涸河道（donga）之中，尚有作战能力的炮兵也在那里寻找掩体，等待后方运送炮弹。不幸的是，此时运送炮弹的车辆在4.8公里之外，正在缓慢通过稀树草原。在前方，那12门炮和阵亡的炮兵一同留在那里，虽然完好，却并未使用。当一名受伤的军官提出抛弃火炮，返回安全区域之时，朗上校高声斥责道："天杀的！我们才不抛弃火炮！"

当一名惊魂未定的上尉将这位上校自寻死路的决定汇报给雷德弗斯爵士时，这位英军总指挥官也支持朗上校的观点。雷德弗斯爵士带着他的参谋们，迎着枪林弹雨前往干涸河道近距离指挥

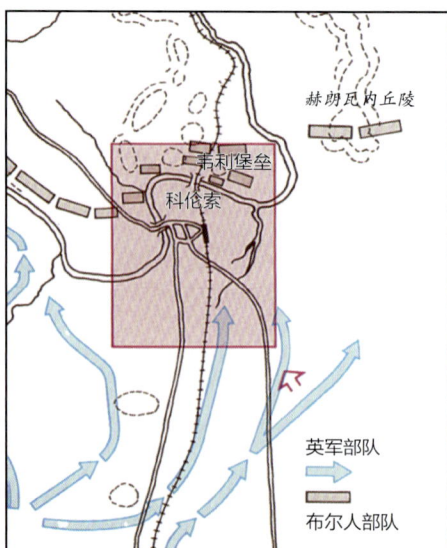

赫朗尼约丘陵

弗利堡垒
科伦索

英军部队
布尔人部队

上午9时，朗上校布置在布尔人步枪射程之内的开阔地的火炮，已经被全部抛弃。

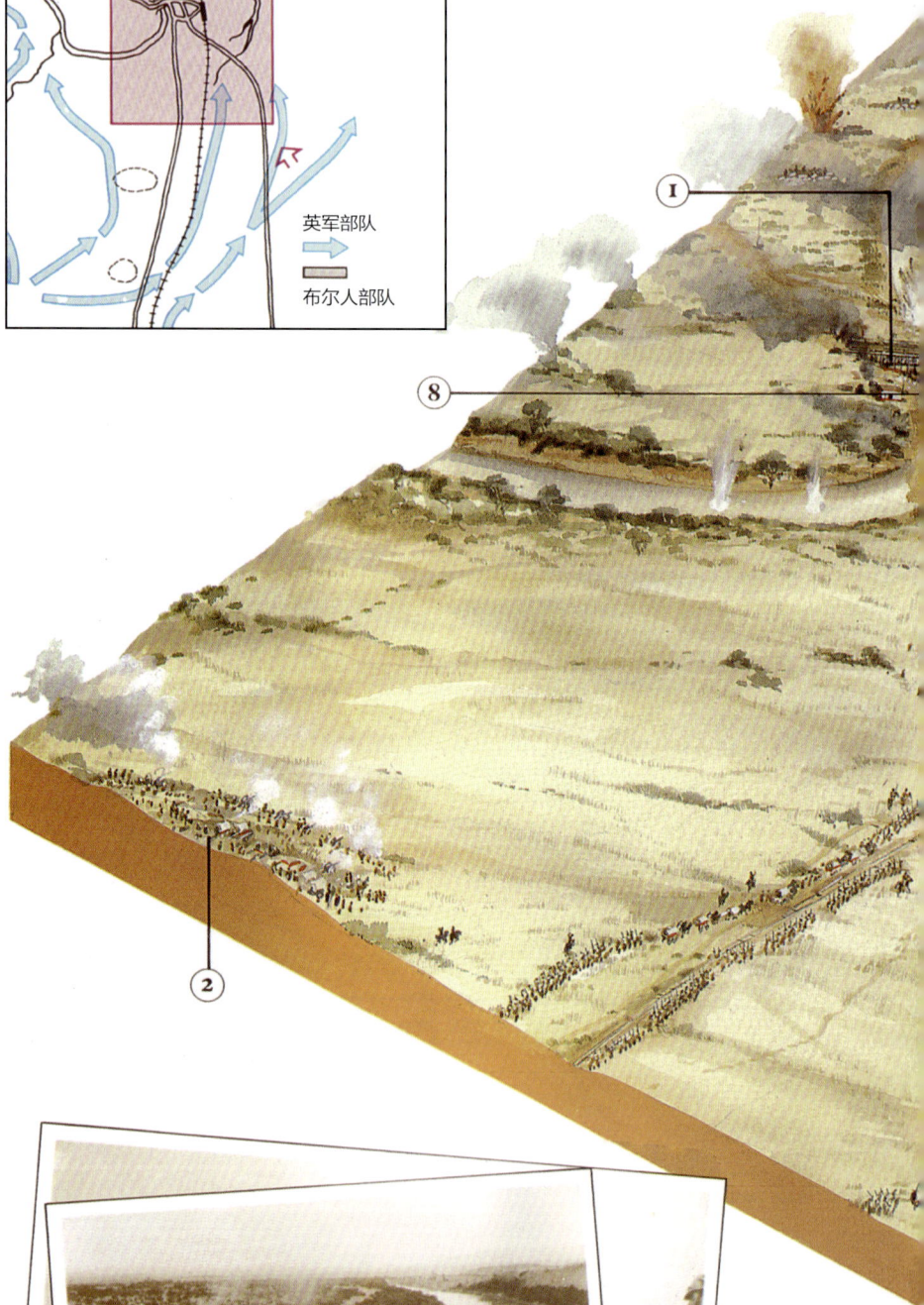

①

⑧

②

◀ 科伦索以北，图盖拉河上的铁路桥，被布尔人摧毁。

图盖拉河上的公路桥①，是希尔德亚德将军的部队抵达的最远处。

以海军舰炮组成的炮组②，对布尔人在河北岸的据点进行炮击。这些火炮布置在敌人步枪射程之外。

朗上校的两个野战炮炮组被遗弃的10门炮③，被精确地安置在距离图盖拉河仅550米的位置。

布尔人的阵地④就在这个炮兵阵地的对面。

在朗上校的炮弹耗竭之后，余下的炮兵退往阵地365米后的干涸河道⑤。他们在这里试图取回火炮。

同样由朗上校指挥的6门舰炮⑥，由于使用牛拖拽，跟不上他用挽马拖拽的火炮。他们在那些自寻死路的15磅炮炮兵的后方架设阵地，因而没有和他们一样，在布尔人的直接射击下伤亡惨重。

希尔德亚德将军的步兵旅⑦，其先头部队以分散阵形前进。

这些部队已经进入科伦索，但还没有与敌人交战的他们，不久后便奉命撤退。

巴顿将军的部分步兵旅⑨作为预备队，没能参战。

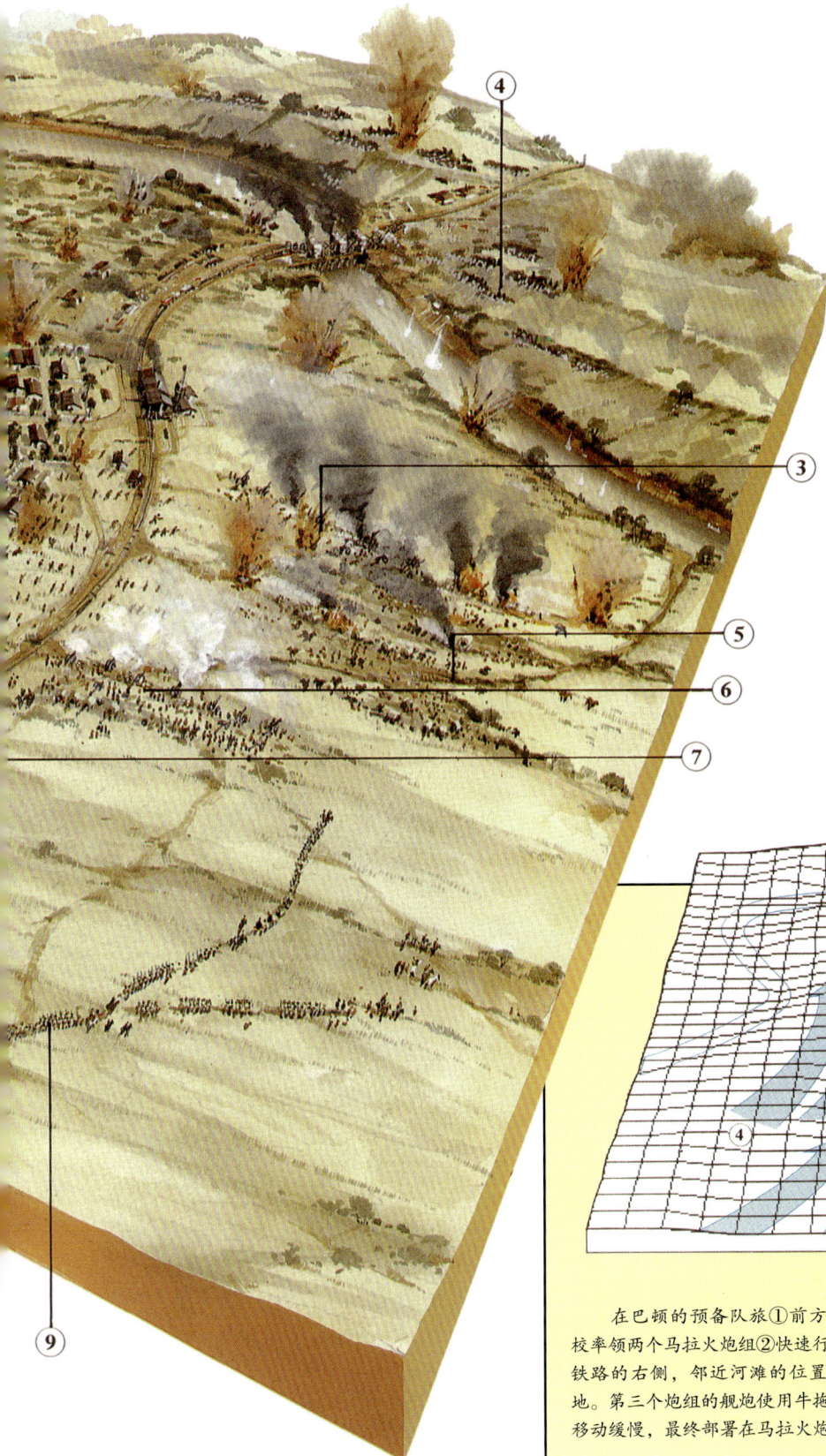

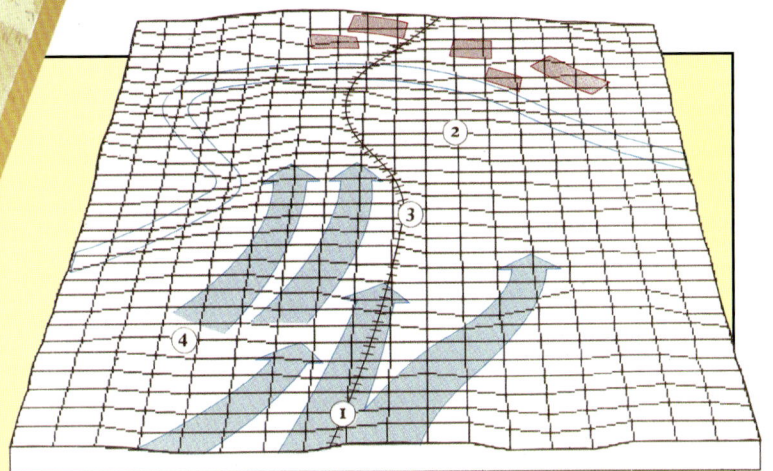

在巴顿的预备队旅①前方，朗上校率领两个马拉火炮组②快速行进，在铁路的右侧，邻近河滩的位置布置阵地。第三个炮组的舰炮使用牛拖拽③，移动缓慢，最终部署在马拉火炮阵地左后方550米处。这些火炮本应用于支援希尔德亚德将军的步兵旅④，此时这些部队正准备通过铁路线西侧向科伦索进军。

作战，而这一举动对高级军官而言可谓极不明智。他号召志愿者前去撤回火炮，3名军官与7名士兵立即响应，迎着布尔人的射击冲向炮兵阵地。其中就包括弗雷德里克·罗伯茨中尉，这位参谋军官，正是同时代英国最著名的军人坎大哈（Kandahar）男爵罗伯茨元帅的独生子。

他们幸运地运回了两门火炮，但也付出了伤亡代价。另一支前去抢回火炮的小队在猛烈射击之下失败。这次鲁莽而英勇的行动，换来了总共4枚维多利亚勋章，其中就包括追授维多利亚勋章的罗伯茨中尉，他在12月16日伤重不治。另外还颁发了18枚杰出贡献勋章。

雷德弗斯爵士也被弹片击中，受了轻微伤，而哈特的部队与朗上校的火炮先后受困，似乎让他失去了信心。当天上午过半之时，他又改变了想法，决定抛弃火炮，停止进攻，即使此时他一半部队还一枪未发。

作为预备队的巴顿部，未获准支援进攻赫朗瓦内丘陵的邓唐纳德伯爵部队，如果夺取这一制高点，英军就能够居高临下，射击图盖拉河北岸堑壕之中的布尔人。显然，雷德弗斯爵士没有意识到这处高地的重要性。希尔德亚德的部队进展顺利，甚至已经突入科伦索，但还是奉命撤退了。

南非英军最高指挥官雷德弗斯·布勒，损失了麾下2万部队中的1127人，其中143人阵亡，240人失踪，推测已被俘，余下则是伤者，包括许多重伤员。他还损失了44门火炮中的10门，博塔将军报告说他的8000守军仅阵亡40人，并声称"取得了辉煌的胜利"。

仍在胡乱分析局势的雷德弗斯爵士，向莱迪史密斯的乔治·怀特爵士发出信号，宣布自己已经战败，要求他尽量消耗弹药，并尽可能与敌人和谈。乔治爵士无视了这一命令。

战败的英军向11公里之外的弗里尔（Frere）撤退，此处是最近一处有可靠淡水供应的地点。奇怪的是，布尔人没有试图袭扰撤退的英军。在弗里尔，

军队恢复了日常作息，士兵们进行操练与阅兵、比赛板球，军官们则进行障碍赛马。雷德弗斯爵士也重新振作起来，开始准备从侧翼进攻，为莱迪史密斯解围，但科伦索之战，以及前不久在斯托姆贝赫与马盖斯方丹的战败，让英国政府与公民大惊失色。被媒体称为"战败爵士"的雷德弗斯·布勒，虽然仍受部下信任与爱戴，却不可能继续担负指挥任务了。罗伯茨元帅接替了他的指挥任务，这位元帅的独生子，此前正是因为后送朗上校的火炮而伤重不治。

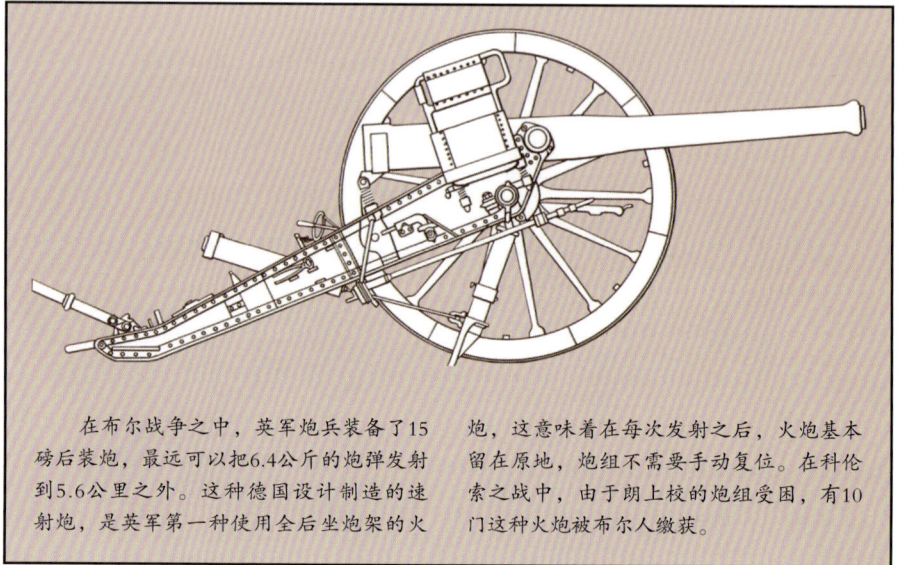

在布尔战争之中，英军炮兵装备了15磅后装炮，最远可以把6.4公斤的炮弹发射到5.6公里之外。这种德国设计制造的速射炮，是英军第一种使用全后坐炮架的火炮，这意味着在每次发射之后，火炮基本留在原地，炮组不需要手动复位。在科伦索之战中，由于朗上校的炮组受困，有10门这种火炮被布尔人缴获。

每一门英军15磅炮，以及装有44发备弹的前车弹药箱，由9人炮组和10匹马运送，6匹马用于拖拽火炮和弹药，4匹马用于骑乘。当布尔人夺取了朗上校的10门15磅炮之后，他们把炮装上火车，运往比勒陀利亚，作为战利品展览。

▲ 海军12磅炮炮兵阵地的英军部队，眺望科伦索周边的战况。雷德弗斯爵士的大批部队在当天一枪未发。

在"黑色星期"结束之时，犹豫不决的指挥官雷德弗斯爵士已经彻底战败。布尔战争，和之前的萨拉托加之战与此后的奠边府之战一样，证明了欧洲部队在异国他乡使用传统战术，应对游击战时极为不利。英军需要变通，但雷德弗斯爵士思维呆板，在被坎大哈男爵罗伯茨元帅取代总指挥职务（基奇纳男爵则担任参谋长）后，此后他在纳塔尔又多次战败，罗伯茨元帅立即对英军进行了彻底的重整。他清楚，布尔人的机动能力高于英军，为了弥补这一不足，他必须编组骑马步兵。最终，英帝国被迫以举国之力对抗布尔人，即使后者可动用的兵员仅有8.3万人，同时动员的部队更是从未超过4万人。然而1899年的2.5万英军，在接下来的两年间不断获得增援，最终增加到50万人。英军在胜利之后展现出宽宏之姿，双方很快达成了和解。因此几年之内，热血的南非志愿军就在两次世界大战中与昔日的敌人并肩作战了。

▶ 行动中的布尔人突击队。这些人穿着日常服装参战。他们唯一统一的装备是毛瑟步枪以及皮革子弹带。

旅顺战役，1904年8月19日—1905年1月2日

1904年，日本帝国主义者再度出兵争夺中国东北。10年前的中日甲午战争中，他们一度迫使清政府割让辽东半岛，但法国、德国与沙皇俄国的联合干涉，迫使他们放弃了这一地区。

因此，对于日本而言，争夺中国东北，尤其是辽东半岛南端的深水港旅顺，不仅是为了争夺地缘利益，也有在列强之中立威的考虑。1904年2月8日，日本不宣而战，偷袭俄国旅顺港舰队，日俄战争随即爆发。双方都加急调动装备精良的陆海军前往这一地区。

6月1日，乃木希典将军在旅顺港以北43公里处登陆，前来接管进攻旅顺港的日军——约有9万人的第三军。然而他的南进并不顺利。斯特塞尔（Stoessel）将军率领约3万俄军阻击了日军两个月，给城中的两万驻军与工兵争取时间，加固防御工事。7月30日，斯特塞尔率部退入城区之时，他的工兵在短时间内出色完成了任务，建立起了一系列的炮兵阵地、土垒工事与堑壕体系。

8月19日至11月26日，乃木希典在三个互不相连的区域，对俄军防御阵地正面进行大规模且长时间的强攻，将训练有素的步兵当作炮灰。三个方向的进攻均无进展，日军伤亡惨重。日军的夜袭也付出了惨重代价，俄军熟练使用探照灯，照亮偷袭的日军小队，指引己方火力的射击。

随着战斗持续，同时代所有的先进武器都被调到旅顺，既有11英寸（277mm）口径的重型榴弹炮，可将227公斤的炮弹发射到8公里之外，也有马克沁机枪、弹匣步枪、带刺铁丝网工事，以及新式的手榴弹。

11月26日，在第三次大规模进攻的最后一天，日军在仅仅15小时的战斗中就付出了1万人伤亡的代价，仍以失败告终。乃木希典终于放下架子，承认无法靠士兵的蛮勇正面攻取旅顺要塞。日本

政府步步紧逼，要求消灭俄军在港内的作战舰艇，俄军波罗的海舰队正在从世界的另一端赶往太平洋，乃木希典必须阻止他们会合。为此，日军转往进攻海拔203米，并因此得名的二〇三高地。[1]

日军所有的阵地都无法完整观察旅顺港以及大部分城区，因此他们的重炮无法有效射击俄军军舰或其他重要目标。战场之上最适宜的炮兵观察哨，是旅顺港以北4.8公里处的二〇三高地，俄军在这里已经修筑了外围工事。在二〇三高地及其东北方的所谓"赤坂山"，俄军

使用土、原木和钢材构筑了制高点防御工事，两道堑壕在带刺铁丝网的防护之下，横穿正面阵地，并绕过山顶掩护阵地

1904年12月6日清晨，日军终于肃清了二〇三高地之上已经所剩无几的俄军部队。在夺取高地之后，日军控制了重要的观察哨，可以在此指挥炮兵向旅顺城和港口停泊的俄军军舰发动精确炮击。

日本在19世纪末的明治维新之中，发展成工业化国家，而后便开始向亚洲本土侵略扩张，其主要目标是朝鲜半岛和中国东北。然而沙俄同样在清帝国日渐瓦解之时觊觎这一地区，双方的野心最终导致了日本与沙俄开战。1904年，日本自认准备充足，决定冒险与俄国直接开战，控制这一地区。然而陆上的战争胜利，首先取决于制海权，因此日军需要先攻取俄军在中国东北的主港旅顺港，这里也是沙俄在太平洋掌控的唯一不冻港，是沙俄东方舰队重要的行动基地。

日本挑战沙俄，虽然要冒极大的风险，但在丰厚的战利品面前，贪欲战胜了谨慎。

【1】事实上，由于乃木希典攻城不力，日军总司令大山岩命令总参谋长儿玉源太郎接替乃木希典指挥旅顺攻城战。儿玉源太郎在12月1日抵达之后调整了炮兵部署，成为日军迅速攻取二〇三高地的关键。

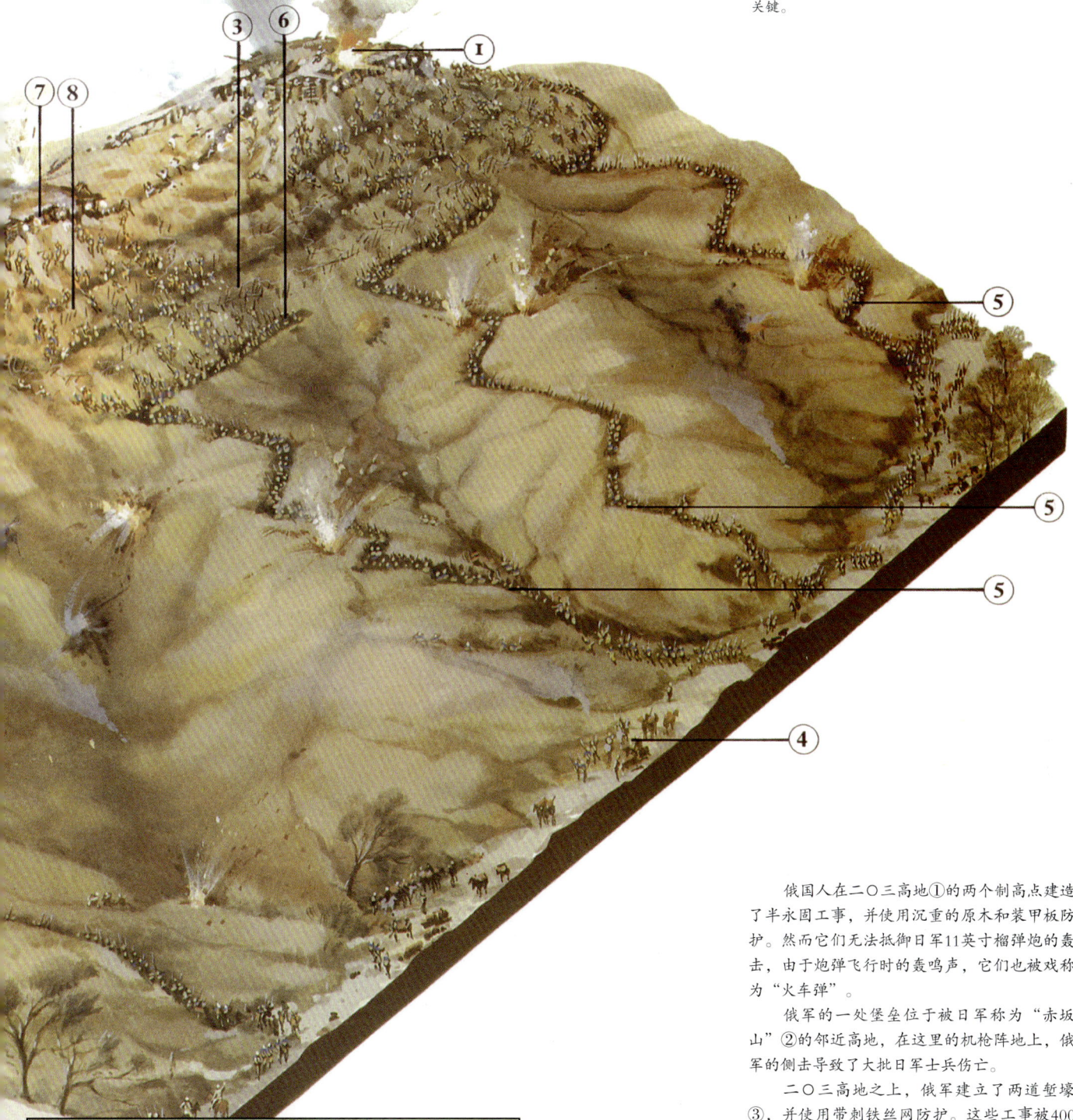

俄国人在二〇三高地①的两个制高点建造了半永固工事，并使用沉重的原木和装甲板防护。然而它们无法抵御日军11英寸榴弹炮的轰击，由于炮弹飞行时的轰鸣声，它们也被戏称为"火车弹"。

俄军的一处堡垒位于被日军称为"赤坂山"②的邻近高地，在这里的机枪阵地上，俄军的侧击导致了大批日军士兵伤亡。

二〇三高地之上，俄军建立了两道堑壕③，并使用带刺铁丝网防护。这些工事被400发500磅炮弹摧毁。

山谷底部有一道较深的干涸河道④，二〇三高地之下的日军以此为掩体集结兵力。

在俄军的射击之下，日本工兵在二〇三高地的陡峭土坡之上，挖掘了三道前进战壕⑤。日军可以在战壕之中前进，免遭弹片击中。

当前进战壕抵进敌方战线时，日军开始挖掘平行战壕⑥，以供大批士兵同时冲锋。

当日，筋疲力尽的俄方高地守军⑦面对日方生力军⑧于清晨发起的冲锋，节节败退。

◀ 在这幅同时代的立体照片中，一批日军和西方记者在战场附近的丘陵之上，观看11英寸榴弹炮轰击远处的俄军堡垒群。堡垒群是旅顺要塞防御配系的一部分，位于图中右侧的洼地。

124

侧翼。这些防御工事，依然不足以抵御以此地为进攻重点的日军。

乃木希典的工兵开始土工掘进，挖掘攻城战壕，不断贴近陡峭的山丘顶端，尽可能接近俄军的前线，以庇护冲锋时的步兵。然而日军士兵也清楚，离开战壕之后他们就会暴露在守军的猛烈火力，特别是高爆弹的打击之下。对二〇三高地的进攻在11月27日傍晚开始，日军发动接连不断的血腥冲锋，直到12月6日为止。在山坡之上的进攻与反攻之中，手榴弹的作用高于子弹和刺刀。日军首先将煤油倒进敌人的据点并点燃，然后发动炮击，用约4000发11英寸榴弹摧毁整个俄军堑壕体系。即使如此，守军依然死守山顶，顽强抵御日军的进攻。

在旅顺港其他方向的支援进攻，击退了俄军支援二〇三高地的尝试。12月6日清晨，日方生力军终于将高地之上精疲力竭的守军击退，此时他们已经损失了4000人。这次进攻让日军付出了8000人的伤亡代价，但也终于夺取了关键的炮兵观察哨。日军的重炮立即对旅顺港进行了为期三天的炮击，在此期间，俄军军舰被击沉，旅顺城及其防御工事也遭到了严重破坏。

斯特塞尔将军在1905年1月2日投降，这诚然是基于实际战况的无奈之举，却更是出于体恤下属的人道主义考量。这场漫长而格外血腥的攻城战中，守军付出了约3万人伤亡的代价，而日军的伤亡则接近6万。[2]

▲ 这组立体照片，展现了日军的重型榴弹炮轰击旅顺的画面。

▲ 两艘被日军炮击击毁的俄国军舰。

▲ 日军在旅顺外围的战地厨房。

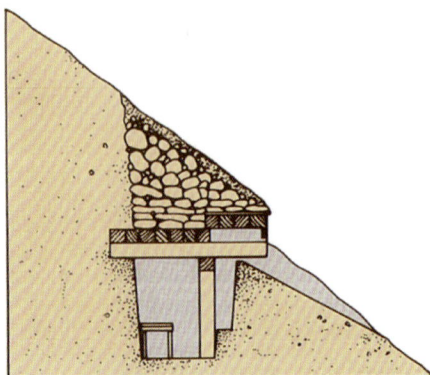

【2】日俄战争的陆上主战场，辽阳－奉天（沈阳）方向，总指挥官库罗帕特金将胜利的希望寄托于更多的援军，因而在指挥作战时态度消极懈怠。他最初计划在辽阳以16万部队，依托充足的储备和铁路供应，通过固守耗竭不足14万的日军。日军的正面进攻，在俄军的炮兵和机枪打击之下伤亡惨重，而他们"得意"的白刃战，在同样有刺刀格斗传统，且身高臂长的俄军面前依然处于劣势。然而日军通过分队包抄夺取了辽阳侧翼的时官屯－馒头山后，库罗帕特金进退失据，在对这一方向的反突击因调度混乱失败后，命令依然拥有兵力优势，且大批部队尚未参战的俄军，于1904年9月3日放弃辽阳撤退，不到十天就抛弃了他曾宣布要"死守"的辽阳。1905年2月下旬至3月上旬的奉天之战，拥有更大兵力优势的库罗帕特金，以与辽阳之战高度类似的方式消极固守，步步后退，进退失据，仓皇撤退，让俄军在日俄战争的陆上作战中彻底失败。

俄国人在陡峭的岩石坡上构筑的战壕，高2米，宽1.8米，在原木构筑的战壕顶之上堆土石加固，并配有射击孔。大部分的战壕则是在土质松软的区域挖掘，深1.5米，配有辅助射击的垫脚和矮护墙。

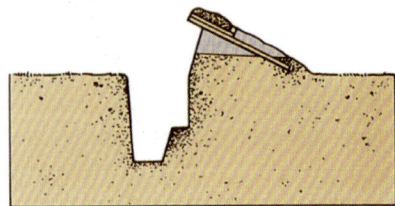

旅顺要塞陷落，以及波罗的海舰队于1905年5月在对马海峡战败，迫使沙俄政府求和。在美国斡旋之下，双方在新罕布什尔州签署《朴茨茅斯和约》。日本成为东亚的霸主，俄国则被迫交出旅顺港，割让库页岛南部，撤出辽宁地区，朝鲜半岛也自此成为日本的势力范围。能够防止日本攫取中国资源的唯一邻近强权，就此被排除在中国东部之外。在接下来的30年间，愈发疯狂的日本侵略者一步步走上了全面侵华的道路，并在1941年将新一轮军事冒险的对象，设置为世界第一大工业国与军事强国——美利坚合众国。

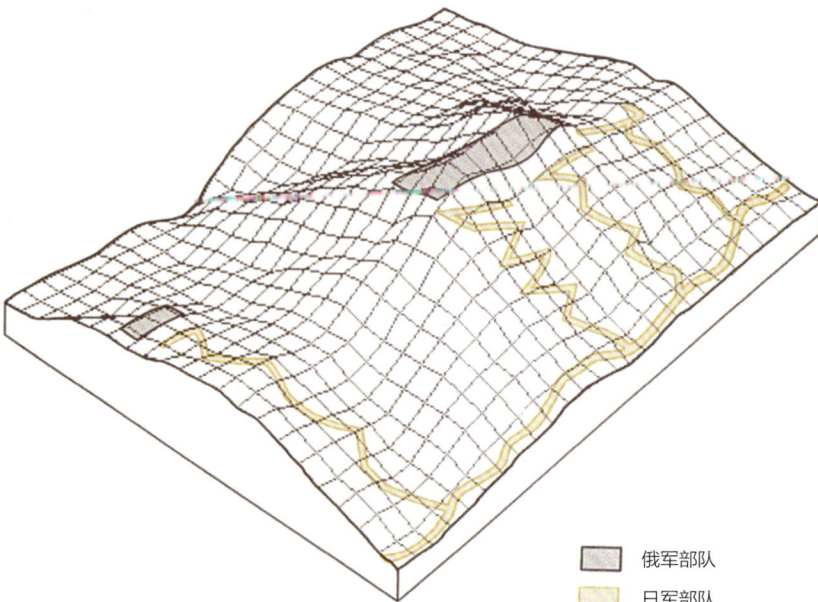

俄军部队
日军部队

日军步兵从三个方向进攻俄军二〇三高地的防御工事：一道前进战壕抵进西南侧高地，更曲折的另两道前进战壕则通向高地东北侧。

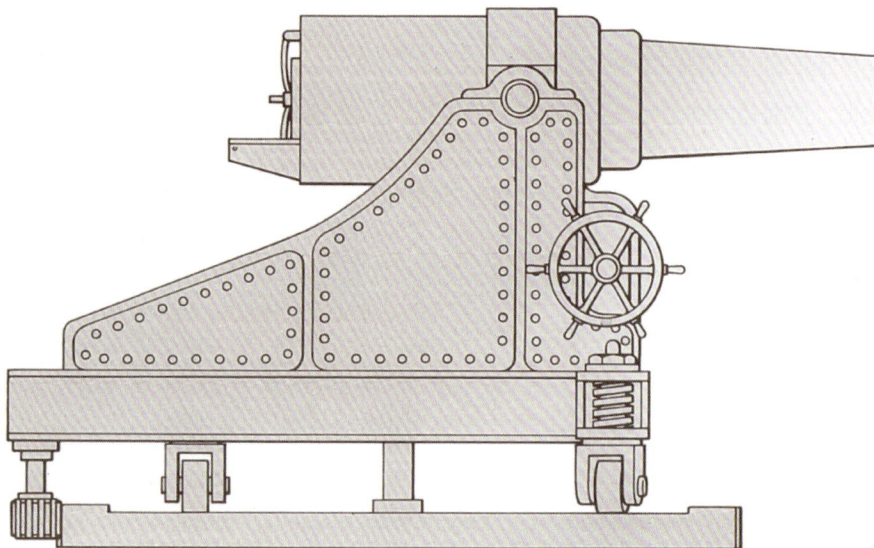

斯特塞尔将军（1848—1915），俄军旅顺港的高级军官，拒绝了交出指挥权、从海路撤走的命令。在向日军投降之后，他被送上军事法庭，并被认定为主动投降，判决死刑。斯特塞尔的死刑判决后被降为无期徒刑，又在不久之后便获释，尽管他已名誉扫地。

乃木希典将军（1849—1912），是围攻旅顺港的日军指挥官。当他唯一在世的儿子在进攻二〇三高地之中阵亡之后，他决意切腹自杀，被日本天皇阻止后才作罢。

1904年9月，日本从大阪运来的11英寸攻城榴弹炮（280MM榴弹炮），能够将重达500磅的炮弹发射到9公里之外，这决定了旅顺俄国守军的败局。这种火炮使用固定炮架，重达23吨。其中的18门从日本海运到距离旅顺最近的大连港，而后由于重量过重无法使用轨道运输，日军只能使用人力，每门炮由300名士兵拖拽，通过崎岖泥泞的道路运往战场。这种重炮直到10月才得以开火，最初对旅顺城进行无差别轰炸。[3]

【3】事实上，由于乃木希典攻城不力，日军总司令大山岩命令总参谋长儿玉源太郎接替乃木希典指挥旅顺攻城战。儿玉源太郎在12月1日抵达之后调整了炮兵部署，成为日军迅速攻取二〇三高地的关键。

坦能堡之战，1914年8月26日—30日

第一次世界大战初期，德意志第二帝国在东普鲁士的部队，数量上处于劣势。当德皇威廉二世大多数的部队正穿过比利时领土，向法国进攻之时，东线战场上，由马克斯·冯·普里特维茨（Max von Prittwitz）[1]将军指挥的德国第8集团军，正分散在这个德国东北部省份的边境线上，成为深入沙皇俄国领土的脆弱的突出部。

由于德军在西线调集重兵，承受重压的法国多次向东线的盟友沙皇俄国求救，他们恳求沙皇尼古拉二世调动俄军开辟第二战场，减轻西线的负担。

俄国在动员尚未完成的情况下，慷慨地同意了向东普鲁士进攻的请求，他们从雅科夫·日林斯基（Yakov Jilinsky）将军指挥的，多达45万人的西北集群之中编组两个集团军。俄国人虽然拥有庞大的人力优势，但他们的军队组织水平却堪称灾难，也没有足以有效支持成千上万士兵作战的补给能力。此外，俄国的铁轨轨距还比德国的轨距要宽，这进一步阻碍了部队调动与物资运输。对于防守而言，保留这种差异更为有利，但在进攻时，困难便不可避免。俄军的物资抵达边境的火车站后，被迫放弃便利的铁路，使用马车走崎岖的公路进入东普鲁士。

俄军在这一地区的指挥官帕维尔·伦嫩坎普夫（Pavel Rennenkampf）将军，明知他的补给线混乱不堪，却依然在8月17日向德国境内进军。他的第1集团军，是对东普鲁士的钳形攻势的右翼，通过波罗的海与广阔的马祖里湖（Masurian）北岸之间的走廊地带进军。俄军的左翼进攻由亚历山大·萨姆索诺夫（Samsonov）将军的第2集团军负责，从马祖里湖以南进攻。不幸的

是，萨姆索诺夫与伦嫩坎普夫在1905年日俄战争时结仇，当第1集团军发动进攻之时，他并没有做好进攻准备。这个范例足以说明，俄军在这次短暂并招致惨败的战役之中，两支主力部队存在缺乏协同的固有缺陷。

伦嫩坎普夫率部穿过边境的当天，俄军在施塔鲁博嫩（Stalluponen）与德军前哨遭遇，随后于8月20日在贡比嫩（Gumbinnen）遭遇普里特维茨指挥的德军第8集团军的左翼部队。普里特维茨决定先大败俄国第1集团军，这样他就可以将部队调往其他可能遭受攻击的战场，而后按照施里芬计划，在西线大

获全胜的部队返回支援之时，再发动总攻。然而贡比嫩之战未能决出胜负。德军主动脱离战斗向西撤退，而令人费解的是，伦嫩坎普夫并没有追击。

当第一次世界大战爆发时，德意志第二帝国的主要作战计划是施里芬（Schlieffen）元帅制定的"施里芬计划"，计划的主旨是避免两线作战。德国要首先痛击法国，牵制俄国，在西线的援军抵达东线之后再反击。然而俄军在尚未完成动员的情况下，出人意料地大规模进攻东普鲁士，让东线的德国第8集团军压力大增。

◀ 坦能堡之战中的一门德军榴弹炮。

▼ 俄军野战炮及炮组，在作战期间摄于炮兵阵地。

[1] 全名为 "Max von Prittwitz und Graffron"。

但泽湾

蒂尔西特
（今苏维埃茨克）

尼曼河

柯尼斯堡
（今加里宁格勒）

普瑞格尔河

因斯特堡

贡比嫩

阿伦堡

① 达凯门

②

布劳恩斯贝格
（今布拉涅沃）

埃尔宾
（今埃尔布隆格）

③

东普鲁士

奥古斯托

比塞霍夫斯堡

阿伦施泰因
（今奥尔什丁）

帕森海姆

奥斯特罗德
（今奥斯特鲁达）

坦能堡

德意志－埃劳

奈登堡

乌斯达乌

索尔达乌

斯特拉斯堡

纳雷夫河

德军部队

俄军部队

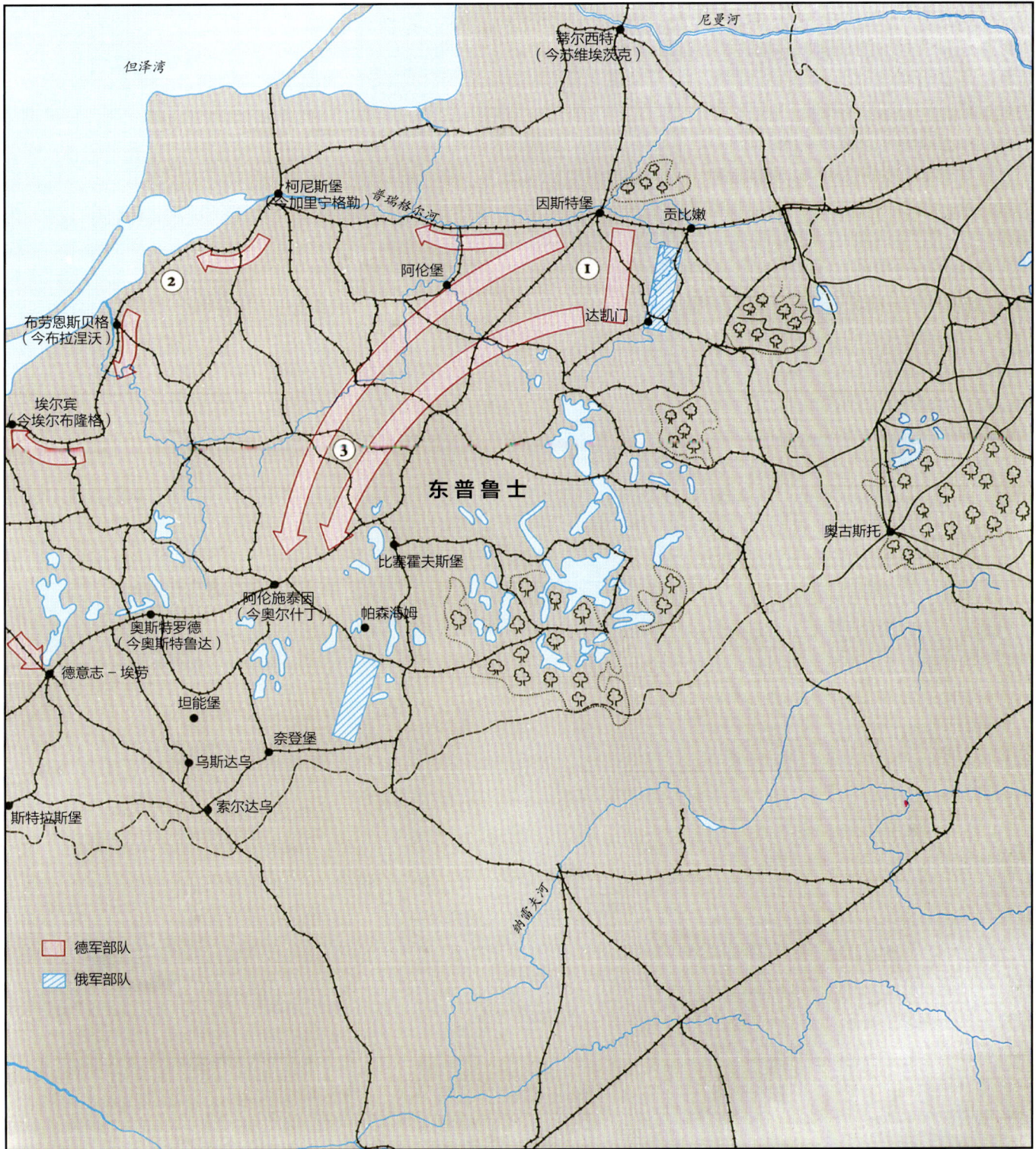

1914年8月17日与20日，在东普鲁士北部与俄军第1集团军两次小规模交战后，德军第8集团军司令部得知了一个令人不安的情报：俄军第2集团军准备从南面发起进攻。原本慌乱制定的撤退计划，在确认俄军第1集团军准备

固守的消息之后，被指挥部取消。

德军在北线留下少量部队①，牵制北线的俄军，主力军则迅速向南调度，与正在南面防卫俄军新威胁的第20军会合。

第1军和第3预备队师使用铁路机动②，在

坦能堡周边建立新的侧翼阵地。

第17军和第1预备队军③，转往北侧的比塞霍夫斯堡（Bisehofsburg）地区驻防。

8月26日，德军的陷阱已经布置完成，而俄军对此一无所知。

128

当萨姆索诺夫得知贡比嫩之战的情况时，他认为德军在东普鲁士的抵抗已经崩溃，决定出兵抢夺战果。尽管他的部队的补给问题比第1集团军还要严重，但他依然在8月21日出兵，越过了边境线。

萨姆索诺夫在马祖里湖以南进军的消息，震惊了普里特维茨，他正面的敌军集团军并未遭受重大损失，而另一个刚投入战斗的集团军又出现在他的右后方，惊慌失措间，普里特维茨下令第8集团军紧急撤退，退到西面320公里之外的维斯瓦河对岸。他的参谋们对这一命令大失所望，而这一命令不仅在东普鲁士，也对此后在法国的军事行动产生了深远影响。

对这一命令最感不安的人莫过于马克斯·霍夫曼（Hoffman）中校，他是德国国内的俄国军事情报研究专家，此时在第8集团军指挥部中担任参谋军官。他从解码的俄军命令之中（德军从俄军军官的尸体上找到了密电码本）得知，伦嫩坎普夫的部队无法快速行动，他也得知了尽管萨姆索诺夫的部队摆出了大举进攻的架势，但这些部队事实上缺乏给养和装备，而且与第1集团军全无联系，因此很容易遭受反击。

霍夫曼向参谋长瓦尔德湖伯爵（Waldersee）提议，与其将部队留在北部监视无法转移的伦嫩坎普夫，不如调部分部队南下，进攻暴露的俄军左翼萨姆索诺夫部。普里特维茨看出了这一计划的价值，就此取消了大规模撤退的命令。然而他的举措挽救了战局，却没能挽救自己的职业生涯。这位将军仅仅向德军在科布伦茨（Coblenz）的总参谋部电话告知了撤退计划，却没有及时告知计划取消的消息。在仅做象征性抵抗后便把东普鲁士拱手交给俄国人，这样的计划让总参谋长赫尔穆特·冯·毛奇愤愤不平。他开始怀疑普里特维茨的动机，下令将后者立即解职，连全无过错的第8集团军参谋长瓦尔德湖伯爵也被免职。他派去的两位继任者，保罗·冯·兴登堡（Hindenburg）将军与埃里希·鲁登道夫（Erich Ludendorff）

保罗·冯·兴登堡元帅（1847—1934） 军事经验丰富，曾参与1866年的普奥战争与1870—1871年的普法战争。尽管他率领的德军最终在第一次世界大战之中战败，他的威望依然因世界大战而提升，并在1925年被选为德国总统。1933年，日渐老迈的兴登堡在纳粹党强大的压力之下屈服，将阿道夫·希特勒任命为德国总理。

埃里希·鲁登道夫将军（1865—1937），兴登堡的总参谋长，是德军在坦能堡大胜的主要功臣。1916年，当兴登堡成为德军最高指挥官时，鲁登道夫的影响力大为增加，在军事之外也开始干预民政。在一战结束之后，他开始宣扬"雅利安人"优等民族论，并在1920年失败的"啤酒馆暴动"之中支持希特勒。他于1924年成为纳粹党的德国国会议员，但此后与希特勒的关系破裂。

亚历山大·瓦西里耶维奇·萨姆索诺夫（1859—1914），曾参与1877年的俄土战争，并在43岁时升为少将。他在日俄战争之中指挥一个骑兵师，在1909年曾担任突厥斯坦（Turkestan）总督。萨姆索诺夫深受部下爱戴，与同僚关系也大多和睦，然而他的军事理念在坦能堡之战的时代已经过时。在这一战即将结束，部队已经溃败之时，他举枪自戕。

帕维尔·伦嫩坎普夫（1845—1918），在俄军曾以果决与进取著称。然而他与萨姆索诺夫有私仇，甚至在奉天火车站站台上大打出手，此后两人也极少说话。因此他们的协作充满了厌恶与犹疑，与密切协作的兴登堡和鲁登道夫截然相反。伦嫩坎普夫在1915年临阵脱逃，因此被沙俄政府解除军职。三年后，他因此被苏俄政府审判并处决。

将军，将在第一次世界大战余下的战事之中，主导德军行动。

时年67岁的兴登堡曾经参与过1870—1871年的普法战争，此前已经退休的他被重新起用，指挥第8集团军。时年49岁的鲁登道夫是一位杰出的军官，刚刚在进军比利时的战斗之中表现突出，此时则担任兴登堡的参谋长。

▲ 一群1914年的俄军军官，在他们宿营的房屋前与房主合影。

俄军的轻骑兵，所谓哥萨克骑兵，是俄军的精锐部队，整体装备情况也较好。然而俄军的主力部队，除了人数之外，在各方面均弱于德军，德军的重炮数量是俄军的10倍，还拥有更高效的运输能力，以及明显占优的电话、电报和无线通信设备。

约75%的俄军作战人员是动员兵，官兵之中即使保守估计也有一半是文盲。此外，与整齐划一的德军不同，俄军有1/3的兵员来自其他民族，比如爱沙尼亚人、拉脱维亚人、立陶宛人和波兰人。

鲁登道夫在8月22日接受任命，并立即离开西线。他乘车抵达德军总参谋部，并得到了德国皇帝的接见。而后，在与毛奇简短会面之后，他登上特别安排的列车转往东线。列车在汉诺威接上了兴登堡——两人也在列车之中首次会面。

在抵达东线战场之后，新的指挥团队立即批准了霍夫曼的提议，这与他们对局势的分析不谋而合。鲁登道夫确信伦嫩坎普夫将会在一段时间内停滞不前，也注意到萨姆索诺夫的进军意味着他和右翼部队被马祖里湖隔开，他决定抓住机会，包围沙俄第2集团军。得到兴登堡的支持后，他将第8集团军的左翼部队大量调走，以保证进攻萨姆索诺夫时部队充足，而萨姆索诺夫认定德军准备总撤退，此时正在加紧前进。

8月24日，鲁登道夫开始了危险的机动，在终于开始行动的伦嫩坎普夫部队的监视之下，从战线之上撤出两个军的部队。大批部队坐火车南下，余下的部队则在烈日之下迎着尘土走公路转移。只有两个骑兵旅留在此前的防区，而接下来至关重要的6天之中，他们抵御了鲁登道夫所谓的"东北方阴云的威胁"。德军准备在26日向萨姆索诺夫的侧翼发动大规模进攻，驱逐这些部队之后从两翼包抄中央的三个军。萨姆索诺夫属下一些更明智的军官意识到德军在设置圈套，建议他不要伸出太远，进入德军似乎防守松散的中部区域。当萨姆索诺夫将军把减缓进军速度的提议上报集团军群司令部时，日林斯基指责他怯懦避战，坚持要他"追击"敌人。

尽管俄军步兵疲惫且饥饿，却依然英勇地抵御德军的进攻，随着8月的临近，德军的攻势越来越猛烈。向来通讯不畅的萨姆索诺夫指挥部，在战役末期对麾下各团的指挥几乎失控。尽管俄军在局部取得了一些成功，让鲁登道夫一度颇为紧张，但萨姆索诺夫还是任由自己的主力逐步向西北转移，进入第8集团军正准备封锁的、地形破碎的包围圈之中。

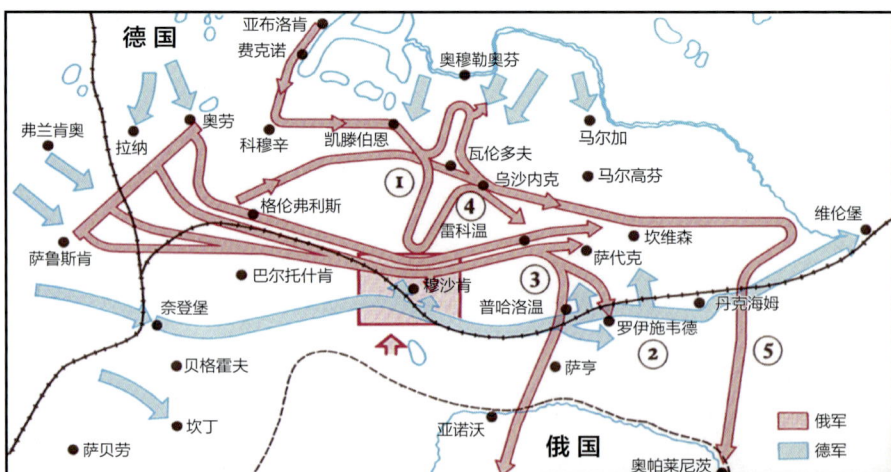

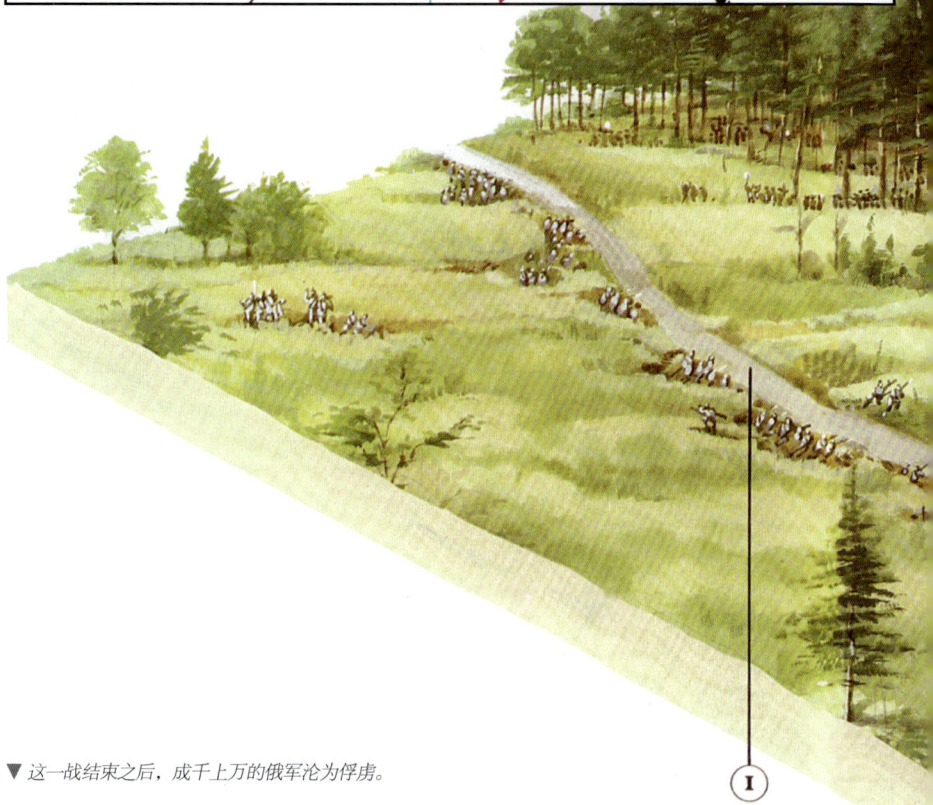

▼ 这一战结束之后，成千上万的俄军沦为俘虏。

8月29日与30日，萨姆索诺夫将军的沙俄第2集团军已经位于覆灭的边缘。德军部队已经完成了夹击部署，将他们困在约520平方公里、林木丛生的荒原之中。所有的退路全部被封堵。饥饿疲惫的俄军士兵，开始成群向德军投降。

战败的俄军离开阴暗的林地，在开阔地向等待着的德军投降。8月30日，这样的情景在穆沙肯（Muschaken）的晴好天气之中重复了许多次。

在穆沙肯附近①奈登堡与维伦堡（Willenberg）之间的主干道路上，两个营的德军步兵②封锁了离开森林的全部道路。

一队又一队疲惫的俄军士兵，挥舞着他们能找到的白色物件③，向德军投降。

在俄军投降之时，深受补给问题困扰的他们饥饿不堪。绝大多数人已经多日不曾进食。然而他们的困境并没有就此结束，德国人直到9月3日才完成补给品调拨，供养规模庞大的俄军俘虏。

德军时常以步枪或机枪威慑从森林中走出的俄军，但俄军几乎没有向德军还击。

德军军官④在此地接受了这一地区俄军的正式投降。

8月28日，德军已经做好了收紧陷阱的准备。俄军侧翼部队已经与萨姆索诺夫的主力部队割裂开，第8集团军在向中部发动猛烈突击的同时，以部分部队机动转往北面的帕森海姆（Passenheim）与南面的奈登堡（Neidenberg），在敌军的后方会师。

日林斯基和伦嫩坎普夫均未响应第2集团军的紧急求救，疲惫不堪的俄军部队已无力突围，他们唯一的选择只有投降。萨姆索诺夫无法接受投降的耻辱，在8月29日走入森林之中，用自己的左轮手枪自戕。

兴登堡将8月30日称为"收获日"，因为数以千计的俄军士兵放下武器，被驱赶到战俘营之中。他在给德国皇帝的报告之中，估计称有6万人被俘虏，并提及侧翼的俄军也在"仓皇"撤退。事实上，真正的战果大于这个数字——9万俄军被俘，3万俄军伤亡，并缴获500门火炮。第8集团军的损失在1万—1.5万人之间。

如此的大胜让兴登堡和鲁登道夫一夜之间成为军人的偶像。配合默契的两人在接下来的两年之间掌控了东线战场，而后转往西线担负指挥任务。然而在那里，他们没能复刻坦能堡之战的辉煌。事实上，这一战和坦能堡这座村庄没有多大关系，鲁登道夫如此定名主要是出于历史原因而非军事原因。1410年，条顿骑士团主力正是在坦能堡的决战中，被波兰-立陶宛联军歼灭。鲁登道夫想要借此洗刷祖先的耻辱。

◀ ▼ 行进中的德军部队（上图）。他们的纪律与协同，与绝大多数一片混乱的俄军部队（下图）形成鲜明对比。

▲ 被俘虏的俄军步兵牵着他们的重机枪，向战俘营行进。俄国十月革命后，苏俄政府与德国签署《布列斯特-立托夫斯克和约》（Treaty of Brest-Litovsk），这一战，以及其他战役中被俘虏的俄军官兵得以返回故乡。然而由于苏俄政府担心大批士兵拥入导致政局不稳，许多在坦能堡之战中投降的官兵，被仓促认定为懦夫并枪决。

◀ 行进中的俄军骑兵。

西线的法国战场陷入僵局，在马恩河之战，以及未能决出胜负的埃纳河（Aisne）之战与第一次伊普尔（Ypres）之战后，德军部分部队从西线后撤，让德国陷入严重的两难境地。野心勃勃的施里芬计划，在最可能速胜的战场之上失败了。然而在施里芬认定的次要战场上，德军在坦能堡赢得了一场虽然战略意义有限，却颇为轰动的胜利。俄军指挥官的无能，以及俄军军事体系的诸多缺陷，让鲁登道夫将军认定，东线战争可以迅速取胜，即使他们面对的敌人拥有体量极大的资源与后备兵员。他计划暂停在以工事战为主的西线进攻，在东线进行大规模的机动作战。他向德国皇帝施压，要求西线德军转入防守，将大规模的部队与物资调往东线，决定性地击败沙皇俄国——这与施里芬计划完全相反。然而德军总参谋部反对这一调度。双方最终达成了妥协：德军将在东线与西线同时保持攻势，但在法国的进攻规模将减小。因此，德军的东线部队规模足以占据波兰，并在奥匈帝国盟军的支持下向俄国深远地域进军，但他们也没能完成速胜。直到1917年，沙皇俄国先后爆发二月革命与十月革命，苏俄政府与德国和谈之后，东线战事才得以结束。

苏弗拉湾战役，1915年8月6日—1916年1月9日

进攻加利波利（Gallipoli）是第一次世界大战之中为数不多的战略奇招之一，然而这一战的最高指挥官们，或者已过盛年，或者缺乏作战经验，甚至两者兼而有之。他们的疏忽大意、管理无能以及食古不化，让行动一步步走向深渊。最终，协约国失去了战略机遇，并在举步维艰的战场之上，付出了骇人听闻的伤亡代价。

这次进攻的目标是摧毁奥斯曼土耳其的军队，迫使德军向东线调动部队，从而打破僵局，结束在法国与佛兰德地区的堑壕战。如果英国皇家海军在1914年11月趁当地防御尚属松懈之机，穿过通向君士坦丁堡的海路——狭窄的达达尼尔海峡（Dardanelles），迫使土耳其退出战争的任务或许已经达成。然而这一时期的英军军舰，仅仅对这一地区的岸防炮阵地进行了炮击，以测试其射程，并无进一步行动。这反倒让土耳其以及德军军官意识到，英军可能在这一方向发起攻击。

三个月之后的1915年2月，皇家海军再次出现在了达达尼尔海峡，然而此时这一地区的防御已得到大幅加固，与此前不可同日而语：这里添加了精心布设的雷区与细致选址的重炮，夜间还有探照灯扫过狭窄的通行区域。

失去进攻突然性的英法联军，决定以力量解决问题。他们集结了包括18艘战列舰在内的大规模舰队，试图强行突入君士坦丁堡。舰队在岸防炮的射程之内冒险前进，并因此付出了惨重代价：

1915年春，协约国被迫重新考虑总体战略。在西线，英法联军损失惨重，战线却变动甚微。在东线，沙皇俄国则同时与德国、奥匈帝国与奥斯曼土耳其三方交战。如何打破这一僵局呢？

法国政府与法军高级军官们认为，既然德意志第二帝国是最强大的敌人，那么胜利就必须要通过在西线击败德国实现。但以基奇纳爵士为代表的另一派认为，如果将部队投入东线，战争或许能够更迅速地结束，也能够减少伤亡。速胜的诱惑无法忽视，而向东线进攻的目标也显而易见：达达尼尔海峡。如果进攻取胜，奥斯

曼土耳其与德国的交通线将被切断。此外，埃及也不会再受进攻威胁，俄国则可以通过终年无冰的航路，从西欧获取物资输入。最重要的是，德军必须要从西线撤军援助土耳其，协约国军队将在这一方向拥有数量优势，从而能够以更小的伤亡打破僵局。

这个战略计划可谓天马行空，而成功的关键则是高效的计划，以及无畏的进取精神。事实证明，这次进攻没有达成任何一个要点，协约国仅仅是在一个新的战场上，展开了和西线相差无几、伤亡也同样惨重的堑壕战。

三艘主力舰被击沉，另有三艘被击毁。行动只得取消。然而协约国并没有意识到，当时土耳其军队的炮弹已经所剩无几，如果继续前进，他们或许能够安然进入君士坦丁堡近海。然而海军军官们却声称，突入达达尼尔海峡之前，必须要派地面部队夺取加利波利半岛。

英国陆军元帅基奇纳爵士，时任英国战争大臣，考虑到俄军1914年在尚未完成动员之时仓促出兵东线，缓解了西线压力，此时的他决定以直接登陆回报俄军，让英法联军缓解俄军的压力。基奇纳集结了7万陆军，这些部队之中有相当一部分兵员完全没有作战经验。这支部队的指挥官由伊恩·汉密尔顿（Ian Hamilton）爵士担任，这位62岁的英军中将，军事经验比其他的高级军官们都要丰富，却又不愿以威权命令下属的将军们，这一缺点在后续的作战之中引发了灾难。

面对登陆加利波利这一艰巨的任务，协约国地中海远征军的准备，用"聊胜于无"形容都可谓过誉。基奇纳蔑视土耳其军队，因此即使大规模的登

8月21日下午5时的部队部署。炮弹在"巧克力丘陵"以北的灌木丛点燃野火。烟尘被风吹向战场。土耳其火炮部署在要地之上，一些火炮面坡布置，另一些火炮则在"W丘陵"的背坡一侧。当第2志愿骑兵师穿过盐湖时，这些火炮对他们集中射击。

"弯刀丘陵"（Scimitar）①，由土耳其人的步兵守卫，他们沿着山坡布置了深战壕，上面还往往加顶。狙击手和袭扰部队布置在战壕的前方。

巧克力丘陵②与W丘陵③的土耳其部队也以同样的方式部署。

第11师对巧克力丘陵与W丘陵发起进攻。和对弯刀丘陵的进攻一样，进展极其有限，但伤亡相当惨重。

下马的第2志愿骑兵师进攻的中轴线，穿过干涸的盐湖地区④。一些连队成横排行动，余下的部队则以纵队加急前进。他们不断遭到土耳其人的直射火炮与曲射火炮的打击，土耳其人也使用了榴霰弹。

英国第2志愿骑兵师的集结地拉拉巴巴（Lala Baba）⑤沟壑纵横，士兵可以在沟壑之中躲避炮击。然而在他们前进时必须通过的盐湖之上没有任何的掩体，他们也在这里首次遭受了惨重的伤亡。

8月6日深夜与7日凌晨，斯托普福德将军的部队在苏弗拉湾登陆。运上滩头的物资被胡乱丢弃，部队也没有立即向内陆进发占领高地，而是直接在滩头挖掘工事。

后续部队也在这一区域登陆，让情况更加混乱。

第29师下属的3个旅负责进攻弯刀丘陵①，他们损失惨重。

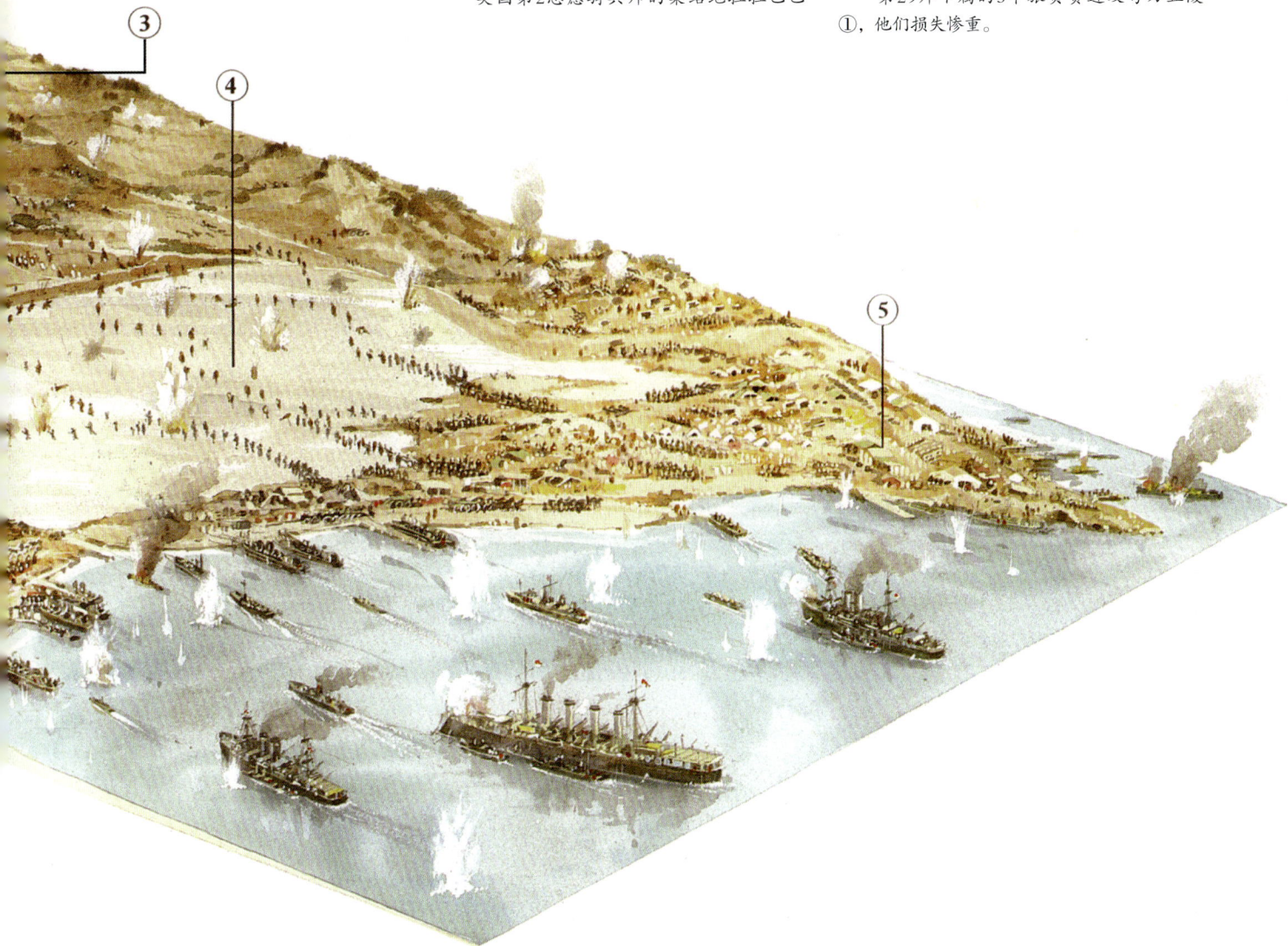

陆行动即将展开，他也根本没有严肃制定作战计划，也没有分析敌人的指挥体系、部队规模与部署位置。雪上加霜的是，加利波利半岛的作战地图严重过时，而且往往不准确（一些地图甚至来自旅游指南书），协约国也没有对即将登陆的区域进行细致侦察。

1915年4月25日的黎明时分，汉密尔顿将军的部队开始登陆，士兵们原以为这不过是一场"大冒险"，全然不知协约国高层的战略部署是何等的混乱。为了迷惑土耳其军队，协约国在一系列次要位置进行登陆，以掩护两支主攻部队：在半岛西南部登陆的澳大利亚-新西兰军团（即"澳新军团"），以及在南部登陆的第29师。

指挥加利波利的土耳其军队的德国军官利曼·冯·桑德斯（Liman von Sanders），已经做好了反登陆的准备，并拥有8.4万部队用于防御。汉密尔顿缺乏严密计划与准确情报，他指挥的英法联军部队，基本是靠着运气才得以在防备相对较弱的区域登陆。他的部队仅有两处滩头阵地遭到猛烈的火力打击。然而很快，协约国军队因为混乱与协同失灵——一个贯穿整场战役的缺陷，很快就把主动权交换给了敌人。尽管他们通向附近制高点的道路畅通无阻，他们依然拒绝前进，只肯在目前尚属安全的滩头构筑防御。

英军军官畅通无阻地来到位于高地的克里希亚村（Krithia），登上250米高的阿奇巴巴高地（Achi Baba），但他们最终却返回了滩头，等待命令。当指挥部终于下达前推战线的命令时，土耳其军队已经进入阵地了。在接下来的几星期中，为了夺回这两处阵地，数以千计的协约国士兵丧生，而他们本可以毫发无损地占据两处要地。

协约国设想之中迅速而决定性地夺取半岛的行动，几乎在开战的第一天，就沦为了恐怖的堑壕战，与西线的情况别无二致。

当酷热难当，苍蝇横飞的滩头阵地

▲ 下图中前排左侧就座的伊恩·汉密尔顿爵士，与指挥舰队的海军中将约翰·德·罗贝克（John M. de Robeck），以及法军的陆海军军官合影。基奇纳任命汉密尔顿之时说道："如果你能成功（夺取君士坦丁堡），你赢得的不只是一场战役，而是一场战争。"然而汉密尔顿并没有近距离指挥战斗，而是到一座离岛之上建立了指挥部。
截然相反的是，同盟国的指挥官，上图中面向镜头的利曼·冯·桑德斯元帅，则是果决的指挥者，虽然他的命令往往决绝无情，下属却也立即执行，他阻止了协约国军队在半岛进军。

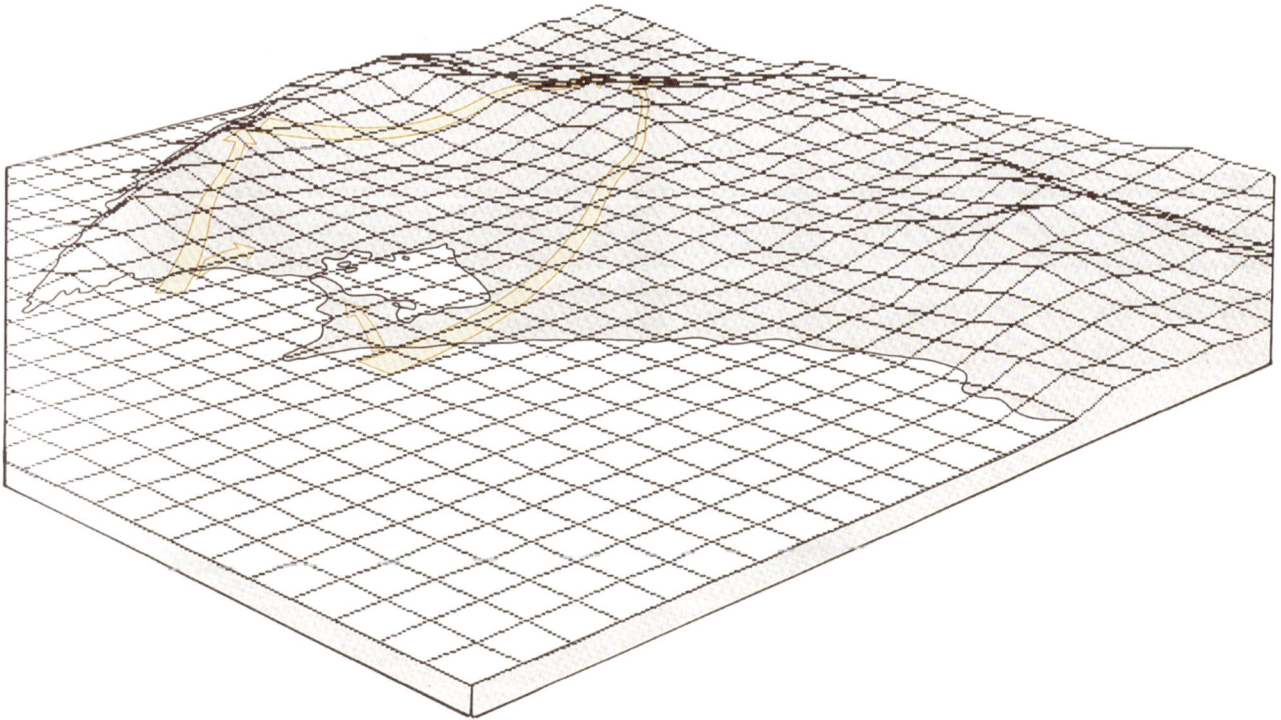

在加利波利半岛登陆之后，协约国军队被土耳其军队阻挡，经历了地狱般的3个月。总指挥官汉密尔顿决心打破僵局，在安扎克的部队以北，一支新部队在苏弗拉湾登陆，两支部队将协同推进，在战场制高点萨里拜尔丘陵会师。在夺取这一要地之后，汉密尔顿将从有利地形之上继续推进，向达达尼尔海峡一侧进军，隔断半岛。这是个极佳的方案——至少纸面上如此。

安扎克湾的部队，使用战壕之中临时制造的工具，在不受反击的情况下狙击土耳其部队。图中的0.303英寸李-恩菲尔德步枪，与一个潜望镜相连，扳机也用一条线拉动。在步枪手的后方，另一名士兵也使用潜望镜观察土耳其人的阵地。

伊恩·汉密尔顿爵士在因弗罗斯岛上的部队集结地，视察凯法罗斯（Kephalos）营地的部队。在进攻的准备阶段，即使天气炎热，苍蝇飞舞，尘土漫天，各营依然时常进行检阅。几天之后，这些整齐划一的士兵们，就要在条件艰苦、临时搭建的前线和敌人作战了。

之上的伤亡不断增加之时，协约国对伤病员救治缺乏预案的问题暴露无遗。由于随同行动的医疗船太少，重伤员们只能被紧急送到运输牲畜的船只上，甚至连甲板都来不及清洁。其中一艘船上，唯一的医护人员只有一名兽医。

接下来的3个月间，澳新军团在加利波利陡峭而荆棘丛生的狭窄沟壑之中，顽强守卫着他们仅有1.6平方公里，如同屠宰场一般的薄弱据点。在南面，第29师、皇家海军师以及法军部队则反复向高地发起冲击，他们本可以安然占据这些高地，却因指挥官优柔寡断而丢失。在第三次对克里希亚与阿奇巴巴高地的进攻失败之后，汉密尔顿将军向基奇纳元帅报告，正面进攻可谓"疯癫"。他花了太久时间才意识到这一点。

而后汉密尔顿计划从安扎克（Anzac）桥头堡突破。一支新部队将在北面的苏弗拉湾（Suvla Bay）登陆，掩护澳新军团的左翼，包抄土耳其军队，并夺取萨里拜尔丘陵（Sari Bair）。在苏弗拉湾方向的部队夺取正面的山脊，并通过萨里拜尔丘陵与安扎克的部队相连之后，汉密尔顿将可以把半岛的敌军完全分割，因为此处半岛的宽度只有13公里，而且协约国军队将占据制高点。

计划本身有很多可取之处，然而当已经退休的中将弗雷德里克·斯托普福德（Stopford）爵士被选为苏弗拉湾登陆战的指挥时，这一计划就再无成功的可能了。他年事已高，健康状况也很差，此前从未指挥过部队，也完全不了解加利波利地区。由他来指挥第9军的22个营的唯一原因，是因为他资历最深，而这支部队承担的任务，是安扎克登陆场能否突破的关键。

从汉密尔顿在苏弗拉湾登陆计划保密上的安排，足以看出他对这一计划的重视。在集结地准备登陆的部队，甚至不允许猜测他们的目的地。斯托普福德本人，也是在登陆战两星期前才得知自己的目的地。在发动进攻的8月6日深夜与7日凌晨，一些登陆艇上的军官甚至都不知道他

们的任务目标，也没有作战地图。

混乱和犹豫不决的问题，在行动开始之时便笼罩着这支部队。一些部队在错误的海滩登陆，另一些部队则因为过多的人员同时登上同一处海滩而陷入混乱，慌乱之中，海滩之上的物资被胡乱丢弃，紧张的下级军官们到处打探明确的命令。

第9军的绝大部分部队并没有立即占据苏弗拉周边的丘陵，支援安扎克方向的战斗，而是留在海湾附近。长时间苦战的澳新军团，兵员已经能够看到在苏弗拉湾聚集的友军了，他们无法理解，为什么这些部队不肯前进。

斯托普福德一心想把尽可能多的部队运到岸上，却忽略了他们上岸的目

▲ 疲劳的士兵们在苏弗拉湾休息。图中那些掩蔽工事，本质上只是个遮阳棚而非防御工事。一些休息的士兵用布条包裹步枪，防止尘土进入枪机。

这张苏弗拉湾概况的照片之中，展现了新型的内燃机运输船。它们靠近船堤卸货，给马和骡子运输草料。

运输船的轮机室①有装甲防护，以抵御

狙击手射击。土耳其军队之中有许多优秀的射手。

军用救护车的停车场②，位于船堤附近。由于协约国军队并没有预料到如此之高的伤

▲ 在苏弗拉湾的深水区，英军的军舰与运输船可以抵近陆地卸货，小型驳船将物资运往各处，而向内陆战线运输物资则依靠驮马（左上图）。担架队将伤兵运往船堤，等待运往医疗船（右上图）。协约国军队的医疗系统，在整场战役之中都严重不足。

亡，他们没有准备足够的战地医院与医疗船。

海岸附近的掩蔽工事③相对粗糙，许多材料都是就地取材。

胡乱堆放的补给品④。士兵的军粮通常是腌牛肉和饼干，既单调，营养也不均衡。

已经卸下的货物⑤，放在港区等待搬运。和这场行动的每一个方面一样，补给的安排也相当混乱。

英国、英联邦与法国士兵都穿着常服，而这类军服并不适宜在炎热的苏弗拉湾作战。

在山脊的另一边⑥，几公里之外，就是土耳其军队的阵地，距离如此之近，以至于他们的狙击手可以看到整个港区的卸货情况。但将部队布置在岸边，至少能够保证运到港区的物资可以快速运往前线，交给作战部队。

的。与此同时，率领仓促组织起来的1500土耳其部队防卫苏弗拉湾的德军指挥官，惊异地发现自己竟然有如此好运。向冯·桑德斯报告协约国军队登陆的消息之外，他也指出了这一方向部队的畏葸不前。在等待援军之时，他的部队不断用步枪射击英军，造成的伤亡很快就超过了自己的部队规模。即使如此，英军也没有发起进攻。

在土耳其部队的指挥部之中，冯·桑德斯展现出了与对手截然不同的决断力：由于一名师长宣称他的部队过于疲劳，直到8月9日才能赶到苏弗拉湾，冯·桑德斯立即解除了此人的职务，命令穆斯塔法·凯末尔（Mustapha Kemal）上校，一个坚韧、不肯妥协的土耳其人接任师长，凯末尔也立即命令疲惫的步兵继续前进，封堵缺口。

尽管斯托普福德在8月8日送来了好消息，宣称取得了可观的进展，汉密尔顿依然派出侍从武官前去查看情况。从下属用无线电发来的消息中，这位协约国军队的总指挥官听到了他最担心的消息："我刚上岸，发现阵地一片死寂，没有枪声，没有炮声，显然也没有土耳其部队。第9军在休整。我确定战机已经丧失，局势将愈发严峻。"

汉密尔顿尽快赶到了苏弗拉湾，发现确实几乎毫无进展。绝大多数的部队或者在休息，或者在洗浴，斯托普福德本人还在睡觉。

当汉密尔顿向斯托普福德指出，他的首要目标是夺取周边的高地时，斯托普福德答复称他的部下无法忍耐酷暑，疲惫不堪，获取淡水以及其他补给存在困难，而且岸上也没有足够的火炮支援。他宣称要在第二天上午进攻。这对在安扎克苦战的部队而言勉强算是个安慰，他们已经在恶劣的战况之中等待了几个月了。

将斯托普福德留在自己的指挥舰上之后，汉密尔顿亲自登上海滩查看。他发现滩头阵地之中的高级军官们同样怠惰。作为挽救计划的最后尝试，他不寻常地向某个旅直接下令，进军这一方向的主要山脊，并在山坡之上挖掘工事守卫。此时为时已晚，穆斯塔法·凯末尔上校的部队已经先他们一步抵达阵地了。

8月9日至11日，当汉密尔顿向基奇纳报告，指出绝大多数的部队"如同度假一般地闲逛"之时，土耳其部队在进一步巩固阵地。无能的斯托普福德将自己的失败归罪于部下，宣称这些动员部队缺少进攻精神，他最终在15日被解除了指挥职务。他在苏弗拉逗留的9天，带来了灾难般的后果。

英国首相赫伯特·阿斯奎斯（Asquith），在几天之后写给战争大臣的信件之中，尖锐地写道："我读到的报告足以让我确信，苏弗拉方向的将军及其参谋军官应当送上军事法庭，并被开除军籍。"

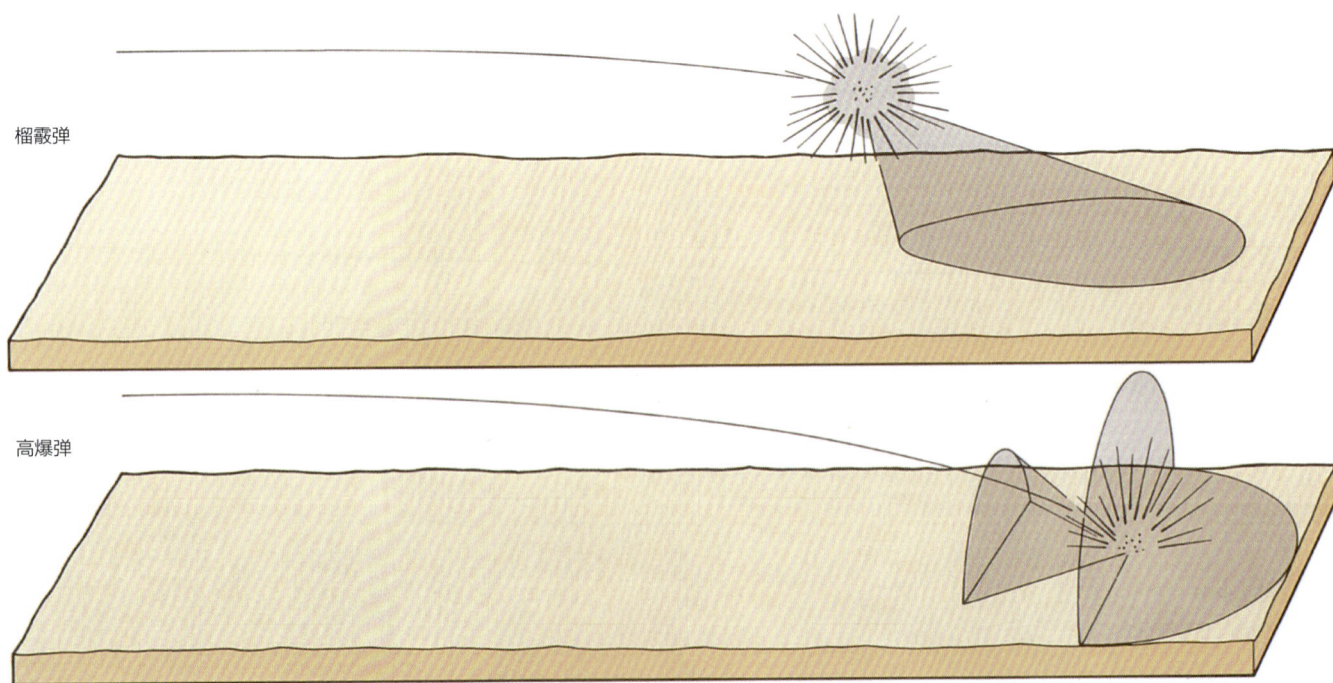

榴霰弹

高爆弹

由H.施雷普内尔（Shrapnel，1761—1842）将军发明，直译为"施雷普内尔弹"的榴霰弹，最早在伊比利亚半岛战争之中投入使用，这种中空的开花弹之中装有预制的铅弹丸，在炮弹被定时引信引爆之后，将在空中放射出这些弹丸，杀伤地面的敌人。早期的榴霰弹由于定时引信时常失效，通常还会添加撞击引爆的装置。

高爆弹靠爆炸产生的冲击波以及破片杀伤开阔地的敌人。加利波利之战中，一些高爆弹带有延时引信，另一些高爆弹则能够和榴霰弹一样在空中爆炸，将致命的破片成圆锥状向地面放射。

然而直到此时，苏弗拉湾的悲剧还没有结束。在阿斯奎斯写信之后不久，新任的第9军军长H.德·利勒（de Lisle）少将，准备在8月21日进攻山脊。

汉密尔顿仿佛忘掉了此前称正面进攻为"疯癫"的事，在这位总指挥官的首肯之下，德·利勒命令三个师的大部分部队，在炎热却又不寻常的多云天气之中，向敌军严防死守的高地发动正面进攻。进攻的结果血腥且不难预料。

当天下午，当进攻濒于崩溃之时，德·利勒派出他的预备队，第2志愿骑兵师（Yeomanry），命令他们突破土耳其人的防线。在这些下马的英格兰民兵骑兵部队抵达战线之前，他们必须通过白色的干涸盐湖湖床，而在那里，他们成了土耳其炮兵绝佳的靶子。在黄昏时分，因炮击大量减员的下马骑兵依然对丘陵发起进攻。这次进攻虽然英勇，却依然在付出惨重伤亡后败退了。加利波利半岛之上规模最大的战斗就此结束。但幸运的是，这是最后一次，而这一次和之前的每一次血战一样，没有夺取土耳其人的阵地。

仍想要在堑壕战的僵局之中取胜的伊恩·汉密尔顿爵士，在10月15日被召回。他的继任者英军中将查尔斯·门罗（Monro）爵士，在评估了这个位于土耳其欧洲领土的荒凉角落之后，建议总撤退。1916年1月9日，协约国军队所有活着的士兵，都撤出了加利波利半岛。

双方的损失都相当高。在这场指挥不力的战役中，参战的48万英军、英联邦军队与法军作战人员，伤亡超过25万。土耳其军队声称的损失与之大体相当，但也有人估计称他们的伤亡远高于此。

在被战争拖耗一年半的英国，成功撤退的消息被当成喜讯宣扬，如同24年之后的敦刻尔克（Dunkirk）大撤退一般。但事实上，协约国并未夺取达达尼尔海峡，基奇纳所蔑视的土耳其军队，也依然控制着加利波利半岛的山脊。

▲ 物资与装备堆放在滩头，而后使用骡车运输到前线部队手中。

▶ 在苏弗拉湾，第52低地师的炮兵发射5英寸口径的榴弹炮。这种榴弹炮是交战双方最高效的火炮之一，射程可达9.5公里。前方的两名炮兵在安装引信，而炮兵指挥官，所谓"1号"，则在观察炮弹的落点。这些士兵并没有穿着统一的军服，也体现了这一战大量使用临时替代品的情况。

对于协约国军队来说，在达达尼尔海峡战败可谓灾难，他们付出了惨重伤亡。此外，土耳其依然是德国的坚定盟友，通向黑海的海路依然封闭。沙皇俄国因此依然无法与其他协约国进行物资交换，最终在1917年的十月革命之后退出了第一次世界大战。然而最直接的影响，则是那些希望开辟另一个战场，缓解法国战场压力的高级军官们，就此失去了话语权。由于加利波利的惨败，英国与法国被迫坚持进行西线的堑壕战，并为此付出数以万计的伤亡代价。

索姆河战役，1916年7月1日—11月19日

"我满怀悲痛地告知您，今天战争部发来的阵亡名单之中，确认包括……"1916年7月，数以千计的电报以这段冰冷的文字开头，并送往英国各地的家家户户中。噩耗在城市、乡镇与村庄之中传播，带来丈夫、父亲、儿子与兄弟丧生的消息，而让如此多的士兵丧生的"绞肉机"，被后世称为"索姆河战役"。

索姆河战役之中的部队，大多数是在1914年响应基奇纳元帅征兵令的志愿兵。这些所谓的"新军"，在英国各地应征入伍，并骄傲地保留他们非官方的"番号"，比如"阿克宁顿好友团（Accrington Pals）"、"格里姆斯比兄弟会（Grimsby Chums）"、"格拉斯哥青年营（Glasgow Boy's Brigade Battalion）"等等。友情是他们的力量源泉，却也是他们的弱点。在同乡好友的身边作战，士兵们的士气极度高昂，然而当战争的残酷真正展现之时，一个又一个社区将失去所有的年轻人。这一切将在索姆河战场上发生。

1916年，驻法英国远征军（British Expeditionary Force，BEF）新任总司令——英军上将道格拉斯·黑格（Haig）爵士，受命在皮卡第（Picardy）的索姆河流域与法军发起联合反攻。这场所谓的"大推进"行动，旨在配合俄军以及意大利军队在各自的战场上共同发动大规模进攻，意图以三个方向的攻势，逼迫德国与奥匈帝国屈服。

然而在2月，德军突然对法军的凡尔登（Verdun）要塞发动大规模进攻，打乱了协约国的计划。绰号"老爹"的约瑟夫·霞飞（Joffre）将军的法国兵（poilus），在德军的猛攻下损失惨重。到了春季，情况已经明了，如果不能在其他方向发动进攻，缓解德军的进攻压力，协约国防线的瓦解将不可避免。

法军统帅部将注意力集中到了英国远征军之上，此时在大量志愿兵的支持下，部队已经满员。因此，最初提议的英法联合反攻转为以英军为主的反攻。

尽管对麾下缺乏作战经验的官兵不满，黑格将军还是将男爵亨利·罗林森（Rawlinson）将军麾下新编组的第四集团军调往索姆河方向，准备在6月底作战。原本用于缓解凡尔登方向压力的步兵正面进攻，在黑格将军的筹划之下，成为打破堑壕战僵局，包抄德军主力并迅速结束战争的大规模攻势。黑格将军认为，在步兵突破敌军战线之后，投入

⑥

1916年，西线战事陷入僵局。双方都在寻求一场惊天动地的胜利来结束战争，而对德军来说，目标显而易见：凡尔登要塞矗立在法军防线的突出部。由于它的火炮已被拆除，因此没有战略意义，但对法国人来说，它是他们军事力量的象征。

德国总司令法金汉试图打击法国人的自尊心；而法国人则调集预备队保卫凡尔登。于是，第一次世界大战中最徒劳无功的一次交锋就此展开。

一旦德国人认为战利品值得一战，他们就必须坚持到底；而法国人出于同样的原因，也必须进行抵抗。战斗主要以炮火轰炸为主。战争从1916年2月一直持续到6月底。到战争结束之时，法军损失了31.5万人，德军损失了28.1万人。最终，"阿利埃斯"（Aliesfinaly）以一次进攻吸引了德军，从而结束了这场战争。进攻地点选在皮卡第，位于索姆河以北29公里（18英里）的战线上。

进攻发起时，第34师开始前进，试图突破德军防线。两个旅立即冲出英军战壕发起突击，另一个旅则在开阔地进军，在他们的后方行动，维持进军的势头。右翼的两个团突入了德军战壕，却无法守住。

第34师下属的101旅与102旅①，在上午7时30分开始进攻德军战壕。他们取得了一定进展，但大批士兵在重机枪射击下伤亡。

第二波次进攻的泰恩赛德（Tyneside）爱尔兰人第2营与第3营②，在缓慢向德军战壕进军之时，在机枪打击之下伤亡殆尽。

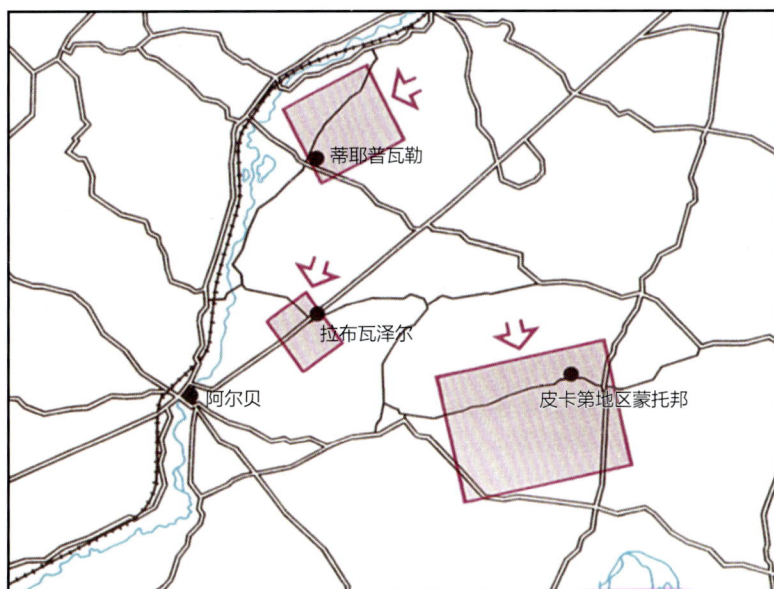

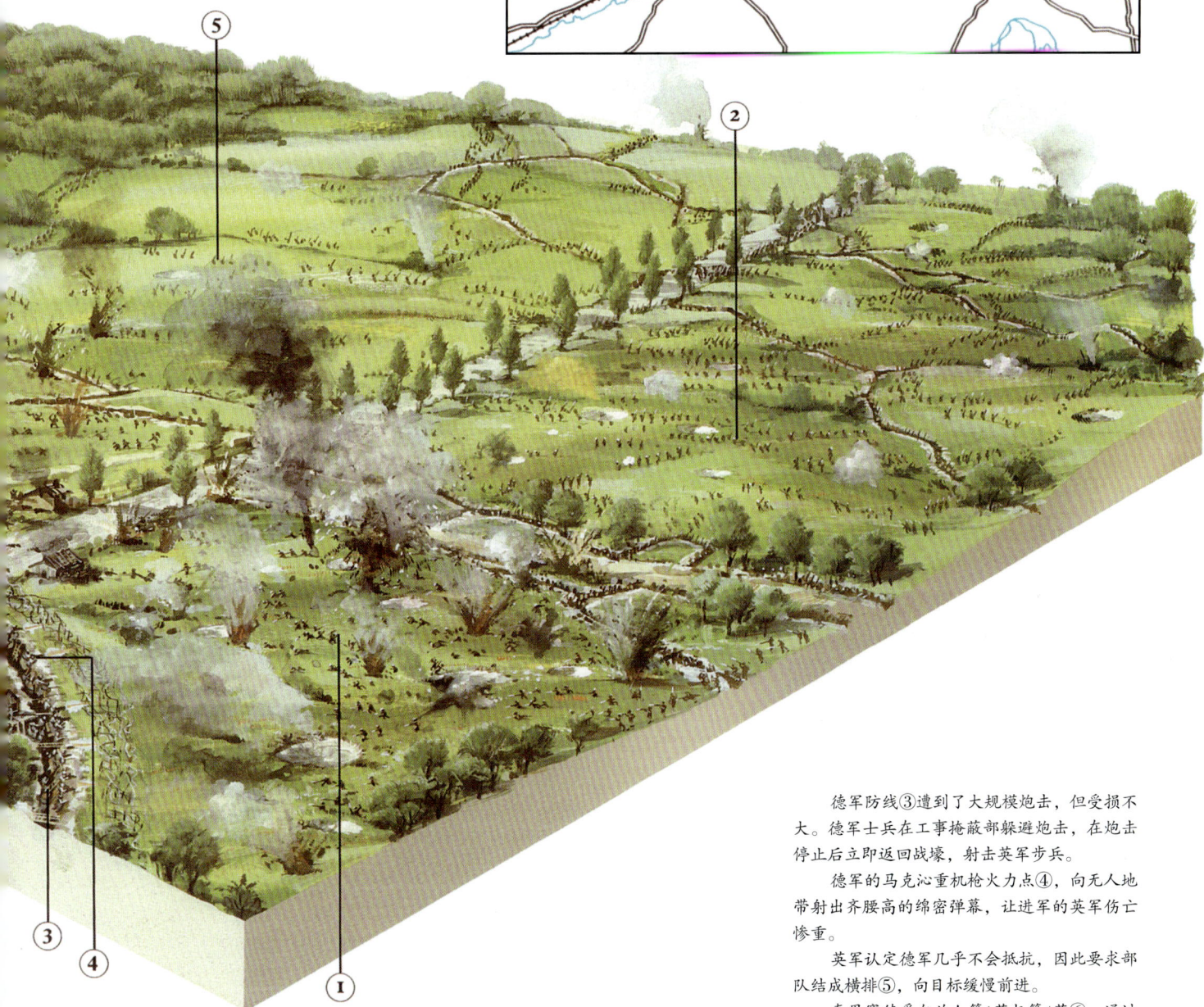

蒂耶普瓦勒

拉布瓦泽尔

阿尔贝

皮卡第地区蒙托邦

德军防线③遭到了大规模炮击，但受损不大。德军士兵在工事掩蔽部躲避炮击，在炮击停止后立即返回战壕，射击英军步兵。

德军的马克沁重机枪火力点④，向无人地带射出齐腰高的绵密弹幕，让进军的英军伤亡惨重。

英军认定德军几乎不会抵抗，因此要求部队结成横排⑤，向目标缓慢前进。

泰恩赛德爱尔兰人第1营与第4营⑥，通过101旅的战区，突入敌军后方阵地。

德军战线上发射了红色信号弹⑦，向炮兵传达炮击战壕前方英军的信号。

骑兵扩大突破口，足以完成这一任务。为此，他在后方集结了三个骑兵师，这些部队自1914年集结之后，至此尚未投入战斗。

在炮兵与机枪决定战争胜负的时代，马刀与骑枪显然不合时宜。罗林森将军和许多人一样不信任骑兵，他相信火炮、刺刀与炸弹，也以此为核心筹划作战。

从最北面的贡梅库尔（Gomme-court）一路向南，到塞尔（Serre）、博蒙–阿梅尔（Beaumont-Hamel）、蒂耶普瓦勒（Thiepval）、拉布瓦泽尔（La Boisselle）、弗里库尔（Fricourt）与马梅斯（Mametz），一直到最南面的蒙托邦（Montauban），穿着卡其布军服的英军士兵（Tommies），聚集在白垩土之中蜿蜒挖掘出的29公里长的战壕之中。很快，这些法国乡村，将成为英国以及德国家喻户晓的地名。

蒙托邦与索姆河之间的13公里战线由法军负责，他们也会参与进攻。埃德蒙·艾伦比（Edmund Allenby）爵士指挥的英国第三集团军驻扎在贡梅库尔以及更远的地方，其中两个师用来支援罗林森男爵的主攻。

在短则数米，长则数公里的无人地带对面，德军在高地之上修筑坚固的防御工事，等待英军进攻。他们的总指挥官，埃里希·冯·法金汉（Falkenhayn）将军，已经警告西线全线的德军部队，协约国可能发起反攻，以缓解凡尔登方向的压力。他认为最可能的进攻方向是阿尔萨斯–洛林，然而索姆河方向的德国第二集团军司令弗里茨·冯·毕洛（Fritz von Below）将军，确定主攻将在他的防区展开，因为他的情报显示对面的英军正在大规模集结。事实证明，毕洛的直接情报更准确。

在一系列的拖延之后，罗林森在6月29日完成了进攻准备。他学习德军在凡尔登方向的战法，准备以持续5天的炮击为进攻开路。以他拥有的炮兵与炮弹规模，这一次炮击的规模将是第一次世

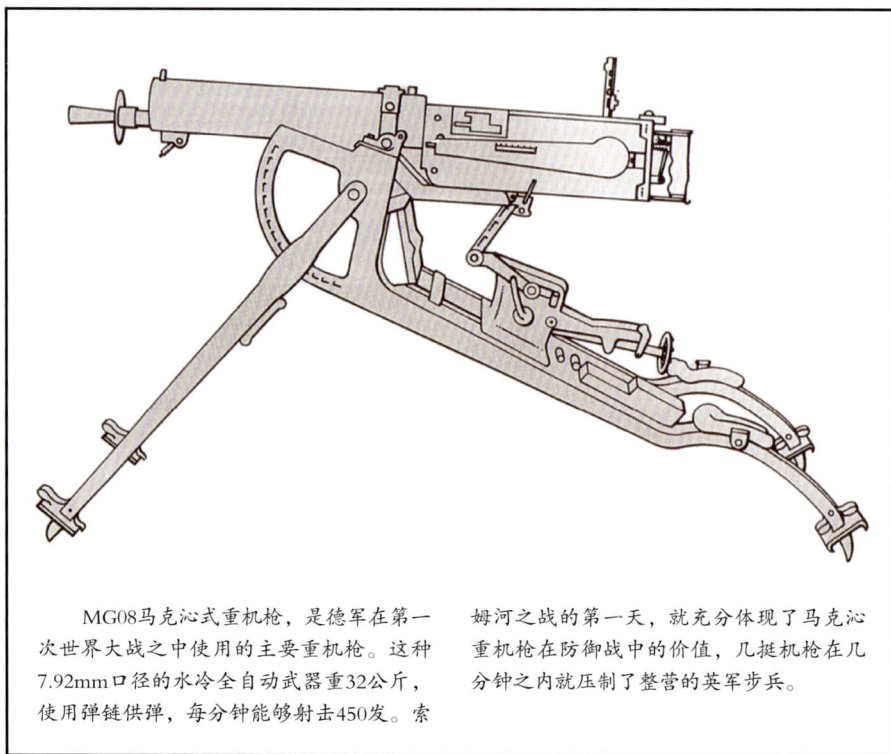

MG08马克沁式重机枪，是德军在第一次世界大战之中使用的主要重机枪。这种7.92mm口径的水冷全自动武器重32公斤，使用弹链供弹，每分钟能够射击450发。索姆河之战的第一天，就充分体现了马克沁重机枪在防御战中的价值，几挺机枪在几分钟之内就压制了整营的英军步兵。

第一次世界大战时，布置在战壕之中的机枪，能够以三种方式射击。近距离防御时使用直接射击，机枪成扇形水平摆动，扫射进军的敌人。在中距离，机枪在固定位置射击，将子弹成锥形紧密而持续地散布到敌方的步兵队列之中。在远距离，或者与敌人之间有障碍物阻挡时，使用间接射击，机枪枪口向上抬高，让子弹划过抛物线，落到广阔区域之中。所有子弹预定射击的区域，被称为"落弹区"。

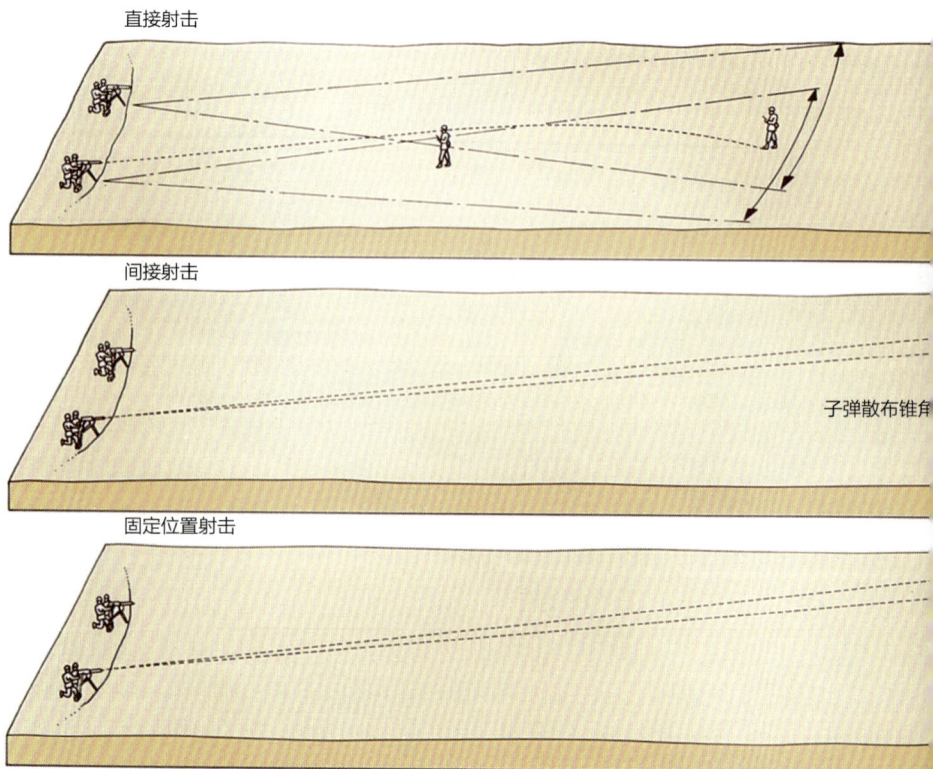

直接射击

间接射击

子弹散布锥角

固定位置射击

◀ 德军战壕在索姆河流域的高地之上蜿蜒展开。相比与它们大致平行的英军战壕，德军的战壕建造水平更高，且排水更好。英军1.8米深的狭窄战壕之中，掩蔽部仅仅是在土墙中挖出的土坑，几乎无法防护敌军炮击。在图中的战壕后方，能够看到德军的掩蔽部入口，这个包括士兵宿舍与仓库的复杂配系，深达9米，而且还有电灯照明。

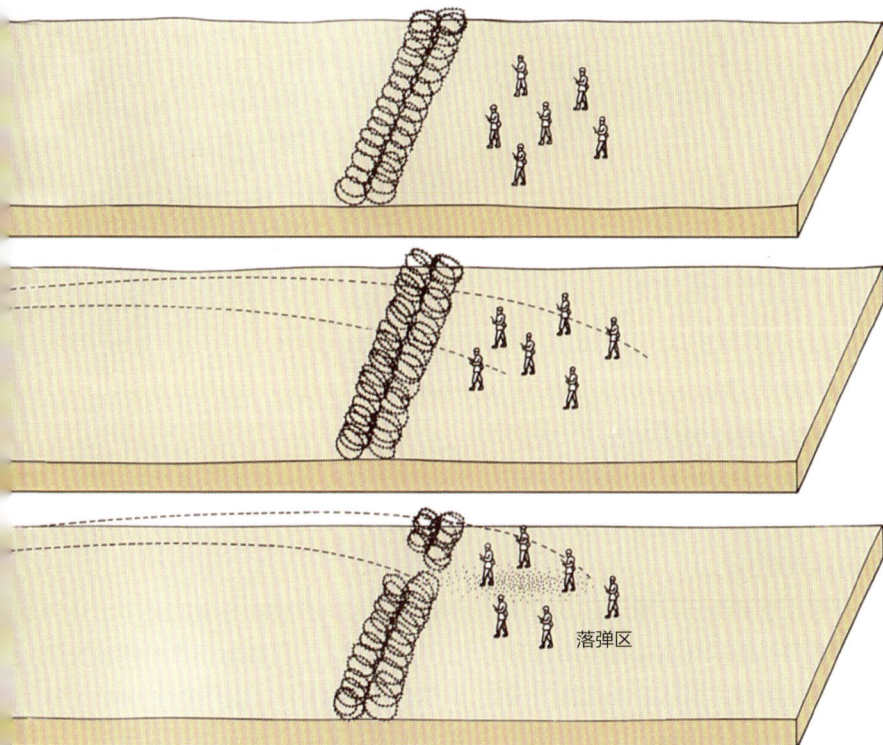

落弹区

埃里希·冯·法金汉将军（1861—1922），德军总参谋长，他相信协约国军队必定会在西线其他区域发起大规模进攻，以动摇他的凡尔登攻势。

弗里茨·冯·毕洛将军（1853—1918），德国第二集团军司令，守住了索姆河地区的防线。他认为敌军将会在他的防区发动主攻，尽管德军统帅部并不这么认为。

道格拉斯·黑格伯爵（1861—1928），在1915年12月成为驻法国的英国远征军总司令。索姆河的进攻计划由他主持制定。

亨利·罗林森男爵（1864—1925），新组建的英国第四集团军司令，他的部队负责在1916年夏季从索姆河流域发动大规模进攻。

界大战之中前所未有的。

罗林森相信海量的炮弹足以瓦解敌人，因此步兵只需要走过无人区即可占据敌方战壕。事实上，他命令部下不要和之前一样大叫着向德军的战壕高速冲锋，而是斜握步枪，排成横排，安静地稳步前进。可怕的是，他们要在上午7时30分，在夏日阳光之下，可见度极佳之时行进。他拒绝将进攻提前3小时在黎明时分发动的计划，以保证炮兵可以在进攻前的炮击最后阶段在更好的光照下瞄准目标。事实证明，这是极其严重的误判。

炮击从6月25日开始。次日天降大雨，27日又下了整整一天的雨，直到28日上午才结束。这让第四集团军司令部的参谋们开始担忧，在泥泞的平地与战壕之中，发动进攻将更加困难。

上午11时，距离预定的进攻时间只有20多个小时，司令部下令将进攻推迟到7月1日上午7时30分，保证战场干燥。炮兵的射击频率立即降低，以在预料之外的三天炮击之中继续保证弹药供应。拥挤在前线的进攻部队被迫停留，而从后方调来的部队也停止转移。成千上万的士兵们，本打算在29日一鼓作气投入作战，却因为拖延而陷入迷惘和紧张。

7月1日黎明时分，战壕之中的英军官兵，接到了"准备战斗"的命令。走出掩蔽部的士兵们清楚，这一天将是艳阳高照。他们无声地等待着日出，而在上午6时25分，恐怖的密集炮击打破了宁静，对德军阵地的炮击持续了整整一小时零五分钟。

为了加剧防守方的混乱，协约国军队在战线前方挖掘地道，布置了10组炸药。第一组炸药于上午7时20分在博蒙-阿梅尔方向起爆，余下的炸药则在7时28分相继引爆。两分钟之后，基层军官吹响哨子，6.6万部队，每人携带至少29公斤的装备，向无人地区缓慢前进。东萨里（Surrey）第8团的士兵，向德军的战壕踢出足球，象征战斗开始。

协约国士兵们很快发现，将军们占据空战壕的宣称只是个残忍的泡影。在

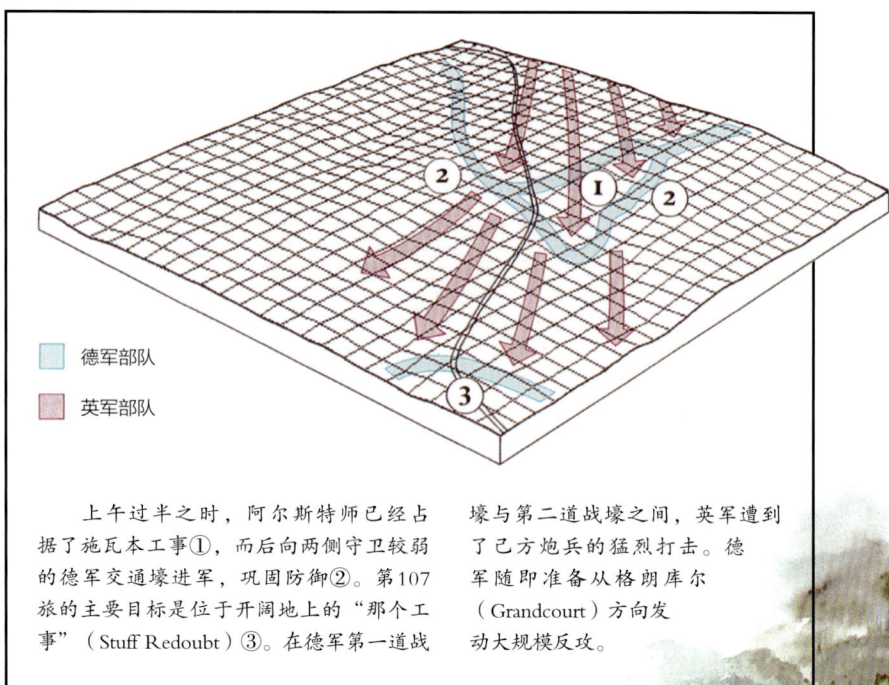

德军部队

英军部队

上午过半之时，阿尔斯特师已经占据了施瓦本工事①，而后向两侧守卫较弱的德军交通壕进军，巩固防御②。第107旅的主要目标是位于开阔地上的"那个工事"（Stuff Redoubt）③。在德军第一道战壕与第二道战壕之间，英军遭到了己方炮兵的猛烈打击。德军随即准备从格朗库尔（Grandcourt）方向发动大规模反攻。

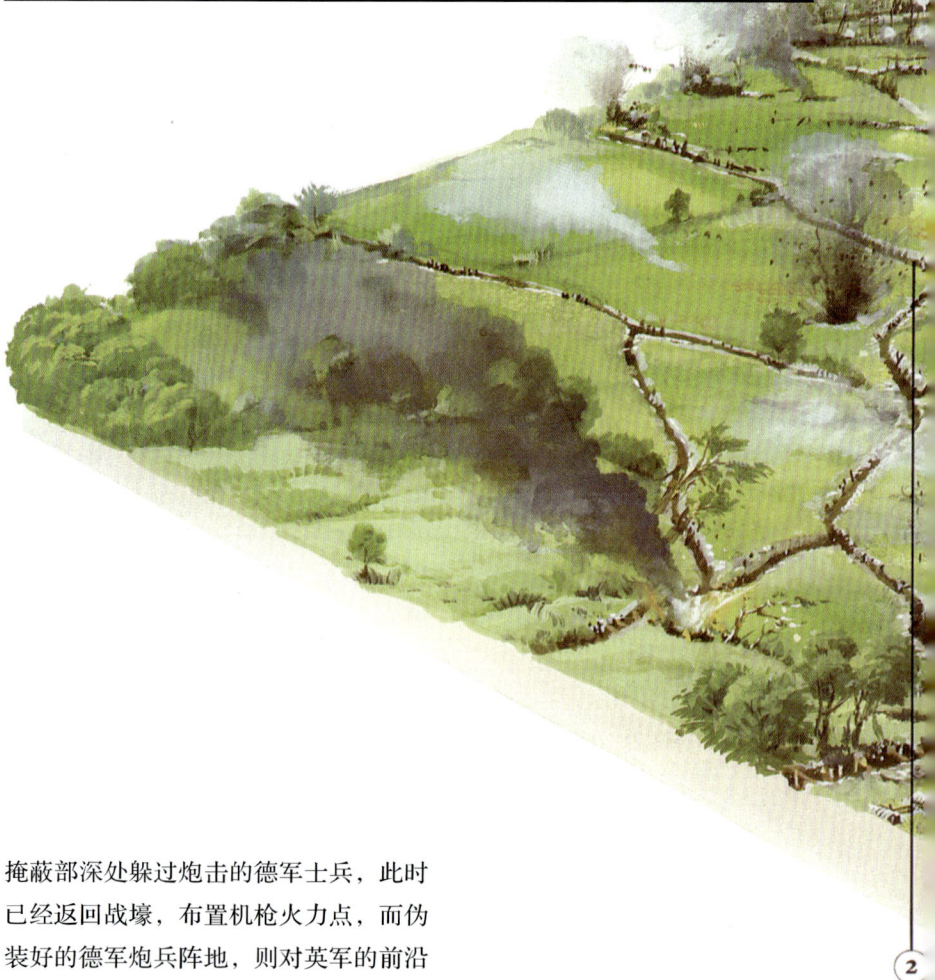

掩蔽部深处躲过炮击的德军士兵，此时已经返回战壕，布置机枪火力点，而伪装好的德军炮兵阵地，则对英军的前沿阵地发动猛烈炮击。

一些突击营甚至还没通过己方的铁丝网，就遭到了德军马克沁机枪的致命射击。那些成功结成横队并开始缓慢进军的部队，则在德军机枪的反复扫射之

下纷纷倒地。拥挤在各处的英军士兵伤亡不断增加。即使如此，英军依然按照罗林森男爵的要求，以每分钟100码（91米）的速度前进，两个营之间保持一分

7月1日上午9时，进攻开始1.5小时之后，第36步兵师（阿尔斯特师）已经突破了蒂耶普瓦勒北面的德军防线，夺取高地顶端的施瓦本工事，前进1.6公里，抵达了敌军第二道防线前方的铁丝网。

施瓦本工事①，是复杂的堑壕−堡垒体系，位于蒂耶普瓦勒山脊之上。第36阿尔斯特师的8个营经过苦战占据了这里。热忱的爱尔兰新教徒戴着橘黄色饰带登上高处，喊出了他们代代相传的古老战吼："决不投降！"

阿尔斯特的巡逻队②沿着施瓦本工事南北的交通壕谨慎搜索，他们遭遇的德军抵抗有限。

"那个工事"③，位于德军的第二条战线，在阿尔斯特人抵达这里的铁丝网时，工事之中只有炮兵观察员以及后卫部队。

▲ 在蒂耶普瓦勒战斗之中俘虏的德军。

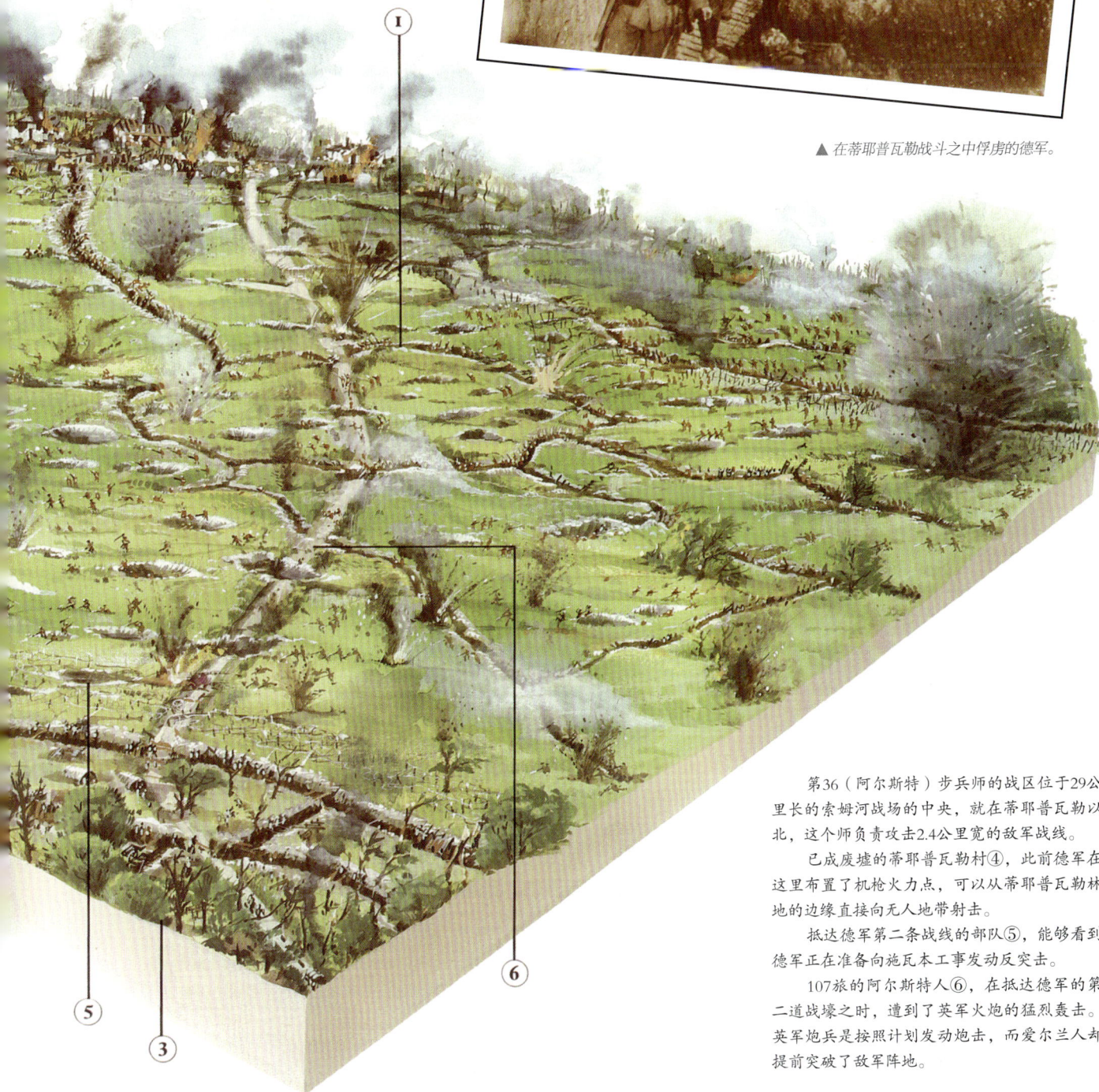

第36（阿尔斯特）步兵师的战区位于29公里长的索姆河战场的中央，就在蒂耶普瓦勒以北，这个师负责攻击2.4公里宽的敌军战线。

已成废墟的蒂耶普瓦勒村④，此前德军在这里布置了机枪火力点，可以从蒂耶普瓦勒林地的边缘直接向无人地带射击。

抵达德军第二条战线的部队⑤，能够看到德军正在准备向施瓦本工事发动反突击。

107旅的阿尔斯特人⑥，在抵达德军的第二道战壕之时，遭到了英军火炮的猛烈轰击。英军炮兵是按照计划发动炮击，而爱尔兰人却提前突破了敌军阵地。

钟的行进距离。数量远少于英军的前沿德军，惊讶地发现英军完全没有在致命的机枪火力之下寻找掩体的动作。一两挺机枪就消灭了一整营的英军。

黑格将军越过了更谨慎的罗林森下达命令，要求在7月1日当天，在阿尔贝（Albert）到巴波姆（Bapaume）的主干道路北侧进攻的6个师，要突破德军的第一道与第二道战壕，因为在这一区域两道战壕的距离较近。在路南作战的另外5个英军师，以及部分法国第6集团军，则在突破第一道德军工事之后停止行动，因为敌军的后续工事距离较远。

在血腥的头一小时结束之时，84个突击营之中，只有3成接近了他们的预定位置。余下的部队或者困在德军战壕前方的开阔区域之中，或者已经被击退。

罗林森的右翼以及法军部队，向蒙托邦的进攻进展较好，但战线中部，黑格将军的骑兵预备队预定投入的区域，进攻却陷入停滞。在昂克尔河（Ancre）以北的博蒙–阿梅尔方向，英军在苦战之后仅仅取得了部分战果，而在贡梅库尔，第三集团军的支援进攻也陷入了困境。最保守的估计认为，截至1916年7月1日上午8时30分，经历了灾难般的一小时的英军伤亡约3万人，也就是第一轮进攻投入部队的50%。

在那个漫长的上午，罗林森不断投入后续部队继续进攻，到中午时分，已有129个营，即10万部队，投入了血腥而混乱的战场中。右翼的进展依然顺利，第30师占据了蒙托邦——他们也是当天上午唯一一个占据并守住全部任务目标的师，第18师进展也较为顺利。其他方向，仅有蒂耶普瓦勒方向的阿尔斯特师（Ulster），占据了德军第二道战壕的部分区域，余下的战场之上，英军的突击或者彻底失败，或者在德军的成功反击之中丢失了他们此前苦战夺取的战壕。

午后，战场陷入了诡异的沉寂，仿佛双方的前沿官兵都同意暂时休整。而后，战斗再度激烈展开。在弗里库尔与贡梅库尔周边，又一批英军步兵营损

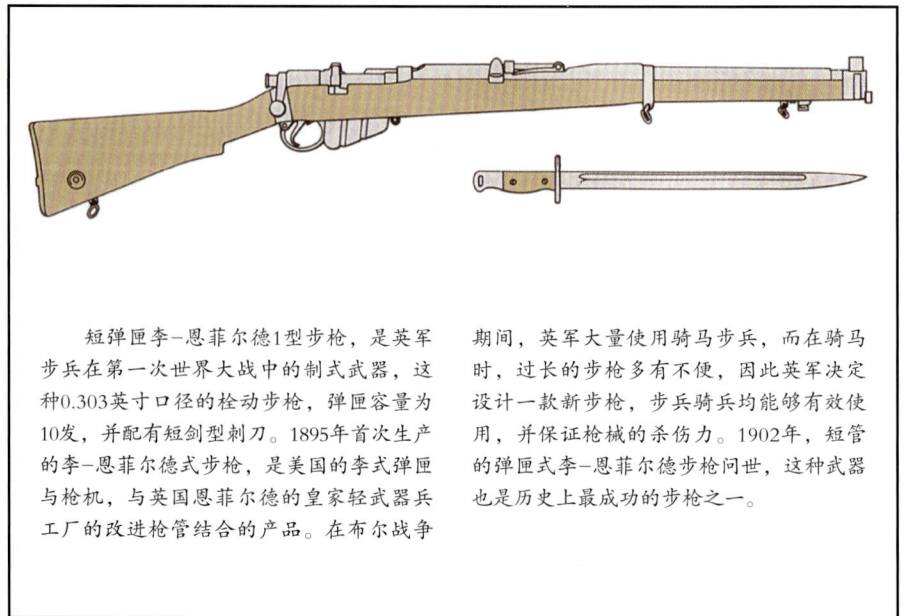

短弹匣李–恩菲尔德1型步枪，是英军步兵在第一次世界大战中的制式武器，这种0.303英寸口径的栓动步枪，弹匣容量为10发，并配有短剑型刺刀。1895年首次生产的李–恩菲尔德式步枪，是美国的李式弹匣与枪机，与英国恩菲尔德的皇家轻武器兵工厂的改进枪管结合的产品。在布尔战争期间，英军大量使用骑马步兵，而在骑马时，过长的步枪多有不便，因此英军决定设计一款新步枪，步兵骑兵均能够有效使用，并保证枪械的杀伤力。1902年，短管的弹匣式李–恩菲尔德步枪问世，这种武器也是历史上最成功的步枪之一。

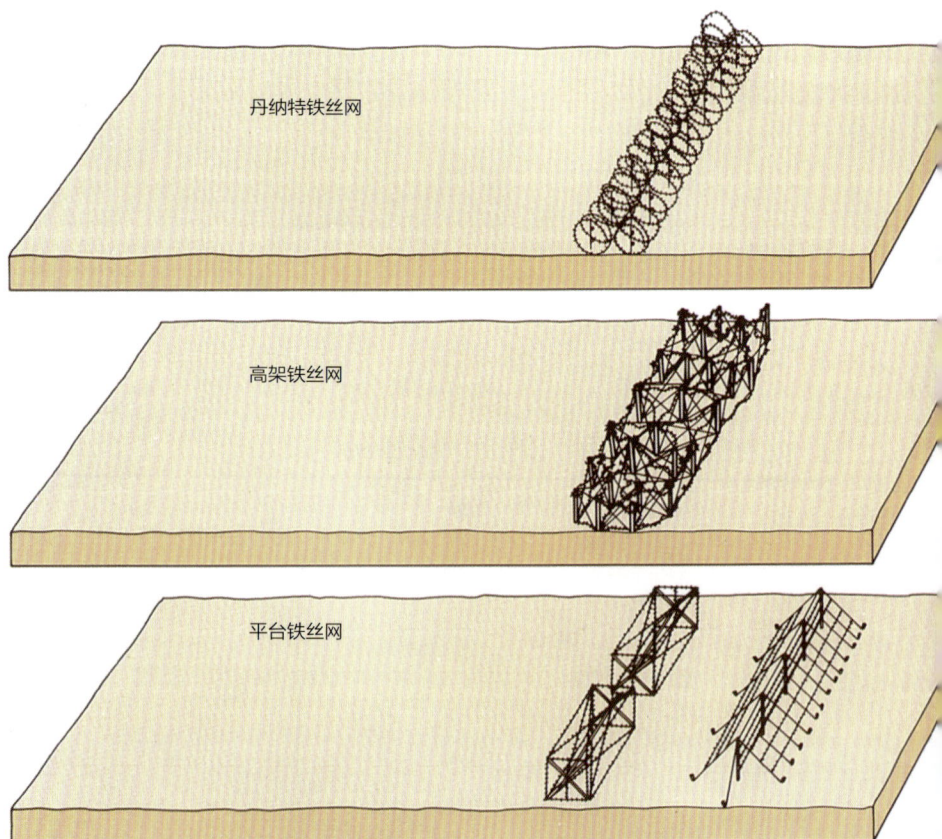

在协约国军队与德军从英吉利海峡到瑞士边境，沿着645公里的战线挖掘战壕对峙之时，双方大量应用带刺铁丝网，防护他们的战壕。成卷且易于展开的"丹纳特"（Dannert）式铁丝网，使用金属棍固定，有时还会使用金属夹具将多道铁丝网连到一起。高架铁丝网则是将带刺的铁丝绕过一系列的木桩，如迷宫般纠缠到一起。另外也有将带刺铁丝网以棱锥形状布置成平台状，使用螺旋柱固定的情况。双方都会在夜间派出工兵修理铁丝网。

在索姆河进攻开始之前，英军在德军前线的10处据点下挖掘了地道，并安装了高爆炸药。在进攻开始之前，工兵引爆了这些炸药。这张珍贵的照片摄于博蒙-阿梅尔的霍索恩（Hawthorn）山脊，及时记录了18吨的硝化甘油炸药，炸毁英军战壕前方仅460米处的德军据点的景象。

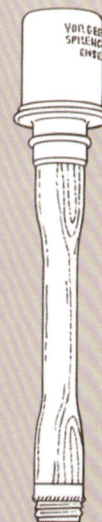

手榴弹是堑壕战之中最常用的武器之一，这种反步兵的小型爆炸物，能够有效杀伤机枪点和战壕中的敌人。英军喜欢使用米尔斯手榴弹（Mills），一种使用4秒引信的铸铁破片手榴弹。德军则使用木柄手榴弹，同样使用4秒引信的高爆手榴弹。因为这种手榴弹的外形，英军称之为"土豆捣泥器"。【1】

【1】两种手榴弹的差异，也让双方使用手榴弹的方式有所不同。使用破片手榴弹的英军与美军，倾向于由班组中擅长投掷手榴弹的士兵，在抵近敌方火力点或敌方发起反冲锋时投掷手榴弹；而使用高爆手榴弹的德军，则倾向于整个战斗小组一同向前投掷手雷，为进攻开路。这两种手榴弹使用的逻辑也保留到了二战之中，也影响了其他学习这两种步兵操典的军队。

▲ 英军步兵前往蒂耶普瓦勒山脊作战(左上)。
在蒂耶普瓦勒村附近，担架队后送战壕中的伤员(左下)。

失惨重，而在蒂耶普瓦勒方向，早在上午就占据了"施瓦本工事"的阿尔斯特人，在得不到支援的情况下，被迫因弹药不足而后退。

在南面，罗林森的右翼部队与法军依然进展顺利，他们夺取了马梅斯，在长约9.5公里的开阔地边缘，协约国军队已蓄势待发。法军准备继续推进，但英军却拒绝前进。他们接到的命令就是在第一天夺取蒙托邦，并在这里固守，命令还特别提及，在做好行动第二阶段的准备之前，不许前推战线。

尽管不愿错过如此良机的法军表示抗议，罗林森却不为所动。如果他允许骑兵从右翼的开阔地发动进攻，或许能够有效扩大战果，然而他却在下午命令他们撤出战区，而此时他们还完全不曾参战。

索姆河战役骇人的第一天战斗，随着日落西山而渐渐终止，第四集团军的指挥官们，在混乱的通讯与各种自相矛盾的报告之中，成功整理出了一份自洽的态势分析。他们估计称伤亡为1.6万人，然而这与实际情况相差极大，除了无人地带成千上万的死者之外，还有大批重伤员，不少人几个小时也没能得到救护。在战线后方，野战医院（casualty

7月1日下午3时许，马梅斯村被协约国军队夺取。英法联军占据了9.5公里的德军前沿阵地，向南与索姆河直接相接。4个师的部队抵达了开阔地的边缘。然而令他们不满的是，他们接到了就地防御的命令。

在漫长的炮击与激烈的肉搏战之后，下午3时，第7师已经夺取了马梅斯村余下的德军阵地①。夺取该村让英军突破了德军南线4.8公里的战线。

第18师的部队②在德军后备战壕后方绿油油的田野与枝繁叶茂的树丛之中搜索。此前夺取的蒙托邦村③，已经位于他们战线的西南方向了。在完成任务之后，他们等待支援部队前来拓展突破口。他们询问指挥部："骑兵在哪里？"

蒙托邦③是英军在7月1日最先夺取的村落。第30师发动猛攻，夺取了德军的前沿阵地，而后继续前进914米进入蒙托邦，并在上午10时30分据此地。

预备队从后方赶到英军新占领的前沿。他们通过曾经的无人地带与德军战壕④，几乎没有遭遇抵抗，这些战场战斗已经基本平息，一个士兵称之为"小菜一碟"。

"砖墙院"（brickyard）⑤，曾经是英法联军接合部的德军据点，此时已经被第4"利物浦好友"营占据。猛烈的炮击之后，英军迅速突击，德军在受损严重的工事之中难以有效防御。

法国第六集团军一部⑥，索姆河攻势的右翼部队。他们英勇前进，前推到蒙托邦与索姆河之间4.8公里长的战线，让敌军在混乱中败退。

德军　英军

clearing stations，CCS）拥入了大批伤员，而铁路的末端没有足够的救护列车将伤势最重的伤员送到后方基地医治。压力重重的医疗救护人员正在努力应对英军最黑暗的一天。伤亡达到了惊人的57470人。在参战的129个营之中，有32个营伤亡超过500人，而伤亡最多的是西约克郡第10营，有710人死亡。

在遍布弹坑的战场另一边，德国人的伤亡远不及英国人，而且他们守住了42公里战壕的大部分，这让他们松了一口气。

但他们的境况很快也会恶化，黑格将军决心将索姆河攻势持续到了秋季，英军在适宜进攻的时间与地点不断推进，但他们再也没有使用过7月1日的愚蠢战法。

得到增援并重整的英军，开始了血腥而漫长的推进，每前进一公里，阵亡名单都要加长。不同之处在于，此时德军的伤亡也开始攀升，特别是在反攻失败之时。黑格将军的部队终于占据了索姆河战场的上风。

9月，英国人的新发明——坦克投入战斗，用于支援进攻防御严密的两座村庄弗莱尔（Flers）与库尔塞莱特（Courcellette）。起初，坦克的进军大获成功，而后一些坦克出了故障，另一些坦克则陷入泥坑之中，进攻再度迟滞。

在秋季余下的时间之中，恶劣天气拖慢了黑格的进攻计划，11月19日，在冬季不可避免地即将到来之时，黑格将军最终下达了停止进攻的命令。此时英军占据了进攻开始之时德军固守的整条山脊。

据准确统计，在这片战场上四个半月的攻势之中，英法联军损失了60万人，而德军的损失与之相近。

在宣称胜利之时，黑格将军声称他的进攻解救了危在旦夕的凡尔登，迫使德军无法调动部队前去与俄国或意大利作战，并让敌军付出了相当的伤亡代价。他宣称，以上任何一个目标，都值得发动后续攻击。

英国最新式的重武器，被后世称为"坦克"的装甲车辆，并没有投入7月1日的进攻。尽管如此，坦克依然在索姆河战役之中首次投入使用。9月15日黎明时分，32辆30吨重的庞然大物，以每小时6公里的缓慢速度隆隆前进，支援对弗莱尔与库尔塞莱特这两座村庄的进攻。由于机械故障，只有18辆初次面世的坦克与德军实际交战，这些装备6磅舰炮的怪物让德军惊骇不已。这种成菱形、配有8名乘员的1号坦克，开启了世界战争史的新纪元。

在索姆河攻势的计划阶段，道格拉斯·黑格将军组建了一支由3个骑兵师组成的预备队集团军，由英军中将休伯特·高夫（Hubert Gough）爵士指挥，在罗林森男爵的第四集团军步兵完成突破之后，这些骑兵将用于深远进攻。7月1日上午，成千上万的骑兵在战线后方整装待发。由于进攻全线受挫，骑兵显然无法有效参与当天的作战了。唯一有可能发挥作用的，是位于右翼的印度第2骑兵师，那里的步兵已经抵达了开阔地，然而罗林森男爵拒绝派出这支部队。

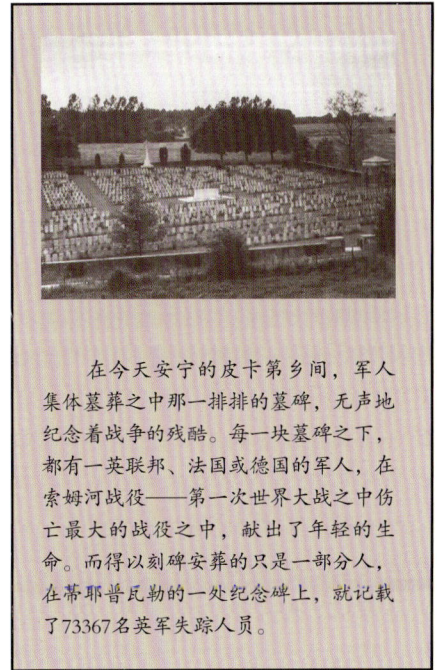

在今天安宁的皮卡第乡间，军人集体墓葬之中那一排排的墓碑，无声地纪念着战争的残酷。每一块墓碑之下，都有一英联邦、法国或德国的军人，在索姆河战役——第一次世界大战之中伤亡最大的战役之中，献出了年轻的生命。而得以刻碑安葬的只是一部分人，在蒂耶普瓦勒的一处纪念碑上，就记载了73367名英军失踪人员。

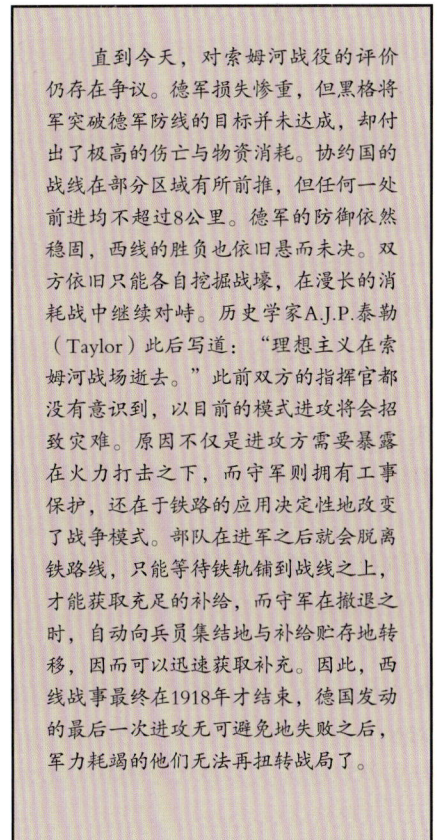

直到今天，对索姆河战役的评价仍存在争议。德军损失惨重，但黑格将军突破德军防线的目标并未达成，却付出了极高的伤亡与物资消耗。协约国的战线在部分区域有所前推，但任何一处前进均不超过8公里。德军的防御依然稳固，西线的胜负也依旧悬而未决。双方依旧只能各自挖掘战壕，在漫长的消耗战中继续对峙。历史学家A.J.P.泰勒（Taylor）此后写道："理想主义在索姆河战场逝去。"此前双方的指挥官都没有意识到，以目前的模式进攻将会招致灾难。原因不仅是进攻方需要暴露在火力打击之下，而守军则拥有工事保护，还在于铁路的应用决定性地改变了战争模式。部队在进军之后就会脱离铁路线，只能等待铁轨铺到战线之上，才能获取充足的补给，而守军在撤退之时，自动向兵员集结地与补给贮存地转移，因而可以迅速获取补充。因此，西线战事最终在1918年才结束，德国发动的最后一次进攻无可避免地失败之后，军力耗竭的他们无法再扭转战局了。

◄ 泰恩赛德爱尔兰人(左上)，于7月1日向拉布瓦泽尔进攻。
为英军18磅炮装弹(左中)，摄于7月30日的蒙托邦附近。
威尔特郡（Wiltshire）步兵团(左下)，在蒂耶普瓦勒方向进攻。

埃布罗河战役，1938年7月24日—11月18日

惨烈的西班牙内战于1936年开始，1939年结束，而早在1938年，在埃布罗河（Ebro）河畔持续16星期的苦战告终之时，面对弗朗西斯科·佛朗哥（Francisco Franco）将军领导的西班牙国民军，西班牙共和军扭转局势的最后希望就此消逝，与之一同消逝的，还有数千为理想而战的年轻生命。1938年夏，西班牙国民军在希特勒与墨索里尼的支持下，从纳粹德国与法西斯意大利获取人员、武器以及其他物资支援，已经控制了西班牙2/3的国土。在1931年依靠民主选举建立的西班牙共和国政府，此时仍在东北部的加泰罗尼亚（Catalonia）和东南部的广阔地区坚持抵抗，西班牙首都马德里（Madrid）也仍在他们手中。他们获得了共产国际以及苏联领导人斯大林的援助，和佛朗哥一样拥有外部支援。数以千计的反法西斯战士从世界各地潮水般涌入西班牙，作为志愿士兵加入"国际纵队"，支援西班牙共和军。

相当一部分战前的西班牙陆军，在内战中倒向西班牙国民军，成为他们军事力量的核心。因此，国民军的训练与装备水平，整体上高于共和军。1938年7月时，国民军开始在战线的右翼发力，进攻共和军在东南部的据点巴伦西亚（Valencia）。[1]

西班牙共和国首相胡安·内格林（Juan Negrin）博士，呼吁北部的共和军发起进攻，缓解巴伦西亚方向的压力。他的总参谋长文森特·罗霍（Vincente Rojo）将军为此制定了作战计划，切断国民军在埃布罗河对岸的交通线，并寻机突破，尽可能打通与巴伦西亚的交通线，与战友们并肩作战。

为此，共和军组建了埃布罗河集团军，由曾经是伐木工人的共产党员吉略托·莫德斯托（Guillotto Modesto）将军指挥。这支部队约有8万人，只有有限的火炮与装甲车辆支援，不过另外还有苏联派出的100架战斗机掩护。

7月24日，在没有月光的深沉夜色之中，[2]莫德斯托下令部队使用小艇与浮桥，开始强渡宽达91米的埃布

1938年7月24日开始的突袭起初大获成功，共和军在两天后即突破敌方战线40公里，抵达甘德萨城郊。后续进攻被国民军控制的481高地阻挡。8月1日，烈日当空，英国志愿者组成的国际纵队第15营，最后一次向崎岖的岩石高地发起冲击。

1938年7月，共和军在西班牙东北部对埃布罗河西岸的国民军阵地发动大规模进攻。进攻的正面宽64公里，北起梅基嫩萨，南达安波斯塔。

被英国志愿者们称为"痤疮"（Pimple）的481高地①，位于甘德萨以东两公里处，这个陡峭多岩的小丘俯瞰通向甘德萨的道路。国民军对这个高地的称呼则更合适：死亡之丘。

国民军的阵地位于481高地山坡之上②，由混凝土工事和铁丝网加固，并配有重武器支援。守卫这一阵地的是亚格将军从北非调来的摩尔人。

在8月1日，英国志愿者营对481高地的国民军阵地，进行了整整一天的冲击。每一次进攻③都在守军的近距离轻武器齐射以及密集的手榴弹反击之下失败。该营伤亡惨重。

这一战中的共和军缺少火炮支援。他们调来了少量苏联坦克④攻击481高地，但这些坦

西班牙共和政府推翻了王室，进行社会主义改革，西班牙军界对此多有怨言。1936年夏季，在西属摩洛哥的梅利利亚（Melilla），西班牙外籍军团与共产党人爆发了暴力冲突，冲突最终升级为武装叛乱。曾任总参谋长的弗朗西斯科·佛朗哥将军被社会主义政府派往加那利群岛（Canarias），借此让他远离政治运动，来到梅利利亚指挥叛军。他的部队随后乘坐纳粹德国提供的飞机抵达西班牙南部城市阿尔赫西拉斯（Algeciras）。西班牙西北部的驻军也宣布支持佛朗哥，双方组成联军。

内战之中的西班牙大致分为两部分，西部（国民军）支持军队，东部（共和军）支持政府。战争的焦点是首都马德里，如果佛朗哥的部队切断了首都与其他地区的交通线，共和政府将失去其他地区的支持。

国民军在纳粹德国与法西斯意大利的大力支持下，取得了对共和军的军事优势。共和军则得到了苏联的武器装备支援，此外，尽管英法政府坚持不干涉政策，但仍有大批两国志愿者加入国际纵队，共组成12个营。

克在争夺战初期即被击毁。

国民军则可以及时获得炮兵支援，481高地之上的弹坑⑤见证了防御方的火力。

攀登高地的共和军士兵，只能在开阔多岩的坡地之上⑥勉强寻找掩护。许多在低矮岩石之下躲避炮火的士兵，反被溅射的岩石碎屑杀伤。

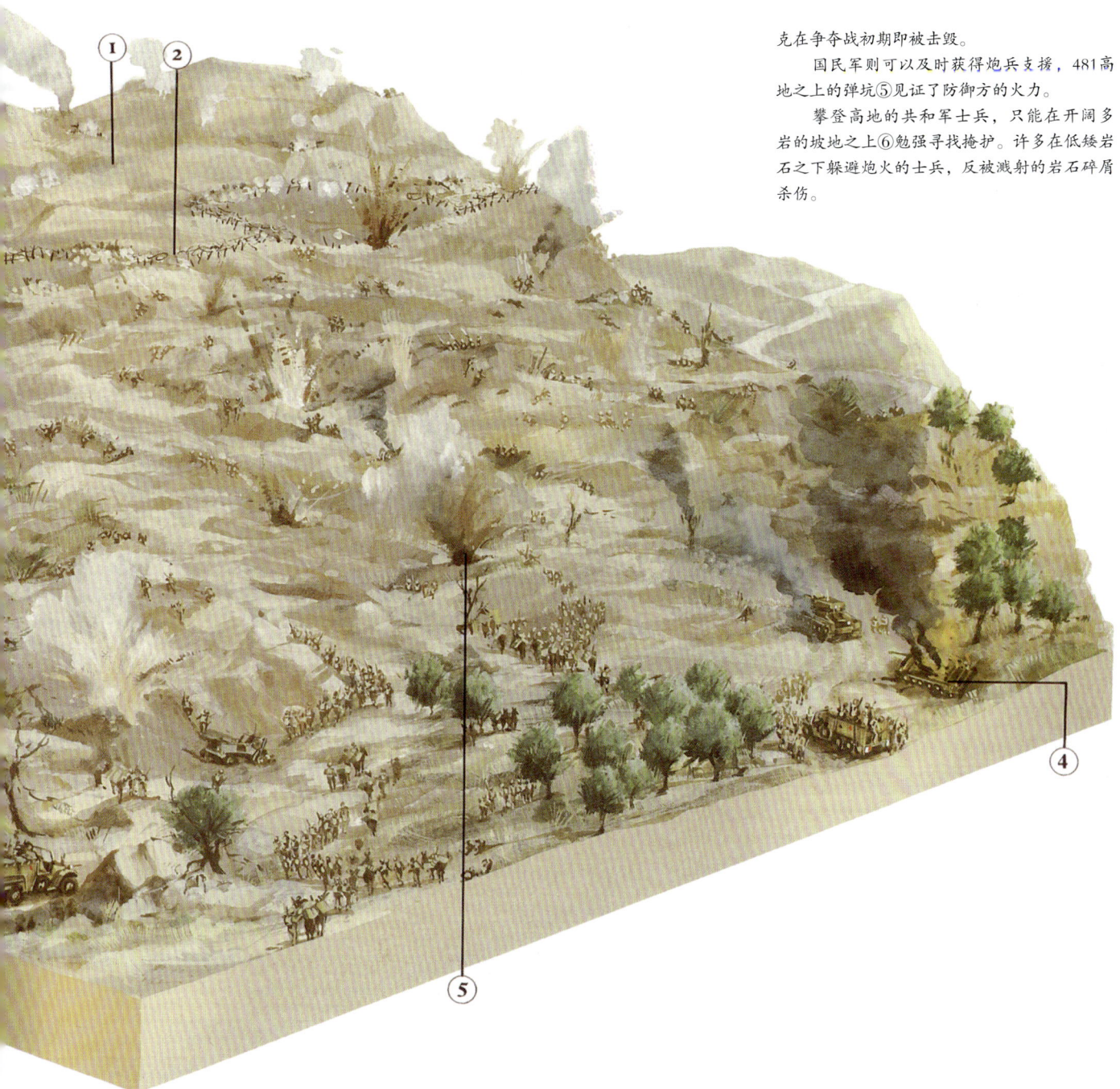

156

罗河。他们以迅雷不及掩耳之势拿下了对岸胡安·亚格（Yague）将军的北非集团军。共和军的攻势北起梅基嫩萨（Mequinenza），南达安波斯塔（Amposta），战线长达64公里，主攻方向则是位于法永（Fayon）与切尔塔（Cherta）之间，埃布罗河向东弯曲部的中央地带。

渡河行动开始48小时之内，坚定的共产党员，第五军军长恩里克·利斯特（Enrique Lister），已经率部夺取了河流弯曲部周边的所有高地，俘虏敌军4000人，并突破战线40公里，抵达甘德萨（Gandesa）城郊。

亚格指挥的国民军则迅速构建工事，迟滞共和军的前进，等待援军抵达。佛朗哥却并不急于反击，而是决定在集中充足的火炮，并取得制空权后再行动。与此同时，国民军开始轰炸埃布罗河上的所有桥梁，干扰莫德斯托的补给线。

共和军指挥官利斯特则在持续进攻甘德萨，从7月下旬到8月，严重缺乏火炮支援的共和军步兵，一次次徒劳地攀爬崎岖陡峭又缺少掩护的开阔山坡，试图夺取国民军的阵地。他们一度突破到了可以将手榴弹扔进敌方阵地的距离，却终未能突破带刺铁丝网与机枪庇护之下的国民军防线。

甘德萨争夺战的关键是城东的一座小丘——481高地。8月1日，利斯特命令英国志愿者组成的国际纵队第15营，全力进攻481高地，以期在夺取高地之后继续此前共和军的进攻势头。

在烈日之下，勇敢的英国志愿兵们一次又一次发起冲击，却一次又一次在国民军阵地的机枪与步枪火力打击以及支援炮击之下失败。481高地攻击的失败也成了共和军大反攻的转折点。

8月6日，国民军在大规模的炮击与轰炸支持之下，开始第一轮反攻，共和军在梅基嫩萨与法永之间，战线北部的进展全部丢失。整条战线上的埃布罗河集团军阵地，都遭到国民军的反攻，以及猛烈的

炮击与轰炸。即使如此，利斯特的部队依然坚持抵抗，在40公里长的战线上苦守3个月之后，仅仅后退了8公里。[3]

佛朗哥则在法永-切尔塔一线聚集兵力和重武器，准备大规模反攻。10月30日晨，国民军炮兵几乎是轮番上阵，进行了一战级别的、长达3小时的猛烈轰炸，而

100架轰炸机也加入了猛攻。步兵在装甲车辆的掩护下前进，逐一清理仍在坚守的共和军高地。11月3日，国民军的右翼已经进抵埃布罗河。11天后，亚格肃清共和军阵地的行动因暴雪而暂停，但到11月18日，最后一个共和军的桥头堡也落入他的手中。埃布罗河战役结束。[4]

胡安·亚格将军，埃布罗河前线的国民军北非集团军司令。久经沙场的他执行命令之时严酷无情，于1934年率领北非部队镇毫不留情地压阿斯图里亚斯（Asturias）工人暴动，并因此得到了"阿斯图里亚斯屠夫"的恶名。在战时，他曾一度被佛朗哥暂停了指挥职务，因为他曾在内战期间公开赞扬共和军的英勇，并把德意干涉军称为"掠食的野兽"。

吉略托·莫德斯托将军，指挥共和军赢得了埃布罗河战役初期的胜利。出身安达卢西亚伐木工人的莫德斯托，一度被称为共和军最优秀的指挥官。莫德斯托是坚定的共产党员，曾在莫斯科接受政治与军事教育。在马德里于1939年3月陷落之后，他和其他共和政府高层一同流亡。

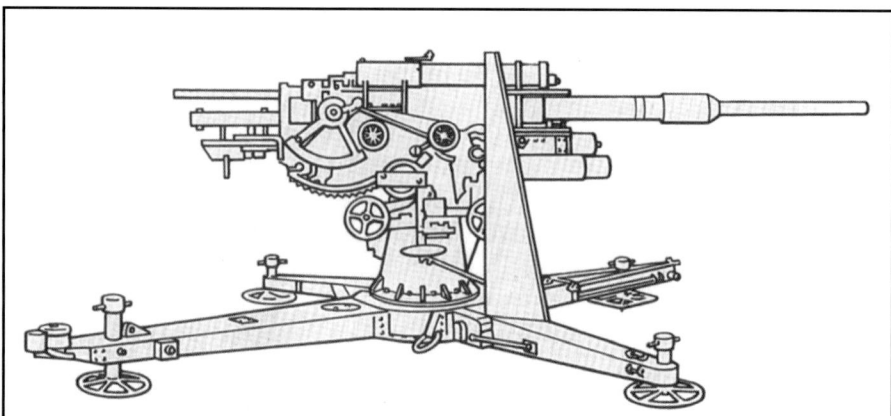

佛朗哥的国民军，从纳粹德国和法西斯意大利获得了先进武器装备，希特勒和墨索里尼也有意在西班牙试验新式武器。纳粹德国的干涉军——约5000人的秃鹫军团，配备了实验性质的飞机、坦克与反坦克武器，其中就包括图中的88mm炮，这种火炮也在二战中大获成功。[5]此外，

纳粹还向佛朗哥提供了军事顾问和技术人员。意大利提供了7.5万人、数量更多的坦克与600架轰炸机与战斗机。1937年4月26日，秃鹫军团对不设防城镇格尔尼卡（Guernica）的轰炸，造成超过200平民伤亡，而纳粹也将在几年之后，以这种残忍的方式，在欧洲展开总体战。

在西班牙内战于1936年爆发之后，苏联领导人斯大林支持共和政府，在提供援助之外，还鼓励全世界的志愿者支持共和军的反法西斯斗争。同年10月，第一支"国际纵队"部队已经抵达前线。支持共和军的3.5万名国际纵队战士，并非全部来自响应第三国际号召的工人阶级，许多年轻的理想主义知识分子，也前来为反法西斯而战。

1938年的埃布罗河夏季攻势失败，宣告了共和军打通陆上交通线，连接加泰罗尼亚与东南部的希望彻底破灭。共和政府已经时日无多，佛朗哥重新开始进攻马德里，并肃清加泰罗尼亚坚持抵抗的共和军据点。马德里坚持抵抗，却也没能撑过1939年3月。[6]共和政府的高层军官们，以及大批士兵先后流亡法国。西班牙内战直接导致约70万人丧生，在佛朗哥的独裁统治之下，又有3万共和派人士被处死或暗杀。

欧洲各国密切关注着西班牙内战，纳粹德国更是从中总结了大量宝贵的经验教训。然而纳粹却忽略了一点：在西班牙内战之中，马德里经历了28个月的围攻与轰炸，城市却从未因此彻底陷入恐慌之中。几个月后爆发的第二次世界大战之中，抵抗侵略的人民，也在一座又一座希特勒想要抹掉的城市之中，展现出了同样的坚韧。

【3】这一时期的国际局势变化，也对共和军极为不利。9月21日，共和军在国际联盟施压之下解散国际纵队，希望借此获得国际仲裁，迫使纳粹德国和法西斯意大利撤走干涉军。然而9月30日签署的《慕尼黑协定》，向世界展现了英法绥靖政策的高潮，一战中胜利的旧列强，此时决定牺牲他国利益以换取本国暂时的和平，自然也不会顾及西班牙内战了。

【4】共和军的进攻，以牺牲自己的方式，达成了为巴伦西亚解围的目标。将部队与重装备猬集加泰罗尼亚边境的国民军，随后开始对耗竭军力的加泰罗尼亚共和军发动进攻。

【5】纳粹德国的88mm加农炮设计，源自一战时期设计的重型防空炮（8.8cm Flak 18），用于西班牙内战的是20世纪30年代的改进型。在西班牙作战时，纳粹德军发现了这种防空炮的反装甲潜能，因此在二战全面爆发之前，德军已经开始将88mm防空炮作为防空－反坦克两用炮使用，同时配备穿甲与防空两类弹药。

【6】国民军于1939年2月21日占领加泰罗尼亚全境，于3月28日进入马德里与巴伦西亚。

▲ 西班牙内战期间，双方事实上都仍在使用骑马步兵（左上）。而共和军的坦克（左下），在数量上远不及国民军。

阿拉曼战役，1942年10月23日—11月4日

1942年10月23日，在谨慎制定了确保胜利的进攻计划之后，伯纳德·蒙哥马利（Bernard Montgomery）中将在阿拉曼战役前夕提前返回篷车就寝。他确有自信的理由。10周之前，蒙哥马利抵达埃及，接管了一个近期败多胜少且多次换将的集团军。随后，他主持了这个集团军的体系重建、人员补充、装备替换与部队整训。最重要的是，他重振了集团军的士气。蒙哥马利还拥有一个相对优势：盟军的情报部门已经破译了纳粹德国的密电码，因此他清楚对面的敌人补给线过长，此时缺少燃油以及其他重要补给品，还没有足够的空军支援。这并不意味着击败他们轻而易举，但局势确实对轴心国一方不利。

蒙哥马利指挥的第八集团军，部队主要来自英联邦，此时他们终于得以执行英国首相温斯顿·丘吉尔几个月之前下达的命令："击败或消灭（北非的）德意联军。"

在纳粹德军军官埃尔温·隆美尔（Erwin Rommel）将军带领装甲部队抵达北非，支持兵败如山倒的意大利人之后，轴心国军队一度有了夺取开罗的可能。隆美尔大胆、果断、战术水平高超，而且时常无视上级命令，他率领以坦克与机械化步兵为核心的非洲军（Afrika Korps），一次次以少胜多，也因此被阿道夫·希特勒提升为元帅。

但随后，隆美尔遭遇了重大的补给困难，轴心国一方的大批运输船，在地中海航线上被击沉。非洲军之中也出现了传言，声称本该给他们的补给品被调往东线战场。隆美尔最缺少的是燃油和各型车辆。得不到大规模补充的非洲军只能尽可能修理旧装备，甚至利用缴获的敌方车辆，直到出现因缺少配件而无法维修的故障为止。[1]

即使如此，这位被英国媒体称为"沙漠之狐"的将军，依然以其惯有的骁

1940年9月，墨索里尼命令意大利军队从利比亚殖民地东进，夺取亚历山大港、开罗与苏伊士运河。此前他的部队在法国南部表现拙劣，墨索里尼希望通过在北非速胜，恢复自己的威望。

这个目标战略意义重大，若是控制了地中海南岸与西亚油田，盟军的战争潜力将严重受损，而进入亚洲之后，轴心国将得以从另一条战线上威胁苏联。然而在12月，数量处于劣势的盟军发动了反击，意大利人不但丢掉了他们夺取的埃及领土，还丢掉了利比亚东部。颜面扫地的墨索里尼只得请求希特勒派出一支装甲部队支援，而这支部队的指挥官，正是名将埃尔温·隆美尔。

自隆美尔于1940年下半年抵达北非之后，对这片沙漠的争夺成了持续近两年的拉锯战。双方都未能取得决定性胜利，其主要原因是漫长的补给线，以及装备质量相对有限。

有时英联邦军队的坦克和火炮质量占优，有时则是德意军队占优。此外，当一方将战线前推之时，进攻方距离他们的补给基地越来越远，而防御方则离补给基地越来越近。

然而在1942年秋季，英军得到了大规模的人员与装备补充。隆美尔清楚，对峙下去对他更不利，他若不能尽快抵达苏伊士运河，便将彻底失去这个战利品。然而在他和苏伊士运河之间，是蒙哥马利指挥的重振士气的第八集团军。盟军守卫着一条稳固的防线，这条宽约64公里的防线，北起铁路枢纽处的小镇阿拉曼；南达广阔而无法通行的天然屏障盖塔拉洼地。

10月24日凌晨，盟军突然发起大规模攻势，进攻19公里布满地雷的德军沙漠防线。

负责防御的德军164步兵师①，在猛烈的炮火打击之下，依然在当天凌晨迟滞了盟军的进攻。德军在突破口两翼的机枪与迫击炮火力，造成了大量伤亡。

意大利第102"特伦托"（Trento）摩托化步兵师的一侧阵地②未受盟军炮击的影响。

然而另一侧的阵地③在经历了激烈的肉搏战之后，被新西兰第2步兵师摧毁。

在平坦的沙漠之中，除了地雷之外，防御方所能依靠的就只有带刺铁丝网⑤了。双方都大量布设铁丝网，掩护前沿阵地，阻扰敌军行动，其总长度可达数百公里。

在苏格兰风笛声中，第51高地师⑥冒着枪林弹雨冲击，因为行进速度过快，甚至遭到了己方炮击的影响。

然而高地师的左翼部队⑦，靠着刺刀和手榴弹，成功夺取了山脊。

凌晨3时，金色的灯光从米泰利亚（Miteiriya）山脊⑧亮起，宣告了新西兰第2步兵师④的胜利。

而后新西兰军队前出到平坦地面⑨，构建工事巩固阵地，并等待支援。

由于情报错误，南非第1步兵师⑩低估了对面德军的军力。他们的进攻很快停止，在击退了敌方的反突击之后，才得以重新开始进攻。

盟军的进攻，代号"轻足行动"（Operation Lightfoot），使用类似"蛙跳"的前进方式：各个营分阶段前进，各自占据一处稳固阵地后，为后续负责主攻的营提供火力支援。怀旧的高地师士兵们⑥更是用苏格兰的城镇命名了每一处阵地。

硝烟弥漫的凌晨，战场能见度很低，盟军各师需要靠头顶红色与绿色的信号弹照明。营级别的行动路线划分则更为精细，扫雷的工兵留下防风灯与白色标识带，指引后续部队通过迷宫般的雷区。

因为步兵进展迅速，提供支援的坦克⑪没能跟上，而地雷场中损毁的车辆，进一步阻碍了装甲队列前进。

【1】1942年6月，隆美尔击溃了盟军的格查拉（Gazala）防线，夺取盟军在图卜鲁格（Tobruk）贮存的大量物资。此时，轴心国正计划以德国空降部队为先导，在意大利海空军支持下登陆马耳他群岛，解决干扰北非轴心国军队运输的主要盟军据点。但计划因各方掣肘，并未在7月中旬如期展开。随着轴心国在苏德战场南线发动"蓝色行动"，北非战场补给的优先级也大为下降。

勇善战坚持冒进，在1942年7月时已经深入埃及，威胁尼罗河三角洲。然而此时他的补给困难也愈发严峻，物资通过船运抵达班加西之后，经滨海公路运输到前线，仅车队来回就需要7天，而从的黎波里出发更是需要12天之久，一路上还会频繁遭遇英军沙漠航空队的袭击。更让隆美尔头疼的是，近期获得的增援步兵并没有配备运输车辆，在北非沙漠作战之中，没有摩托化的部队"意义索然"。[2]

为了进一步拓展他的战果，隆美尔在8月30日再度展开进攻，攻击哈勒法山（Alam el Halfa）。蒙哥马利此前已经得到了情报，他击退了隆美尔的进攻，将轴心国军队赶回了战略要地阿拉曼（El Alamein）一线。这个临近地中海的小镇以南64公里处，是车辆无法通行的盖塔拉洼地（Qattara Depression）。在巩固了侧翼之后，被部下们昵称为"蒙蒂"（Monty）的蒙哥马利，决定从这条战线发动决定性一击。

哈勒法山的胜利让盟军取得了主动权，温斯顿·丘吉尔大喜过望，希望盟军能够持续施压。他催促蒙哥马利，在半个月后于9月的满月之夜发起全线进攻。蒙哥马利明智地拒绝了这一要求，决定在准备万全后再行动。他选择了10月的满月之夜，以便装甲兵和步兵能够在夜间轻松行动。7个星期的准备时间之中，为筹备"轻足行动"，他和部下进行了大量工作。进攻计划的初步大纲，由蒙哥马利本人亲自撰写。他此后解释道：军事行动的大计划，只有由大人物写下来之后，才称得上大计划。

在蒙哥马利的部队集结兵力与作战物资时，最大的威胁来自沙漠本身。在如此平坦的地形之中，他们无法隐藏一切，即使如此，欺骗行动还是取得了一定效果，在战线南面，他们构筑了大批假设施，将一部分敌人吸引到了盟军主攻方向之外。

10月中旬时的第八集团军，拥有19.5万人。坦克的数量从896辆上升至1351辆，其中包括285辆美国最新研制的

伯纳德·蒙哥马利中将（1887—1976），被昵称为"蒙蒂"的他，日常生活颇为节俭，也将这种态度运用于军事指挥之中。他制定战役计划之时细致入微，具体细节问题也亲自筹划，然而蒙哥马利的领导才能，同样体现在随机应变之中，他会根据战场的态势，在执行预定计划前的最后一分钟改进方案。

身为一战老兵，蒙哥马利在1940年指挥部队从敦刻尔克撤回英国之后，长期没有担负战场指挥任务，而是在英国筹备本土防卫，他出色的组织能力，也在两年之后改变了第八集团军。蒙哥马利将来源混杂的部队重整，成为整齐划一的作战力量，并打破了纳粹德军的不败神话。[3]

埃尔温·隆美尔元帅（1891—1944），在指挥战斗时依靠敏锐的直觉抓住战机，又凭借冷静的决断确保胜利。隆美尔的高明之处在于，他能够将己方的局部失误扭转为战役优势，轴心国在北非的胜利也大多归功于此。

隆美尔功勋卓著的军事生涯始于1910年，经历了第一次世界大战的洗礼，在49岁时就成为将军。这位"士兵的将军"，与部下同甘共苦，然而长期暴露在北非的恶劣气候之中，也影响了他的个人健康，在盟军发起进攻之时，隆美尔因病回国治疗，未能立即接手指挥。

隆美尔抵达北非战场初期的成功，极大提振了德军的士气，尤其是令德军统帅部坚信胜利在望，而隆美尔在1942年11月的撤退请求，显然出乎他们的预料。

格奥尔格·施图默将军（1886—1942），在隆美尔因病前往奥地利治疗后，被希特勒派往北非代理指挥。选择施图默代理指挥，主要出于政治考虑，而非实际军事需求，隆美尔虽然对这一任命不甚满意，却依然在施图默抵达北非之后，第一时间向他完整地介绍了战场态势。

讽刺的是，10月23—24日，在遭到盟军突然进攻之后，轴心国军队遭遇的挫败，主因并非施图默无能，而是他坚定执行隆美尔离开时的防御方案，拒绝变通。[4]尽管如此，施图默还是尽可能维持了部队的士气。

10月24日，施图默在前线侦察之时遭遇了英军部队。他并未在交火中受伤，却因为心脏病发不治身亡，而隆美尔也因此被迫加急返回北非。

【2】在7月的第一次阿拉曼战役之中，隆美尔在月初的进攻未能突破盟军在阿拉曼周边的防御，而盟军在月底的反突击也未能击退轴心国军队。纳粹德国陆军总参谋部意图让北非的轴心国军队转入守势，在苏德战场取得战略突破，北非方向态势缓解之后重新转入进攻。
【3】担负阿拉曼战役第一阶段主攻任务的英军第30军，下辖的5个步兵师分别来自苏格兰（第51"高地人"师）、澳大利亚（第9师）、新西兰（第2师）、印度（第4师）和南非（第1师）。
【4】盟军与轴心国军队此前打破僵局的进攻，几乎无一例外从沙漠一侧发动。进攻方突破防线后，以机动能力较强的装甲部队与摩托化部队为先导，进攻防御方侧背的关键节点。因此，隆美尔认为这一次英军也会在沙漠一侧主攻，将第21装甲师部署在南部。英军在23日全线进攻之时，南部的盟军部队也执行了牵制进攻，尽管炮击的力度足以说明英军的主攻方向在北部，施图默依然将21装甲师的部分部队调往前线战场，浪费了轴心国一方本就有限的装甲力量与燃油储备。

美国生产的M4"谢尔曼"（Sherman）式坦克，在阿拉曼战场首次投入作战，并在1943年成为美英盟军的制式中型坦克。这种使用75mm塔装炮的坦克，战斗力明显高于此前的美军坦克。由于炮塔使用电机驱动的液压垂直稳定系统，因此这种坦克即使在行进间也能够较为精确地射击。谢尔曼式坦克重约30吨，最高速度可达40公里/小时，而将预制零件组装成一台完整的坦克仅需要半小时。谢尔曼坦克共有20多种型号，总产量约4.9万辆。

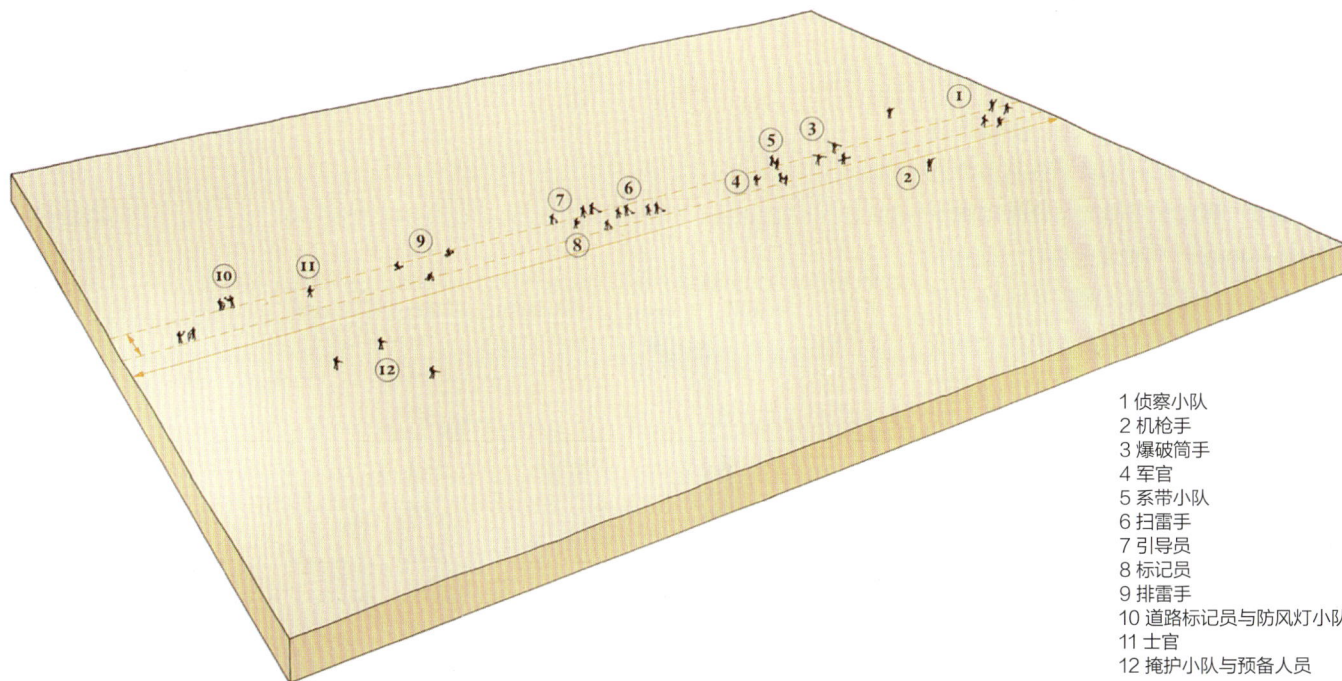

1 侦察小队
2 机枪手
3 爆破筒手
4 军官
5 系带小队
6 扫雷手
7 引导员
8 标记员
9 排雷手
10 道路标记员与防风灯小队
11 士官
12 掩护小队与预备人员

从雷区之中清理出道路，需要一支复杂的工兵队伍。使用刺刀插地探雷的旧方法，被更省力的波兰探雷器取代，这种工具向地面发射电磁脉冲，而扫到埋藏的地雷时，探雷器会向操作员的耳机中返回高频报警信号。在找到并拆除地雷之后，安全区域将使用木杆与白色带子标出，并挂上装在侧开口汽油桶中的防风灯。灯光的颜色使用染色玻璃调节，安全区域使用绿色，而未清理的危险区使用琥珀色。

162

坦克，M4"谢尔曼"（Sherman）。各
型火炮则有1900门，包括较轻的2磅反坦
克炮，以及其他的中型火炮。在雷区的
另一侧，隆美尔的部队约有10万人，510
辆坦克——其中包括约300辆质量较差的
意大利坦克以及1325门火炮。

　　在进攻开始的前一天，第八集团军
的士兵们被迫留在狭长的战壕之中，不
得因任何理由离开掩体。这条命令达成
了预期的效果，轴心国军队直到10月23
日21时40分，第一次世界大战之后规模
最大的炮击开始之时，才意识到盟军发
动了全线进攻。

　　对于轴心国一方而言不幸的是，隆
美尔元帅当时正在奥地利养病，雪上加
霜的则是他的代理指挥官格奥尔格·施
图默（Georg Stumme）将军，在开战之
初的战场侦察中突发心脏病去世。非洲
军军长威廉将军在极度混乱之中接管指
挥。[5]希特勒命令隆美尔立即返回埃
及，接管指挥。

　　在头两天的苦战之中，第八集团
军遭遇了始料未及的广阔雷区与顽强抵
抗。伤亡不断增加，士兵愈发疲惫，进
展也愈发缓慢。原计划中第10装甲师从
北面以及第7装甲师从南面直接突破轴心
国部队防线的行动，被蒙哥马利取消。

　　与此同时，隆美尔也返回了指挥
所，10月26日上午，德意军队从多个方
向，对第八集团军夺取的"肾脏山脊"
（Kidney Ridge）阵地发起猛攻。反攻被
英军击退，伤亡惨重。德意军队在次日
再度对这一阵地发起攻击，也再一次在
付出惨重伤亡后败退。

　　28日，第八集团军重新开始进攻，
英联邦军队以澳大利亚第9步兵师为先
锋，对北侧战线发起集中攻击，但进攻
收效不大。

　　距离双方激烈争夺的沙漠阵地仅几
公里的隆美尔，决定将战线南部的德军全
部调往北线，准备死守滨海道路一线的阵

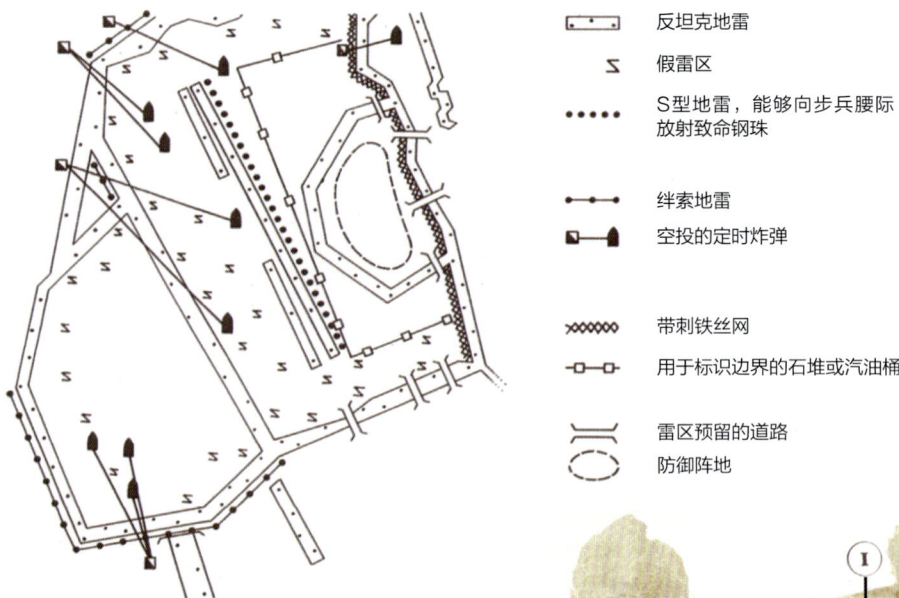

【5】这位德国低阶贵族的全名是托马骑士威
廉（Wilhelm Ritter von Thoma）。

	反坦克地雷
	假雷区
	S型地雷，能够向步兵腰际放射致命钢珠
	绊索地雷
	空投的定时炸弹
	带刺铁丝网
	用于标识边界的石堆或汽油桶
	雷区预留的道路 防御阵地

▲ 这份盟军缴获的雷区地图，展示了隆美尔的"恶魔花园"的一角。

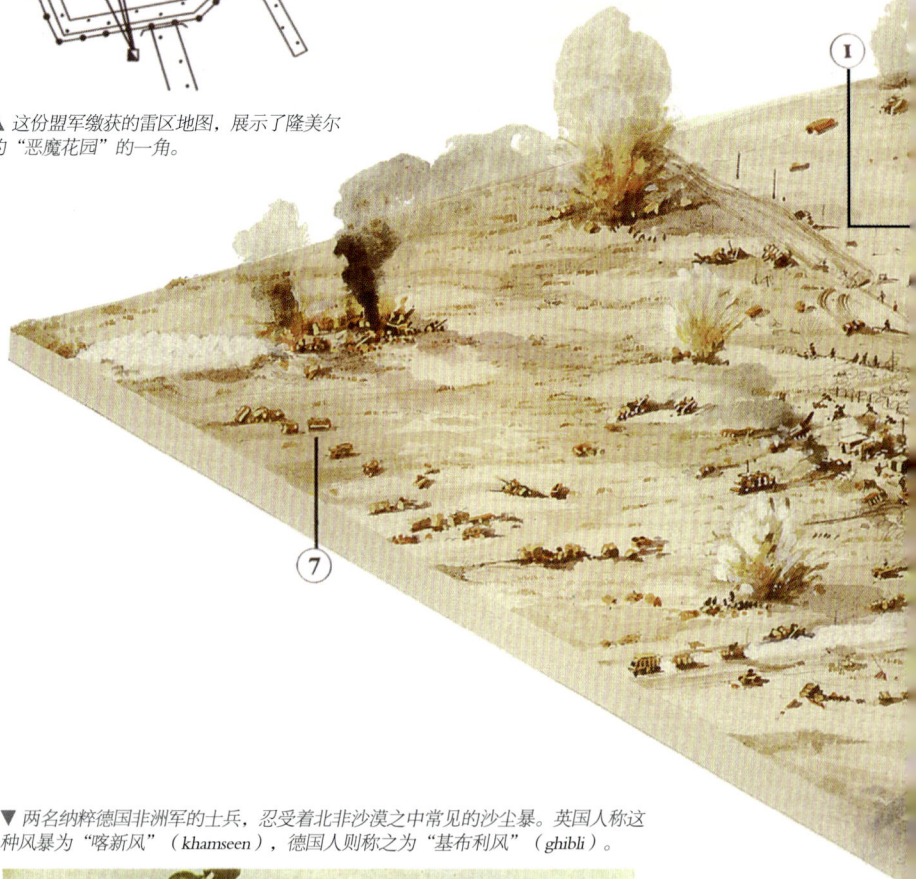

▼ 两名纳粹德国非洲军的士兵，忍受着北非沙漠之中常见的沙尘暴。英国人称这种风暴为"喀新风"（khamseen），德国人则称之为"基布利风"（ghibli）。

11月4日清晨的突破，是阿拉曼战役的转折点。盟军突破了德军防线的最后3公里，并夺取了他们的指挥部，迫使轴心国军队撤退，再也没能卷土重来。

散布在战场之上的坦克残骸①，用炸裂与烧焦的痕迹，有力地印证了曾经的猛攻。

"如同一群小船驶入大海之中"，盟军的

坦克②在沙尘之中向前行驶，却又堵塞在陷入瓶颈的战区。所有的盟军坦克都插上了彩色三角旗，以便与敌军车辆区分，并确知车上军官的军衔。

突破的关键在于第7"阿盖尔与萨瑟兰"（Argyll and Sutherland）高地营③，这支部队在猛烈的炮火支援之下突破雷区，占领了敌方指挥部。由于前进过快，他们甚至遭到友军炮

击，31人伤亡。找到德军藏酒的苏格兰士兵还没来得及庆祝，就遗憾地发现并不是他们钟爱的烈酒，而是香槟酒。

德军位于阿卡吉尔山地的指挥部④，是战场上的关键节点。

此处通向拉赫曼（Rahman）公路⑤，而这条公路是从海滨向沙漠腹地运输物资的主干道。高地部队幸运地夺取了德军指挥部时，德军的发报设备甚至都完好无损。苏格兰人并没

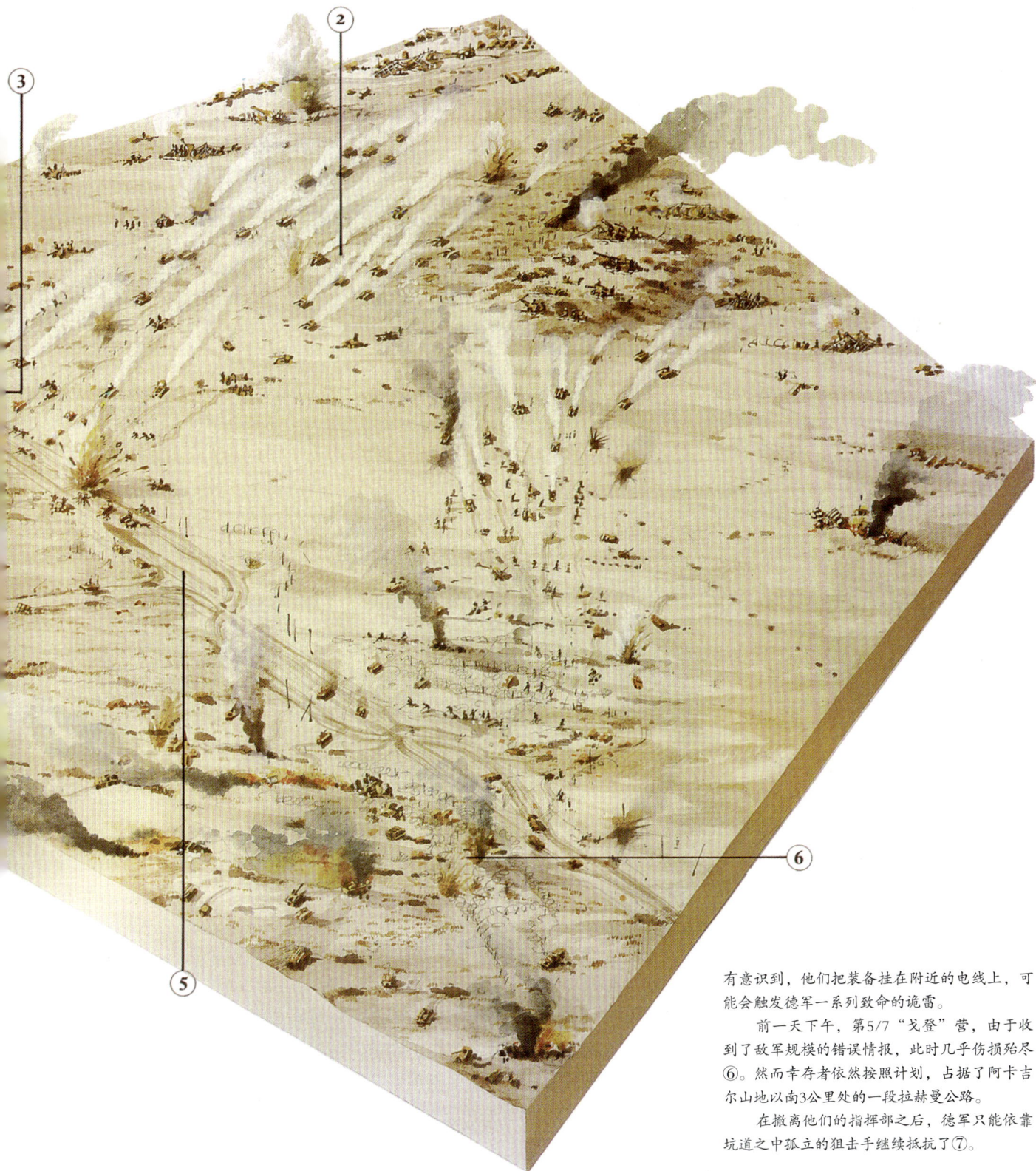

有意识到，他们把装备挂在附近的电线上，可能会触发德军一系列致命的诡雷。

前一天下午，第5/7"戈登"营，由于收到了敌军规模的错误情报，此时几乎伤损殆尽⑥。然而幸存者依然按照计划，占据了阿卡吉尔山地以南3公里处的一段拉赫曼公路。

在撤离他们的指挥部之后，德军只能依靠坑道之中孤立的狙击手继续抵抗了⑦。

地。自知无望胜利的他，此时已经计划向西撤退，转往96公里外的弗卡（Fuka）。

然而英国政府的不安也在增加，愤怒的丘吉尔无法理解，在部队规模与装备水平明显优于隆美尔的情况下，英军为何停止前进，并要求蒙哥马利做出解释。他指责蒙哥马利指挥作战时"三心二意"。

但蒙哥马利不为所动，他决定改变从海滨公路一侧突破的计划，对部队进行重组，制定了新的行动方案，代号"增压"（Supercharge）的新一轮进攻，将在"肾脏山脊"周边发起。

11月1日夜至2日凌晨的行动，宣告这场消耗战终于走向终局。起初德军大幅后退，却仍在不久之后巩固了防御。即使如此，隆美尔也清楚，自己的部队无法长期坚守了。他命令前沿部队后退，并将总撤退的计划告知了希特勒。

在11月3日脱离战斗之后，轴心国军队开始后退，然而就在此时，希特勒亲自命令停止撤退。与战场实际情况完全脱节的希特勒，向隆美尔下令："……你除了坚守阵地之外，别无选择，要让每一个士兵，每一条枪都投入战场，不得后退一步。"

次日，英国第1装甲师在肾脏山脊的西北方向，阿卡吉尔山地（Tel el Aqqaqir），与非洲军的残部激战，与此同时，蒙哥马利期待已久的突破终于成功：在南面几公里处，新西兰步兵与第7装甲师，成功包抄了轴心国战线的右翼。为避免被彻底包围，隆美尔放弃了守住阵地的最后一丝希望，在希特勒极不情愿地同意撤退之后，他竭尽所能将残部撤往弗卡。

11月5日破晓时分，第八集团军的装甲洪流滚滚向前，追击敌人。然而他们进展并不快，隆美尔的部队，只有第20摩托化军的残部被分割包围。新西兰步兵以及第7装甲师，最终抵达了弗卡以南，他们被那里的一处假雷区拖住，而且事后才发现，这片假雷区还是此前由英国人构筑的。而后，他们的汽油

▲ 两名阵亡的"高地人"士兵的临时安葬地。他们的步枪枪口朝下插入土中，作为标识。此后打扫战场之时，他们将被迁葬到正式的墓葬之中。其他躺在地上的伤员也以类似的方式吸引担架手的注意，不过只有死者或濒死者的头盔或军帽才被挂到枪托上。

◀ 10月28日的战斗结束之后，胜利的黑卫士部队，看押258名德军士兵走向战俘营。照片中的石堆是第二次世界大战爆发之前，英国测绘人员为沙漠之中的旅行者留下的数百个标记物之一。

也耗尽了。与此同时，隆美尔正准备沿海岸线继续撤退128公里，转往马特鲁（Mersa Matruh）。

11月6日，汽油短缺再度妨碍了盟军的追击。当天下午，一场暴雨又让沙漠道路暂时无法通行。至此，盟军彻底错过了完全包围德军的机会。隆美尔则充分利用了恶劣天气争取来的时间——他也在此后批评蒙哥马利在追击时不够大胆。此时非洲军只剩下了约20辆坦

克，隆美尔重整残部，下令沿着滨海的碎石路全速撤退。

11月7日，在夜色掩护之下，隆美尔抵达埃及与利比亚边境的塞卢姆（Sollum）。在这里，他得知自己的部队此后将被两面夹击：美英盟军在美国将军德怀特·D.艾森豪威尔（Dwight D. Eisenhower）指挥的"火炬行动"之中，成功登陆摩洛哥与阿尔及利亚。隆美尔很难卷土重来了。

▲ 照片中展示的场景，是几名英军步兵围在阵亡的德军士兵周边，但"死者"脚上的英军军靴露出了马脚，证明这张照片是为宣传而摆拍的。所有人都没有携带水壶，枪上也没有尘土，也证明这张照片并非摄于战斗期间。然而这张照片也展现了完整的沙漠作战服：卡其布的作训服上衣，印度出产的短款"孟买灯笼裤"，以及全套网带、钢盔、干粮袋、子弹袋和刺刀。冬季作战服则是长裤、宽松上衣、羊毛衫和沉重的长款风衣。

在防线被突破之后，败退的德军在北非海滨遭遇盟军的不断追击。率先追击的是第7装甲师，这支部队从阿拉曼到的黎波里的进军如图所示。隆美尔多次侥幸免于被全歼，挽救局势的或者是阻扰追击者的突然降雨，追击部队油料短缺，以及或许最重要的一点：追击者的过分谨慎，蒙哥马利因此遭到了广泛批评。然而最关键的

目标已经达成，北非战局也实现了转折。如丘吉尔所说："阿拉曼之前，我们战无不败；阿拉曼之后，我们战无不胜。"这确实是夸大，但本质上却又没错，纳粹德军不可战胜的神话已经破灭。

欧洲的战局胜负不可能靠沙漠之上的争夺决定，然而对纳粹德国而言，这次胜利的影响意义重大，在东面遭受英军追击

击，在西面遭遇艾森豪威尔将军率领的美军进攻，隆美尔最终被迫撤出北非，盟军随即得以入侵西西里岛与意大利本土。希特勒在评论一战之时，反复强调德军不能再在两条战线之上同时作战。而现在，他要在苏德战场、意大利战场以及1944年开辟的西欧"第二战场"，同时进行三条战线之上的战争了。

长达12天的（第二次）阿拉曼战役之中，蒙哥马利的第八集团军让德意联军付出了惨重代价，隆美尔的10万部队，约有半数伤亡或被俘，另有450辆

坦克与1000门火炮被击毁或俘虏。盟军伤亡约13500人，500辆坦克在战斗中损坏，但只有150辆无法修复，另有100门火炮损毁。

丘吉尔陷入了理所应当的狂喜之中。为了庆祝阿拉曼战役的胜利，他命令全英国的教堂鸣响钟声，而这是英国参战3年多之后的第一次。

科希马战斗，1944年4月5日—18日

1944年4月，在两个星期的艰难战斗之中，1500名英军与印度士兵，击退了1.5万人的日军师进攻。日军的计划是夺取科希马（Kohima），切断岌岌可危的盟军交通线，而后巩固这一地区。为防止威廉·斯利姆（Slim）将军派出第十四集团军向东进攻，收复日军于1942年占领的缅甸，日军先发制人发起攻击，对科希马方向出乎预料的大规模进攻就是从属于这次攻势。

在印度与缅甸难以跨越的边境线上，长达1125公里的群山之中，英军与日军的战斗此前集中在战线的两端。斯利姆为打破僵局，准备集结部队从战线中部发动攻击。攻击的跳板是平坦的英帕尔（Imphal）地区，这里是这几千平方公里的崎岖山地之中，唯一一处适合修筑机场的区域。地面交通仅有一条狭窄的道路，向北蜿蜒通过210公里的山路，通过海拔1525米的科希马隘口，抵达迪马布尔（Dimapur），即阿萨姆（Assam）铁路的终点。

日军中将牟田口廉也的"乌"号作战，计划由他的第十五集团军（日军称"第十五军"）夺取英帕尔，而后在边境建立稳固的防线，保证日本占据缅甸。

英帕尔的交通线情况并不寻常，唯一一条脆弱的公路与战线平行，长约129公里，然而斯利姆并不担心这条漫长且暴露的公路遭受进攻，在他看来，营级以上的军队几乎不可能穿过65公里长的茂密丛林地带，从日军位于钦敦江（Chindwin）的阵地赶到这条公路。因此，只有阿萨姆团下属的一个营负责守卫科希马东面的林地。

当英帕尔周边开始大规模的交火之时，英军侦察发现大批日军开始通过密林，向科希马进军。此时盟军有交通线被切断的风险，而如果日军夺占科希马，他们将得以攻击没有防御的迪马布尔与阿萨姆铁路线。日军甚至有可能从

科希马

1944年4月8日夜，日军从三个方向发起进攻，进攻持续到了次日白昼。最激烈的战斗发生在365米长、274米宽的狭小区域。

1944年春，日军准备以第十五集团军从缅甸发动进攻，攻击正在印度集结的英军。进攻的目的是反客为主，阻止盟军集结大规模军队，以数量优势击败日军在缅甸孤立且缺编的驻军。日军的境况在1944年初的几个月愈发恶化，有可能遭到来自印度与中国两个方向的夹击。先发制人的理念本身并没有问题，但他们的部队太少，很难保证取胜，最终也仅调遣了3个师投入进攻。在夺取交通要地英帕尔与科希马之后，日军计划继续进军孟加拉。

4月9日凌晨，"副署长的平房"（Deputy Commissioner's bungalow）①，以及另一个平房②，被日军在夜色的掩护下夺取。

日军阵地的大量弹坑⑨，证明了第161旅两个印度山地炮组的精准，他们在战场以北3.2公里处支援作战。

当驻军在4月18日终于与援军会合时，这一区域的所有树木的树叶⑩全被气浪吹飞，建筑物也只剩下瓦砾。

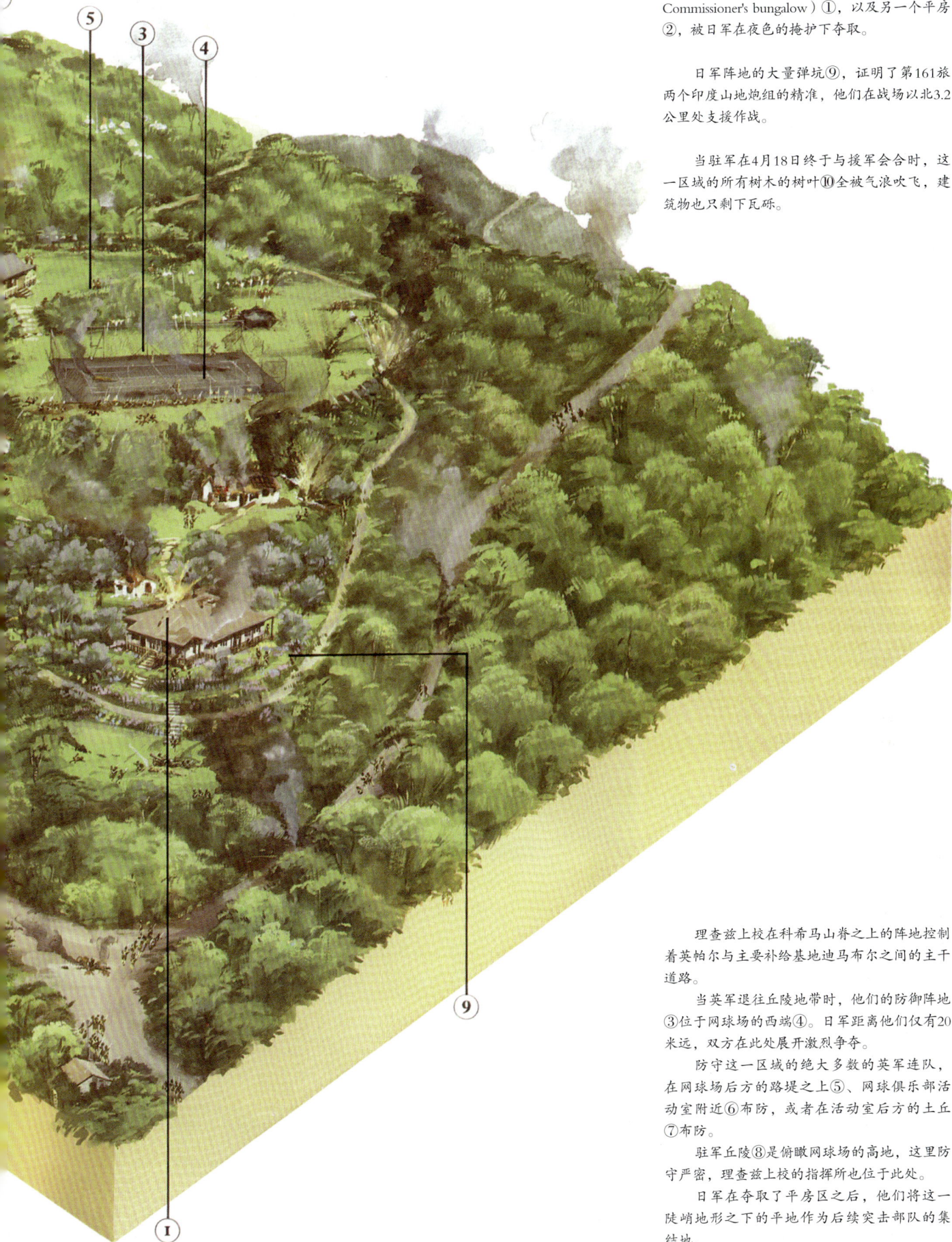

理查兹上校在科希马山脊之上的阵地控制着英帕尔与主要补给基地迪马布尔之间的主干道路。

当英军退往丘陵地带时，他们的防御阵地③位于网球场的西端④。日军距离他们仅有20米远，双方在此处展开激烈争夺。

防守这一区域的绝大多数的英军连队，在网球场后方的路堤之上⑤、网球俱乐部活动室附近⑥布防，或者在活动室后方的土丘⑦布防。

驻军丘陵⑧是俯瞰网球场的高地，这里防守严密，理查兹上校的指挥所也位于此处。

日军在夺取了平房区之后，他们将这一陡峭地形之下的平地作为后续突击部队的集结地。

这一方向就此突入印度地域。

休·理查兹（Richards）上校被紧急派往科希马组织防御。3月23日抵达科希马之时，他发现除了保卫营地的阿萨姆团一个营，还有一个缺乏训练的原住民营，以及几个轻装的阿萨姆步枪排。他能够调动的部队来源混杂，而且许多兵员缺少甚至完全没有接受过训练。

理查兹决定防卫科希马山脊，这个1.5公里长、320米宽的丘陵地带，位于临近基地的道路发夹弯处。3月27日，他惊悉佐藤幸德中将的第31师（师团）正在向这一方向开进。

4月5日，日军与科希马的驻军开始交战，原住民部队几乎全部逃走，理查兹上校松了一口气，他这支稀少而混杂的部队，终于得到了一支英军部队增援，这支部队是皇家西肯特（Kent）团的第4营，配属第161旅，奉命前来增援科希马隘口的守军。一同前来的还有英属印度的第20山地炮组。理查兹的阵地之中，作战人员此时增加到了1500人。

佐藤幸德不但成功让1.5万人通过了极为崎岖难行的阿萨姆丛林，还带来了75mm炮，轰击山脊。他不断派部队轮番攻击英勇的守军。数量上的巨大优势很快体现出来，理查兹的阵地逐个丢失，阵线开始萎缩。

在山脊的某处，守军与日军之间仅仅隔着一个位于"副署长的平房"后方的网球场。这也是整场战役之中争夺最激烈之处，疲惫不堪的守军在一次次接近战中顽强地击退了佐藤部。

英军炮兵也在此处展现了高超的技能。第20山地炮组在科希马以北3.2公里处的高地之上，指挥161旅余下的火炮进行炮击。这个旅的援军在前去援救理查兹的路上被日军阻挡，而第24山地团的炮击极为精准，炮弹时常在距离守军阵地仅仅13.5米的距离上炸响。

在恶战了8天之后，"黑色13日"来临，守军急需的淡水与迫击炮弹，空投运输之时大多落入了日军阵地。敌人的炮兵已经能够射击"医院山脊"，挤

在这里的伤兵们在炮击中无处藏身。与此同时，佐藤幸德的步兵继续进行了整整一天的进攻。对理查兹的部队而言，境况已近绝望，然而他们还必须坚守4天。4月18日，当援军终于抵达之时，理查兹的部队已经挤在仅有320平方米的、布满弹坑的狭窄地域之中了。他们付出了超过600人伤亡的代价。

休·理查兹上校，科希马驻军指挥官，是一位经验丰富的军官，曾经参与过第一次世界大战。他曾经负责指挥钦迪特（Chindit）突击队[11]的第3西非旅，却因为上级发现时年50岁的他已经超龄10岁，而被解除了职务。

佐藤幸德中将，日本帝国陆军一位顽固的高级军官，率领第31步兵师通过64公里的茂密丛林，进攻科希马。在进攻失败之后，他失去了理智，收到与其他日军部队会合，并向南发动最后一轮进攻的命令时，他拒绝执行军令，也因此被解除了职务。

◀ 在将日军赶出科希马山脊之后，原本的"副署长的平房"只剩下了图中的废墟。这张照片摄于建筑后方的高台。

◀ 在双方激烈争夺的驻军高地，山坡上曾经茂密的植被，只剩下了这几棵"火柴杆树"（大叶糖胶树）。照片中央的树上还挂着空投补给的降落伞。

【1】钦迪特突击队，即英军在南亚编组的"长距离突入小组"（Long Range Penetration Groups），负责在丛林中执行侦察、向导、突袭等任务。

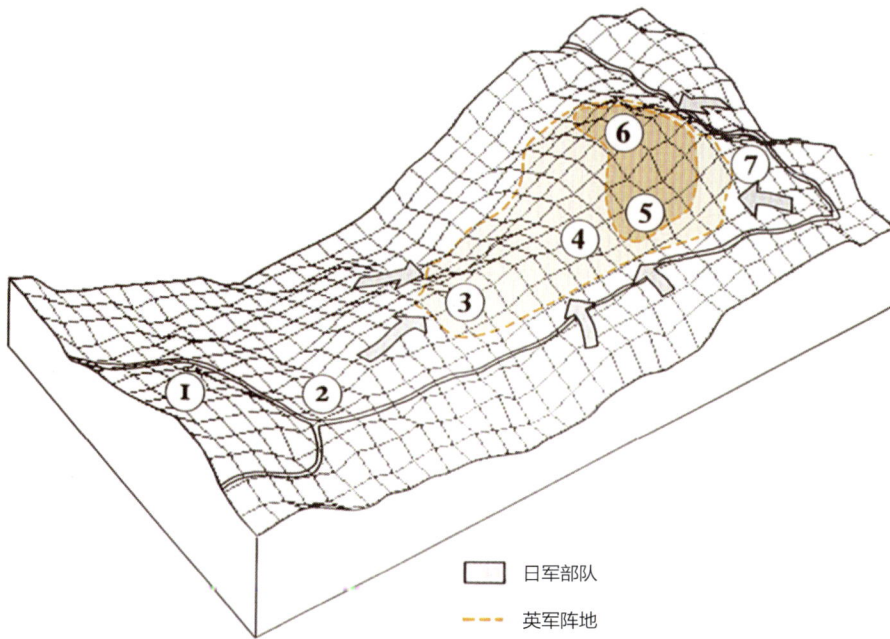

日军部队

英军阵地

即使理查兹的部队得到救援，科希马方向的战斗也远未结束。日军分兵构筑了一道防线切断隘口的交通，并在此固守。斯利姆命令增兵进攻佐藤部，尽快打通交通线。即使5月的季风天气开始之后，战役依然没有结束。日军在泥泞之中步步后退，直到6月22日，交通线才得以再度打通，而牟田口廉也损失惨重的第十五集团军也撤退了。

从长远角度考虑，日军的进攻给英军创造了有利条件，因为日军前进越远，他们的部队实力也就越弱，因此盟军进攻缅甸腹地之时也会更容易。

弹尽粮绝、饥肠辘辘的日军，在撤退时依然坚持抵抗，即使他们同时遭到地面与空中的打击。第十五集团军有6.5万人阵亡，基本全军覆没。英帕尔-科希马战役决定了缅甸战区的战局走向，也最终扭转了东南亚的态势。[2]

【2】由于缺乏粮食药品储备，又没有可靠的补给手段，日军贸然进攻的三个师团因饥饿与疾病大量减员，而在雨季坚持作战不肯撤退，进一步增加了日军不必要的伤亡。第十五集团军司令牟田口廉也为掩饰准备不足的根本性问题，不经请示，即以抗命不遵为由，将包括佐藤幸德在内的三个师团长全部撤职。在日军高层的恼怒与基层官兵的叱骂声中，曾经直接导演卢沟桥事变的"愚将"牟田口廉也，在1944年被解职编入预备役。

当战斗于4月5日开始时，理查兹上校在1983米的科希马山脊构筑了8处阵地。这8处阵地分别是GPT山脊（图中未展示）、①监狱高地、②DIS高地、③FSD高地、④库奇警戒哨（Kuki Piquet）、⑤驻军高地、⑥医院山脊以及⑦"副署长的平房"。当守军于4月18日脱困时，他们的阵地只剩下了驻军高地、医院山脊以及网球场之后的区域（如图中深色处所示）。

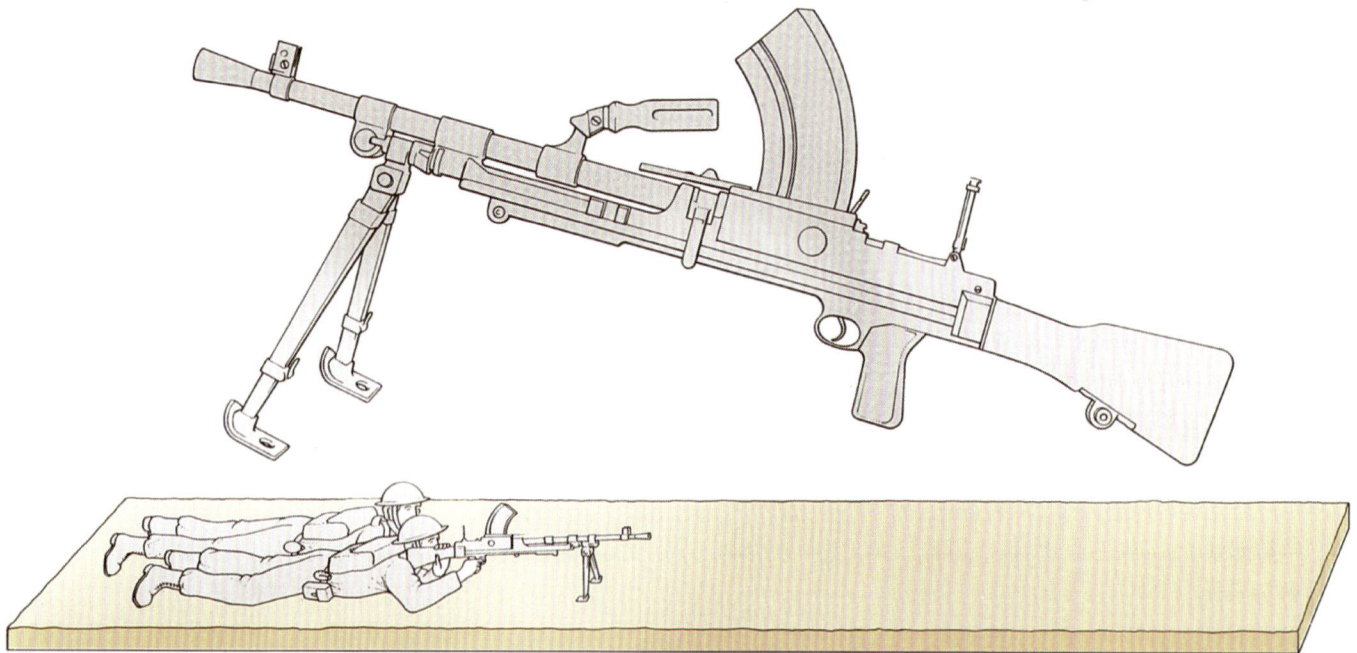

科希马驻军英勇抵抗日军的重要武器布伦式轻机枪（Bren），是英国对一款捷克斯洛伐克轻机枪的改进型，这种0.303英寸口径、带有标志性的28发弯曲弹匣的轻机枪，于1938年服役。每个步枪排的每个战斗小组，都有一个双人的布伦轻机枪组，1号机枪手负责瞄准与射击，2号弹药手在机枪手的左侧，负责更换弹匣，以及在枪管过热时更换枪管。每一把布伦机枪都配有一根备用枪管，一套清洁用具，一组备用零件以及25个弹匣。这种射程可达1.8公里的武器，每分钟射速为500发。

170

阿纳姆战斗，1944 年 9 月 17 日—25 日

1944年夏季，精锐的英军第1空降师向敌军后方空降的计划，总共变更了17次，每一次计划最终都被取消了，随着战线推进，他们似乎也注定要一直待命了。然而在9月初，伯纳德·蒙哥马利元帅制定了一个绝妙的计划，代号"市场花园行动"，以期在圣诞节之前击败纳粹德国。英军第一空降师将担负至关重要的任务。

蒙哥马利的第二十一集团军群，下辖英军第二集团军与加拿大第一集团军，在1944年9月时，他们距离德国最重要的工业中心鲁尔区（Ruhr）只有160公里；乔治·巴顿将军指挥的美国第三集团军，距离南面的德国工业区萨尔区（Saar）也只有160公里。这两位性格鲜明的军官，麾下装甲部队的进攻势头，此时都因为缺少燃油与弹药而停止，而两人也都清楚，获得补给优先权的人，将获得率先攻入德国本土的荣耀。

9月10日，蒙哥马利将一份大胆的计划交给西线盟军最高统帅德怀特·D.艾森豪威尔：攻击德军的"后门"荷兰，以迅速结束战争。而这一计划的预计执行日期，就是同一周的最后几天。

蒙哥马利元帅需要一支强有力的空降部队，在纳粹德国占领的荷兰东部空降，夺取艾恩德霍芬（Eindhoven）与阿纳姆（Arnhem）之间河流或运河之上的5座桥梁。而后空降兵将守住这条96公里长的"走廊"，等待英国第二集团军的地面部队，从比利时–荷兰边境的出发阵地赶来。盟军主力抵达阿纳姆之后，将得以轻松绕过纳粹德国的边境防御工事——齐格菲（Siegfried）防线，而后直接突入鲁尔区。

艾森豪威尔对这一计划存有疑虑，但他还是让步了。野心勃勃的巴顿尚在法国东部的梅斯（Metz）等待补充之时，蒙哥马利开始进行繁杂而具体的进攻准备，在9月17日星期日发起总攻。

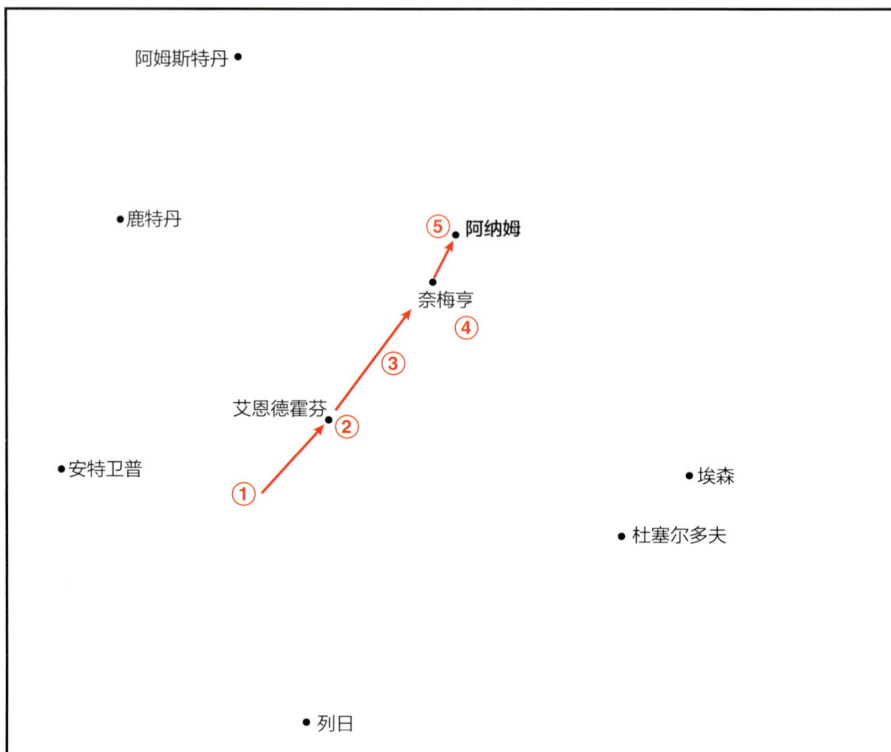

▲ "市场花园行动"作战区域图
①英国第二集团军　　　　④美国第82空降师
②美国101空降师　　　　⑤英国第1空降师
③"走廊地带"

1944年6月6日的诺曼底登陆之后，到同年夏末，盟军在西欧已经取得了显著进展。在登陆之初，德军顽强抵抗，但8月8日，时任德军西线总司令的金特·冯·克卢格（Kluge）元帅向下属说道："在卡昂（Caen）以南出现了前所未有的突破。"美英盟军此时已经进入开阔地，横跨法国，并开始向德国进军。[1]

8月15日，盟军在法国南部登陆，24—25日占据巴黎，而9月初，盟军已经在宽大正面上接近莱茵河。此时又出现了一个新问题，盟军需要在北部夺取一个主要港口，以保证物资迅速运往前线，为进攻鲁尔工业区做准备。

此时美国第三集团军指挥官巴顿将军，也可以乘法国南部胜利的势头东进，与北部的进军相呼应。然而此时前线的物资无法支持两个方向同时发动进攻。北部战线的地面部队总指挥官蒙哥马利元帅，要求优先给他的部队供应物资，支持向德国北部平原的装甲突击。巴顿则要求物资支持他的部队，渡过萨尔河进军法兰克福（Frankfurt）。无法同时满足这两个要求的西线盟军总司令艾森豪威尔将军，决定均分物资，两个方向都未能完全获取需求的补给。这一妥协带来了更大的困境，因为德军的防御逐渐稳固，这两个方向的进攻也逐渐停滞。

蒙哥马利随后提出了那个大胆的计划，以一系列的空降行动打开一条走廊地带，让他的第二集团军得以突破荷兰。计划成功的关键，是英军与波兰军队夺取荷兰城镇，阿纳姆。

【1】在盟军的行动计划中，英军应该在诺曼底登陆24小时之内进抵卡昂近郊，并在一周内夺取卡昂城。事实上，英军花了两个多月才真正突破卡昂方向的德军防守，而突破的主要原因，则是美军的"眼镜蛇行动"突破了法国西部，德军被迫抽调西线9个装甲师中境况较好的7个抵御美军。当英军达成了比原计划晚一个多月的突破时，巴顿的美国第三集团军已经开始包抄盟军正面的德军主力了。当德军近三个集团军级别的大集群即将被包围时，英军方向守卫撤退路线的，仅有主动前出后，孤立无援的两个波兰步兵营，这两个营的顽强阻击让德军付出了大量人员伤亡，也被迫丢弃大量重装备，然而英联邦两个集团军的迟缓，则让德军得以撤走西线的骨干作战部队——其中就包括阿纳姆之战的德军核心部队，也使得1944年圣诞节结束战争的可能性大减。

1944年9月17日下午2时前不久，英军第1伞兵旅的部分部队已经抵达阿纳姆以西沃尔夫海泽（Wolfheze）的开阔地。第1机降师的滑翔机同时向这一方向飘降，将兵员与部分重装备运往战场。

运送补给品的降落伞颜色鲜艳，主要是红色、橘色或黄色，以区分具体的货物。货物装在约1.5米长、直径0.6米的金属筒里，上面涂有棕色或绿色油漆。

并非所有滑翔机都能完美着陆①，但就算是完美着陆的滑翔机，其中的步兵也能看到起落架的轮子在触地时撞穿机舱的骇人景象。

当伞兵忙于收集补给品并支援受伤的战友时，滑翔机运来的机降部队则向外散开②，构筑防线以抵御可能的攻击。

各营在预定地点集结③，他们通过不同颜色的信号弹来区分空降场。在第一轮大规模空降之前20分钟，由先头的引导分队布置这些信号弹。

空降部队的进攻计划代号为"市场"（Market），而地面部队的进攻计划代号则为"花园"（Garden）。

在英格兰，空军为这场世界历史之上最大规模的空降行动，加紧准备所需的5000架运输机。美军第82空降师、第101空降师、英军第1空降师以及波兰第1空降旅，共三个师一个旅的部队，将在连续三天之内，分波次空降到战场之上，因为运输机在一天之内，只能在480公里的空运距离之上往返一次。

第101空降师将在走廊地带南端的艾恩德霍芬附近空降，第82空降师将在奈梅亨（Nijmegen）的中心区域空降。蒙哥马利的主要目标，莱茵河下游的大型公路桥，位于走廊地带北端的阿纳姆，这里将交给第1空降师和波兰旅负责，并由罗伯特·厄克特（Urquhart）少将统一指挥。他清楚，那些渴望战斗的"红色恶魔"，需要独自坚守的时间最久，而如果计划出了变故，他们也得不到支援。[2]

困难从准备之时就已经显现，然而冰冷的现实，却被冲昏头脑的乐观主义压制，反对市场花园行动计划的提议都被无视。荷兰抵抗组织已经送来的情报，事实上已经指出阿纳姆周边有纳粹德国的装甲车辆行动（皇家空军的侦察照片也证实了这一点），然而第1空降师收到的作战简报，依然声称他们需要面对的是德军二流部队微不足道的抵抗，而第二集团军则会在48小时之内赶来支援。

空降行动的第一铁律，就是空降场应尽可能贴近目标，以保证突然性。然而英军却被迫违背这一铁律，因为皇家空军

乔治·巴顿中将（1885—1945），美国第三集团军司令，与1944年9月1日升为英国元帅的伯纳德·蒙哥马利（1887—1976），互相竞争首先踏入德国领土的荣耀。尽管两人性格相差甚大，却都是吸引

公众关注的好手，巴顿乐于戴着锃亮的头盔接受记者拍照，而蒙哥马利则往往戴着别有两个勋章的坦克部队贝雷帽，或者澳大利亚的阔边帽。

罗伯特·厄克特少将，负责指挥第1空降师以及配属的波兰部队。由于皇家空军担忧当地的防空火力，他被迫在距离阿纳姆13公里处空降。

约翰·弗罗斯特中校，指挥的第2伞兵营抵达了阿纳姆大桥，但他与其他部队的联系也被切断。他的部队苦战了3天，直到被完全肃清。

瓦尔特·莫德尔（Walther Model）元帅，德军在荷兰东部的指挥官，在空降之时误以为英军是要突袭他的指挥部，因此仓皇逃走。[3]

斯坦尼斯拉夫·索萨博夫斯基（Stanislaw Sosabowski）少将，他指挥的波兰空降旅被恶劣天气耽搁。当他们终于在第3天空降之时，波兰人损失甚大。

【2】英军的第1空降师此前参与过数次规模较小的特种突击行动，他们在意大利西西里岛首次以旅级规模投入作战。第1机降旅对锡拉库萨（Siracusa）周边的突击虽然取得了一些成果，但一部分部队因滑翔机坠海而溺亡，一部分部队则因为弹药耗竭，伤亡惨重而向意大利军队投降。第1伞兵旅此后在西西里岛的空降夺桥行动，因为敌方防空火力与友军误击而损失惨重，整旅仅约2个连抵达预定地点，在短暂夺占桥梁后，由于英军地面部队未能及时前来支援，英军伞兵被迫放弃桥梁阵地。此后在南意大利短暂参与了一段时间地面作战后，第1空降师返回英国本土整补，直到参与市场花园行动。

【3】莫德尔当时的驻地正是英军第1空降师此后集结的奥斯特贝克村。

误以为阿纳姆大桥附近有德军的防空炮阵地，因此拒绝抵近空降。厄克特只能将部队空降到目标西面的开阔地之上，而这里距离大桥有9—12公里。失去了空降突然性的第1师，率先空降的半数部队在9月17日星期日的清晨登上运输机与滑翔机。而后他们的机队与大批英军与美军的机群会合，向东飞向荷兰海滨。

当天午后的空降，情况相对顺利，

◀ 聚集在英格兰机场之上，准备起飞的滑翔机。这一时期英军主要的载人滑翔机霍莎二型滑翔机（Airspeed Horsa），长20.5米，翼展为26.8米。霍莎式滑翔机机组成员两人，可以运载29名步兵，或者吉普车、载货拖车以及轻型火炮等大型装备。

▲ 脸上涂着黑油彩的伞兵，在运输机之上等待进入空降场。陪同他们出发的报社记者们，都记载了他们的松弛与自信。

174

同时也基本未遭抵抗——虽然敌人主力很快就会来。他们以为防守阿纳姆的是二流驻防部队的老人兵和童兵，然而事实上，阿纳姆大桥两侧各有一个久经沙场的党卫军装甲师，另有一个装备了新式多管迫击炮的装甲掷弹兵营支援。虽然他们完全没有预料到盟军的空降，但他们很快进入阵地，开始阻击。[4]

第1师的第1机降旅（Airlanding），为次日上午的后续空降部队与空投补给清理空降场，而第1伞兵旅的3个营则从不同的路线向大桥进军。欣喜的荷兰平民带着水果和酒水前来欢迎他们的解放者，然而这拖延了空降兵进军的脚步。在各部队向林地与防御阵地探索前进之时，他们意识到了一个影响重大、也最终决定了这次战斗结局的变故：无线电设备出了故障。自此，在愈发艰难与混乱的局势之中，第1空降师的各支部队之间失去了无线电联系，同时他们也无法与远方的盟军联络。

伞兵部队的第1营与第3营沿着主干道路推进，很快遭到了敌军火力压制。即使如此，约翰·弗罗斯特（Frost）中校率领的第2营，仍从河畔小路成功抵达目标地域。他们预计夺取的铁路桥已经被炸毁，而上游的另一道浮桥也被拆毁。然而他们的主要任务目标——阿纳姆公路大桥，此时依然完好无损。他们抵达桥边之时天色渐晚，伞兵随即到附近的建筑物中架设火力点，俯瞰桥北的混凝土匝道。

盟军伞兵向党卫军严防死守的桥南端发动的英勇进攻，被守桥的装甲掷弹兵击退。即使如此，盟军伞兵占据了阿纳姆大桥北端，依然给第2党卫军装甲军

【4】"装甲掷弹兵"（Panzergrenadier）是德国军语对机械化步兵的称呼。纳粹德军在这一区域的主要部队在阿纳姆以东，党卫军第9装甲师的装甲掷弹兵旅，包含一个装甲连、一个装甲侦察营和近两个营的炮兵。此外，在桥南还有党卫军第10装甲师的装甲侦察营等部队。在阿纳姆以西，从荷兰撤退的轴心国部队在附近集结，这些杂乱的部队虽然战斗力有限，规模也难以统计，但有效阻扰了英军的空降与后续集结。

的军长威廉·比特里希（Bittrich）中将带来了很大困难。他此时无法奉命调动一个装甲师南下支援奈梅亨方向的防御

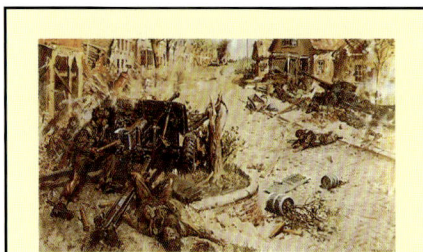

这幅特伦斯·库内奥（Terence Cuneo）的画作，展现了在奥斯特贝克作战的枪骑兵下士（Lance-Sergeant）约翰·丹尼尔·巴斯基菲尔德（Baskeyfield），独自装填并射击一门3型6磅速射炮。这种57mm口径的加农炮，炮弹重2.8公斤，为了空降兵使用而特别降低了重量。巴斯基菲尔德下士在此处阵亡，被追授维多利亚十字勋章。

任务。他也曾试图使用桥东面的小渡口运输装甲车辆，但收效甚微，于是他严令下属部队，不惜一切代价肃清公路桥附近的盟军伞兵。

随后，弗罗斯特的部队便经历了或许是第二次世界大战之中的英军最激烈的战斗，久经沙场的党卫军士兵一次次试图夺取他们的阵地。在恐怖而血腥的交火之中，伞兵们击退了从南面发起进攻的装甲突击队，他们由22辆侦察车和半履带车组成。到处都是着了火或者因炮击而濒于坍塌的房屋，而死伤者挤满了房屋的地窖。

在空降之后不久，厄克特少将因通讯失灵而心急如焚，便离开了师部所在的空降场，乘吉普车前去确认战况。最终，他找到了自己的副手——指挥第1伞兵旅的杰拉德·拉思伯里（Gerald Lathbury）准

英军第2伞兵营是唯一成建制抵达阿纳姆大桥的英军部队。然而他们与其他部队的联系被切断，并持续遭受德军的进攻。图中描述的就是其中一次大规模进攻。9月18日上午9时30分左右，党卫军第9装甲师的装甲侦察营，从德军控制的南岸通过大桥发动攻击。

德军使用22辆车辆发动进攻，其中包括装甲汽车、半履带车、运兵车以及运载步兵的卡车。向桥北前进时，驾驶员必须在此前作战中被击毁的车辆残骸与浓烟之中穿行。

德军的头车抵近了桥北匝道①，约翰·弗罗斯特中校的伞兵②随即使用反坦克炮、步兵反坦克投射器（Projector Infantry Anti-Tank，即"PIAT"）、手榴弹、机枪和步枪发动攻击。双方随即沿着道路开始大规模交火。

英军皇家工兵上尉埃里克·麦凯（Eric Mackay），带着少量工兵与其他部队，占据了桥东的建筑物③。他和部下没有反坦克武器，只有轻武器和手榴弹。

英军伞兵在桥头匝道附近的房屋④设置阵地，他们也在桥的护栏上⑤，以及路西侧路堤的狭长壕沟与重武器阵地进行防御。

负责指挥德军这次进攻的保罗·格拉布纳（Grabner）上尉在战斗中阵亡。参战的22辆车辆中有12辆被击毁，许多车辆在被击毁后起火，两辆半履带车撞穿了护栏坠落到桥下的公路上⑥。

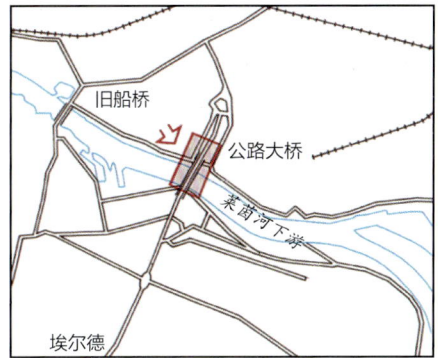

176

将，后者正和第3伞兵营一同进军。然而在激烈而漫长的街区交火之中，面对四面八方赶来的德军，这两位高级军官终究未能在这个关键时刻掌控全局。拉思伯里准将受伤后被俘，厄克特则被迫暂时躲在阁楼之中，几个小时之后才得以与英军大部会合。

得知师指挥部设置在了阿纳姆以西4.8公里处，奥斯特贝克（Oosterbeek）的哈尔滕施泰因（Hartenstein）旅馆，厄克特征用了一辆吉普车，在敌人的射击之下赶往此地。此时他已经被迫离队40个小时，空降兵们误以为他已经被俘。

在他离开之时发生了很多事，而几乎每一件都让局势进一步恶化。9月18日（星期一）上午，第1师余下的部队预定在第二波空降中到达，因为恶劣天气而被推迟，而当他们终于在下午4时到达阿纳姆上空时，德军已经在预定的空降场等待了，因为他们从一架坠毁的滑翔机之中，找到了一份完整的市场花园行动的计划表。双方随后展开激战，散布在广阔区域的伞兵们无法协同，只有步枪、司登（Sten）冲锋枪和手榴弹的他们，需要与德军的豹式坦克、虎式坦克以及其他自行火炮交锋。最令他们失望的是，第二集团军并没有如期抵达，按照市场花园行动方案，此时他们的先头部队近卫装甲师，应当已经抵达阿纳姆周边了。唯一值得庆幸的消息是，第2营依然在桥北坚守阵地，尽管他们已经付出了相当的伤亡。[5]

周二一整天，情况都在不断恶化，其他各营支援弗罗斯特中校岌岌可危的桥北守军的尝试，均被增援来此的德军步兵与装甲部队阻挡在距桥1.6公里处，伤亡极为惨重。

厄克特并不知道，他们急需的波兰

第1伞兵旅，此时也因为英国本土的恶劣天气而留在机场，一整天都无法出动。波兰部队的滑翔机部队成功从南部的机场起飞，但在下降之时损毁严重，此时预定的机降区域正处于双方的争夺之中，双方的流弹都会打中这些滑翔机。

当天，空降兵们急切地等待着至关重要的补给。由于物资空降场已经被敌

伞兵空降时的装备包括深绿色、棕色与黄褐色迷彩军服，穿在普通作战服的外边。一些伞兵在空降后脱掉头盔，戴上标志性的红色贝雷帽。绝大部分伞兵使用司登冲锋枪，但也有一些人装备了4型李-恩菲尔德步枪。

▲ 司登冲锋枪是英军伞兵最常用的枪械，这种9mm口径的武器重3.5公斤，弹匣可装填32发子弹。司登冲锋枪的最大有效射程为91米，既可以单发也可以连射。在实际作战时，一些士兵将两个弹匣两段对向绑在一起，以保证迅速装弹。司登冲锋枪最高效的场合就是逐屋争夺之时。

【5】近卫装甲师预定在花园行动开始3小时之内，在17日傍晚与南面的美军第101空降师会合，然而他们仅前进了约一半的预定行程，即因构筑浮桥而拖延。18日，由于101空降师预定夺取的一座桥梁被德军工兵炸毁，装甲部队再度停止行动，等待工兵建造浮桥。

▲ 英军机降旅最先着陆的两架滑翔机撞在了一起，其他滑翔机也在降落时严重受损，导致卸货困难而漫长。未受损的滑翔机只需要拆掉固定栓，就可以"分开"机翼后方的机身，迅速卸下货物。

▲ "步兵反坦克投射器"，英军的反坦克武器，让步兵可以在没有轻型火炮时，依然有效对抗装甲目标。其重量为15.65公斤，可以将1.13公斤的弹药发射到105米之外。PIAT射击整备困难，后坐力也很大，但它的战斗部仍能高效击穿装甲。

▲ "带伪装的德军突击炮（Sturmgeschutz）, 摄于阿纳姆。这种由克虏伯公司设计的自行火炮，可以及时为步兵提供支援火力。这种自行火炮长2.1米，宽近3米，重21.5吨，最高速度可达每小时40公里。其前装甲厚度达90mm，主武器为75mm炮，并配有7.92mm口径的MG34式重机枪。

人占据，厄克特反复向外发报，要求运输机转到哈尔滕施泰因旅馆方向空投补给。然而他们的无线电此时仍处于故障之中，皇家空军并没有收到这些信息。运输机飞行员们在防空炮的弹幕之下英勇抵近，将珍贵的补给品投下，但大多数都落入了德国人手中。空投的总共390吨弹药、食品以及医药品之中，只有31吨落入第1空降师手中。

由于他的指挥体系已经濒于崩溃，部队也伤亡惨重，19日夜间，厄克特只能痛苦而无奈地决定，他只能将第1空降师的部队撤往哈尔滕施泰因旅馆周边，构筑防御体系，并放弃支援弗罗斯特的部队，让他们自求多福。第1空降师残部只能在这里固守待援，等待迟到多日的第二集团军赶来。事实上，英军的坦克距离此处已经仅有16公里，他们在狭窄的道路之上与德军恶战，这条路也因此被称为"地狱之路"。[6]

当发报员终于修好了一些无线电设备之后，厄克特紧急请求，将波兰空降兵9月20日的空降场转移到西面8公里处的德里尔（Driel），因为预定的空降场阿纳姆大桥南端此时仍在德军手中。他希望波兰空降部队占据那里一处一直被忽视的渡口，而后使用当时仍可使用的渡船，抵达仍由英军第1空降师控制的北岸区域。然而接连不断的恶劣天气，却让波兰旅只能

【6】空降奈梅亨的美军第82空降师，同样受到了恶劣天气的影响，预定第二轮空降的一个团无法如期进行空降，也没能如期夺取其主要目标，瓦尔河（Waal）大桥。本应在18日抵达的近卫装甲师，在19日上午才抵达这一区域，当天通过"地狱之路"对瓦尔河大桥的突击也以失败告终。第82空降师要求英军运送冲锋舟，由美军空降兵划船强渡瓦尔河，但这些冲锋舟直到20日下午才运来，而且没有足够的船桨。

【7】已经苦战了三昼夜的美军第82空降师，在20日下午使用冲锋舟强渡瓦尔河，在付出惨重损失后击退了公路桥北的德军。尽管事实此时在瓦尔河大桥北端与阿纳姆公路桥南端，只剩下早已在和英军空降兵作战之中消耗殆尽的党卫军第9装甲师侦察营残部，第10装甲师侦察营，以及少量步兵部队，缺乏反坦克的能力，但英军掷弹兵团拒绝在傍晚前进，让德军得以连夜调兵，封锁最后的几公里路程。

【8】20日下午，已经无力处置众多伤员的第2营，向德军请求停战2小时，并将包括营长约翰·弗罗斯特在内的重伤员交给了德军战俘营医治。重新开战之后，据称第2营发出了最后一封电报："弹药耗尽，神佑吾王"。

继续留在英格兰。[7]

在阿纳姆，"红色恶魔"在面对压倒性的敌人之时，展现出了超然的勇气。在厄克特的防御阵地中心——奥斯特贝克的道路枢纽，敌人用各种武器进行猛烈轰击，他的部下因此将这里称为"熔炉"。而桥头的弗罗斯特中校已经受伤，他和第2营的残部清楚，他们持续3天的英勇抵抗，此时即将终结。入夜之时，尚能作战的伞兵只剩下个位数的弹药，他们的阵地被逐一夺走。9月21日，星期四的清晨，被阻挡多日的党卫军装甲部队终于得以安然渡河，迎战抵近的第二集团军地面部队。[8]

同日晚些时候，第1波兰空降旅的1500人终于空降到了德里尔，却发现那里的渡船已无法使用，德军也已在那里布防。约200人突破防线与厄克特会合，余下的部队则固守等待。

次日清晨，在阿纳姆空降开始4天又18个小时之后，第二集团军的一支装

9月25日夜间10时许，2500名伞兵与其他步兵部队开始从莱茵河下游北岸撤军。当晚昏暗潮湿，但燃烧的建筑物以及敌军的照明弹提供了些许光亮。

战场之上一片狼藉，只剩下抛弃的火炮、损毁的坦克以及奥斯特贝克村燃烧的房屋①。

敌军的榴弹炮与迫击炮不断轰击白色照明弹标志的撤离集结地②。

殿后部队则依然封锁着德军前进的道路③。

退往撤离集结地的部队，从东面④与西面⑤赶来，集结成一列纵队⑥等待上船。在对靴子与设备做了静音处理之后，他们沿着白色的标识带登船划向对岸。

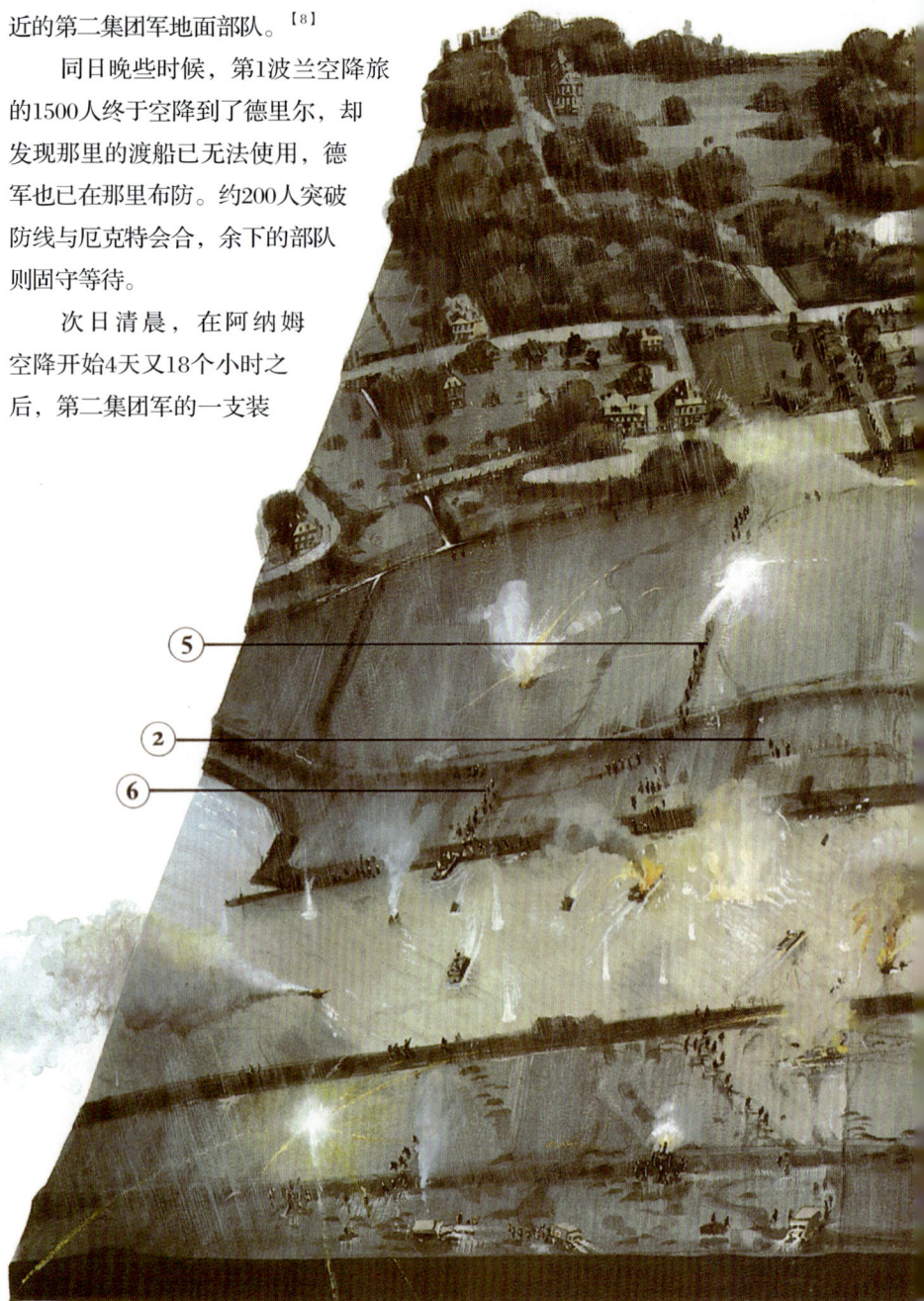

对岸的英军部队发射红色照明弹⑦，为撤退部队指明方向。

撤退集结地为河流北岸595米长的区域。午夜时分，数以百计的部队已经就位，依次等待登船。尽管德军的榴弹炮、迫击炮与机枪不断向这一方向射击，他们依然纪律严明，秩序井然。

撤往莱茵河南岸的英军阵地，行动由英国与加拿大的工兵负责，他们带来了14艘快艇⑧，每艘快艇能够运载14人，此外他们也使用了其他小艇。

凌晨3时，一系列船只已经损毁或失去动力。损失惨重的残余船只在密集的炮火中继续在河对岸来回穿梭，撤离集结区域此时只剩下365米宽。

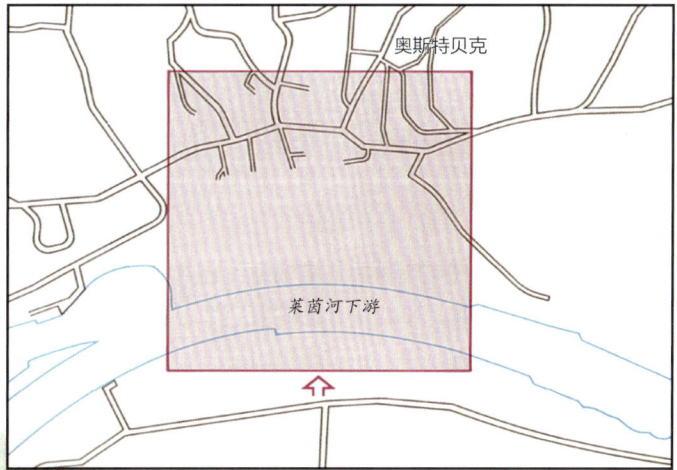

奥斯特贝克

莱茵河下游

甲车辆分队，终于绕路抵达德里尔，也终于和365米之外受困于河对岸的第1空降师首次建立了直接联系。然而对于苦战多日的伞兵而言，通过这道桥梁比渡过英吉利海峡还要困难。

当英军步兵终于在周六与周日抵达莱茵河南岸时，厄克特的残部境况愈发艰难。他们的补给几乎耗竭，而获取补给的几乎所有尝试都失败了。第4多塞特营（Dorset）在周日夜间发起英勇突击，试图渡过莱茵河增援对岸的防御阵地，但他们的计划失败了，盟军指挥部只得开始制订撤出第1空降师残部的计划。9月25日晨6时许，厄克特收到了撤退命令，由他决定撤退时机。当天晚上，在做出防御整条战线的假象的同时，各部队分批退往河边，登上仅有的几艘小船划过莱茵河。

阿纳姆战斗接近尾声之际一个荒唐景象也随之发生：指挥部根本没想到会撤出这么多部队，因此根本没有准备足够的运输车辆。在苦战8天之后，疲惫不堪的英军伞兵被迫步行17公里，才能抵达第二集团军位于奈梅亨的主阵地。第1空降师的10005人之中，2163人抵达德里尔，160名波兰空降兵和75名没能完成支援任务的多塞特营步兵随同回撤。他们留下了约1200名阵亡者，6642名受伤、被俘或失踪者。[9]德军伤亡为3300人，大约1/3为阵亡人员。

在阿纳姆的灾难之后，蒙哥马利自吹自擂的市场花园行动就此失败。他没能夺取莱茵河下游的桥梁，士兵们英勇奋战与牺牲的结果，仅仅换来了一段意义索然的荷兰公路。战争，终究没能在1944年圣诞节之前结束。

【9】第1空降师的三名旅长之中，两个伞兵旅的旅长均未能及时随队后撤，第1伞兵旅旅长杰拉德·拉思伯里爵士因受伤而一度瘫痪，被德军俘虏后，他在荷兰抵抗组织的支援下成功逃出战俘营，与第1伞兵营营长戴维·多比（Dobie）会合。包括两人在内的共140名英军官兵，于10月22—23日夜间渡过莱茵河撤离。第4伞兵旅的旅长，正是本书卷首语的作者约翰·哈克特爵士，他由于受伤更重，在荷兰抵抗组织与平民的庇护之下休养了到1945年2月才撤离。

▲ 阿纳姆战斗之中进行了激烈的逐屋争夺，双方伤亡惨重。许多荷兰平民被战斗波及而丧生。

▲ 一些在阿纳姆被俘的士兵成功逃走，照片中的4人就找到了一艘小船，划过莱茵河，并退往已被盟军占据的奈梅亨

▲ 数以百计的盟军士兵成为德军的俘虏，关押到8个月之后战争结束之时。一些人成功逃离，另外也有许多人未被德军抓获，在荷兰人的帮助下躲藏起来，直到盟军攻入这一地区后才脱困。只有最幸运的约2400人，得以在苦战与危险的撤离之中幸存下来。

▲ 蒙哥马利将所有阿纳姆战斗的幸存者送回英格兰休假。

如果阿纳姆行动取胜，盟军的战果将难以估量。

蒙哥马利在自己的回忆录中，给出了行动没有成功的4个原因：首先，最高指挥部并未将这一行动视作进攻鲁尔区的矛头；其次，部队空降到了距离大桥太远的位置；其三，天气并不适宜；最后，从前线败退下来的党卫军第2装甲军恰巧在这里整补，造成了出乎预料的防御规模。即使如此，他依然认定，如果得到充足的支持、获取足够的人员与武器装备，这一行动仍能成功。

实际情况则是，盟军为了渡过宽阔的莱茵河，付出了相当的时间与伤亡。而阿纳姆的奇袭失败之后，战争只能继续下去，让更多人殒于战火，直到8个月后的1945年5月结束欧战。

硫磺岛战役，1945年2月19日—3月26日

硫磺岛（日语作"硫黄岛"），是一个位于太平洋之中的火成岩小岛。1944年夏秋之交，驻扎在岛上的日本陆军与空军，对美军轰炸日本的军事行动形成了严重干扰。

在夺回菲律宾群岛的军事行动即将结束之时，美军还定期轰炸硫磺岛，以动摇岛上的坚实防御。侦察报告指出，这个缺少淡水的小岛上布置了超过600个防御据点——事实上，日军工事的规模远大于此，相当一部分都被机巧地伪装了起来。

从1944年12月开始到1945年2月19日，第一批美军部队登上硫磺岛的黑色火山岩海滩时，美军对岛上的日军工事定期进行持续的轰炸，尽可能造成破坏，并阻扰工事修理。而后，在2月16日，一支美国舰队驶入硫磺岛近海，开始进行太平洋战争开始之后最猛烈的登陆前炮火准备。总共4万发5英寸（127mm）到16英寸（406.4mm）的各型炮弹，在岛屿之上爆炸。美军相信，

如此的炮击之下，存活的守军必然很少——美军士兵很快就会发现，事实并非如此。

当海军炮击走向高潮之时，450艘军舰组成的大规模舰队，带着美国海军陆战队两个师组成的先头突击部队，以及1/3的预备队，在H.M.史密斯将军的指挥下抵近硫磺岛。如此之多的兵力与装备，夺取这个小岛绰绰有余，唯一的问题，似乎只是日军能够坚持多久。

2月19日9时许，第一波登陆艇与两

栖车辆开始向岛屿东南角的宽阔海滩进军。陆战队士兵在硫磺岛上的主要机场与岛南端的折钵山之间3.6公里宽的正面登陆，遭受了日军隐蔽阵地的交叉火力打击。

1945年2月19日上午9时许，美军海军陆战队突击日军守卫的硫磺岛。

硫磺岛制高点——周长约13公里的折钵山①，有大批日军驻守，直到4天后才被美军肃清。

美国海军陆战队第5师②，沿着硫磺岛不断进攻，在当天傍晚已经孤立了折钵山阵地。

许多美军的登陆艇③，在临近海滩时被日军巧妙伪装起来的迫击炮阵地击毁。

硫磺岛上的日军可以通过美军轰炸机出现的时刻与方位，判断他们抵达东京或其他日本城市的大致时间，从而向日本本土发出警报。此外，岛上的两个机场——此时第三座机场也在建造中——也不断起降日军战斗机截击美军轰炸机，而日军的轰炸机则从这里出发，轰炸硫磺岛以南B-29"空中堡垒"机群在马里亚纳群岛的基地，两地距离超过322公里。

硫磺岛如同固定的航空母舰一般，防御坚实，已经成为美军在太平洋的进攻行动中主要的障碍，美军必须要夺取这里。

夺取硫磺岛之后，美军也将获取便利的前进基地，保证战斗机可以从较近的位置起飞，掩护从更远处起飞轰炸日本的远程轰炸机。此外，在B-29轰炸机机队漫长且危机四伏的1600公里飞行之中，这个岛屿也可以为他们提供紧急迫降的机场。

在敌军的猛烈火力打击之下，第二波登陆的海军陆战队④继续向滩头阵地冲击，那里黑色的砂砾源自破碎的火山岩。

日军枪炮的火光⑤往往是日军阵地唯一的标志物，他们在一系列的地道系统之中不断转移。

日军此前多次从硫磺岛的主要机场起飞⑥，袭击马里亚纳群岛（Marianas）的美军基地。

海军陆战队第4师⑦，在滩头阵地的右翼进军，向硫磺岛机场前进。

日军指挥官栗林忠道，对这个至关重要的基地的防御近乎疯狂，他在登陆前的几个月仔细地制定了防御计划。他指挥2.1万守军，在岛上构筑了迷宫一般的地道系统，在岩层之上开凿防御据点，而这一防御体系在美军的持续轰炸与炮击之下，几乎安然无恙。在轰炸与炮击期间，日军如同鼹鼠一般，躲在贮存了大量粮食与弹药的洞中，等待反击美军登陆。他们的指挥官已经下达了战至最后一兵一卒一枪一弹的命令，而狂热的军国主义者们，也将毫不犹豫地执行。

在硫磺岛登陆的第一天，美国海军陆战队第4师与第5师，向两个方向发动进攻，一路进攻左侧的制高点折钵山，另一路则进攻内陆约800米远的主要机场。他们遭遇了地雷以及顽强的抵抗，进展慢于预期。此外，美军大量车辆因为陷入沙滩之中而无法使用。下午6时，美军已经切断了折钵山与岛屿其他守军的陆上联系，并抵达了简易机场的边缘。他们付出了2500人伤亡的代价。

海军陆战队逐渐清楚，他们必须一尺一寸地争夺硫磺岛的阵地，而数以百计的日军据点，也必须使用喷火器或者炸药逐个清扫。

在4天的激烈交锋之后，第5师的陆战队士兵夺取了折钵山顶峰。在控制了岛屿制高点和主要机场后，史密斯将军派出他的预备队支援主要行动，肃清岛北端如同蚁穴般的据点群。栗林忠道的主力部队也驻守于此。

在谢尔曼坦克与配属的火箭发射架的支援之下，北上行动于2月24日开始，但美军进展缓慢。东北部的382高地周围战斗极为残酷，陆战队称之为"绞肉机"。

3月进入第二个星期，美军开始肃清山丘与沟壑之中的日军，直到26日，最后一个激烈抵抗的据点才被最终夺取。

歼灭硫磺岛日军的行动规模极大，损失甚多，在26天的持续战斗之中，海军陆战队阵亡超过6800人，伤者接近1.5万。日军的顽固同样造成了己方骇人的损失：2.1万守军仅有不到1000人被俘虏。

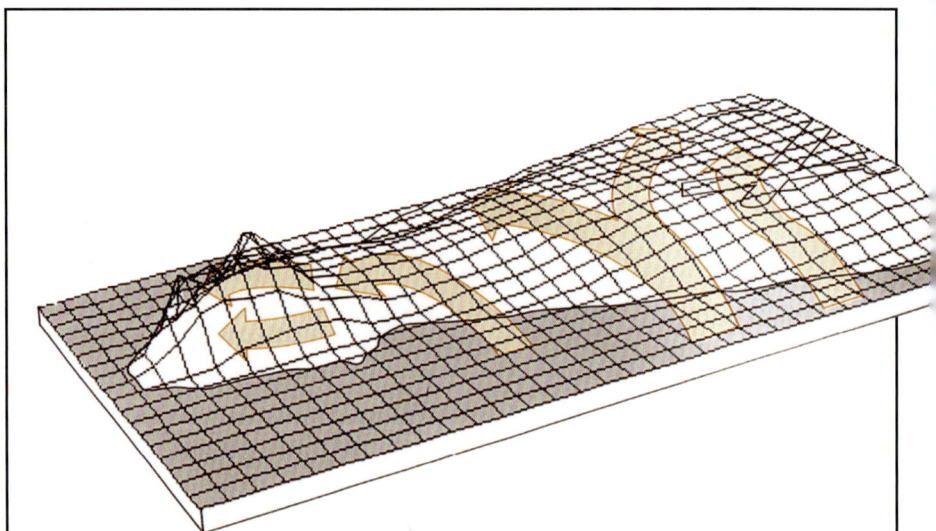

在2月19日当天的战斗结束之时，美国海军陆战队第4师与第5师已经占据了岛南端1.6公里宽的阵地，孤立了折钵山阵地，并于2月23日将其夺取。

第5师从硫磺岛的西面向北缓慢推进，而第4师则从东面进军。2月24日，他们已经夺取了硫磺岛包括主机场在内的一半地面阵地。次日清晨，作为预备队的第3师在第4师与第5师之间进入阵地，得到补充的美军阵线继续向前推进，一路上不断遭遇日军的顽强抵抗。在攻取另一座机场之后，3月1日，海军陆战队抵达了岛最北面的第三条飞机跑道。

10天之后，日军守军残部退往岛北端的角落，进行殊死抵抗。直到3月26日，日军最后的防御阵地才被攻破。

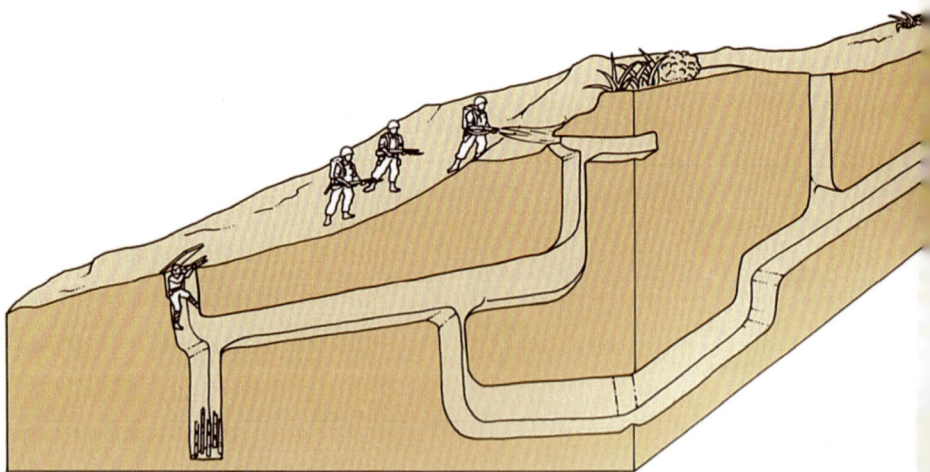

美军登陆硫磺岛几个月之前，日军守军就已经在竭尽所能完善防御体系了。尽管在海军陆战队最终登陆之时尚未完工，但已经建成的工事依然规模可观。数以百计的碉堡与火力点，通过迷宫般的地道连成一体，其出入口都有机巧的伪装。在某些区域，丘陵都被挖开，使用混凝土加固，为部队、弹药与补给品提供足以抵御轰炸的庇护所。

在战斗开始之后，日军就集体退往地下，而美军则难以将他们肃清。守军常用的战术是在近距离与海军陆战队交锋，将他们压制住，而后通过地道撤离大部分部队，到其他位置集合，而后再重复这一过程。这种战术能够以数量较少的部队有效拖住美军的进军。

霍兰·史密斯中将（"嚎叫的疯子"，1882—1967），是美军在太平洋战场的海军陆战队总指挥官。他是两栖登陆战的专家，也因此主持了硫磺岛登陆计划的制订。史密斯中将将硫磺岛之战称为"（美国）海军陆战队168年历史之中最艰苦的一战"。

▲ 在硫磺岛上升起星条旗（左上），第二次世界大战之中最著名的摄影作品之一，由随军记者乔·罗森塔尔（Joe Rosenthal）摄于1945年2月23日，6名苦战多日的海军陆战队员，将星条旗在折钵山峰顶升起。登陆艇（左下），将海军陆战队员运往硫磺岛滩头，拉开了与2.1万狂热的日军之间，漫长而血腥的战斗的序幕。

如果按照参战人员的伤亡比例计算，硫磺岛之战是美国在二战太平洋战场之中损失最大的一战。然而这一战的战果也相当可观。如美军总参谋长乔治·马歇尔（Marshall）所说："硫磺岛飞机场拯救了许多战损的B-29式轰炸机，让无法返回马里亚纳群岛的机组得以在此迫降……"此外，他们也立即修建了战斗机基地，让轰炸机可以在前往日本的途中得到掩护。

硫磺岛之战也让1945年年初对日本本土的战略轰炸趋向高潮。美军选定了一系列的城市与大规模工业设施进行轰炸，因而在同年夏季，东京即有76.7万幢建筑被毁，310万人无家可归。在轰炸期间美军大量使用燃烧弹，极大加强了对脆弱的木质建筑的破坏。美国空军总参谋长阿诺德宣称："66座城市，近169平方英里（437.7平方公里）的城区被炸毁，另外在5个主要城市之中，过火区也超过100平方英里（259平方公里）。"

在1945年4—6月夺取琉球群岛后，日本已被彻底封锁，在美军计划于1945年夏季进攻日本本土之时，日本军事机器在掌握绝对制空权的盟军空袭之下愈发衰弱。日本侵略者的末日就要到来，而他们的覆灭，在1945年8月投下两颗原子弹之前，就已经注定了。

奠边府战役，1953年11月20日—1954年5月7日

1953年5月，亨利·纳瓦尔（Navarre）接受了越南法军的指挥任务，此时的法军已经基本上转入守势。他计划诱使越南独立同盟的军队与他们决战，依靠他们自以为的优势火力，消灭武元甲的游击队，为此他们大胆地进行空降行动，将规模可观的部队投入敌方领土腹地，攻敌所必救。纳瓦尔选择的要地是奠边府，位于法属越南首府与法军司令部河内以西近320公里处一个小山谷中的小村。

纳瓦尔制定的"卡斯托尔行动"，在1953年11月20日开始，1800名伞兵组成的先头部队在奠边府空降，建立稳固的前进基地，而后立即建造两处临时机场，保证物资补给畅通。随着后续部队拥入，指挥奠边府守军的克里斯蒂安·德·卡斯特里（Christian de Castries）上校，麾下部队多达1.5万多人，并拥有60门火炮，10辆M24"霞飞"（Chaffee）轻型坦克与6架携带凝固汽油弹的军用飞机支援。

在至关重要的跑道周围，法军谨慎地构筑了9处防御据点，并全部使用女性的名字为代号。卡斯特里的指挥部位于"埃利亚内"（Eliane）据点，位于奠边府村的外围，法军主要机场以东；"克洛迪娜"（Claudine）据点防卫南面的敌人，"于盖特"（Huguette）与"弗朗索瓦丝"（Francoise）两处据点则位于西面。在河流上游，"多米尼克"（Dominique）据点之外，"安妮玛丽"（Anne Marie）、"加布丽埃勒"（Gabrielle）与"贝亚特丽斯"（Beatrice）这三处据点组成了外侧防线。在"克洛迪娜"据点以南，"伊莎贝尔"（Isabelle）据点负责守卫一条较小的附属跑道。

法国人认为自己的火力优势足以制胜，他们在工事之中安然等待越盟部队的进攻。几个月之后，越盟也没有发动

当二战结束之后，日军从"法属印度支那"撤军，法国随即试图在旧日的殖民地——越南、老挝和柬埔寨——重建殖民统治。在勉强维持了9年，遭受了一场屈辱的战败之后，法国人开始意识到，旧日的殖民统治或许无法延续了。

柬埔寨和老挝勉强地接受了法国殖民地联盟的自治权，但越南并不打算屈服。越南独立同盟，即"越盟"，在1941年由越南共产党与民族主义者联合建立，而在二战结束之后，他们就宣布独立。而当法军返回之时，越南人的领袖胡志明被迫同意成为法国保护下的独立政权。然而双方的敌意，最终于1946年12月19日升级为战争。

整体而言，法军控制着城镇，而武元甲将军指挥的越盟游击队则掌控乡村。武元甲一方面不断袭扰法军，另一方面在越南北部的山地工事之中集结更多的部队。

奠边府惨败的最后阶段，1954年5月7日，越盟对缩进1.6平方公里的防御据点的法军发动全面进攻。

机场①原本是驻军的生命线，但跑道已经被敌人的炮兵炸毁。

法军空运来的10辆M24坦克组成的中队②，在越盟于1954年5月7日发起进攻时，只有3辆还能使用，另外在4公里以南的"伊莎贝尔"据点还有一辆坦克可以使用。

越盟的轻型火炮从奠边府以东的山脚开炮③，紧密支援进攻的步兵。在后方还有中型火炮，它们是击败法国守军的重要武器。

越盟在丛林的边缘挖掘堑壕④，逐步抵近法军阵地，最近处离法军仅有不足9米。

在被包围56天之后，法军不断从外侧的防御阵地之中后撤，1.1万作战部队以及伤病员最终被压缩到主要机场南端的狭小地域之中⑤。

当武元甲将军在5月7日发动制胜的攻击之时，他集结了2.5万步兵⑥，是法军作战部队的两倍。武元甲还有和他派出的进攻部队几乎一样多的预备队。

接连不断的炮击与降雨，让法军的阵地⑦泥泞不堪。

进攻——然而他们却在持续准备进攻，准备消灭这支自投罗网的法军。

武元甲的部队近期发生了相当的变化，而纳瓦尔并没有意识到他们的这些进步。由中国指导进行的军事训练以及提供的武器装备，将原本的游击队升级为强大的作战部队。法军认为武元甲最多能够向奠边府派出两个师的部队，然而事实上，越盟调动了4个师前往这一地区，并配属了200门炮，其中还包括防空武器。武元甲的部队擅长坑道作战与伪装，他们在奠边府东面正对法军阵地的山坡上挖掘壕沟，并机巧地布置了火炮，保证只有炮口的末端伸出射击孔。

1954年3月13日，武元甲终于决定应对纳瓦尔的挑衅。卡斯特里上校的部队只有散兵坑和沙袋工事防护，而越盟游击队的炮击规模令他们深感不安。越盟步兵首先对外围阵地发起进攻，"贝亚特丽斯"据点被迅速攻取，"加布丽埃勒"据点则在两天后投降，而3月18日时，"安妮玛丽"阵地也被夺走。此时，法军的炮兵指挥官皮罗（Piroth）上校已经因绝望而自杀，尽管此前他曾夸下海口，但事实证明炮兵火力根本无望反制武元甲的大规模炮击。

失去外围防线与有效的炮兵指挥之后，法军在越盟步兵的猛攻之下，已经无法使用主要机场。自此，所有的补给品与增援部队只能通过伞降运入。围攻期间，法军有超过60架飞机损毁。

然而，越盟初期的胜利也付出了相当的代价，据估计他们在攻击初期约有2500人阵亡，受伤者更多。而后，接下来约10天内，武元甲将军开始进行围困，然而在3月30日，他再一次开始猛烈炮击，紧接着再以大批步兵发动冲锋。在持续一周的血腥肉搏战之中，越盟进一步向前推进，"多米尼克"与"弗朗索瓦丝"据点，以及"于盖特"据点大部，连同"克洛迪娜"与"埃利亚内"据点一部，均被越盟夺取。远在南面的"伊莎贝尔"据点则成功抵御了猛攻。雪上加霜的是，提前到来的季风降雨，

让并未加固重武器阵地的法军陷入了更大的困难。

游击队的损失极大，武元甲被迫再度停止进攻，以集结援军并重整前沿部队。5月1日时，他已经在奠边府周边集结了5万人，而后用这些部队对岌岌可危的卡斯特里部发动最后总攻。法军被迫使用为应急而储备的宝贵炮弹。尽管他们的抵抗可谓勇敢，却无望扭转局势，此时突围已无可能，法军也无法派出解

围部队深入丛林之中。他们唯一能够指望的，是美军轰炸机从南中国海的航空母舰出发，对越盟的阵地发动大规模轰炸，法军甚至严肃考虑过动用美国的原子弹。然而美国虽然为法国提供了武器以及其他援助，此时却并不打算直接介入冲突。被围的法军彻底孤立无援了。

在猛攻之下，法军的阵地被逐个夺走，5月7日，最后的据点也被越盟攻破。

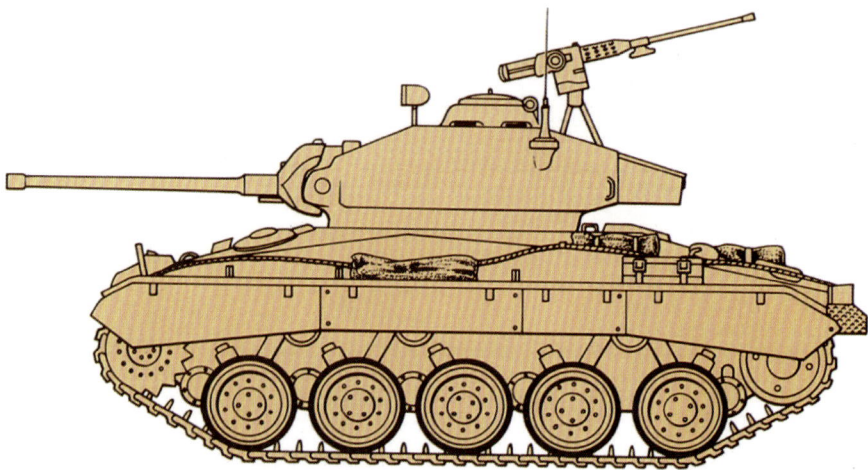

法军在奠边府的重武器包括重炮与中型火炮，以及装备凝固汽油弹的6架"熊猫"（Bearcat）式战斗机，而1953年12月，他们又得到了10辆轻型坦克的增援。美国生产的M24"霞飞"式坦克，使用75mm主炮，配有重机枪，它们被拆解成180个部件运抵，并在跑道的旁边现场拼装。这个坦克中队在1954年1月20日整备完成，并起到了重要作用。在漫长的交战之中，每辆M24坦克平均要发射1500发75mm炮弹。在越盟发起最后总攻之时，还有4辆坦克可以使用，而当越盟即将于5月7日夺取法军阵地之时，法军坦克兵将这些坦克自毁。

越盟游击队此前几乎只有轻武器，然而在朝鲜战争于1953年7月结束之后，中华人民共和国开始向越盟提供武器援助，包括轻型与中型火炮、防空武器以及火箭炮等等。图中的105mm炮，射程达11公里，而奠边府的法军并未预料到越盟会使用这种火炮。这种火炮以及其他较轻的火炮，被拆解后人力运入丛林之中，而后再在俯瞰法军阵地的山坡上组装，发动摧枯拉朽的打击。

克里斯蒂安·德·卡斯特里，骑兵指挥官出身的他，负责指挥奠边府的法军。卡斯特里在围攻的绝境之中竭尽全力，被提升为准将。[1]

武元甲将军，自1941年越盟建立就是越盟的军事领袖。他的游击队在1946年首次与法军交锋，并在此后的8年之中逐渐锻炼为一支善战的军队。

▲ 1954年3月，越盟的炮兵已经摧毁了法军的跑道，法军驻军的补给品只能通过伞降输入（左上）。奠边府某处燃起黑烟，法军伞兵冲向阵地，抵御敌军的进攻（左下）。

法军在奠边府投降意义重大，法国在中南半岛的统治也就此终结。法军的过度自信，自以为能够掌控他们选定的战场，加上严重低估游击队的规模与战斗力，最终导致了他们的失败。由英国与苏联共同主持，包含中华人民共和国在内的19个国家参与，讨论远东事务的日内瓦会议之中，法国因奠边府的惨败而失去了话语权。1954年7月21日，与会者签署了停战协议，并将越南划分为两个独立的国家，即南越和北越。美国接受了协议条款，但拒绝在协议上签字，并保留对违反协议的一方进行"任何必要的"单边行动的权利。法军撤出了中南半岛，但法国依然在南越南、老挝和柬埔寨保留影响力与"顾问"。美国则开始对南越南进行军事与经济援助，并很快陷入了和法国一样的困境。1954年，时任美国总统艾森豪威尔本打算支援法军，但他最终认为白人不可能在越南人的土地上战胜他们，因而放弃了出兵的打算。在漫长而血腥的越南战争结束之后，美国人回忆起这段往事时，恐怕难免要后悔吧。

【1】卡斯特里于5月7日被越盟军队俘虏，在日内瓦和谈后获释，并继续在法军中任职。

战场索引

如何前往本书涉及的战场，以及战场之上值得一看的景观，如下文所示。那些或者无法游览或不值得游览的地点则一笔带过。

更具体的信息，则可以通过查阅英国的帝国战争博物馆、英国军人公墓委员会、美国内政部以及法国巴黎荣军院（L'Hotel des Invalides）的军事博物馆（Musée de l'Armée）确定。

下文原文的字母顺序排序，调整为按战役时间顺序排布，与原书目录的顺序相同。原书未说清的内容，按照我个人查到的资料补齐，并用阴影标出。

坎尼

坎尼古镇的遗址位于意大利南部卡诺萨（Canosa）与巴莱塔（Barletta）之间。原本的奥菲杜斯河，即如今的奥凡托河，在历史中几度改道，因此实际的战场位置目前存疑，但它很可能在河流的右岸。纪念这场决战的古石柱，近年被再度竖立起来，上面写着引述自李维（Livy）的名言："没有其他任何一个国家，能在经历了这样的灾难后依然存续"（xxii, 54, 10）。

黑斯廷斯

战场位于英格兰东萨塞克斯（Sussex）巴特尔镇的绿色教堂（Abbey Green）以南，可以从伦敦走A2100公路抵达。原本的巴特尔修道院由威廉一世修建，以纪念他的胜利，圣坛的位置正是哈罗德阵亡之处。教堂在亨利八世时代被摧毁，剩余建筑如今已被改建为学校，但在校内的花园，圣坛的原本位置仍有诺曼人的石碑纪念。几处战场原址的重要地点也留有对这一战的描述，另有模型说明双方的部署情况。另外，黑斯廷斯之战的纪念博物馆也值得游览。

阿尔苏夫

位于以色列特拉维夫省北部，十字军时代的滨海要塞如今仅剩遗址。

克雷西

克雷西昂蓬蒂约位于法国北部D111、D10与D938三条公路的交会处。从距离最近的主要城市阿布维尔出发，通过埃丹（Hesdin）向圣奥梅尔（St-Omer）的公路前行66公里，在抵达拉布罗耶（Labroye）之前4.8公里处向南走即可抵达克雷西昂蓬蒂约。

战场的情况并无太大变化，除了法军骑士发起冲锋，践踏己方的热那亚弩手的出发阵地，如今建有一处工厂。在D111公路上的一处土坡，就是爱德华三世曾经用作指挥部的风车磨坊所在地。英军的阵线与如今的D111公路大致平行。战场原址设有决战过程的概略地图。

布赖滕费尔德

这个距离当时的莱比锡城8公里的村庄，因莱比锡城扩建而并入城区，虽有纪念碑存在，但战场的原址却难以找寻了。

内斯比

从南面前往内斯比，可以从M1公路抵达第18路口，而后右转前往西哈登（West Haddon）方向，沿B4036公路转往内斯比村。

英格兰北安普敦郡的内斯比，战场的形貌与17世纪时大致相同，差异仅仅是多了一些农场的围栏。奥基的龙骑兵发起冲锋的萨尔比灌木丛保存良好，仍有两排间距18.3米的树丛。

战场上有两处纪念碑：19世纪的内斯比方尖碑距离战场约1.6公里，而克伦威尔发起冲锋的位置以西约475米处，有克伦威尔研究会竖立的纪念碑。在内斯比教堂，存留着躲藏的保王党被议会军

俘虏时使用的桌子，以及战场上留下的一把断剑与马镫。

博因河

这个爱尔兰岛上的著名战场，位于德罗赫达与（Slane）的公路之间，古桥镇西南方向。古桥镇已经不复存在，曾经的浅滩之上建造了一道钢铁大桥。荷兰卫队与爱尔兰步兵激战的区域，此时属于私人住宅的院落。

布莱尼姆

巴伐利亚的布莱尼姆村，今称布林德海姆（Blindheim），位于罗马帝国古驿道以西，多瑙河以北。纪念这一战阵亡者的石碑，位于临近的赫希施塔特（Höchstadt），位于前往多瑙沃特的公路上。

卡洛登

想要前往苏格兰公立基金会保护的战场，从因弗内斯与珀斯之间的A9公路转B9006公路。

林业委员会曾在这一区域种植针叶树木，但如今这些树木已被砍伐，以将战场恢复原状。

每年部分时间开放的游客中心之中有相关的音像资料。附近还有一处博物馆，这个位于利纳赫（Leanach）的木屋，有幸从那次叛乱之中幸存至今。苏格兰各家族士兵的集体墓葬位于战场东端，每个家族各立一根石柱纪念。另外值得游览的还有"死亡之井"、纪念石冢以及坎伯兰伯爵纪念石。在威廉堡的西高地博物馆，则藏有值得观赏的詹姆斯派遗物。

萨拉托加

萨拉托加战役的两场战斗都发生在萨拉托加历史公园之中，入口位于纽约州奥尔巴尼以北48公里处，可以通过美

国联邦4号公路与纽约州32号公路抵达。

战场维护良好，并有为游客修筑的17公里长的道路，穿过整个公园。战场之上还有多个纪念碑，其中包括纪念英军投降的萨拉托加国家纪念碑。

在游客中心，可以先观看有关这一战的相关介绍影片，然后再进行游览，全程共有10处休息处。休息处的路旁展板、路标以及音频资料，提供了这一战各方面的相关信息。

奥斯特利茨

如今称为布尔诺的斯拉夫科夫（Slavkov ü Brno），位于捷克的布尔诺以东，可以走47号公路向奥洛莫乌茨方向，前行约8公里抵达。几乎没有变化的战场，位于道路以南，以及奥斯特利茨镇以西。

法军、俄军与奥军的墓葬由小十字架标出，他们被就地埋葬在战场上。1912年，战场添加了纪念和平的石冢，其中包括祈祷室与地下墓葬，未能埋葬的遗骸被送往此处安葬。祈祷室后方有一个小型博物馆，其中有交战双方的计划，双方的武器以及其他遗物。附近的村庄，例如科比尔尼斯（Kobylnice）与布拉兹科维斯（Blazkovice），还有其他的集体墓葬。1965年，战役160周年纪念时，在斯拉帕尼斯（Slapanice）又竖立了新的纪念碑。

拿破仑位于祖尔兰丘陵的指挥部，在方石块上刻出的战场示意图中也被标出。在斯拉夫科夫城堡，也存有一些拿破仑时代的纪念品，而普拉斯（Prace）的和平墓葬则用于纪念拿破仑的胜利。拿破仑在战后的休息处——普兹维斯（Pozivice）的旧驿站，也存留至今。

滑铁卢

比利时立法保护滑铁卢战场原貌，因此至今战场也无太大变化。这里位于布鲁塞尔以南20公里处，滑铁卢镇以南3.2公里处，走通向沙勒罗瓦的5号公路，途经热纳普（Genappe）即可抵达。

另外也可以通过飞机、铁路、公共汽车以及旅行团前去参观。

战场之上有一系列的纪念碑，最引人注目的是荷兰军队在狮子丘陵的纪念碑。

许多与这一战相关的建筑也依然存留至今，包括拉贝勒阿莱恩斯与拉艾桑特农场。

英国国内也有许多与威灵顿公爵相关的景点，比如公爵在伦敦的住宅阿普斯利（Apsley）别墅，如今的威灵顿纪念馆，而雷丁（Reading）附近的斯特拉特菲尔德-萨耶（Stratfield Saye）别墅，则是国家赏赐公爵的度假别墅。游客可以申请前往参观。伦敦威灵顿军营的近卫军博物馆之中，专门有纪念威灵顿公爵的区域。而从梅尔顿莫布雷（Melton Mowbray）出发，走A606公路向奥克姆（Oakham）方向，即西南方向行进4.8公里，在小多尔比庄园（Little Dalby Hall），一名参加了滑铁卢战役的老兵在这里种了树，以代表坚守阵地的英荷联军。

巴拉克拉瓦

战场原址位于巴拉克拉瓦港口后方的丘陵地带，变动不大，但当地仅有一座纪念碑，没有相关的纪念馆。

索尔费里诺

战场位于意大利北部布雷西亚（Brescia）与曼托瓦之间的N.236高速公路沿线，斯蒂维耶雷堡（Castiglione delle Stiviere）东南方向6.4公里处。在那里，留有因目睹这一战的惨状而促成国际红十字会建立的亨利·杜南的纪念碑。

葛底斯堡

宾夕法尼亚州葛底斯堡建有高水平的纪念公园，而游客可以通过公共汽车、租车、自行车或步行前往。还可以租用引导游览的讲解录音。各团的纪念碑也在战场各处竖立。

千万不要错过游客中心博物馆、电子地图、描绘这一战的环形画景、罗伯

特·李将军的指挥部、林肯起草葛底斯堡演讲稿的房间以及发表演讲的军人公墓。

葛底斯堡镇的风貌也与当年相差不大，许多旧房屋之上带有铜铭牌："南北战争历史建筑，1863年7月1日—3日"。

色当

色当之战的原址同样因为城市扩建而改动。

小大角河

自1940年设立了卡斯特战场国家纪念碑之后，美国国家公园管理局（U.S.National Park Service）负责对战场进行保护。战场位于蒙大拿州东南部原住民乌鸦部落保留地。距离最近的道路是美国的87号公路（1-90），在战场以西约1.6公里处通过。

当地设有游客中心，并有大量路标指引游客游览战场，详细介绍了卡斯特与雷诺少校各阶段的军事行动。

在卡斯特山丘之上，战场大部以及河谷与原住民村落一览无遗，52处标记说明了卡斯特部"最后抵抗"的情况。起初士兵们被就地埋葬，而后1881年他们被迁葬到纪念碑旁边的一处普通墓地之中。此前11名军官与2名平民的遗骸因家属要求已经迁葬他处，其中就包括卡斯特，他的遗骸于1877年10月10日迁葬到纽约州西点军校。

乌姆杜尔曼

乌姆杜尔曼，即今天与苏丹首都喀土穆仅隔尼罗河的苏丹主要城市恩图曼。苏丹政府不但重建了被英国殖民者蓄意破坏的马赫迪墓，还在哈利法的指挥部原址重建了一座同时代风格的二层小楼，作为哈利法博物馆。博物馆中陈列了一些与苏丹独立战争相关的文物。战场的原址同样因为城市扩建而改动。

科伦索

南非的科伦索镇，位于德班与约翰内斯堡之间的主干道路N3公路之上，位

于莱迪史密斯东南方向约24公里处。军人墓地以及阵亡者纪念碑位于安布尔赛德（Ambleside），从科伦索向温特顿（Winterton）方向的公路行进约3.2公里即可抵达。

科伦索以南约3.2公里处的纳瓦尔丘陵（Naval Hill），是英军跨河打击布尔人工事的舰炮阵地的所在地；"哈特的丘陵"（Hart's Hill）距离科伦索约8公里，丘陵之下有石堆纪念在此阵亡的哈特旅爱尔兰人士兵。

科伦索镇的R.E.史蒂文森博物馆，藏有布尔战争之中的许多文物，他们主要来自科伦索之战。在科伦索火车站的纪念碑则用于纪念追授维多利亚勋章的F.H.S.罗伯茨中尉，他为了取回在作战期间被抛弃火炮，伤重不治。

温斯顿·丘吉尔在科伦索之战的战场也留下了石堆纪念碑，1899年11月15日，他乘坐的装甲列车从埃斯特科特（Estcourt）出发，执行侦察任务时被布尔人伏击并脱轨，以战地记者身份跟随英军前来的丘吉尔被一同俘虏。

旅顺

旅顺围攻战之中，俄军的最后据点，东鸡冠山，位于今大连市旅顺区，附近有东鸡冠山北堡垒、望山炮台（两杆炮）、二龙山堡垒、日军爆破口以及日俄战争陈列馆等景点。双方苦战的二〇三高地，则有二〇三高地陈列馆、乃木保典战死处等景点。这两个主要景点群，距离公交车站均较远，相对距离也很远，建议租车游览。此外旅顺区其他区域也有一些分散的日俄战争遗迹。

坦能堡

坦能堡之战的旧址如今已归属波兰，波兰仅修建了1410年击败条顿骑士团的坦能堡战役纪念碑。第一次世界大战之中的坦能堡战役纪念碑，则在1945年1月纳粹德军后撤之时，被德军自行炸毁。

苏弗拉湾

苏弗拉湾战场位于土耳其加利波利半岛的西岸，这一战的战壕遗迹存留至今。纪念加利波利之战阵亡士兵的纪念碑大多位于马尔马拉海一侧（东南侧）。英国与法国的战争纪念碑与集体墓葬以及土耳其的战争纪念碑，都位于莫尔托湾（Morto Bay）。土耳其在马尔马拉海对岸的卡纳卡勒（Canakkale）与埃塞巴特（Eceabat）还各有一处纪念碑。

索姆河

一战西线战场的法国索姆河战区，留下了一系列的集体墓葬。世界最大的战争纪念碑位于蒂耶普瓦勒，上面记载了73367名英军阵亡士兵的姓名。位于索姆河战区中央的蒂耶普瓦勒，位于阿尔贝特东北方向约8公里处，可以从阿尔贝特向巴波姆方向的N29公路前往普济耶（Poziers），而后左转走D73公路转往蒂耶普瓦勒。

参战的各部队留下了一系列的纪念碑，而战壕的部分遗迹存留至今。可以参加参观索姆河战场的旅行团。

埃布罗河

本书重点讨论的，是埃布罗河战役中的甘德萨围城战，而在甘德萨也有一座纪念埃布罗河之战的纪念馆。

阿拉曼

位于埃及马特鲁省的海滨小镇阿拉曼，建有阿拉曼之战的纪念馆，陈列了来自阿拉曼之战的一批展品，城镇周围也有双方士兵的墓葬。然而实际的战场深入沙漠腹地，并不适宜游览。

科希马

如今约10万人口的科希马是印度那加兰邦（Nagaland）省会。在科希马之战最激烈的战场网球场原址，建造了科希马英军公墓。墓碑上刻着约翰·埃德蒙兹（Edmonds）的诗句："有幸归乡的你们，传颂我们的故事，为了你们的明天，我们献身于今日。"（When You Go Home, Tell Them of Us and Say, For Your Tomorrow, We Gave Our Today.）遗憾的是，由于位于印缅边境的内陆山区，前往科希马的交通相对不便。

阿纳姆

市场花园行动的整个走廊地带与空降区长达约100公里，从艾恩德霍芬出发，向北经过圣奥登罗德（St Oedenrod）、费赫尔（Veghel）、赫拉弗（Grave）与奈梅亨抵达阿纳姆，再向西到奥斯特贝克。

空降兵博物馆位于奥斯特贝克村哈尔滕施泰因旅馆旧址，1944年9月这里曾是英军第1空降师的临时指挥部所在地。博物馆中使用透视画与音像资料介绍市场花园行动的全过程，并藏有一批珍贵的历史照片以及武器与军服原件。第1空降师的墓地与纪念碑也位于奥斯特贝克。

市场花园行动的目标——莱茵河下游的公路大桥，在此后的战斗中被毁。荷兰政府于1950年重建了这座公路桥，并命名为约翰·弗罗斯特大桥，纪念他率领第2伞兵营在桥头的英勇奋战。

硫磺岛

这座岛屿由于地理位置重要，目前仍有美军军事基地。由于距离日本本土较远，且硫磺岛之战在岛上留下了海量的未爆弹，不对游客开放。

奠边府

越南政府为纪念奠边府战役的胜利，在奠边府设立了纪念碑与纪念馆。这座如今有7万余人居住的小城市，于2003年升格为越南新设的奠边府省的省会。